Objektorientierte Programmierung mit JavaScript

Jörg Bewersdorff

Objektorientierte Programmierung mit JavaScript

Direktstart für Einsteiger

2. Auflage

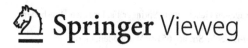 Springer Vieweg

Jörg Bewersdorff
Limburg, Deutschland

ISBN 978-3-658-21076-2   ISBN 978-3-658-21077-9   (eBook)
https://doi.org/10.1007/978-3-658-21077-9

Die Deutsche Nationalbibliothek verzeichnet diese Publikation in der Deutschen National-
bibliografie; detaillierte bibliografische Daten sind im Internet über http://dnb.d-nb.de abrufbar.

Springer Vieweg
© Springer Fachmedien Wiesbaden GmbH, ein Teil von Springer Nature 2014, 2018

Gedruckt auf säurefreiem und chlorfrei gebleichtem Papier

Springer Vieweg ist ein Imprint der eingetragenen Gesellschaft Springer Fachmedien Wiesbaden
GmbH und ist Teil von Springer Nature
Die Anschrift der Gesellschaft ist: Abraham-Lincoln-Str. 46, 65189 Wiesbaden, Germany

Einführung

Objektorientierte Programmierung mit JavaScript: Was ist zu tun, damit ein Computer – ob Desktop-PC, Webserver oder Smartphone – eine gewünschte Sequenz von Arbeitsschritten automatisch vollzieht? Wie diese Programmierung genannte Tätigkeit in professioneller Weise mit Hilfe sogenannter objektorientierter Ansätze ausgeführt werden kann, davon soll hier die Rede sein, und zwar in einer möglichst kompakten Darstellung.

Direktstart für Einsteiger: Die Voraussetzungen, von denen in den folgenden Kapiteln ausgegangen wird, sind möglichst niedrig gehalten, sowohl in Bezug auf Vorkenntnisse als auch im Hinblick auf das notwendige Arbeitsmaterial. Als Arbeitsmittel wird nur ein Computer mit einem Internet-Browser sowie einem Texteditor benötigt. An Vorkenntnissen vorausgesetzt wird lediglich, dass solche und ähnliche Programme bedient werden können. Auch die Begriffe, mit denen die Bedienung von diesen Programmen üblicherweise beschrieben wird, sollten Ihnen als Leser(in) geläufig sein. Mehr ist aber nicht notwendig!

Als Programmiersprache wird *JavaScript* verwendet.

JavaScript wurde deshalb ausgewählt, damit Sie mit der Programmierung ohne komplexe Entwicklungswerkzeuge *direkt starten* können. Das heißt keinesfalls, dass solche, inzwischen bereits in den Browsern integrierte Werkzeuge generell überflüssig wären. Ganz im Gegenteil sind sie absolut unentbehrlich, wenn komplizierte Projekte in effizienter Weise zu realisieren sind. Für den Einsteiger verstellt aber die Komplexität von Werkzeugen oft den Blick auf das eigentlich Wesentliche und erschwert so das Erlernen von denjenigen Sachverhalten, die für das Programmieren typisch und grundlegend sind und daher im Mittelpunkt stehen sollten.

Die Programmiersprache JavaScript besitzt außerdem den Vorteil, dass sie zusammen mit HTML, das heißt der den Internetseiten zugrundeliegenden Dokumentenbeschreibungssprache, zu einem der wichtigsten Standards gehört, die es derzeit bei Computern überhaupt gibt. Dabei trägt die wachsende Verbreitung von Smartphones zur Notwendigkeit

bei, plattformübergreifend entwickeln zu können – die Zeiten des sogenannten Browserkriegs mit nur einem dominierenden Betriebssystem und
nur einem dominierenden Internet-Browser scheinen zunächst einmal
vorbei. Außerdem kann man nicht zuletzt aus Gründen der Abwärtskompatibilität, die insbesondere auch die Lesbarkeit „historischer" Internet-
Inhalte sicherstellt, eine gewisse Zukunftssicherheit unterstellen, auch
wenn solche Mutmaßungen erfahrungsgemäß nur sehr beschränkt gültig
sind angesichts der stürmisch verlaufenden Entwicklungen auf dem
Gebiet der Internettechnologien.

Obwohl Einsteiger explizit zur Zielgruppe dieses Buchs gehören, erreichen die hinteren Kapitel ein Niveau, das auch für Spezialisten interessant sein dürfte, die sich über neuere Entwicklungen von JavaScript
informieren wollen.

Nicht verschwiegen werden darf, dass die Programmiersprache
JavaScript auch Nachteile aufweist. Einerseits ist sie, soweit sie in einem
Browser abläuft, nicht universell. So sind Zugriffe auf das Dateisystem
des verwendeten Computers, das heißt auf Dokumente und Ordner, aus
Sicherheitsgründen nur stark eingeschränkt möglich. Andererseits handelt
es sich, wie es der Name schon zum Ausdruck bringt, um eine Skript-
sprache, die gegenüber anderen Programmiersprachen wie Java und C++
gewisse Vereinfachungen in der Konzeption aufweist und daher nur mit
Einschränkungen dazu geeignet ist, sämtliche Ansätze und Techniken der
Programmierung zu erläutern.

Da es hier aber entsprechend den Bedürfnissen von Einsteigern sowieso
nicht darum geht, *alles* über JavaScript oder *alles* Wesentliche über
Programmiertechniken darzustellen, können wir die beiden angeführten
Nachteile getrost ausblenden.

Ein wesentliches Ziel dieses Buchs ist es zu erläutern, warum bestimmte
Programmiertechniken unbedingt beherzigt werden sollten und warum
dafür das Konzept der Objektorientierung so wichtig ist. Daher wird hier
der 2015 definierte Standard ECMAScript 2015 zugrunde gelegt – nebst
der durch das World Wide Web Consortium aktuell für die clientseitige
Ausführung im Browser erreichten Standardisierung. Hinweise auf Ab-
weichungen, die sich bei einer Verwendung älterer Browser ergeben,
werden bewusst nicht gegeben. Die Verwirrung, die von solchen Ein-

schränkungen zwangsläufig ausginge, stünde nämlich in keinem Verhältnis zur drastisch abnehmenden Verbreitung solcher Alt-Browser.

Anzumerken bleibt, dass JavaScript mit ECMAScript 2015 in Bezug auf die Objektorientierung ein professionelles Niveau erreicht hat, das in einigen Punkten sogar Sprachen wie Java und C++ überlegen ist. Die Techniken, mit denen Objekte bei der JavaScript-Programmierung eingesetzt werden können, werden bewusst sehr ausführlich dargelegt. Der Grund dafür, dass es nur wenig Literatur zu dieser Thematik gibt, ist durchaus verständlich, weil die meisten Interessenten nach konkreten Möglichkeiten des Webdesigns suchen dürften.

Nicht unerwähnt bleiben auch Grundlagen und Geschichte der Informationstechnologie.[1] Um den Textfluss nicht zu stören, wurden diese Ausblicke im Rahmen des Layouts meist in Kästen oder Fußnoten positioniert. Erläutert werden ebenso die prinzipiellen Unterschiede zu anderen Programmiersprachen. Gerade für Einsteiger dürften solche Hinweise interessant sein und gegebenenfalls zum vertiefenden Weiterlesen anregen. Sie tragen der Intention des Buchs Rechnung, zur Vermittlung eines fundierten Grundlagenwissens beizutragen. Verringert werden soll damit die Lücke zwischen der Technologie, die wir täglich nutzen, und dem Anteil daran, den wir davon zumindest im Prinzip verstehen. Die Exkurse können aber auch problemlos übersprungen werden. Insbesondere sollten solche Exkurse keinesfalls zum Anlass genommen werden, bei Verständnisproblemen die Lektüre des Buchs entmutigt abzubrechen.

Die Erörterung von grundlegenden Sachverhalten dient auch dem Zweck, eventuellen Fehldeutungen entgegenzuwirken, die auf dem Wortteil *Script* der erörterten Programmiersprache JavaScript beruhen. Grund ist, dass diesem Buch nichts ferner liegt als das Leitbild eines sprichwörtlichen Skriptkiddies in Form eines halbgebildeten und womöglich skrupellosen Computer-Freaks, der in wilder, aber letztlich unsystematischer Weise herumprobiert, ohne genau zu wissen, was er eigentlich tut.

Eine Programmiersprache kann nicht ohne praktische Umsetzung erlernt werden. Insofern kommt den Beispielprogrammen eine hohe Bedeutung

---

[1] Diese Intention liegt entsprechend auch meinen Mathematikbüchern zugrunde: *Glück, Logik und Bluff: Mathematik im Spiel – Methoden, Ergebnisse und Grenzen*, *Algebra für Einsteiger: Von der Gleichungsauflösung zur Galois-Theorie* und *Statistik – wie und warum sie funktioniert: Ein mathematisches Lesebuch.*

zu. Obwohl es am Anfang sinnvoll ist, die Dateien selbst mit Hilfe eines Editors zu erstellen, um so aus den dabei fast unvermeidlich entstehenden Fehlern zu lernen, so ist das Abtippen auf Dauer nur noch lästig. Daher können alle im Buch erörterten Beispiele von meiner Homepage geladen werden. Die Internetadressen orientieren sich an der Nummer des jeweiligen Kapitels. So kann das erste Beispiel zu Kapitel 8 in einem Browser unter der Internetadresse

```
http://www.bewersdorff-online.de/js/8
```

geladen werden. Enthält ein Kapitel mehr als ein Beispiel, so können diese weiteren Dateien unter den Adressen[2]

```
http://www.bewersdorff-online.de/js/8a
http://www.bewersdorff-online.de/js/8b
```

und so weiter heruntergeladen werden. Damit bei einem konkreten Beispiel die gültige Internetadresse einfach und direkt ermittelt werden kann, ist der betreffende Pfad im Format „(js/8a)" innerhalb des Dokuments zu finden. Die einzige Ausnahme davon bildet das minimalistische Beispiel in Kapitel 1.

Bei den meisten Beispielen handelt es sich übrigens *nicht* um Anwendungen, wie man sie typischerweise in Webseiten findet. Die Beispiele dienen eher dem Zweck einer Selbstinspektion der Programmiersprache JavaScript. Demgemäß weisen die hoffentlich zum Experimentieren einladenden Beispiele teilweise einen stark konstruierten, dafür aber lehrreichen Charakter auf.

An dieser Stelle möchte ich die Gelegenheit nutzen, dem Verlag Springer Vieweg und seiner Lektorin IT Informatik, Frau Sybille Thelen, dafür zu danken, das vorliegende Buch ins Verlagsprogramm aufgenommen zu haben. Frau Neele Graef danke ich dafür, die Zahl meiner Fehler erheblich reduziert zu haben. Schließlich schulde ich einen ganz besonderen Dank meiner Frau Claudia, ohne deren wieder einmal strapaziertes Verständnis dieses Buch nicht hätte entstehen können.

Dass bereits nach drei Jahren eine zweite Auflage erscheint, hat zwei Gründe. Zum einen entwickelt sich JavaScript als Programmiersprache der Internet-Browser relativ schnell weiter, wobei zwischenzeitlich unter

---

[2]   Eine Datei-Endung „.htm" wird nicht benötigt, da alle Dateien den Namen „index.htm" besitzen, so dass die Angabe der Domain und des Pfades reicht.

anderem ein `class`-Befehl spezifiziert wurde, der es erlaubt, Objekte einfacher und übersichtlicher zu deklarieren. Zum anderen hat sich die erste Auflage insbesondere im Portal `link.springer.com` eines sehr hohen Zuspruchs erfreut, so dass die nun vorliegende Aktualisierung dieser hohen Nachfrage folgt. Herzlich bedanken möchte ich mich bei Anne Graf, Michael Barg und Raimund Lingen, die mich auf Fehler und Unzulänglichkeiten in der ersten Auflage aufmerksam gemacht haben.

JÖRG BEWERSDORFF

Inhaltsverzeichnis

1 „Hello world!"! 1

2 Was ein Computer können muss 4

3 Wie Computer funktionieren 16

4 Die Welt und ihre Objekte 30

5 HTML 34

6 JavaScript: Der Start 43

7 Bedingte Programmabläufe 51

8 Programmabschnitte für Teilaufgaben: Unterprogramme 70

9 Nicht alles ist Zahl 85

10 Formeln in JavaScript 95

11 Nicht alles geht mit Formeln 106

12 Objekte in JavaScript 121

13 Gibt es Klassen in JavaScript? 127

14 Prototypen: Einer für alle 142

15 Vordefinierte Standardobjekte 149

16 Die Kapselung von Objekten 159

17 Fixierte Klassen besser als in Java 170

18 Erben ohne Sterben 181

19 Effizient erben 190

20 Wie man die Struktur eines Objekts analysiert 210

21 Objektinhalte kopieren 214

22 Resümee über JavaScript-Objekte 218

23 JavaScript im Browser 220

24 Das Browserfenster als Objekt 227

25 Das Dokumentenobjekt 236

26 En-Bloc-Zugriff auf HTML-Elemente 247

27 Die Hierarchie der HTML-Elemente 254

28 Wie man die HTML-Struktur verändert 266

29 Von der Wiege bis zur Bahre: HTML-Formulare 273

30 Cookies: manchmal schwer verdaulich 281

31 Mit Events zur Interaktion 291

32 Portionsweises Nachladen mit Ajax 309

33 Multithreading mit JavaScript 328

34 Moderne Cookie-Alternativen 334

35 Das Lesen lokaler Dateien 344

36 Zum Schluss 360

Sachwortverzeichnis 363

1 „Hello world!"!

Es hat Tradition, die Beschreibung einer **Programmiersprache** mit einem Programm zu beginnen, das einzig dem Zweck dient, die Worte „Hello world!" auf dem Bildschirm anzuzeigen. Dabei ist es ebenso Tradition, keine umfangreichen Erläuterungen zu geben.

Wie bereits in der Einführung erwähnt, brauchen wir dazu einen **Texteditor**, also ein Programm, mit dem Textdateien erstellt und geändert werden können. Im Prinzip reicht bereits die einfachste Version, wie sie unter der Bezeichnung „Editor", „Notepad" oder „Notizblock" mit einem Computer und dessen Betriebssystem standardmäßig ausgeliefert wird. Etwas komfortablere Texteditoren, welche die angezeigten Textzeilen durchnummerieren und die Textstruktur farblich hervorheben, erleichtern die Arbeit aber erheblich! Solche Editoren findet man in diversen Varianten zum kostenlosen Download im Internet. Ein Beispiel ist das Programm „Notepad++". Weniger gut geeignet sind übrigens Textverarbeitungsprogramme wie MS Word, da für unser Anliegen Textdateien benötigt werden, die abgesehen von der Zeilenstruktur völlig unformatiert sind.

Wir starten den Editor und geben die nachfolgenden Textzeilen ein. Dann speichern wir den Inhalt unter dem Dateinamen „hello-world.htm". Wie gewohnt dient die Dateiendung „htm" – möglich wäre auch „html" – dem Dateimanager dazu, den Typ der Datei zu erkennen. Die so erstellte Datei öffnen wir mit dem von uns verwendeten **Browser**. Tatsächlich zeigt die ansonsten leere Seite in der Mitte eine Warnmeldung in einem Mitteilungsfenster, das wie gewünscht den Text „Hello world!" – ohne die einschließenden Anführungszeichen – beinhaltet. Klickt man auf die unterhalb des Textes positionierte „OK"-Schaltfläche, verschwindet das Mitteilungsfenster.

```
<html>
<head></head>
<body>
<script type="text/javascript">
window.alert("Hello world!");
</script>
</body>
</html>
```

© Springer Fachmedien Wiesbaden GmbH, ein Teil von Springer Nature 2018
J. Bewersdorff, *Objektorientierte Programmierung mit JavaScript*,
https://doi.org/10.1007/978-3-658-21077-9_1

Sollten Sie nichts sehen, haben Sie sich wahrscheinlich vertippt. Eine sorgfältige Prüfung des getippten Textes ist dann ratsam. Möglich ist allerdings auch, dass die Ausführung von JavaScript im Konfigurations- menü des Browsers deaktiviert wurde.

Hinweise auf Tippfehler liefern übrigens komfortable Editoren. Dazu werden bestimmte Schlüsselworte farblich hervorgehoben. Außerdem wird die Struktur von Klammerungen optisch verdeutlicht, egal ob in arithmetischen Ausdrücken oder in Bezug auf die in spitzen Klammern geschriebenen **Tags** wie beispielsweise `<html>`.

Auch einem Browser lassen sich Hinweise auf fehlerhaft aufgebaute Dateiinhalte entlocken. Dazu muss im Menü des Browsers die, abhängig vom Browsertyp gegebenenfalls anders bezeichnete, „Fehlerkonsole" aufgerufen werden. Noch komfortabler sind JavaScript-Debugger, die Bestandteil der aktuellen Browserversionen sind und mit Befehlen wie „Entwickler-Werkzeuge" oder „Tools" gestartet werden können. Solche „Entwanzer", so die wörtliche Bedeutung, analysieren detailliert die Funktionalität der aktuell im Browser geladenen Seite und geben somit insbesondere Hinweise auf Fehler.[3] Allerdings sind solche Werkzeuge, wie in der Einführung bereits bemerkt, für den hier gebotenen Einstig zumindest am Anfang überdimensioniert, können aber im Verlauf der Lektüre zunehmend ergänzend zum Experimentieren verwendet werden.[4]

Wie schon angekündigt sollen umfangreiche Erläuterungen des Hello- World-Programms zunächst unterbleiben. Erwähnenswert ist aber, dass

---

[3] Eine Anekdote aus den Anfangstagen der Computer berichtet von einer Motte, die 1947 ein Relais, das heißt einen elektromagnetisch steuerbaren Schalter, des Compu- ters Mark II außer Gefecht setzte. Die Motte wurde als Beleg eines gefundenen Bugs mit dem folgenden Eintrag in ein Logbuch geklebt: *First actual case of bug being found.* Der Eintrag zeigt, dass die Bezeichnung *bug* für einen Fehler bereits vorher gebräuchlich war.

[4] Das einfachste Element im Debugger ist die sogenannte **Konsole**, die eine minimalis- tische Kommunikation mit dem Browser erlaubt: Die Konsole nimmt Befehle in Form von Textzeilen entgegen, ganz wie in den Anfangszeiten der Computer, damals aber ohne Alternative. Auch Textausgaben und -antworten können über die Konsole zei- lenweise ausgegeben werden. Beispielsweise liefert die Eingabe `3+4` die Antwort `7` und die Eingabe `console.log(3+4)` die Ausgabe `7` sowie die Antwort `undefined`. Die Eingabe `window.alert("Hello world!");` öffnet wie das Beispielprogramm ein Mitteilungsfenster.

es sich bei der von uns erstellten Datei um ein Textdokument handelt, das die für Webseiten spezifizierte **HTML**-Sprache verwendet. Dabei steht die Abkürzung HTML für **Hypertext Markup Language**. Mit ihrer Erfindung und erstmaliger Beschreibung[5] am 13. März 1989 durch Tim Berners-Lee (1955-) am Europäischen Kernforschungszentrum CERN in Genf wurde die Grundlage für den Siegeszug des World Wide Web gelegt. Die Ursache für den Durchbruch des damals bereits 20 Jahre alten Internets war, dass erst mit HTML und einem Browser als interaktivem Anzeigeprogramm das Internet zu einer für breite Schichten genügend komfortablen Technologie wurde. Bereits ein einfacher Klick auf einen für HTML namensgebenden **Hyperlink**, heute meist nur noch **Link** genannt, genügte nämlich, um zur betreffenden Webseite zu gelangen. Selbst die Recherche in einer Enzyklopädie, wo ein Querverweis in der klassischen Buchausgabe oft zu einem Stichwort in einem anderen Band führt, wurde auf diese Weise deutlich vereinfacht.

Das eigentliche JavaScript-Programm ist unschwer erkennbar eingebettet in die HTML-Datei. In ähnlicher Weise lassen sich auch Tabellen, Bilder und Videos in den Fließtext einbetten, der bei den meisten HTML-Dateien den überwiegenden Teil des sichtbaren Inhalts darstellt. In unserer minimalistischen HTML-Datei ist ein solcher Textinhalt aber gar nicht vorhanden: Außer dem Mitteilungsfenster ist die Seite daher leer.

Abgesehen von den beiden `<script>`-Tags, die das Programm vom restlichen Dateiinhalt abgrenzen, besteht das Programm aus einer einzigen Zeile:

```
window.alert("Hello world!");
```

---

[5] Die erste Spezifikation erschien am 3. November 1992.

2 Was ein Computer können muss

Was ist die prinzipielle Eigenschaft eines **Computers**?

Wie das englische Wort *compute* bereits vermuten lässt, handelt es sich bei einem Computer zunächst um eine Rechenmaschine. Angesichts der Videos, die man sich auf einem Computer-Bildschirm anschaut, und der Telefonkonferenz, die man mit Hilfe eines Computers abwickelt, tritt allerdings das Rechnen bei vielen Nutzungen scheinbar in den Hintergrund. Aber natürlich rechnet der Computer auch für die Anzeige eines Videos und den Transport der Tonsignale, etwa wenn die vor der Internet-Übertragung komprimierten Bild- und Tonsignale wieder dekomprimiert werden müssen. Und selbst das anscheinend so simple Verkleinern des angezeigten Videobildes verlangt Skalierungsberechnungen, um die Farbwerte der Bildpunkte korrekt auf dem Bildschirm anzuzeigen.

Zwar gab es schon beginnend ab dem 17. Jahrhundert mechanische **Rechenmaschinen**, mit denen eingegebene Zahlen addiert, subtrahiert und später sogar multipliziert werden konnten. Allerdings unterscheidet sich ein Computer von solchen Rechenmaschinen deutlich. Von einem Computer spricht man nämlich nur dann, wenn es sich um einen frei programmierbaren und damit **universell** verwendbaren Rechner handelt. Erst in diesem Fall macht es Sinn, zwischen **Hardware** in Form des körperlich vorhandenen Rechners sowie **Software** im Sinn des darauf ablaufenden Programms zu differenzieren.

Einen Rechner zu programmieren bedeutet: Nicht nur die Ausgangswerte der Berechnung werden eingegeben, sondern auch die damit durchzuführenden Rechenoperationen. Dabei ist es insbesondere möglich, unter bestimmten Umständen vom normalerweise sequentiellen Ablauf der Rechenschritte abzuweichen. Das heißt, der Rechenweg in Form einer Folge von durchzuführenden Rechenoperationen kann abhängig vom erreichten Stand der Zwischenergebnisse variieren, und zwar nach a priori festgelegten, in jedem Einzelfall unzweideutigen Kriterien.

Das **Computerprogramm** ist damit die technische Realisierung eines **Algorithmus**, wie in der Mathematik entsprechende, schrittweise verlaufende Handlungsvorschriften zur Lösung mathematischer Probleme

© Springer Fachmedien Wiesbaden GmbH, ein Teil von Springer Nature 2018
J. Bewersdorff, *Objektorientierte Programmierung mit JavaScript*,
https://doi.org/10.1007/978-3-658-21077-9_2

genannt werden. Die Bezeichnung Algorithmus geht übrigens auf den Namen des in Bagdad wirkenden, arabischen Gelehrten al-Khwarizmi (ca. 780-850) zurück, der mit seinem später ins Lateinische übersetzten Buch über das Rechnen mit den in Indien erdachten Dezimalzahlen maßgeblichen Einfluss auf die Entwicklung der europäischen Mathematik ausübte – und auch das Wort *Algebra* leitet sich aus dem Titel eines seiner anderen Bücher ab.

Die „Berechnung" mit Hilfe eines Algorithmus beziehungsweise eines entsprechenden Programms ist keinesfalls nur auf einen arithmetischen Kontext beschränkt. Letztlich wollen wir die Verarbeitung von Informationen jeglicher Art darunter verstehen.

Ein Algorithmus kann zum Beispiel dazu dienen, das Wort „Lokomotive" in einem Text aufzuspüren, wobei wir nicht zwischen Groß- und Kleinschreibung unterscheiden wollen. In der intuitiv nächstliegenden Version eines solchen Suchalgorithmus prüft man zunächst den Text Buchstabe für Buchstabe darauf, ob es sich dabei um ein „l" handelt. Immer dann, wenn ein „l" gefunden wird, prüft man den nachfolgenden Buchstaben darauf, ob es sich um ein „o" handelt. Falls ja, wird der dem „o" folgende Buchstabe auf eine Gleichheit mit dem Buchstaben „k" geprüft und so weiter. Entweder findet man auf diesem Weg das komplette Wort „Lokomotive" oder aber man muss die Prüfung auf eine Gleichheit mit dem Buchstaben „l", beginnend mit dem Buchstaben hinter dem zuletzt entsprechend geprüften Buchstaben, fortsetzen.

Beschleunigte Textsuche

Eine deutlich schnellere Version eines Textsuchalgorithmus durchsucht den Text zwar ebenfalls von vorne nach hinten, dreht aber innerhalb des zu suchenden Wortes die Prüfrichtung des Buchstabenvergleichs um. Die Idee dieser im Jahr 1977 von Boyer und Moore gefundenen Suchtechnik beruht darauf, dass das gesuchte Wort meist *nicht* im aktuell zu prüfenden Teilabschnitt des Textes vorkommt. Daher verfolgt der sogenannte Boyer-Moore-Algorithmus stets das Ziel, diese plausible Vermutung für den Anfangsbereich des aktuell zu durchsuchenden Textabschnitts möglichst schnell zu bestätigen, um so die Suche im folgenden Textabschnitt fortsetzen zu können.

Man beginnt entsprechend der Wortlänge des gesuchten Wortes „Lokomotive" mit der Prüfung des *zehnten* Buchstabens im Text. Geprüft wird zunächst, ob an dieser Stelle der *letzte* Buchstabe des Wortes „Lokomotive", also ein „e", steht. Handelt es sich um ein „e", werden – wie in Bild 1 im dritten und sechsten Schritt zu sehen – die vorangehenden Buchstaben des zu durchsuchenden Textes nacheinander mit den entsprechenden Buchstaben des Wortes „Lokomotive" verglichen. Der Clou dieser umgedrehten Vergleichsreihenfolge wird erst erkennbar, wenn man kein „e" an der zehnten Position findet:

- Stößt man nämlich auf einen Buchstaben, der im Wort „Lokomotive" überhaupt nicht vorkommt, wie zum Beispiel ein „r" im ersten Schritt oder ein Leerzeichen im vierten Schritt, dann kann man mit einem erneuten Zehnerschritt im zu durchsuchenden Text voranschreiten. Der so erreichte Buchstabe wird dann wieder darauf geprüft, ob es sich bei ihm um ein „e" handelt.

- Selbst ein im Wort „Lokomotive" vorkommender Buchstabe wie beispielsweise ein „o", auf den man im zweiten Schritt stößt, erlaubt einen vier Buchstaben umfassenden Schritt nach vorne. Wieder wird dann der so erreichte Buchstabe darauf geprüft, ob es sich um ein „e" handelt.

- Allgemein orientiert sich die Schrittlänge am letzten Vorkommen eines vorgefundenen Buchstabens im gesuchten Wort „Lokomotive", wobei von hinten gezählt wird. Nach einem Sprung mit der so festgelegten Weite kann das Wort „Lokomotive" nämlich vor der mit dem Sprung erreichten Textposition nur dann stehen, wenn an der angesprungenen Stelle der letzte Buchstabe des Wortes „Lokomotive", eben ein „e", steht.

```
  Oft fotografierte Motive sind Lokomotiven
1 Lokomotive
2         Lokomotive
3           Lokomotive
4           Lokomotive
5                   Lokomotive
6                   Lokomotive
```

Bild 1 Beispiel eines zu durchsuchenden Textes

Nach einer Serie von Treffern wird, wie nach dem dritten Schritt zu sehen, sicherheitshalber nur eine Stelle nach vorne gegangen.

Dass ein Textsuch-Algorithmus zumindest in irgendeiner Weise von einem Computer durchgeführt werden kann, wissen wir, seit wir das erste Mal mit einem Texteditor nach einem Wort innerhalb des gerade geöffneten Textes gesucht haben. Warum aber übersteigt ein solcher Textsuch-Algorithmus die prinzipiellen Möglichkeiten, die ein **Taschenrechner** bietet? Schauen wir uns die Grenzen an, denen ein Taschenrechner prinzipiell unterliegt:

- Zunächst zu erwähnen ist der geringe Speicherplatz:

  Dies ist allerdings kein *prinzipielles* Problem. So wie ein Taschenrechner meist bis zu zehn einzeln ansteuerbare Speicher besitzt, ist es natürlich genauso denkbar, dass er über viele tausend Speicherzellen verfügt.

- Ein Taschenrechner rechnet mit Zahlen, bearbeitet aber darüber hinaus keine Buchstaben:

  Auch dieser Mangel stellt keinen prinzipiellen Unterschied dar. So kann die Durchsuchung eines Textes nach einer bestimmten Zeichenkette auf die Suche nach einer Zahlensequenz in einer Folge von Zahlen zurückgeführt werden. Dazu müssen lediglich die Zeichen des Textes durch Zahlen codiert werden.

- Ein Standard-Taschenrechner kennt nur feste **Befehle** wie Addition, Multiplikation, Speichern und Lesen aus dem Speicher. Eine Folge von Programmbefehlen, oft auch als **Anweisungen** (*statement*) bezeichnet, kann ein Taschenrechner aber nicht abarbeiten.

  Offensichtlich ist dies der prinzipielle Unterschied zu einem Computer, obwohl es natürlich programmierbare Taschenrechner gibt, welche die von uns gesuchte Trennlinie zwischen Taschenrechner und Computer überwinden.

Wie, so wollen wir uns fragen, könnte denn die **Programmierung eines Taschenrechners** aussehen, um damit beliebige Algorithmen realisieren zu können? Es ist mehr als lohnend, dieses Gedankenexperiment durchzuspielen, da so die Mindestanforderungen an eine Programmiersprache erkennbar werden.

Denkbar wäre es zum Beispiel, dass man – wie man es von programmierbaren PC-Tastaturen her kennt – Makro-Funktionen definiert. Dann kann

mit einem einzigen Tastendruck eine Folge von Tastaturbefehlen ausgeführt werden. So könnten bei einem Taschenrechner insbesondere über
die entsprechenden Tastenkombinationen auch Lese- und Schreibzugriffe
auf die nummerierten Speicherinhalte ausgeführt werden. Verglichen mit
den Anforderungen, wie wir sie bei einem Textsuch-Algorithmus kennen
gelernt haben, fehlen bei dieser Art der Programmiermöglichkeit aber
noch zwei wichtige Funktionalitäten:

• Zum einen reicht eine stets in fester Reihenfolge sequentiell durchgeführte Ausführung von Befehlen nicht immer aus. Oft benötigt wird
  auch die Möglichkeit, von diesem standardmäßigen Modus der sequentiellen Befehlsausführung an speziellen Punkten der Befehlssequenz abzuweichen, um so beispielsweise bestimmte Befehlssequenzen zu wiederholen.

  Der klassische Ansatz, eine solche Funktionalität zu realisieren, basiert auf einer Durchnummerierung der Befehle. Darauf aufbauend
  wird ein neuer Befehlstyp definiert, ein sogenannter **Sprungbefehl**,
  der einzig die Nummer des als nächstes zu bearbeitenden Befehls enthält. Noch heute verbreitet die **GOTO**-Bezeichnung dieses Sprung-
  befehls, der Bestandteil maschinennaher und vieler klassischer Programmiersprachen ist, Alpträume bei einigen Programmierern. Grund
  ist, dass ein wenig sorgsamer Einsatz von Sprungbefehlen zu einer
  Programmstruktur führen kann, die im Fall einer notwendigen Fehler-
  korrektur von einem Dritten kaum noch analysiert werden kann.

• Für einen Befehl, insbesondere auch für einen GOTO-Sprungbefehl,
  muss es die Möglichkeit einer bedingten Ausführung geben[6]. Das
  heißt, die Befehlsausführung muss zur Realisierung einer **Fallunterscheidung** von einer Bedingung abhängig gemacht werden können,
  die sich auf die Werte der Zwischenergebnisse bezieht.

  Der klassische und auch heute noch immer aktuelle Ansatz, den Programmiersprachen dazu bieten, ist der **IF-Befehl**. In der einfachsten

---

[6] Die Programmiersprache **FORTRAN**, die als eine der ersten höheren Programmiersprachen speziell für mathematische Berechnungen konzipiert worden war, wies in
  ihrer in den 1960er-Jahren und auch noch danach verwendeten Version einen IF-
  Befehl auf, der mit einem arithmetischen Ausdruck und drei Zeilennummern parametrisiert wurde: Abhängig davon, ob der arithmetische Ausdruck negativ, null oder positiv war, wurde die zugehörige Programmzeile angesprungen.

Version besteht er aus zwei Teilen, nämlich einer logischen Bedingung und einem Befehl. Dabei wird der Befehl nur dann ausgeführt, wenn die Bedingung erfüllt ist. Beispielsweise kann es ein solcher IF-Befehl zum Gegenstand haben, dass die im Befehlsteil beschriebene Multiplikation nur unter der Bedingung ausgeführt wird, dass ein bestimmtes der bisher erzielten Teilresultate gleich 4711 ist.

In den meisten Programmiersprachen gibt es noch weitere, der Ablaufsteuerung dienende, auch **Steueranweisung** genannte, Befehle, bei denen es sich um Kombinationen des IF-Befehls mit ganz speziellen Sprungbefehlen handelt. Praktisch sind solche Konstrukte insbesondere dann, wenn wie im Beispiel der Textsuche eine Befehlssequenz schleifenförmig bis zum Erreichen eines Ziels mehrfach durchlaufen werden soll. Allerdings dienen solche Befehlskombinationen „nur" dem Programmierkomfort sowie der Übersichtlichkeit. Dagegen wird die Palette von Algorithmen, die sich insgesamt programmieren lassen, *nicht* durch solche zusätzlichen Befehlskombinationen erweitert. Allerdings kann gezeigt werden, dass die beiden genannten Befehlstypen IF und GOTO stets durch einen einzigen Befehlstyp ersetzt werden könnten. Dieser sogenannte **WHILE**-Befehl besteht aus einer Bedingung und einem Befehlsblock, wobei der Befehlsblock solange ausgeführt wird, wie die Bedingung erfüllt ist.

Vom Prinzip her können wir uns also einen Computer durchaus so vorstellen wie einen Taschenrechner, der im eben beschriebenen Sinn minimalistisch programmierbar ist. Denn bereits dieses Minimalsystem ergibt eine **universelle Rechenmaschine** in dem Sinne, dass *jeder* denkbare Algorithmus programmierbar ist, sofern der Speicherplatz genügend groß ist.[7]

Analog zum Taschenrechner mit seinen nummerierten Speichern werden auch beim Computer durchnummerierte Speicherzellen verwendet, um die Zwischenergebnisse zu speichern, die im Verlauf der Bearbeitung eines Algorithmus anfallen. Da sich der Inhalt einer Speicherzelle während des Programmverlaufs ändern kann, spricht man bei einer Speicherzelle in Analogie zur mathematischen Terminologie von einer **Variablen**. Der Inhalt der Speicherzelle wird dann **Wert der Variablen** genannt.

---

[7] Die auf Alonzo Church zurückgehende **Church'sche These** besagt, dass alle deterministischen Algorithmen mit einem solchen Minimalrechner realisiert werden können.

Bilden die Inhalte mehrerer Speicherzellen eine logische Einheit, kann auch die Gesamtheit dieser Speicherzellen als eine einzelne Variable aufgefasst werden.

Variablen werden meist mit Buchstaben oder Worten bezeichnet – man spricht daher auch von einem **Bezeichner**, **Namen** oder **Bezeichnernamen**. Die Auswahl des Bezeichners sollte in einer Weise erfolgen, die möglichst viele Hinweise auf die inhaltliche Interpretation gibt. Dazu sind innerhalb des Bezeichnernamens auch Ziffern und Sonderzeichen wie ein Unterstrich gebräuchlich, meist aber nicht am Anfang. Entsprechend den Koordinaten eines Vektors, wie er in der Mathematik gebraucht wird, kann der Bezeichner mit einem Index ergänzt sein.

Die sehr technische, im Prinzip einer Tabelle entsprechende Zuordnung

Nummer der Speicherzelle → Inhalt der Speicherzelle

kann so übersichtlicher und transparenter beschrieben werden, nämlich in der Form

Bezeichner → Nummer einer Speicherzelle → Inhalt dieser Speicherzelle.

Das Prinzip kennen wir aus dem Internet: Ein leicht zu merkender Domain-Name steht für eine IP-Nummer. Ruft man eine von beiden Adressen im Browser auf, erhält man den dazu hinterlegten Inhalt angezeigt. Natürlich gibt es auch klassische Beispiele: Früher suchte man im Telefonbuch in der alphabetisch sortierten Liste der Anschlussinhaber nach der Rufnummer des gewünschten Gesprächspartners.

In Bezug auf Variablen erlauben Bezeichner beispielsweise die folgenden Sprechweisen: Der Wert der Variablen a ist gleich 3, und der Wert der Variablen zeichencode[351] ist gleich 61.

Auf Basis der gerade erläuterten Sichtweise kann ein beliebiger Algorithmus beziehungsweise das ihn abwickelnde Computerprogramm in einer Mischung aus Formeln und verbal charakterisierten Befehlen beschrieben werden. Eine vollkommen standardisierte Form dafür gibt es allerdings nicht. Immerhin hat es sich eingebürgert, Konstrukte zu verwenden, wie sie ähnlich Bestandteil der diversen Programmiersprachen sind. Man spricht daher auch von **Pseudo-Code**.

Befehle, die eine zu tätigende Berechnung charakterisieren, werden im Pseudo-Code durch Formeln beschrieben. Dabei werden die diversen Speicherinhalte, mit denen gerechnet wird, durch die betreffenden Variablennamen charakterisiert. Gleiches gilt jeweils für den *einzelnen* Variablennamen, in deren Speicherzelle das Berechnungsergebnis gespeichert werden soll. Man spricht daher auch von einem **Zuweisungsbefehl**. Beispielsweise ist die Kurzform des Zuweisungsbefehls

```
a = 3*a + b + 1;
```

dahingehend zu interpretieren, dass die Werte der beiden Variablen a und b gelesen werden, dann daraus das Resultat des Ausdrucks 3*a + b + 1 berechnet wird, um schließlich dieses Ergebnis wieder in der Speicherzelle zur Variablen a zu speichern. Zu beachten ist, dass dabei Formeln in einer Weise verwendet werden, die sich von der in der Mathematik üblichen Weise fundamental unterscheidet. So beschreibt auch die in mathematischer Interpretation unerfüllbare Gleichung

```
a = a + 1;
```

einen sinnvollen Zuweisungsbefehl. Aus diesem Grund wird oft statt dem Gleichheitszeichen das Definitions- beziehungsweise Zuweisungszeichen „:=" gebraucht – übrigens auch in einigen klassischen Programmiersprachen wie ALGOL und Pascal. Allerdings werden wir hier in Zuweisungsbefehlen immer ein normales Gleichheitszeichen verwenden, wie es auch in JavaScript notwendig ist, dessen diesbezügliche Notation sich an die Programmiersprache C anlehnt.

Als Beispiel für einen als Pseudo-Code beschriebenen Algorithmus wollen wir eine beliebig eingegebene Zahl darauf testen, ob es sich bei ihr um eine Primzahl handelt oder nicht. Zur Erinnerung: Eine positive Ganzzahl heißt Primzahl, wenn sie nur durch sich selbst und 1 teilbar ist. Per Definition wird zusätzlich die Zahl 1 ausgeschlossen. Prim sind damit die Zahlen 2, 3, 5, 7, 11, 13, 17, 19, 23, …

Unser Algorithmus zur Überprüfung soll außerdem im Fall einer nicht primen Zahl einen Teiler ausgeben. Dass der beschriebene Algorithmus in Bezug auf die notwendige Rechenzeit keinesfalls optimal ist, sollte niemanden stören. Viel wichtiger für uns sind andere Dinge: Variablen sollten immer mit Namen bezeichnet werden, die möglichst weitgehende Hinweise auf ihre Bedeutung geben. Wichtig ist auch die Art, wie zu wiederholende Schritte des Algorithmus zu einem Schleifen-Block zusammengestellt werden. Im vorliegenden Beispiel werden konkret alle Zahlen, und zwar absteigend von der zu testenden Zahl ausgehend, darauf geprüft, ob es sich bei ihnen um einen Teiler der zu testenden Zahl handelt

```
zuTestendeZahl = Wert der über Tastatur eingegebenen Ganzzahl;
Wenn zuTestendeZahl < 2
    dann: STOP mit Ausgabe("Keine korrekte Eingabe!");
gefundenerTeiler = zuTestendeZahl;
moeglicherTeiler = zuTestendeZahl - 1;
Wiederhole folgenden Befehlsblock solange moeglicherTeiler > 1 ist:
    Wenn zuTestendeZahl durch moeglicherTeiler ohne Rest teilbar
        dann: gefundenerTeiler = moeglicherTeiler;
    moeglicherTeiler = moeglicherTeiler - 1;
[Blockende: nächster Schleifendurchlauf]
Wenn gefundenerTeiler < zuTestendeZahl
    dann: Ausgabe(gefundenerTeiler)
    andernfalls: Ausgabe("Eingegebene Zahl ist Primzahl!");
```

Normalerweise werden die mehr oder minder verbal beschriebenen Pseudo-Code-Befehle von oben nach unten abgearbeitet. Eine Ausnahme stellt der aus Zeile 6 bis 10 bestehende Befehlsblock dar. Dieser Befehlsblock wird solange wiederholt, bis die Variable moeglicherTeiler aufgrund der in Zeile 9 pro Durchlauf vorgenommenen Verringerung um 1 wertmäßig bis auf 1 geschrumpft ist. Auf diese Weise werden alle ganzen Zahlen im Bereich 2, ..., zuTestendeZahl-1 darauf geprüft, ob es sich bei ihnen um einen Teiler von zuTestendeZahl handelt. Wenn dies der Fall ist, wird der aktuelle Wert der Variablen moeglicherTeiler in die Variable gefundenerTeiler übertragen. Der Wert dieser Variablen gibt stets den kleinsten bisher gefundenen Teiler von zuTestendeZahl an. Ist nach einer vollständigen Blockabarbeitung ein Teiler gefunden worden, der kleiner ist als zuTestendeZahl, dann handelt es sich bei der Eingabe um keine Primzahl.

Befehlsblöcke und bedingte Befehle sollten wie im Beispiel geschehen immer durch Einrücken kenntlich gemacht werden. Eine solche Formatierung wie auch eine sinnvolle Benennung von Variablen macht es einfacher, den beschriebenen Algorithmus nachzuvollziehen.

Nicht näher im Pseudo-Code erläutert wurde, wie man die Teilbarkeit konkret mit Hilfe arithmetischer Operationen prüft. Da dies im Moment nachrangig ist, stellen wir dies solange zurück, bis wir den hier beschriebenen Algorithmus in JavaScript programmieren. Die Verfahrensweise, die Lösung einer Detailaufgabe auf später zu verschieben, wird übrigens oft praktiziert. Man spricht dabei von einer **Top-Down-Methode**: Man kümmert sich erst um die globale Aufgabenverteilung und erst später um die im Detail zu lösenden Einzelprobleme.

Anzumerken bleibt, dass ein Pseudo-Code nicht unbedingt zu einem Computerprogramm führen muss. Mindestens ebenso gut ist Pseudo-Code dazu geeignet, den derart beschriebenen Algorithmus „von Hand" durchzuarbeiten – etwa mit Stift und Papier. Dies tat übrigens auch der Vordenker programmierbarer Rechner Alan Turing, als er 1952 einen Algorithmus zum Schachspielen erdachte und damit gegen einen menschlichen Gegner spielte.

Die Softwarekrise und ihre Folgen

Bis in die 1970er-Jahre war die Programmierung auf Großrechner beschränkt. Deren Arbeitsspeicher war im Vergleich zu heutigen Rechnern und IT-Geräten wie Smartphones minimal: oft unter einem Megabyte, in höchster Ausbaustufe maximal einige wenige Megabyte.

Aufgrund dieser Hardware-bedingten Restriktionen waren die durch Computerprogramme lösbaren Probleme in den 1950er- und 1960er-Jahren noch vergleichsweise einfach und übersichtlich. Außerdem standen die wenigen Programmierer meist auch für die Korrektur und Erweiterung ihrer eigenen Programme zur Verfügung – oft waren sie sogar die einzigen Nutzer ihrer eigenen Programme.

Allerdings konnten mit der ständigen Verbesserung der Hardware immer komplexere Probleme mit Computerhilfe bearbeitet werden. Damit wuchsen auch Umfang und Komplexität der dazu erstellten Programme. Auf einer durch das NATO Science Committee geförderten Fachtagung *Software Engineering*, die 1968 in Garmisch-Partenkirchen veranstaltet wurde, wurde erstmals der Begriff *software crisis* verwendet: Man hatte nämlich erkannt, dass die Projektkosten zur Erstellung von Software immer stärker stiegen, und dies nicht zuletzt durch den Aufwand für die Beseitigung von Fehlern.

Was war zu tun? Man gelangte zur Einsicht, dass es *nicht* nur darauf ankommt, dass ein Programm „richtig" arbeitet: Mindestens ebenso wichtig ist die Planung und Architektur eines Computerprogramms – nicht anders als beim Bau eines Hauses. Und wie man dort nur maß-lich und funktional normierte Elemente, vom Baustein über Stahlträ-ger, Rollladenkasten und Heizkörper bis hin zur Elektrik, verwendet, so sollte man auch beim Programmieren vorgehen: „Erbaut" wird ein Programm aus modular konzipierten Komponenten, deren in der Pla-nungsphase genau definierte Funktionalität isoliert geprüft werden kann. Realisiert werden die einzelnen Komponenten auf Basis vorge-gebener Standards, die insbesondere den Wildwuchs der Vielfalt be-grenzt, den die Syntax einer Programmiersprache prinzipiell zulässt: Das erste „Opfer" war der schon erwähnte GOTO-Befehl, der selbst dann nicht mehr verwendet wird, wenn ihn eine Programmiersprache noch bietet. Ersetzt wird der GOTO-Befehl durch *übersichtliche* Be-fehlsblöcke, die mit IF-, WHILE- und ähnlichen Befehlen in ihrer Abfolge gesteuert werden.

Außerdem werden Daten, die logisch zusammengehören, auch funk-tional zusammengefasst – nicht anders als bei einer Papier-basierten Aktenablage in Mappen und Ordnern. Programmiersprachen bieten diesbezüglich Konstruktionen, bei denen eine einzelne Variable eine Kombination von mehreren Einzeldaten beinhalten kann.

Mit diesen, gerade kurz skizzierten, Eckpunkten eines **Program-mierparadigmas**[8] entwickelte sich zum Beginn der 1970er-Jahre die sogenannte **strukturierte Programmierung**. Eine ihrer maßgebli-chen Protagonisten war der an der ETH in Zürich forschende Infor-matiker Niklaus Wirth (1934–), der dazu die Programmiersprache Pascal entwickelte. Auch die Programmiersprache C folgt dem Kon-zept der strukturierten Programmierung. Ihre Fortentwicklung fand die strukturierte Programmierung durch die **objektorientierte Pro-grammierung**, die Programmiersprachen wie C++, Java und Ja-vaScript zugrunde liegt. Wir werden in späteren Kapiteln die Vorteile

---

[8]   Entsprechend allgemeinen Paradigmen, die für eine Weltsicht oder eine Denkschule stehen, handelt es sich bei Programmierparadigmen um Leitlinien, denen die Umset-zung realer Sachverhalte in ein Computerprogramm idealerweise folgen sollte.

dieses Konzepts kennen lernen, die in der Regel mit Begriffen wie Datenkapselung, Polymorphie und Vererbung beschrieben werden.

3 Wie Computer funktionieren

Um einen Computer zu programmieren, muss man keineswegs wissen, wie er technisch funktioniert. Schließlich kann man auch Auto fahren, ohne Kenntnisse über die interne Funktionsweise zu besitzen. Ein wenig Hintergrundwissen ist aber trotzdem oft hilfreich. Wir wollen daher einen kurzen Überblick über die prinzipielle Funktionsweise und der dazu verwendeten Technik geben. Leser sollten sich aber *keinesfalls* von dem einen oder anderen vielleicht kniffligen Detail abschrecken lassen, sondern bei Verständnisproblemen einfach weiter lesen. Für das Verständnis der weiteren Kapitel wird der Inhalt dieses Kapitels *nicht* benötigt.

Bekanntlich rechnen wir üblicherweise im Dezimalsystem. Dabei besitzt eine Ziffer 0, 1, ..., 9 innerhalb einer Zahldarstellung eine von der Position abhängige Wertigkeit. Konkret steht eine Ziffer für das Vielfache einer Zehnerpotenz, also 1, 10, 100, 1000, ... für die Ziffern von hinten nach vorne. In klassischen, mechanisch funktionierenden Rechenmaschinen wurden die einzelnen Ziffern jeweils durch die Stellung eines Zahnrades repräsentiert. Natürlich konnte mit solchen Zahnrädern allein schon deshalb keine hohe Rechengeschwindigkeit erreicht werden, da der mit dem Voranschreiten einer Berechnung erforderliche Wechsel des physikalischen Zustandes nur langsam möglich war.

Damit ein elektronisch arbeitender Computer seinen internen Zustand entsprechend dem Verlauf einer Berechnung mit hoher Geschwindigkeit und höchster Robustheit gegenüber Fehlfunktionen ändern kann, beschränkt man sich dort auf nur zwei Ziffern. Zu deren Darstellung verwendet man in der Regel zwei Spannungspotenziale wie beispielsweise 0 und +5 Volt. Träger dieser Eigenschaften sind elektronische Schaltungen, die viele Milliarden Mal in einem Computer verbaut sind und auf elektronischen Schaltern, sogenannten Transistoren, basieren.[9]

---

[9] Wer sich mit Elektrotechnik nicht auskennt, kann sich statt einem Spannungspegel auch Wasserdruck in einem Rohrleitungssystem vorstellen, wobei fließendes Wasser die Analogie zum Stromfluss bildet.

Die Fortschritte moderner Computer-Konstruktionen beruhen unter anderem auch darauf, dass für einen Schaltvorgang möglichst wenig Strom fließt. Dafür wird nämlich Energie benötigt, die letztlich in Wärme umgewandelt wird. Aufgrund der riesi-

© Springer Fachmedien Wiesbaden GmbH, ein Teil von Springer Nature 2018
J. Bewersdorff, *Objektorientierte Programmierung mit JavaScript*,
https://doi.org/10.1007/978-3-658-21077-9_3

Entsprechend dieser Konzeption werden Zahlen innerhalb eines Computers nicht im Dezimal- sondern im **Binärsystem** dargestellt. Das heißt, als Basis wird die Zahl 2 statt der üblichen Dezimalbasis 10 verwendet. Statt 10 Ziffern braucht man dann nur zwei Ziffern, nämlich 0 und 1. An Stelle der Zerlegung nach Zehnerpotenzen, die der dezimalen Zifferndarstellung zugrunde liegt, wie zum Beispiel

$$209 = 2 \cdot 100 + 0 \cdot 10 + 9 \cdot 1,$$

tritt im Binärsystem die Zerlegung in Zweierpotenzen, nämlich

$$209 = 1 \cdot 128 + 1 \cdot 64 + 0 \cdot 32 + 1 \cdot 16 + 0 \cdot 8 + 0 \cdot 4 + 0 \cdot 2 + 1 \cdot 1.$$

Diese Summenzerlegung entspricht der Binärzahl 11010001. Gerechnet wird mit denselben Techniken wie im Dezimalsystem, wobei aber die Unterschiede im Ziffernvorrat und die dadurch bedingten Unterschiede bei den Überträgen zu beachten sind. Nehmen wir zum Beispiel die binäre Addition von 5 und 7, die natürlich wieder 12 ergibt:

$$
\begin{array}{r}
101 \\
111 \\
+ \ \ 111 \\
\hline
1100
\end{array}
$$

Im speziellen Fall dieses Additionsbeispiels entstehen bei den drei hinteren Stellen Überträge von je 1.

---

gen Zahl von Schaltvorgängen wird beides zum Problem: Einerseits entsteht Wärme, die schnell genug abgeführt werden muss, bevor sie zerstörend auf ein Bauteil wirken kann. Speziell bei mobilen Geräten kommt hinzu, dass der Energieverbrauch die Verfügbarkeit des Gerätes zeitlich limitiert.

Historisch wurde der erste frei programmierbare Rechner von dem Deutschen **Konrad Zuse** 1938 auf Basis mechanischer Schaltelemente gebaut. Für seinen zweiten Rechner verwendete er 1939 Standard-Relais. Bei einem solchen Relais handelt es sich um einen elektromagnetisch betätigten Schalter. In der Regel wird der Schaltkontakt bei vorhandener Spannung durch einen Elektromagneten geschlossen und ohne Spannung durch eine Feder wieder getrennt.

Bei Transistoren ergibt sich die Schalterfunktionalität dadurch, dass der elektrische Widerstand eines Leiters elektrisch verändert werden kann, indem an einen speziell dafür vorgesehenen Steueranschluss eine Spannung angelegt wird. Intern wird dazu bei einigen Transistorbauarten ein elektrisches Feld in seiner Stärke variiert.

Eine Information über eine einzelne binäre Ziffer wird **Bit** genannt. Acht solche Informationen werden als **Byte** bezeichnet. Wegen $2^8 = 256$ kann man ein Byte als ganze Zahl im Bereich von 0 bis 255 interpretieren. Oft wird diese Zahl als zweiziffrige, sogenannte **Hexadezimalzahl** notiert. Dabei handelt es sich jeweils um eine Zahldarstellung zur Basis 16 mit Hilfe der Ziffern 0, 1, ..., 9, A (10), B (11), C (12), D (13), E (14) und F (15). Beispielsweise steht die zweiziffrige Hex-Zahl FD für die Dezimalzahl 253.

Schriftzeichen

Bytes besitzen auch deshalb eine so hohe Bedeutung bei Computern, weil ihre Informationsmenge ausreicht, jeweils ein Schriftzeichen des lateinischen Alphabets in Groß- oder Kleinschreibung inklusive der Ziffern-, Satz- und einiger Sonderzeichen zu codieren. Die entsprechenden Zeichen werden dazu schlicht in einer durch internationale Standards normierten Weise durchnummeriert. Die Informationsmenge eines Bytes ist aufgrund der 256 Möglichkeiten sogar noch ausreichend für einige Spezialzeichen wie die deutschen Umlaute ä, Ä, ö, Ö, ü, Ü sowie ß, é, É, è, È, ê, Ê, å, Å, ĉ, Ĉ und so weiter. Spätestens für kyrillische, griechische, hebräische und arabische Schriftzeichen reicht aber die Informationsmenge nicht mehr – von der Vielfalt ostasiatischer Sprachen inklusive der chinesischen Schriftzeichen ganz zu schweigen. Aus diesem Grund wurde 1991 der **Unicode** spezifiziert, der mit 2 Bytes bis zu 65536 Zeichen darstellen kann, darunter über 20.000 speziell dafür normierte ostasiatische Schriftzeichen. Beginnend ab 1996 wurde die Unicode-Spezifikation mit unterschiedlichen Codelängen von bis zu 4 Bytes auch auf bisher dahin noch nicht abgedeckte Schriftzeichen erweitert.

Technische Grundlage der Operationen, die in einem Computer auf Bit-Ebene ablaufen, sind elektronische Schaltkreise, welche die **logischen Operationen** AND, OR und NOT realisieren[10]. Dazu wird der binäre Wert 1 als „wahr" und der binäre Wert 0 als „falsch" interpretiert. Wie

---

[10] Aus technischen Gründen werden meist andere Operationen wie NAND und NOR verwendet, bei denen es sich um negierte AND- beziehungsweise OR-Operationen handelt.

bei einer arithmetischen Operation verknüpfen die beiden erstgenannten Operationen zwei Werte und liefern dann einen dritten Wert als Resultat. Zum Beispiel ist

$$1 \text{ AND } 0 = 0,$$

$$1 \text{ OR } 0 = 1.$$

In Bezug auf die OR-Operation ist ergänzend anzumerken, dass es sich *nicht* um ein Entweder-Oder handelt, auch wenn das Wort „oder" umgangssprachlich oft so interpretiert wird. Das heißt, dass a OR b gleich 1 ist, wenn mindestens einer der beiden Operanden a, b gleich 1 ist, was den Fall einschließt, dass *beide* Operanden gleich 1 sind.

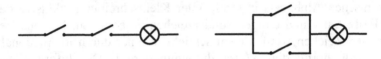

Bild 2   Symbolische Darstellung von jeweils zwei Schaltern: Links müssen zur Einschaltung der abgebildeten Lampe entsprechend einer AND-Operation beide Schalter geschlossen sein, rechts entsprechend einer OR-Operation zumindest einer der beiden Schalter.

Dagegen ist NOT ähnlich dem Negationszeichen der Arithmetik eine Operation mit nur einem Operanden. Beispielsweise ist

$$\text{NOT } 0 = 1.$$

Mit diesen drei Grundoperationen lässt sich bei Bedarf auch jede weitere Operation auf binärer Ebene realisieren wie

- die übertragslose Addition von zwei Binärziffern A und B:

$A \text{ XOR } B = (A \text{ AND } (\text{NOT } B)) \text{ OR } ((\text{NOT } A) \text{ AND } B)$

- die Berechnung des dabei entstehenden Übertrages:

$A \text{ AND } B$

- die Überprüfung von zwei Binärziffern A und B auf Gleichheit:

A EQU B = ((A AND B) OR ((NOT A) AND (NOT B)))

- die Überprüfung von zwei Bit-Sequenzen $A_1 A_2 ...$ und $B_1 B_2 ...$ auf Gleichheit:[11]

(A_1 EQU B_1) AND (A_2 EQU B_2) AND ...

- irgendeine andere Funktionalität, die Takt für Takt für eine zu realisierende Rechnerarchitektur benötigt wird.[12]

Üblicherweise wird der Speicher eines Computers in Zellen segmentiert. Die Größe der Speicherzellen beträgt heute in der Regel 32 oder 64 Bits, also 4 oder 8 Bytes. Bei dem Inhalt einer solchen Zelle spricht man oft von einem **Wort**. Die Größe der Speicherzellen wird auch **Wortlänge** genannt.

Obwohl die Speicherzellen ganz verschiedene, ihren Aufgaben zugeordnete Interpretationen besitzen, so ist es doch – zumindest aus Sicht der Notation – vorteilhaft, ihre Inhalte einheitlich als Zahlen zu interpretie-

---

[11] Diese Funktionalität ist äußerst wichtig: Sie erlaubt einerseits die Decodierung von binär codierten Programmbefehlen sowie andererseits die Aktivierung einzelner Speicherbereiche auf Basis ihrer „Nummerierung" (Adresse). Dazu wird der Inhalt einer Speicherzelle, der als Befehl oder Adresse interpretiert werden soll, *gleichzeitig* mit Konstanten einer Liste, die sämtliche mögliche Werte enthält, auf Gleichheit geprüft. Die so erhaltenen Vergleichsergebnisse, von denen genau eins den Wert 1 besitzt, aktivieren dann die zu selektierende Funktionalität beziehungsweise Speicherzelle. Siehe auch Fußnote 15.

[12] Insgesamt gibt es übrigens 16 verschiedene Operationen für *zwei* binäre Werte, da zu jedem der vier Wertepaare zwei Möglichkeiten für das betreffende Ergebnis existieren. Diese kombinieren sich zu $2 \cdot 2 \cdot 2 \cdot 2 = 2^4 = 16$ Möglichkeiten.
Mehr als astronomische Ausmaße erreicht die Zahl der Möglichkeiten, mit denen die n binären Speicherzellen transformiert werden können, wie es in einem Computer Takt für Takt geschieht. Dabei gibt es für jede der 2^n Sequenzen von n Bits 2^n Möglichkeiten einer binären Transformation: Für Sequenzen aus $n = 1$ Bits existieren also $2^2 = 4$ mögliche Transformationen, bei $n = 2$ Bits sind es $4^4 = 16$ Möglichkeiten, bei $n = 3$ Bits sind es bereits $8^8 = 2^{24} = 16777216$ Möglichkeiten und so weiter. Zu jeder dieser Transformation gibt es im Prinzip eine Verkettung von Logik-Schaltkreisen, mit der die Transformation technisch vollzogen werden kann. Allerdings scheitert die praktische Realisierung in der Regel an einer viel zu hohen Zahl von notwendigen Logik-Schaltkreisen. Daher liegen Computer-Architekturen binäre Transformationen zugrunde, deren Änderungen relativ geringfügig sind, so dass sie mit geschachtelten Logik-Schaltungen auch praktisch realisiert werden können.

ren. Dazu werden die Bits einer jeden Speicherzelle zusammengefasst und als positive Ganzzahl mit den möglichen Werten 0, 1, 2, 3, 4, ..., $2^{32} - 1$ beziehungsweise 0, 1, ..., $2^{64} - 1$ interpretiert. Die Notation erfolgt meist in hexadezimaler Schreibweise.

Die Nummer, die eine bestimmte Speicherzelle im Rahmen einer fortlaufenden Nummerierung aller Speicherzellen erhält, wird als deren **Adresse** bezeichnet. Da der auszuführende Algorithmus in Form einer Sequenz von codierten Programmbefehlen im Speicher abgelegt ist, ist es insbesondere möglich, den Stand des Programmablaufs in Form einer Adresse zu charakterisieren, nämlich durch die Adresse des aktuell in Bearbeitung befindlichen Programmbefehls. Diese Adresse wird allgemein als **Befehlszeiger**, **Programmschrittzähler**, **Befehlszähler** oder mit dem englischen Begriff **program counter** bezeichnet. Der aktuelle Wert des Befehlszählers ist stets an einer exklusiv dafür reservierten Stelle gespeichert.

In seiner Gesamtheit wird daher der aktuelle Zwischenstand des Programmfortschritts jeweils durch

- das gespeicherte Programm selbst,
- die aktuellen Zwischenwerte der vom Programm verwendeten Speicherzellen sowie
- den aktuellen Wert des Befehlszählers charakterisiert.

Alle diese Werte sind im Speicher abgelegt, und so determiniert der Inhalt des Speichers die weitere Berechnung des Programms vollständig. Ausgeführt wird die Berechnung taktweise mit einer **Taktrate** von mehreren Milliarden Mal pro Sekunde, wobei Takt für Takt ein neuer Speicherzustand erreicht wird, der sich in deterministischer Weise aus den Inhalten des Speichers vor dem jeweiligen Takt ergibt.

Auf binärer Ebene werden also Takt für Takt riesige, dem gesamten Speicherinhalt entsprechende, Bit-Sequenzen transformiert, Der Clou daran ist, dass die Transformation auf geschachtelte AND-, OR- und NOT-Operationen reduziert wird und daher mittels entsprechend kombinierten **Logik-Schaltkreisen**, auch **Gatter** (Englisch *gate*) genannt, vollzogen werden kann. Zwar gibt es im Prinzip zu jeder binären Transformationsregel, die alle denkbaren Speicherzustände umfasst, eine Hardware-Realisierung von gegebenenfalls astronomischen Ausmaßen. Praktisch mit Logik-Schaltkreisen realisierbar sind jedoch nur sehr beschränkt wirkende Transformationen. Dabei besteht die Kunst der Rechner-Architektur darin, trotz dieser Beschränkung eine universell programmierbare Maschine zu erhalten (siehe Kasten *Der Aufbau eines Computers*).

Der Aufbau eines Computers

Auch wenn heutige Computer hochkomplexe Architekturen enthalten, die eine fast völlig parallel verlaufende Bearbeitung verschiedener Algorithmen erlauben, hat sich das *grundlegende* Prinzip gegenüber den Anfängen in den 1950er-Jahren kaum verändert. Die nachfolgende Beschreibung orientiert sich an einem solchen Minimalsystem, das heißt, die zugrunde gelegte Konstruktion ist so einfach wie möglich gehalten.

Zu jedem Zeitpunkt wird der aktuelle Zustand eines Computers – und damit auch seine Folgezustände – durch den Inhalt seiner binären Speicher eindeutig charakterisiert, das heißt durch eine Folge von Nullen und Einsen. Die Takt für Takt vollzogene Aktualisierung aller Speicherinhalte wird stets durch die geeignet kombinierten Logik-Schaltkreise bewerkstelligt, welche die eigentliche Architektur des Computers bilden. Das heißt, Takt für Takt findet eine binäre Transformation statt, die den dazu verbauten Logik-Schaltkreisen entspricht.

Bild 3   Pro Takt wird auf Basis des aktuellen Inhalts der Speicher (oben) der neue Speicherinhalt (unten) mit Hilfe von Logik-Schaltkreisen erzeugt. Die Konstruktion der Logik-Schaltung erweist sich als universell, wenn jeder beliebige Algorithmus dadurch abgearbeitet werden kann, dass er zum Startzeitpunkt in Form einer geeigneten Codierung in einem speziellen Teil des Speichers abgelegt wird.

Die wesentliche Eigenschaft, die durch die Computer-Architektur in Form der ihr zugrunde liegenden Logik-Schaltkreise sichergestellt werden muss, betrifft die Universalität: Eine Rechenmaschine ist universell, wenn jeder Algorithmus prinzipiell realisierbar ist, und zwar dadurch, dass seine binäre Entsprechung zu Beginn der Berechnung in einen speziellen Speicherbereich geladen wird.

Bei heute üblichen Rechnerarchitekturen erfolgt die Ausführung des Programmes in Form von Zyklen, die jeweils eine bestimmte Anzahl von Takten enthalten – in unserem Einfachstbeispiel sind es drei Takte pro Zyklus. In einem solchen Taktzyklus wird jeweils derjenige Befehl des binären **Maschinencodes** ausgeführt, dessen Bitmuster in der Speicherzelle steht, die durch den aktuellen Befehlszählerinhalt adressiert wird.[13] Dazu wird dieser Befehl im ersten Takt des Zyklus zunächst in eine spezielle, **Befehlsregister** genannte Speicherzelle kopiert. Im zweiten Takt des Zyklus wird der Befehlszähler um 1 erhöht. Im dritten und letzten Takt kommt es dann zur Ausführung des eigentlichen Befehls.

Aufgrund der im letzten Kapitel angestellten Überlegungen reichen, um eine universelle Rechenmaschine realisieren zu können, die beiden folgenden Befehlstypen:

- Elementaroperation, egal ob in Form einer Addition oder einer bitweisen logischen Operation. Dies schließt als Sonderfall den Vorgang ein, bei dem der Inhalt einer bestimmten Speicherzelle in eine andere Zelle kopiert wird.

- Bedingter Sprung, wobei zum Beispiel die folgende Funktionalität ausreicht: Abhängig davon, ob eine bestimmte, vorgegebene Speicherzelle gleich 0 ist, wird im nächsten Schritt *nicht* der im Maschinencode nachfolgende Befehl ausgeführt. Stattdessen erfolgt ein Sprung zu einer ebenfalls vorgegebenen Stelle im Maschinen-

---

[13] In theoretischer Hinsicht gibt es durchaus gänzlich anders funktionierende Alternativen. So handelt es sich bei dem von John Horten Conway erdachten **Spiel des Lebens** um einen **Zellulären Automaten**, der im Prinzip jede algorithmisch mögliche Berechnung durchführen kann. Die binären Zellen sind schachbrettartig angeordnet, wobei die Transformationsregel stets zu einem Zelleninhalt 0 führt, *außer* in den beiden folgenden Fällen: Der Wert der Zelle war vorher 0 und genau drei der acht Nachbarzellen hatten den Wert 1 („Geburt"). Der Wert der Zelle war vorher 1, und zwei oder drei der acht Nachbarzellen hatten ebenfalls den Wert 1 („Überleben").
Diese einfache Transformationsregel reicht bereits aus, um im Prinzip jeden beliebigen Algorithmus und jede Form von zugehörigen Eingabedaten in eine Startkonfiguration zu codieren, von der ausgehend das gesuchte Ergebnis berechnet wird.

code. Dazu wird der Wert des Befehlszählers entsprechend geändert.

Damit die Transformation des Speicherzustandes, die Takt für Takt durchzuführen ist, überhaupt praktisch durch Logik-Schaltkreise realisiert werden kann, müssen in Bezug auf den erstgenannten Befehlstyp starke Einschränkungen gemacht werden. Dies geschieht dadurch, dass man die Operationen funktional möglichst stark begrenzt, wobei die Eigenschaft einer universellen Programmierbarkeit natürlich nicht verloren gehen darf. Zielrichtungen der Beschränkung sind: Einerseits ändert sich pro Befehl immer nur der Wert einer einzigen Speicherzelle. Andererseits ist die dazugehörige Transformation wenig komplex, außer es handelt sich bei der veränderten Speicherzelle um eine von wenigen Speicherzellen, die im Kern der eigentlichen Recheneinheit liegen. Im Detail gelangt man, abhängig vom Typ der veränderten Speicherzelle, zu drei Untertypen von Operationsbefehlen:

- Nur der Inhalt einer einzigen Speicherzelle, **Akkumulator** genannt, kann sich als Ergebnis einer „richtigen" Berechnung ergeben, wobei die Werte der Operanden im Akkumulator und in einer benachbarten Speicherzelle stehen, die beide als **Datenregister** bezeichnet werden. Dabei ist der Typ der Operation durch den Inhalt des Befehlsregisters bestimmt.
- Der Inhalt eines Datenregisters kann als Kopie des Inhalts einer beliebigen Speicherzelle hervorgehen. Dabei ist die Adresse, deren Inhalt kopiert wird, Bestandteil des im Befehlsregister stehenden Programmbefehls. Den analogen Vorgang, bei dem der Inhalt der Speicherzelle, die durch das Befehlszählerregister adressiert wird, ins Befehlsregister kopiert wird, haben wir bereits erwähnt.
- Der Inhalt einer der vielen restlichen Speicherzellen kann als Kopie des Akkumulator-Inhalts hervorgehen. Dies geschieht genau dann, wenn das Befehlsregister einen ganz bestimmten binären Inhalt aufweist, der insbesondere auch die Adresse der zu verändernden Speicherzelle beinhaltet.

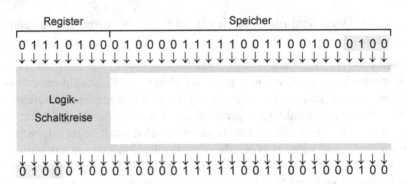

Bild 4   Wie in Bild 3 wird aus dem oben dargestellten Speicherinhalt innerhalb eines Takts der unten abgebildete Inhalt
generiert. Die meisten der dazu verwendeten Logik-Schaltkreise sind bei einem heutigen Rechner wenigen Speicherzellen zugeordnet: Datenregister, Befehlszählerregister
und Befehlsregister. Das Bild zeigt das Laden der letzten
vier Speicher-Bits in den linken Registerbereich – gesteuert durch die Inhalte von hier nicht näher gekennzeichneten Bits des Befehlszählerregisters.

Programmbefehle liegen intern als binär codierte Maschinenbefehle[14]
vor. Deren durch Logik-Schaltkreise realisierte Ausführung, bei der
natürlich die Datenregister-Inhalte entsprechend der Befehlsfunktio-

---

[14]   Um ein Maschinenprogramm einigermaßen lesbar notieren zu können, verwendet
man eine sogenannte Assemblersprache. Dabei wird jeder einzelne Maschinenbefehl
durch ein sogenanntes **Mnemonic** ausgedrückt, das sind einfach zu merkende Kurz-
formen wie zum Beispiel
STA für *Store to accumulator*,
LDA für *Load from accumulator* und
JMP für den Sprungbefehl *Jump*.
Ergänzt wird jeder dieser Befehle durch eine Adresse, die angibt, von wo gelesen,
wohin geschrieben beziehungsweise wohin gesprungen werden soll.
Hinsichtlich der Analogie zum Taschenrechner entsprechen die Maschinenbefehle
Operationstasten wie „STO" und „RCL" zum Schreiben (*store*) und Lesen (*recall*)
eines durch nachfolgende Tastenbetätigungen adressierten Speichers. Das Drücken
der Additionstaste würde einem parameterlosen Maschinenbefehl ADD entsprechen,
mit dem der Wert des zweiten Registers zum Wert des Akkumulators addiert wird.

nalität zu berücksichtigen sind, stellt die eigentliche Architektur des Computers dar.[15]

Die Aufteilung des Speichers in funktional differenzierte Bereiche wie Register und „normalem" Speicher, mag im Rahmen der vorliegenden Kurzübersicht etwas abstrakt erscheinen. Wir sollten uns daher daran erinnern, dass uns eine solche Aufteilung vom Taschenrechner her bestens vertraut ist. In der einfachsten Version, die keine geschachtelten Berechnungen erlaubt, verfügt ein Taschenrechner über zwei Datenregister, bei deren Inhalten es sich um die aktuell angezeigte Zahl und die gegebenenfalls unmittelbar zuvor eingegebene Zahl handelt. Durch Drücken der Gleichheitszeichen-Taste wird das Ergebnis von derjenigen Operation angezeigt, deren Taste zwischen der Eingabe beider Zahlen gedrückt wurde. Eine solche Rechenoperation lässt sich inklusive der notwendigen Überträge mit binären Schaltkreisen realisieren, auch wenn das im konkreten Fall eines heutigen Taschenrechners intern keinesfalls so ablaufen dürfte.

Aber schon die Multiplikation der beiden Datenregisterinhalte oder die Addition von zwei anderweitig gespeicherten Zahlen würde so kaum noch zu realisieren sein. Erforderlich ist eine Zerlegung in eine Folge einfacherer Operationen. So wird eine Multiplikation analog zur schriftlichen Multiplikation für Dezimalzahlen abgewickelt. Aufgrund des primitiven Einmaleins für binäre Ziffern reduziert sich diese Multiplikation auf mehrere Additionen und bitweise Verschiebungen. Entsprechend wird die Addition von zwei gespeicherten Zahlen auf zwei Lesezugriffe aus dem Speicher, die eigentliche Addition und einen Schreibzugriff in den Speicher zurückgeführt.

Zentraler Transportweg beim Kopieren von Speicherinhalten in Register und umgekehrt ist ein sogenannter **Bus**. Bei diesem Bus handelt

---

[15] Siehe dazu Fußnote 11. Die dort beschriebenen, parallel durchgeführten, bitweisen Vergleichsoperationen müssen für alle möglichen Bitmuster eines Befehls durchgeführt werden. Dies ermöglicht die gezielte Aktivierung der zugehörigen, durch logische Gatter realisierten Binäroperation. Dazu wird jedes Vergleichsergebnis, von denen genau eins gleich 1 ist, mittels bitweiser AND-Operation mit dem Ergebnis der zugehörigen, durch den Maschinenbefehl symbolisierten Binäroperation verknüpft. Mit einer anschließenden, bitweisen OR-Operation von all diesen Zwischenresultaten erhält man dann das Ergebnis des auszuführenden Maschinenbefehls.

es sich um ein Leitungsbündel, dessen einzelne Leitungen in der Regel geometrisch parallel geführt sind:

- Ein Teil der Leitungen verbindet die miteinander korrespondierenden Bits der Speicherzellen und Register. Über diese Leitungen, **Datenbus** genannt, erfolgt der Datentransport beim Kopieren.
- Der andere Teil der Leitungen, **Adressbus** genannt, dient dazu, die vom Kopiervorgang betroffene Speicherzelle zu selektieren. Über diese Leitungen wird die zu selektierende Adresse, die sich als Teil des Befehlsregisters ergibt, sowie ein zusätzliches Bit, das die Richtung des Kopiervorganges steuert, an alle Speicherzellen übermittelt. Dabei sorgen jeder Speicherzelle zugeordnete, die jeweilige Adresse widerspiegelnde, Logik-Schaltkreise für die *alleinige* Aktivierung der adressierten Speicherzelle. Dazu wird an jeder Speicherzelle deren Adresse mit dem aktuellen Inhalt des Adressregisters auf binäre Gleichheit geprüft. Dieses Vergleichsergebnis, das genau an der zu selektierenden Speicherzelle gleich 1 und ansonsten gleich 0 ist, ermöglicht über nachgelagerte AND- und OR-Operationen die gewünschten Kopiervorgänge.[16]

Es ist die Besonderheit der heute ausnahmslos verwendeten, 1946 vom Mathematiker John von Neumann vorgeschlagenen, **von-Neumann-Architektur**, dass sie nur einen Bus benötigt. Über diesen einen Bus werden Programmbefehle *und* Daten kopiert, was die Architektur entscheidend vereinfacht. Darüber hinaus ist die von-Neumann-Architektur aber auch in praktischer Hinsicht sehr flexibel:

- Einerseits erlaubt sie eine gute Ausnutzung des Speicherplatzes, was insbesondere in den Anfangstagen der Computer angesichts des beschränkten Speicherplatzes wichtig war, wenn sowohl längere Programme mit wenigen Daten als auch kurze Programme mit relativ vielen Daten realisiert werden konnten.
- Andererseits können aus Daten leicht Programme werden. Dies erleichtert die Realisierung von **Betriebssystemen**, die das Starten weiterer Applikationen ermöglichen – aus Sicht der Maschine handelt es sich dabei um ein einziges, während der Laufzeit modifiziertes Programm. Programme aus Daten entstehen auch bei **Compiler-** und **Interpreterprogrammen**, mit denen beispiels-

---

[16] Siehe auch Fußnoten 11 und 15.

weise ein in der Hochsprache C verfasstes Programm in ein binäres, vom Computer ausführbares Maschinenprogramm transformiert wird. Leider nutzen auch Computerviren die fehlende Barriere zwischen Daten- und Programmbereich, etwa wenn durch
überlange Inputs aufgrund einer fehlerhaft programmierten Input-
Interpretation der Programmbereich überschrieben, das heißt verändert, wird.

Die Einheit aus Register und Recheneinheit, welche Takt für Takt die
binäre Transformation der Speicherinhalte vornimmt, wird **Prozessor**
genannt. Seit Anfang der 1970er-Jahre gibt es **Mikroprozessoren**,
bei denen diese Funktionalität auf einem einzigen Elektronikchip
realisiert ist[17]. Oft sind die Speicher in separaten Elektronikchips untergebracht. Verbunden sind diese Bausteine über den Bus, an dem
auch noch weitere Chips angeschlossen sind, welche die Peripherie
steuern. Auch bei diesen Chips handelt es sich um Speicher, die allerdings die Besonderheit aufweisen, dass ihre Inhalte zusätzlich auch
von außen lesbar oder beschreibbar sind. Was wieder einmal im ersten Moment abstrakt erscheint, ist uns in seiner Funktionalität bestens
vertraut. So gibt es einen Bereich im Speicher, der den Bildpunkten
des Bildschirms entspricht. Dabei gibt der Wert einer dieser Speicherzellen die aktuell auf dem korrespondierenden Bildpunkt angezeigte Farbe vor. Ähnliche Aufgaben übernehmen die Speicherbereiche, welche die aktuell eingegebenen Tastaturzeichen widerspiegeln.

Virtuelle Maschinen

Die hohe Rechenleistung heutiger Computer ermöglicht es, rein softwaremäßig Gegebenheiten zu schaffen, die eine scheinbar zeitlich

---

[17] Der erste solche Mikroprozessor war 1971 der Intel 4004. Er beinhaltete 2300 Transistoren. Diese Anzahl stieg im Verlauf der Jahre rapide an: 29000 waren es beim Intel 8086, der in den ersten IBM-Personalcomputern verwendet wurde. Der erste Pentium im Jahr 1993 verfügte bereits über etwas mehr als 3 Millionen Transistoren.
2010 überschritt die Zahl der Transistoren bei den aktuell verwendeten Mikroprozessoren bereits die Milliardengrenze. Die Zahl der Logik-Schaltkreise ist etwas geringer, da pro Logik-Schaltkreis mindestens zwei Transistoren verwendet werden, in der
Praxis sogar etwas mehr (sowohl aus schaltungstechnischen Gründen, als auch aus
Gründen der Schaltungslogik, wenn mehr als zwei Eingänge verknüpft werden).

parallele Ausführung verschiedener Programme ermöglichen. Selbst die softwaremäßige Kreierung mehrerer **virtueller Maschinen** auf einer einzigen Rechnerhardware ist heute möglich. Bei einer virtuellen Maschine, die oft auch als virtueller Computer bezeichnet wird, handelt es sich um ein Programm, das eine Computer-Hardware simuliert.

Eine spezielle, vergleichsweise einfache Form eines solchen virtuellen Computers ist die sogenannte **Sandbox** des Browsers. Wie ein richtiger Sandkasten stellt sie einen vom Rest der „Welt", das heißt vom Rest des Computers, gekapselte Umgebung dar. Die in ihr ablaufenden Programme, eben die JavaScript-Programme, können aus Gründen der Sicherheit nur stark beschränkte Veränderungen am Zustand des Computers vornehmen. Gestattet sind im Wesentlichen genau solche Funktionalitäten, die sich auf im gleichen Browser vom gleichen Ursprung geladene Webseiten-Inhalte beziehen. Seiten von anderen Anbietern, die der Benutzer gerade ebenfalls in seinem Browser geöffnet hat, sind genauso Tabu wie Computer-Inhalte, die außerhalb des Browsers bearbeitet werden. Der Grund solcher Sicherheitsmaßnahmen ist klar: Andernfalls könnte beispielsweise das Laden einer Webseite mit einem infizierten JavaScript-Programm den unter Umständen zeitlich parallel durchgeführten Prozess des Online-Bankings ausspähen.

4 Die Welt und ihre Objekte

Auch wenn die Überschrift dazu geeignet wäre, eine philosophische Betrachtung über Erkenntnistheorie anzukündigen, liegt uns nichts ferner.[18] In einer ganz pragmatischen Sichtweise können wir aber feststellen, dass Computerprogramme – in einer gewissen Analogie zu wissenschaftlichen Theorien und mathematischen Modellen – einen Teil der von uns wahrgenommenen Realität widerspiegeln. Dabei ist es üblich, materielle Gegenstände als **Objekte** aufzufassen, von denen jedes einen individuellen, das heißt einen einzigartigen, Charakter besitzt, und zwar unabhängig davon, ob er für uns äußerlich erkennbar ist oder nicht.

Objekte besitzen **Eigenschaften** und **Verhaltensweisen**. Eine Eigenschaft wird oft auch **Attribut** genannt. Eine Verhaltensweise wird meist als **Methode** bezeichnet.

In Bezug auf die Wortarten einer gesprochenen Sprache werden Objekte in der Regel durch Substantive beschrieben. Eigenschaften entsprechen oft Adjektiven, aber auch Zahlwörtern. Dagegen werden Verhaltensweisen meist durch Verben charakterisiert, gegebenenfalls ergänzt durch weitere Begriffe, bei deren Wortarten es sich insbesondere um Adverbien und Substantive handeln kann. Ein Beispiel sagt mehr als tausend weitere Worte: Ein *Auto* (Objekt) ist *rot* (Attribut), hat *vier* (Attribut) Räder, kann *schnell fahren* (Methode) und eine bestimmte *Person befördern* (Methode).

Objekte, die denselben Bauplan besitzen, das heißt die über eine übereinstimmende Menge von Eigenschaften und Verhaltensweise verfügen, werden zu einer **Klasse** zusammengefasst. Der Begriff *Klasse* erklärt sich am besten durch das Verb *klassifizieren* und damit durch die Tätigkeit, deren Resultat zu einer Zerlegung der betrachteten Objekte in Klassen führt. Wie von den bekannten Klassifikationsschemata der Botanik, Zoologie, Chemie und Teilchenphysik her bekannt, ist es durchaus mög-

---

[18] Die Ontologie, auch als „allgemeine Metaphysik" bezeichnet, beschäftigt sich als philosophische Grundlagendisziplin mit allem Existierenden. Ein zentraler Begriff ist die Entität, die etwas Existierendes oder Seiendes bezeichnet. Dabei kann es sich insbesondere um Gegenstände („Objekte"), Eigenschaften und Ereignisse handeln.

© Springer Fachmedien Wiesbaden GmbH, ein Teil von Springer Nature 2018
J. Bewersdorff, *Objektorientierte Programmierung mit JavaScript*,
https://doi.org/10.1007/978-3-658-21077-9_4

lich, dass eine Klasse als **Unterklasse** in einer anderen Klasse enthalten ist.

Die Namen von Klassen sind in der Regel Substantive, und zwar sehr oft solche einer speziellen Unterklasse (!) der Substantive, die man **Appellative** nennt, zu Deutsch Gattungsbezeichnungen. Obwohl es naheliegt, eine Klasse durch einen Plural wie zum Beispiel *Säugetiere* zu charakterisieren, ist als Name der Klasse ein Singular noch suggestiver, nämlich zum Beispiel *Säugetier* in Anlehnung an die Begriffsbildung Säugetier-Klasse.

Was zunächst vielleicht etwas abstrakt klingt – und auch in dieser Allgemeinheit abstrakt sein soll –, verdeutlicht sich schnell an einem Beispiel. Welche Objekte, so wollen wir uns fragen, treten bei einer Bestellung in einem Online-Shop in Erscheinung? Ganz egozentrisch beginnen wir mit uns selbst. Bei jedem von uns handelt es sich wie bei jedem anderen Kunden des Online-Shops um ein Objekt. Typische Attribute der Kunden-Objekte sind Name, Passwort für das Login, Email-Adresse, Postadresse, Telefonnummer und Kreditkartendaten.

Methoden, über die jedes Kunden-Objekt verfügt, betreffen das Lesen und die Änderung von Attributwerten. Bestandteil solcher Methoden, die ja die Verhaltensweise des Objekts beschreiben, können Überprüfungen dahingehend sein, ob ein Lesezugriff überhaupt autorisiert ist – etwa dann, wenn das zusammen mit dem Zugriffskommando übermittelte Passwort korrekt ist. Auch bei Methoden, mit denen Attributwerte geändert werden können, macht es Sinn, Prüfungen zu integrieren. So kann bei einer Methode zur Änderung der Adresse unter anderem die Postleitzahl mit dem Wohnort abgeglichen werden. Nur wenn beide Angaben konsistent zueinander sind, erfolgt die gewünschte Änderung beider Attributwerte. Eine Methode mit einem gänzlich anderen Charakter könnte darin bestehen, bei vergessenem Passwort ein neues Passwort zu generieren und an die hinterlegte Email-Adresse zu schicken.

Alle Kunden bilden zusammen eine Klasse. Einzige Grundlage dieser Zusammenfassung ist die übereinstimmende Struktur der Klassenmitglieder. In Bezug auf die Attribute ist dieser einheitliche Bauplan der Grund dafür, dass die Attributwerte der Mitglieder einer Klasse in einer Tabelle dargestellt werden können. Darin entspricht jedes Objekt einer Zeile, und jedes Attribut entspricht einer Spalte. Schaut man in die Zeile, die einem bestimmten Objekt zugeordnet ist, findet man dort Spalte für Spalte die Attributwerte des Objekts – jeder eingetragen in derjenigen Spalte, die dem Attribut entspricht.

Welche weiteren Objekte finden wir im Online-Shop?

Beim Bestellen durchsuchen wir zunächst das Angebot des Online-Shops. Jeder angebotene Artikel ist ein Objekt. Typische Attribute sind Artikelnummer, Farbe, Größe, Preis, Benennung, vorhandener Vorrat und voraussichtliche Lieferzeit.

Auch die letztlich bestellten Artikel sind Objekte. Zwar handelt es sich wieder um Artikel, aber es gibt Unterschiede: So ist ein *bestellter* Artikel materiell, während ein *angebotener* Artikel mehr als Eintrag im Sortimentskatalog zu interpretieren ist. Unterschiede sind aber auch bei den Attributen erkennbar, wo zwar diejenigen Attribute übereinstimmend vorhanden sind, welche die äußerliche Erscheinung beschreiben. Dafür existiert aber zum Beispiel nur bei den angebotenen Artikeln das Attribut, das den vorhandenen Vorrat widerspiegelt.

Bestellen wir „einen" Artikel zweimal, so handelt es sich um *zwei* Objekte! Obwohl die beiden Exemplare nicht durch ihre Attribute unterscheidbar sind, haben wir es doch mit zwei individuellen Objekten zu tun. Die Notwendigkeit, sogar zwischen zwei äußerlich nicht unterscheidbaren Objekten unterscheiden zu müssen, wird spätestens dann klar, wenn sie im weiteren Geschehen unterschiedlich behandelt werden. Ein Grund dafür könnte zum Beispiel sein, dass nur ein Exemplar vorrätig ist, so dass das zweite Exemplar nachgeliefert werden muss.

Alle vom betreffenden Shop angebotenen Artikel bilden in ihrer Gesamtheit eine Klasse. Und auch die von uns oder anderen bestellten Artikel bilden eine Klasse.

Das beschriebene Objekt-Konzept ist so flexibel, dass es beim **Software-Engineering** auch im immateriellen Bereich verwendet werden kann. In unserem Beispiel könnte etwa der Vorgang einer Bestellung als Objekt interpretiert werden: Attribute sind der bestellende Kunde, das Datum der Bestellung, die Liste der bestellten Artikel und so weiter.

Weitere Objekte finden wir in der Bedienoberfläche des Online-Shops. So ist eine **Schaltfläche**, die meist mit dem englischen Begriff **Button** bezeichnet wird, im Wesentlichen gekennzeichnet durch die folgenden Attribute: Beschriftung wie zum Beispiel „OK", Textgröße, Schriftfont, Schriftstil wie normal, fett oder kursiv, Hintergrundfarbe, Breite, Höhe sowie Abstand zum oberen und linken Fensterrand. Die Funktionalität eines Buttons wird durch seinen graphischen Status angezeigt: Er kann gedrückt sein, was durch einen gegenüber der Standarddarstellung veränderten Schatteneffekt am Rand angezeigt wird. Und er kann deaktiviert sein, wozu seine Details wie die Beschriftung ausgegraut werden, oder sogar unsichtbar sein. Eine Methode eines Buttons kann zum Beispiel darin bestehen, dass der Button deaktiviert wird.

Werden Objekte innerhalb einer graphischen Bedienoberfläche angezeigt, sind die diesem Objekt zugeordneten Methoden oft über das zugeordnete **Kontextmenü** erreichbar. So enthält beispielsweise das Kontextmenü, das in einem **Dateimanager** beim Klick mit der rechten Maustaste auf das Symbol einer bestimmten Datei erreicht wird, Einträge wie „Löschen", „Umbenennen", „Kopieren", „Ausschneiden", „Öffnen" und „Senden an …".

Objekte gibt es aber nicht nur in der Wirklichkeit, und sei es bei der Bedienung eines Computerprogramms. Auch intern, das heißt bei der Programmierung, haben sich objektorientierte Konzepte als sehr vorteilhaft herausgestellt. Zwar beinhaltet das vergleichsweise einfache JavaScript nur einen Teil der objektorientierten Konzepte, die aus anderen Programmiersprachen wie C++ und Java bekannt sind. Aber gerade dieses eingeschränkte Konzept hat zur Folge, dass sich JavaScript für Anfänger besonders gut zur Erläuterung objektorientierter Programmiertechniken eignet.

5 HTML

Schon das erste Beispiel „Hello world!" in Kapitel 1 hat uns gezeigt, dass JavaScript in HTML eingebettet wird. Obwohl wir uns hier möglichst wenig mit HTML beschäftigen wollen, lässt sich das doch nicht ganz vermeiden. Wir starten daher eine Kurzübersicht.

HTML ist ein Dateiformat für Textdokumente. Inhaltlich charakterisiert werden einerseits der textliche Inhalt und andererseits die Formatierungsangaben inklusive der Einbindung anderer Medieninhalte wie zum Beispiel Bilder. Ähnliches gilt ebenso für die Formate, die üblicherweise mit Dateiendungen wie zum Beispiel doc, docx, rtf, odt, pdf, ps, djvu, tex und epub versehen sind. Obwohl es Technikern ab und zu einfach Spaß zu machen scheint, immer wieder neue „Standards" zu kreieren, hat jedes der genannten Formate seine Stärken gegenüber den anderen Formaten – und somit trotz ebenso vorhandener Schwächen seine Berechtigung.

Abgesehen von der Hypertext-Funktionalität, welche die für Internetdokumente wichtigen (Hyper-)Links ermöglicht, zeichnet sich die Hypertext Markup Language rein in Bezug auf die Textdarstellung durch zwei Eigenschaften aus:

- Wie das für E-Book-Format EPUB werden HTML-Texte bei der Anzeige in Bezug auf den Zeilenumbruch standardmäßig an die zur Verfügung stehende Breite angepasst. Abweichend von den anderen oben aufgezählten Formaten gewährleistet HTML damit in der Regel *kein* festes Layout. Dafür wird aber ein horizontales Scrollen meist überflüssig.

- Außerdem können HTML-Dateien ohne spezielles Bearbeitungsprogramm mit einem normalen Texteditor erstellt und geändert werden. Das ist bei den meisten der Dateiformate, deren Dateiendungen oben aufgezählt wurden, nicht der Fall. Zu deren Erstellung und Bearbeitung werden jeweils spezielle Programme benötigt. Eine Ausnahme bildet die insbesondere von Mathematikern benutzte Text- und Formelsetzsprache LaTex (tex). Partielle Ausnahmen sind die Formate Rich Text Format (rtf), EPUB (epub), PostScript (ps), OpenDocument

© Springer Fachmedien Wiesbaden GmbH, ein Teil von Springer Nature 2018
J. Bewersdorff, *Objektorientierte Programmierung mit JavaScript*,
https://doi.org/10.1007/978-3-658-21077-9_5

(odt) und Office Open XML (docx). Diese lassen sich zumindest geringfügig mit einem Texteditior ändern, wozu die beiden zuletzt genannten Formate zunächst „entzippt", das heißt dekomprimiert, werden müssen. Eine solche Datei ohne entsprechende Werkzeuge in
umfangreicher Weise zu ändern oder gar neu zu erstellen, dürfte aufgrund der Komplexität der Formatbeschreibung sehr schwierig sein.

Abgesehen von der Textdarstellung einer HTML-Datei muss noch auf die
Bedeutung des letzten Buchstabens in der Abkürzung HTML hingewiesen werden, der für *Language*, also Sprache, steht. Dieser Begriff kenn-
zeichnet die Tatsache, dass es sich bei HTML um eine sogenannte **formale Sprache** handelt. Wie bei einem Programmcode, der in einer
bestimmten Programmiersprache geschrieben ist, muss nämlich der Inhalt
einer HTML-Datei genau festgelegte **syntaktische Regeln** erfüllen (siehe
auch Kasten *Formale Sprachen*, Seite 66). Diese Regeln beschreiben
präzise, was im Rahmen der Grammatik erlaubt ist und was nicht – man
spricht auch von **Validität**. Der somit klar abgegrenzte Sprachumfang
bildet zugleich die Grundlage dafür, eine eindeutige **Semantik** zu ermöglichen.[19] Für eine HTML-Datei umfasst die Semantik primär Inhalt und
Layout der Anzeige einer HTML-Datei in einem Browser, aber auch zum
Beispiel die durch HTML-Überschriften-Tags realisierte logische Gliederung einzelner Textbereiche. Anzumerken ist, dass eine solche Gliederung zwar in der Regel auch im Layout sichtbar ist, dass dies aber nicht
zwangsläufig ist. Aber selbst eine im Browser nicht sichtbare Gliederung
unterstützt die inhaltliche Interpretation des Textinhalts, was den seman-
tischen Charakter offenbart.

Bei einer objektorientierten Betrachtungsweise beschreibt die HTML-
Datei die Attribute der Text-, Graphik- und Multi-Media-Bestandteile
einer Webseite, insbesondere in Bezug auf die Anzeige im Browser.
Darüber hinaus werden auch einige Verhaltensweisen definiert, etwa die
enthaltenen Links betreffend. Dagegen beschreiben die in JavaScript
erstellten Programme im Wesentlichen das Verhalten der Internetseite.

---

[19] Syntaktische Regeln beschreiben zunächst den Sprachumfang. Bei einer normalen
Sprache besteht dieser Sprachumfang aus allen grammatikalisch korrekt gebildeten
Sätzen. Dazu zählen auch völlig sinnlose Konstrukte wie zum Beispiel: „Der nach-
denkliche Regen schrieb ein Auto." Auch Mehrdeutigkeiten sind denkbar: „Ich werde
den Mann umfahren." Je nachdem, ob das letzte Wort auf der ersten oder zweiten Sil-
be betont wird, ist der Satz als Drohung oder als das genaue Gegenteil zu verstehen.

Das folgende Beispiel dient uns dazu, die prinzipielle Struktur eines HTML-Dokuments zu erläutern. Natürlich sollte das Beispiel, wie auch alle folgenden Beispiele, unbedingt ausprobiert werden, im vorliegenden Fall am besten dadurch, dass man den Text abtippt, speichert und dann in einem Browser anschaut:

```
<html>
<head>
<title>Dies steht in der Titelleiste des Browsers (js/5)</title>
<meta http-equiv="content-type"
      content="text/html; charset=ISO-8859-1">
</head>
<body>
Hier steht der angezeigte Text, der standardmäßig völlig
unformatiert angezeigt wird: Zeilenumbrüche wie hier

und Leerzeichen wie hier        haben keinerlei Einfluss auf
die Anzeige innerhalb des Browsers. Das gilt auch für den
Zeilenumbruch in der meta-Angabe. Solche Formatierungen sollten
dazu genutzt werden, den HTML-Quelltext übersichtlicher zu
gestalten.
</body>
</html>
```

Nachdem der Browser zur Ansicht der Datei geöffnet wurde, sollte man die Breite des Browserfensters einmal testweise verringern. Dann sieht man, dass der Zeilenumbruch nur von der Fensterbreite des Browsers sowie der gegebenenfalls im Browser veränderten Schriftgröße abhängt, nicht aber von den im Text enthaltenen Umbrüchen.

Die für die HTML-Sprache maßgeblichen **Tags** (*Etikett, Marke, Aufkleber*) dienen zur logischen Strukturierung. In dem einfachen Beispiel sind sie beschränkt auf das Gesamtdokument (<html>...</html>), den die prinzipiellen Angaben enthaltenden Kopf (<head>...</head>) sowie den eigentlichen Textkörper (<body>...</body>). Im Kopf als Unterbereich zu finden ist noch der optionale Titel (<title>...</title>), der in der Titelleiste des Browserfensters oder im Fall verwendeter Registerkarten dort angezeigt wird.

Die gerade beschriebene Aufteilung in Kopfbereich und Textkörper ist eine allgemeingültige Eigenschaft eines HTML-Dokuments.[20]

---

[20] Einzige Ausnahme ist der Fall, wenn im Dokument eine Zerlegung des Anzeigebereichs in mehrere Rahmen mittels einer **Frameset**-Definition beschrieben wird. Dabei

Abgesehen von dem Meta-Tag sind im obigen Beispiel alle Tags wie bei einer Klammerung in einer öffnenden und einer schließenden Version vorhanden. Dies gilt auch für die meisten anderen Tags, die wir noch kennen lernen werden, aber nicht für alle! Bei dem hier verwendeten Meta-Tag handelt es sich übrigens um die Angabe eines Zeichensatzes, womit man sicherstellen kann, dass die nachfolgend verwendeten deutschen Sonderzeichen richtig dargestellt werden. Der Zeichensatz **ISO-8859-1** wird auch als westeuropäischer Zeichensatz bezeichnet[21]. Er reicht in Bezug auf Sonderzeichen insbesondere für alle west-, südwest- und nordeuropäischen Sprachen aus. Noch „moderner" ist die folgende Alternative:

```
<meta http-equiv="content-type" content="text/html; charset=utf-8">
```

Bei dieser Codierung **UTF-8**, die für Universal Character Set (UCS) Transformation Format steht, handelt es sich um eine an Unicode angelehnte Codierung von Zeichen, die variable Byte-Längen verwendet und daher die Standardzeichen in Form eines einzelnen Bytes codiert. Die Entscheidung zwischen ISO-8859-1 und UTF-8 im Meta-Tag ist allerdings nicht völlig frei, sondern muss die Codierung des Editors wiedergeben, die er zum Abspeichern des Textes verwendet hat.

In den beiden bisherigen Beispielen und auch bei allen weiteren Beispielen nicht berücksichtigt ist die Formatkennung, die noch vor dem `<html>`-Tag stehen kann. Derzeit aktuell ist die Kennung `<!DOCTYPE html>`, die für den Sprachstandard **HTML5** steht. Aufgrund der hohen Fehlertoleranz der Browser und der von ihnen gewährleisteten Abwärtskompatibilität zu Jahrzehnten alten HTML-Dokumenten geht es aber auch ohne diese Kennung.

Ein HTML-Dokument besteht aus Start-Tags wie zum Beispiel `<body>`, gegebenenfalls dazugehörigen End-Tags wie `</body>` und Text dazwischen, der weitere Tags enthalten kann. Wie bei einer Klammerung in einer mathematischen Formel müssen die Tags einer HTML-Datei stets

---

handelt es sich aber um eine „historische" Möglichkeit, da die aktuelle Spezifikation von HTML diese Konstruktion nicht mehr vorsieht. Allerdings können die heutigen Browser auch noch solche „historischen" HTML-Dokumente anzeigen.

[21] ISO steht für *International Organization for Standardization*. Dabei handelt es sich um das internationale Pendant zum DIN, dem Deutschen Institut für Normung.

sauber geschachtelt sein. Das heißt, ein End-Tag darf erst kommen, wenn alle seit dem zugehörigen Start-Tag vorkommenden Start-Tags bereits geschlossen sind – sofern es sich dabei um Tags handelt, die eines End-Tags bedürfen. Wie schon im letzten Beispiel an Hand des Meta-Tags zu sehen, gibt es aber Tag-Arten, die keine End-Tags benötigen.

Jedes Tag-Paar und auch jedes allein stehende Tag beschreibt ein Objekt des HTML-Dokuments. Dabei werden die Attribute, deren Werte vom Standard beziehungsweise von bereits übergreifend definierten Attributwerten abweichen, im Start-Tag wertmäßig definiert. Ein solches Start-Tag hat allgemein die folgende Form:

```
<elementname attributname1="attributwert1"
             attributname2="attributwert2" ...>
```

Welche Attribute ein bestimmtes HTML-Objekt besitzt, ist Bestandteil der HTML-Sprachbeschreibung. Diese ist so angelegt, dass Attribute wie beispielsweise Breite und Höhe bei den verschiedenen HTML-Objekten, bei denen diese Angaben Sinn machen, gleich benannt sind.

In einem End-Tag werden *niemals* Angaben über Attributwerte gemacht. Es hat daher schlicht die folgende Form:

```
</elementname>
```

Auf die Groß- und Kleinschreibung kommt es bei Element- und Attributnamen übrigens nicht an. Es macht aber Sinn, durchgehend alles klein zu schreiben[22]. Ebenso empfiehlt es sich, alle Attributwerte beidseitig mit doppelten – alternativ beidseitig mit einfachen – Anführungszeichen zu klammern, obwohl die Anführungszeichen in einigen Fällen nicht notwendig sind.

Schauen wir uns nun noch ein weiteres Beispiel einer HTML-Datei an. Das Erscheinungsbild in einem Browser ist in Bild 5 dargestellt:

```
<html>
<head><title>Dritte HTML-Datei (js/5a)</title>
<meta http-equiv="content-type"
      content="text/html; charset=ISO-8859-1">
```

---

[22] Grund ist, dass **XML**-Dateien, die ähnlich wie HTML aufgebaut sind und beliebige Objekte beschreiben können, zwischen Groß- und Kleinschreibung unterscheiden. Auch in JavaScript müssen einige Sprachelemente, die sich auf HTML-Objekte beziehen und die wortgleich bezeichnet sind, völlig oder zumindest bis auf genau definierte Ausnahmen kleingeschrieben werden.

```
</head>
<body style="background-color:#DDDDDD;font-family:sans-serif">
<h1 style="color:#0000FF;font-size:30pt">Überschrift größter
Ordnung</h1>
<p><b>Dieser Text</b> <i>könnte</i> mehrere Kapitel enthalten,
die man durch Überschriften voneinander abteilen sollte.</p>
<h2>Überschrift des ersten Kapitels</h2>
Hier steht nun der Text des ersten Kapitels.
<h2>Überschrift des zweiten Kapitels</h2>
<p>Hier steht nun der Text des zweiten Kapitels.<br>
Und so weiter ...</p>
<p>
<img src="http://de.wikipedia.org/favicon.ico" width="12"
    height="12" border="0" alt="W-Icon von Wikipedia"
    id="wiki-logo">
Weitere Informationen über HTML bei
<a href="http://de.wikipedia.org/wiki/Hypertext_Markup_Language">
Wikipedia</a>.</p>
</body>
</html>
```

Überschrift größter Ordnung

Dieser Text *könnte* mehrere Kapitel enthalten, die man durch Überschriften voneinander abteilen sollte.

Überschrift des ersten Kapitels

Hier steht nun der Text des ersten Kapitels.

Überschrift des zweiten Kapitels

Hier steht nun der Text des zweiten Kapitels.
Und so weiter ...

w Weitere Informationen über HTML bei <u>Wikipedia</u>.

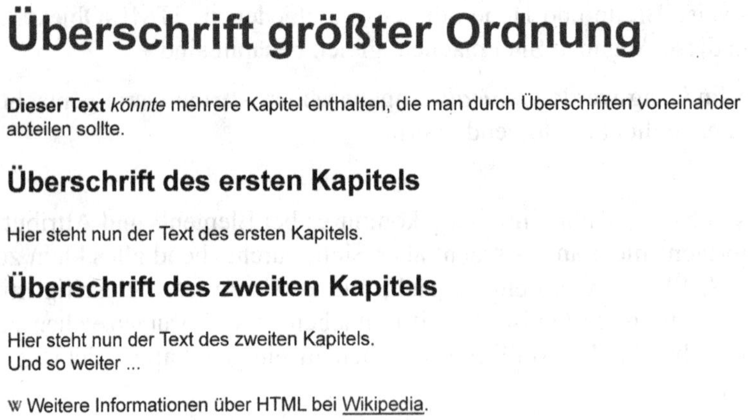

Bild 5   Anzeige von „Dritte HTML-Datei"

Für uns neu sind die Elementnamen

- `<p>` für Absatz (*paragraph*),

- `<br>` für einen Zeilenumbruch (*break*),

- `<h1>` sowie `<h2>` für Überschriften (*heading*),

- `<i>` für kursive Schrift (*italics*),

- `<b>` für fette Schrift *(bold)*,

- `<img>` für ein Bild *(image)* und

- `<a>` für Anker *(anchor)* zur Definition von Hyperlinks.

Ferner erinnern wir uns noch an den im „Hello-World!"-Beispiel in Kapitel 1 nicht näher erläuterten Elementnamen

- `<script>` für ein Skript *(script)* wie beispielsweise ein JavaScript-Programm.

Mit Ausnahme der Tags `<img>` und `<br>` werden die Objektbeschreibungen jeweils mit einem zugehörigen End-Tag abgeschlossen, das allerdings im Fall der Absatzkennung `<p>` optional ist.

Bei den Attributnamen neu für uns sind

- `style` für Formatierungsangaben.

- `width` für die in Pixeln gemessene Breite eines Elements.

- `height` für die in Pixeln gemessene Höhe eines Elements.

- `border` für die in Pixeln gemessene Breite des Randes.[23]

- `src` für die Quelle einer Datei *(source)* in Form eines relativen Pfades oder einer Internetadresse (URL).

- `alt` für einen anzuzeigenden Alternativtext, falls die Bilddatei nicht geladen werden kann.[24]

- `href` für die Hypertext-Referenz eines Links in Form einer relativen oder absoluten Webadresse.[25]

---

[23] Die Breite des Rahmens sollte allerdings besser mit einem `style`-Attribut festgelegt werden.

[24] Ebenfalls wichtig ist das `alt`-Attribut bei der barrierefreien Gestaltung einer Webseite, die mit geeigneten Zusatzgeräten auch Blinden zugänglich ist.

[25] Man spricht allgemein von einer **URL**, was für *uniform resource locator* steht. Eine solche URL besteht aus einer Schemakennung, gefolgt von einem Doppelpunkt und schließlich der eigentlichen Adresse in einem schemenspezifischen Format. Beispiele sind

```
http://www.heise.de/newsticker oder
mailto:george.washington@whitehouse.gov
```

- `id` für eine Kennung, mit Hilfe der das entsprechende HTML-Element aus einem JavaScript-Programm angesprochen werden kann.

- `type` spezifiziert in bestimmten HTML-Elementen wie einem Skript einen Dateityp in Form eines sogenannten MIME-Types, was für *Multipurpose Internet Mail Extensions* steht und ursprünglich den Typ eines Dateianhangs in einem Email kennzeichnete. Im Fall des `script`-Tags ist die Angabe `type="text/javascript"` seit HTML5 allerdings optional.

- `style` für in Form einer Liste dargestellte Angaben zur Formatierung wie Hintergrund (`background-color`), Schriftfarbe (`color`), Schriftfont (`font-family`), Schriftgröße (`font-size`) und noch viel mehr. Diese werden **Cascading-Style-Sheet-Attribute**, abgekürzt **CSS-Attribute** genannt.[26]
  Auch die Größe und die Rahmenbreite der Bilddatei hätte mit der CSS-Angabe `style="height:12px;width:12px;border:0px"` erfolgen können.

Bei den Attributwerten, die im Beispiel auftauchen, bleiben noch die Farbwerte zu erläutern. Verwendet wird der RGB-Farbraum, so dass jede Farbe als **RGB-Wert** im Hex-Format `#rrggbb` angegeben wird: `rr` steht für den Rot-Anteil, `gg` für den Grün-Anteil und `bb` für den Blau-Anteil. Damit charakterisiert zum Beispiel die Farbangabe `#FFFF00` ein reines Gelb und `#808080` ein mittleres Grau.

Wir schließen damit bereits unsere Kurzeinführung in HTML ab. Für eine wirklich tiefgehende Darstellung wäre hier sowieso kein Platz. Einige

---

[26] Die Bezeichnung *Cascading Style Sheet* steht für die hierarchisch mögliche Definition von Layout-Formaten, die sich auf Unterabschnitte übertragen, sofern sie nicht expliziert modifiziert werden. Auch ist es möglich, Formatanweisungen unter einer Bezeichnung zu bündeln, ganz ähnlich, wie man es von Formatvorlagen in einem Textverarbeitungsprogramm her kennt. Eine solche Bündelung wird als Klasse bezeichnet. Die zugehörigen Formatangaben können mit dem `class`-Attribut sowie dem zugehörigen Klassennamen in einem HTML-Tag aktiviert werden. Auf diese Weise lassen sich in einem HTML-Dokument Inhalt und Format völlig trennen, das heißt, alle Formatbeschreibungen werden aus dem Textkörperbereich (`body`) in den Kopf (`head`) oder sogar in eine separate Datei ausgelagert. Wir werden in Kapitel 26 ein Beispiel mit zentralen Formatangaben erörtern.
Formatangaben, die wie im Beispiel direkt im HTML-Tag stehen, werden als **Inline-Styles** bezeichnet

weitere Details werden uns aber noch in den späteren Beispielen beschäftigen. Eine komplette Beschreibung der HTML-Sprache sollte aber auf jeden Fall hinzugezogen werden, um an Hand dieser Beispiele gezielt experimentieren zu können.

6 JavaScript: Der Start

Das Wort „Start" in der Überschrift gilt im doppelten Sinn. Einerseits starten wir endlich mit JavaScript. Andererseits wollen wir uns in diesem Kapitel damit beschäftigen, wie man ein JavaScript-Programm innerhalb einer Webseite starten kann.

JavaScript wurde übrigens erstmals am 18. September 1995 von der Firma Netscape für die Version 2.0 ihres Browsers *Netscape Navigator* vorgestellt – zunächst noch unter dem Namen LiveScript. Entwickelt wurde die Programmiersprache von Brendan Eich (1961-) mit dem Zweck, in Webseiten einfache interaktive Funktionalitäten realisieren zu können. Programmiersprachen, die speziell für solch einfache Aufgaben konzipiert sind, nennt man **Skriptsprachen**. Bei einem entsprechenden Programm spricht man von einem **Skript**. In der Regel werden Skripte in Form des originären **Quellcodes** gespeichert und erst während der Ausführung in Maschinencode transformiert. Dabei wird jeweils nur der aktuell ausgeführte Befehl transformiert, und zwar bei jeder erneuten Ausführung nochmals. Das diese Ausführung abwickelnde Programm wird **Interpreter** genannt im Unterschied zum **Compiler**, der den originären Quellcode des Programms als Ganzes in Maschinencode[27] übersetzt, wodurch es insbesondere unnötig wird, den Quellcode an jeden zu übermitteln, dem eine Nutzung des Programms ermöglicht werden soll.[28]

Wie schon zuvor die Programmiersprache Java lehnt sich auch JavaScript im prinzipiellen Aufbau seiner Syntax an die Programmiersprache C an. Die Umbenennung in JavaScript erfolgte noch im gleichen Jahr, als die Firmen Netscape und Sun Microsystems eine Kooperation schlossen, auf

---

[27] Bei einem Windows-PC besitzen solche Maschinencode-Dateien in der Regel die Endung „exe". Die Umkehrung gilt allerdings nicht unbedingt. So werden beispielsweise beim Kompilieren mit dem „.NET-Framework" exe-Dateien erzeugt, die einen universellen Zwischencode enthalten.

[28] Damit wird zugleich das geistige Eigentum des Programm-Urhebers besser geschützt. Zwar kann man mit **Reverse Engineering** einen Maschinencode im sehr beschränkten Umfang in einen Quellcode zurück transformieren, jedoch ist dies einerseits rechtlich problematisch und andererseits wird damit keinesfalls die Übersichtlichkeit des Originalquellcodes erreicht.

© Springer Fachmedien Wiesbaden GmbH, ein Teil von Springer Nature 2018
J. Bewersdorff, *Objektorientierte Programmierung mit JavaScript*,
https://doi.org/10.1007/978-3-658-21077-9_6

deren Basis insbesondere auch eine Schnittstelle zwischen JavaScript-
und Java-Programmen vereinbart wurde.[29] Im Zuge dieser Kooperation
wurde, wie schon für den Namen „Java" zuvor geschehen, auch der
Name „JavaScript" von Sun Microsystems als Marke angemeldet, deren
Inhaber nun der heutige Mutterkonzern Oracle ist.

Heute interpretieren alle gebräuchlichen Browser JavaScript, und zwar im
Wesentlichen konform zum Standard, der in einer Spezifikation ECMA-
Script beschrieben ist, die in mehreren Versionsschritten fortentwickelt
wurde.[30]

Wie schon erwähnt, ist es mit JavaScript insbesondere möglich, das
Verhalten von HTML-Objekten einer Webseite mittels entsprechender
Methoden zu gestalten. So lässt sich zu jedem Ereignis, das wie zum
Beispiel ein Mausklick einem HTML-Element zugeordnet ist, im Detail
festlegen, welche Reaktionen dadurch ausgelöst werden sollen, etwa in
Form einer Navigation zu einer anderen Seite oder in Form einer Ände-
rung von Attributwerten. Auch wenn es darüber hinaus mit JavaScript
sogar möglich ist, neue HTML-Objekte inklusive der Festlegung ihrer
Attributwerte zu erzeugen, so gilt trotzdem *grob* die folgende Abgrenzung: Bei einer Webseite wird mit HTML das statische Aussehen und mit
JavaScript das dynamische Verhalten realisiert. Bei diesem Idealbild
einer Aufgabenteilung dient also HTML dazu, statische Attributwerte der
HTML-Objekte einer Webseite zu initialisieren, während mit JavaScript
die zugehörigen Methoden beschrieben werden – dabei sind insbesondere
auch Änderungen der Attributwerte möglich.

Wir wollen uns nun eine HTML-Seite ansehen, die fünf JavaScript-Teile
enthält, wobei diese fünf Skripte auf verschiedene Weise und damit zu
verschiedenen Zeitpunkten gestartet werden.

```
<html>
<head>
<title>Fünf Skripte (js/6)</title>
<meta http-equiv="content-type"
      content="text/html; charset=ISO-8859-1">
<script type="text/javascript">
```

---

[29] Der Name JavaScript ist also *nicht* dadurch motiviert, dass es sich bei JavaScript um
ein vereinfachtes Java handeln würde – was im Übrigen auch gar nicht stimmen würde.

[30] ECMA steht für *European Computer Manufacturers Association*.

```
i=10;
window.alert(i+1);
</script>
</head>
<body onload="i=i+40;window.alert(i+7);">
<p>Hier erfolgt mitten im Text die Zahlenausgabe
<script type="text/javascript">
i=i+20;document.write(i+3);
</script>
durch ein Skript.</p>
<p><span onclick="window.alert(888);">HIER</span> klicken
für den Start des vierten Skripts und <a
href="javascript:window.alert(999)">hier</a> für das fünfte
Skript.</p>
</body>
</html>
```

Zunächst entdecken wir nur zwei <script>-Tags, nämlich eins im Kopf und eins im Textkörper. Allerdings befinden sich darüber hinaus in drei Tags weitere JavaScript-Anweisungen, nämlich im <body>-Tag sowie im jeweils einzigen <span>- und <a>-Tag.

Beim Buchstabe i, der in allen fünf JavaScript-Teilen auftaucht, handelt es sich um den Bezeichner einer Variablen, wie wir sie schon in Kapitel 2 im Fall von Pseudo-Code kennen gelernt haben[31]. Das heißt, zu jedem Zeitpunkt der Programmausführung besitzt die Variable i einen eindeutigen Wert, der durch Zuweisungsbefehle geändert werden kann. Mit einer solchen Variablen ist es insbesondere möglich, Informationen von einem Skript-Teil zum nächsten „mitzunehmen". Wir werden diese Tatsache konkret dazu nutzen, die Reihenfolge der Skript-Abarbeitungen an Hand der Ausgaben 11, 33 und 77 zweifelsfrei für den Betrachter nachvollziehbar zu machen. Die Einer-Stelle dieser Zahlen zeigt jeweils, an welcher Programmstelle die Bildschirmausgabe erfolgt, während die Zehner-Stelle Auskunft darüber gibt, welche Programmteile bereits zuvor durchlaufen wurden. Zwar erfolgt die Skript-Abarbeitung in der Regel von oben nach unten. Regeln können aber Ausnahmen haben. So auch hier!

Zuerst wird das Skript im Kopf ausgeführt. Dort wird die Variable i mit Hilfe des Zuweisungsbefehls

---

[31] Ein JavaScript-Bezeichner ist eine Zeichenkette, die aus Buchstaben, Unterstrich, Dollar-Zeichen und Ziffern besteht, wobei als erstes Zeichen keine Ziffer verwendet werden darf. Außerdem nicht erlaubt sind sogenannte Schlüsselworte, die die verschiedenen Befehlstypen charakterisieren.

```
i=10;
```

mit dem Anfangswert 10 initialisiert. Anschließend erfolgt, mit dem
`alert`-Befehl, den wir schon im „Hello world!"-Beispiel verwendet
haben, die Bildschirmausgabe der Zahl 11.

Jede Anweisung eines Skripts wird mit einem Semikolon abgeschlossen.
Es empfiehlt sich, gleichzeitig eine neue Zeile zu beginnen, um so den
Code übersichtlicher zu gestalten. Ein Zeilenumbruch ist aber keineswegs
zwingend notwendig, und wir werden sogar im weiteren Verlauf des
aktuellen Beispiels gegen die gerade ausgesprochene Empfehlung bewusst verstoßen.

Abweichend von der Standardreihenfolge werden als nächstes *nicht* die
JavaScript-Anweisungen im `<body>`-Tag ausgeführt. Grund ist, dass
dieser JavaScript-Code ohne `<script>`-Kennung wie ein normaler Text
behandelt wird, der dem `onload`-Attribut des `body`-Objekts zugewiesen
wird – wie bei jeder anderen Wertzuweisung eines HTML-Attributs wie
beispielsweise `height="16"` abgegrenzt durch Anführungszeichen. Die
Aktivierung dieser Befehle zur Ausführung erfolgt erst dann, wenn das
mit `onload` bezeichnete Ereignis des `body`-Objekts eintritt. Das ist beim
`onload`-Attribut des `body`-Objekts genau zu dem Zeitpunkt der Fall, wenn
die Webseite vollständig geladen ist.

Statt des Skripts im `<body>`-Tag wird daher als nächstes das Skript im
Textkörper ausgeführt. Mittels des Zuweisungsbefehls

```
i=i+20;
```

wird zunächst der Wert der Variable `i` um 20 auf dann 30 erhöht. Danach
erfolgt eine Ausgabe, diesmal allerdings *nicht* wie in den bisherigen
Fällen in einem Mitteilungsfenster mit der Anweisung

```
window.alert(i+3);
```

Stattdessen schreibt das Skript seine Ausgabe direkt in den Text, und
zwar mit der Anweisung

```
document.write(i+3);
```

Wir wollen an dieser Stelle die beiden Ausgabebefehle nicht in sämtlichen Details erläutern. Nur so viel: Bei `window` und `document` handelt es
sich um zwei vordefinierte Objekte, nämlich einerseits um das Browserfenster `window` und andererseits um das geladene Internetdokument

`document`. Hinter dem Punkt wird allgemein der Name einer Methode – oder in anderen Fällen der Name eines Attributs – des betreffenden Objekts angehängt. Im aktuellen Skript wird mit der `write`-Methode der Wert des in Klammer stehenden Ausdrucks, also 33, innerhalb des Textes ausgegeben.

Auch das vierte Skript wird nicht direkt ausgeführt. In Analogie zum Skript im `<body>`-Tag wird der Code des vierten Skripts dem `onclick`-Attribut desjenigen HTML-Objekts zugewiesen, das dem `<span>`-Tag entspricht. Da das `<span>`-Tag bisher noch nicht aufgetreten ist, müssen wir dessen Wirkung noch erläutern, was sich schnell erledigen lässt, da das `span`-Tag für sich allein keinerlei Funktion besitzt! Es dient ausschließlich zur sogenannten Inline-Abgrenzung, wobei der so eingeschlossene Textbereich mittels entsprechend im Tag definierten Attributwerten formatiert werden kann. Beispielsweise kann man statt

```
Ein Wort in <b>fetter</b> Schrift.
```

auch

```
Ein Wort in <span style="font-weight:bold">fetter</span> Schrift.
```

schreiben. Aber natürlich sind darüber hinaus noch viele andere Formatierungen möglich, die kein einfaches Äquivalent der Form `<b>...</b>` besitzen.

Im Fall unserer Beispieldatei dient das `<span>`-Tag einzig dazu, dem zugehörigen `onclick`-Attribut als Wert einen JavaScript-Quellcode zuzuweisen, wie wir es schon entsprechend beim `onload`-Attribut des `<body>`-Tags gemacht haben.

Ebenfalls nicht direkt ausgeführt wird das letzte Skript, das in Form einer Link-Adresse dem `<a>`-Tag zugeordnet ist. Statt der Kennung `"http:"`, die eine externe Internetadresse charakterisiert, steht die sogenannte Protokollkennung `"javascript:"`. Sie bewirkt, dass beim Klicken auf den Link keine Navigation zu einer Internetadresse erfolgt, sondern stattdessen das dahinter stehende Skript gestartet wird.

Da also die drei letzten Skripte zunächst nicht zur Ausführung kommen, wird die HTML-Datei zunächst komplett geladen. Sobald dies der Fall ist, wird das Skript im `<body>`-Tag automatisch gestartet. Dabei erreicht Variable `i` aufgrund des Zuweisungsbefehls `i=i+40;`

den Wert 70. Anschließend wird die Zahl 77 in einem Mitteilungsfenster ausgegeben.

Nach dieser Anzeige kann durch einen Klick auf das Wort „HIER" oder den Link das jeweils zugeordnete Skript gestartet werden. Dabei wird die Zahl 888 beziehungsweise 999 angezeigt.

Die fünf Skripte sind Beispiele dafür, wie ein Skript-Bestandteil prinzipiell innerhalb einer HTML-Datei platziert werden kann – je nach erwünschter Funktionalität:

- JavaScript-Anweisungen im Kopf werden vor dem Laden des anzuzeigenden Inhalts ausgeführt. Im Kopf ist daher der ideale Ort für alle Skripte, deren erfolgte Ausführung an einer beliebigen späteren Stelle vorausgesetzt werden kann. Das betrifft insbesondere die Initialisierung von Variablen mit Anfangswerten wie im vorliegenden Beispiel bei der Variablen `i`.

- Skripte, die abhängig von Variablenwerten dynamisch einen Text generieren, werden im `body`-Bereich platziert, und zwar genau an der Stelle, wo der dynamisch erzeugte Text stehen soll.

- Oft empfiehlt es sich, Skripte am Ende des `body`-Bereichs unmittelbar vor dem schließenden `body`-Tag zu positionieren. Das Laden und Interpretieren dieser Skripte verzögert nämlich nicht die Anzeige des statischen Seiteninhalts im Browser.

- Skripte, die zwar *vor* der ersten Nutzeraktion ablaufen sollen und dabei bereits auf HTML-mäßig definierte Objekte der Webseite zugreifen müssen, werden am besten über das `onload`-Attribut des `<body>`-Tags gestartet. Wie das im Detail mit Hilfe von `id`-Attributen funktioniert, werden wir ab Kapitel 25 erörtern.

- Skripte, die erst bei einer Aktion des Nutzers starten, haben ihren Ausgangspunkt in einem Attribut eines HTML-Tags, welches das Verhalten des entsprechenden Ereignisses beschreibt. Wir werden in Kapitel 31 noch sehen, wie diese Funktionalität auch ohne direkte Attribut-Definition implizit im Skript selbst realisiert werden kann.

- Einen ähnlichen Effekt wie bei Skripten, die durch ein Ereignis gestartet werden, erhält man bei einem Anchor-Element mittels eines `"javascript:"`-Links.

JavaScript außerhalb von HTML

Obwohl JavaScript in der Praxis eng verknüpft mit HTML ist, kann der JavaScript-Sprachkern ebenso in anderen Kontexten verwendet werden.

So wurde JavaScript von der Firma Microsoft, allerdings in einer leicht modifizierten Form unter dem Namen JScript, als Skriptsprache für das Betriebssystem Windows eingesetzt. Darauf aufbauend erfolgte später die Kreierung einer auf das „.NET"-Framework aufsetzenden Sprachversion JScript.NET.

Die Firma Adobe setzt JavaScript unter dem Namen ActionScript als Skriptsprache innerhalb ihres Produkts Flash ein. Auch in diesem Fall wurde der Sprachkern zwischenzeitlich proprietär erweitert, so dass es sich nicht mehr um ein standardkonformes JavaScript handelt.

HTML mit anderen Programmiersprachen

Beim Abruf einer Webseite über das Internet agiert der Browser aus logischer Sicht als **Client**[32] (wörtlich *Kunde*), der eine Anfrage an den betreffenden **Server** (wörtlich *Kellner*) stellt, worauf dieser die Anfrage ausführt, indem er die angeforderte Webseite übermittelt. Die abgerufene Seite kann sowohl **statisch** als auch **dynamisch** sein. Im ersten Fall beschränkt sich die Funktionalität des Servers im Wesentlichen auf die Übertragung der aus dem Dateisystem des Servers abgerufenen Datei. Im zweiten Fall sind innerhalb der Webseite dynamische Inhalte enthalten, wie etwa der aktuelle Kontostand innerhalb eines webbasierten Online-Bankings. Der Server generiert daher

---

[32] Allgemein ist ein Client ein Programm, das Anfragen an einen Server absetzt und dessen Antworten entgegennimmt. Bei einem Server handelt es sich allgemein um ein Programm, dass Anfragen beantwortet. Beide Programme können durchaus auf einem Rechner laufen. Im Bereich des Internets wird häufig auch ein Rechner, auf dem ein Serverprogramm läuft, selbst als Server bezeichnet.

beim Seitenabruf ein zu übermittelndes HTML-Dokument sowohl aus statischen, meist die Seitengestaltung betreffenden, Bestandteilen als auch aus dynamischen Inhalten. Letztere ergeben sich als Ergebnis von Programmabläufen, die auf dem Server-Rechner durch den Abruf der aktuellen Webseite initiiert werden.

Für solche Fälle wird heute meist **PHP** verwendet, was ursprünglich für *Personal Homepage Tool* stand, heute allerdings oft selbstbezüglich als *PHP Hypertext Preprocessor* interpretiert wird. Ähnlich wie ein JavaScript-Programm wird auch ein PHP-Skript in eine HTML-Datei integriert, aber bereits beim Abruf vom Webserver durch HTML-Konstrukte ersetzt. Daher ist, wenn man sich den sogenannten HTML-Quelltext anschaut, im Browser nichts mehr vom ursprünglichen PHP-Code zu sehen. Diese serverseitige Befehlsausführung steht im Gegensatz zur Verfahrensweise bei JavaScript, dessen Befehle als Text zur Client-Seite übertragen werden und dann erst dort, das heißt innerhalb des Browsers, ausgeführt werden.

An Stelle von PHP gibt es auch Webserver-Erweiterungen, welche die serverseitige Ausführung von JavaScript-Code erlauben. Am bekanntesten ist die Plattform **Node.js**, die 2009 von Ryan Dahl entwickelt wurde. Als Basis verwendet sie die von Google für seinen Browser Chrome entwickelte JavaScript-Laufzeitumgebung V8, deren frei zugängliche Quellen auch für andere Projekte verwendet werden dürfen.

Die Antworten des Servers, die dem Inhalt einer HTML-Datei entsprechen, können aber genauso gut von einem beliebigen Programm erfolgen. Dafür besitzt ein Webserver-Programm in der Regel ein sogenanntes **Common Gateway Interface**[33] (CGI), welches eine Server-Anfrage mit der Textausgabe eines Programms beantwortet.

---

[33] Der Begriff **Interface** sowie sein deutsches Pendant **Schnittstelle** stehen klassisch für Teile eines Systems, welche die Kommunikation nach außen ermöglichen. Beispiele bei Computern sind die elektrischen Verbindungselemente für Netzwerk und USB-Geräte. Die Definition des Interfaces umfasst dann sowohl Hardware-Eigenschaften wie Steckerbelegung und elektrische Spannung als auch Kommunikationsprotokolle. Bei Softwareschnittstellen handelt es sich um Vorgaben für Programme, in welcher Form, das heißt in welcher Reihenfolge und welchem Format, Daten ausgetauscht werden.

7 Bedingte Programmabläufe

Ging es bisher mehr um den logischen Hintergrund sowie das technische Fundament eines JavaScript-Programms, so wollen wir nun ein wenig mit JavaScript experimentieren. Konkret wollen wir uns die verschiedenen Anweisungstypen ansehen. Insbesondere werden wir zunächst erörtern, in welcher Weise es mit sogenannten **Kontrollstrukturen** möglich ist, von der rein sequentiellen Ausführung von Programmbefehlen abzuweichen.

Da die folgenden Beispielprogramme nur Berechnungen durchführen, können wir sie alle im HTML-Kopf unterbringen. Wir beginnen mit einem Programm, das die Summe der ersten hundert Zahlen berechnet und dann ausgibt:

```
<html>
<head>
<title>Summe der Zahlen 1, 2, ..., 100 (js/7)</title>
<script type="text/javascript">
sum=0;
i=1;
while(i<=100)
{
    //Diese Schleife wird für i=1,...,100 durchlaufen:
    sum=sum+i;
    i++;
}
window.alert(sum);
</script>
</head>
<body>
</body>
</html>
```

Über den Mathematiker Carl Friedrich Gauß (1777-1855) gibt es übrigens die Legende, dass er als siebenjähriger Schüler diese Berechnung in kürzester Zeit absolvierte, als sein Lehrer die Aufgabe der gesamten Klasse zur vermeintlich langen Beschäftigung stellte. Dazu bildete Gauß gedanklich 50 Zahlenpaare und addierte diese:

$$(1 + 100) + (2 + 99) + \ldots + (50 + 51) = 50 \cdot 101 = 5050.$$

Gegenüber diesem für einen Siebenjährigen genialen Ansatz erscheint das obige JavaScript-Programm als eher phantasielos. Gerechnet wird mit

© Springer Fachmedien Wiesbaden GmbH, ein Teil von Springer Nature 2018
J. Bewersdorff, *Objektorientierte Programmierung mit JavaScript*,
https://doi.org/10.1007/978-3-658-21077-9_7

zwei Variablen, die mit sum und i bezeichnet sind. Die Initialisierung der
beiden Variablen sum und i mit den Startwerten 0 beziehungsweise 1
verstehen wir. Bei der Befehlsfolge

```
while(i<=100)
{
    //Diese Schleife wird für i=1,...,100 durchlaufen:
    sum=sum+i;
    i++;
}
```

erinnern wir uns an die Erörterungen aus Kapitel 2, in denen wir bereits
auf die prinzipielle Funktionalität eines solchen WHILE-Befehls hingewiesen haben. Beim Wort while handelt es sich übrigens um ein sogenanntes **Schlüsselwort**. Das bedeutet, dass dieses Wort für den eigentlichen Sprachkern reserviert ist und daher nicht als Bezeichner, etwa für
eine Variable, verwendet werden darf[34]. Die Funktionalität des Schlüsselwortes while wird durch die wörtliche Übersetzung *während* bereits
gut charakterisiert: Mit dem **Schleifenbefehl** while(Bedingung) wird
ähnlich wie beim in Pseudo-Code formulierten Primzahlalgorithmus in
Kapitel 2 der nachfolgende, in geschweifte Klammern geschachtelte,
Block von Anweisungen solange ausgeführt, wie Bedingung erfüllt ist.
Im Sonderfall, dass der **Anweisungsblock** aus nur einer Anweisung
besteht, können die geschweiften Klammern auch weggelassen werden.
Absolut wichtig ist, dass hinter while(Bedingung) *kein* Semikolon steht,
weil der while-Befehl den gesamten Anweisungsblock umfasst. Ein
Semikolon hinter der while-Zeile würde den while-Befehl bereits ab-

---

[34] Die vollständige Liste der JavaScript-Schlüsselworte lautet:
break, case, catch, class, const, continue, debugger, default,
delete, do, else, export, extends, finally, for, function, if,
import, in, instanceof, let, new, return, static, super, switch,
this, throw, try, typeof, var, void, while, with, yield.
Im Hinblick auf zukünftige Spracherweiterungen ebenfalls als Bezeichner zu vermeiden oder sogar unzulässig sind die folgenden Worte:
await, enum, implements, interface, package, private, protected.
Darüber hinaus nicht verwendet werden sollten Bezeichner, die bereits vordefiniert
sind. Ihre Verwendung würde entweder zu einem Fehler oder einer Veränderung der
Funktionalität führen, die JavaScript standardmäßig besitzt. Beispiele sind
Boolean, Number, String, Array, Object, RegExp, Symbol,
Function, Date, Error, Math, JSON, eval, parseInt, parseFloat,
infinity, NaN, isFinite, isNaN, undefined.

schließen, so dass in diesem Fall nur eine inhaltsleere Anweisung wiederholt würde.

Im vorliegenden Fall lautet die Bedingung i<=100, wobei „<=" wie zu vermuten für „kleiner oder gleich" steht. Möglich und in anderen Fällen sinnvoll sind auch Bedingungen wie i!=0 oder i==0 als symbolische Beschreibungen der Sacherhalte „Der Wert von i ist *ungleich* 0" beziehungsweise „Der Wert von i ist *gleich* 0". Äußerst wichtig ist, dass bei einer Prüfung auf Wertgleichheit keinesfalls nur ein Gleichheitszeichen „=" verwendet wird – dies ist eine *sehr* häufige Ursache von Fehlern!

Wir werden an späterer Stelle noch genauer auf die sogenannten **Vergleichsoperatoren** eingehen, mit denen Bedingungen formuliert werden können.

Hätten wir uns vertippt und als Bedingung i>=-2 geschrieben, so wäre die Schleife nie abgebrochen worden. Ein Programm, dessen Ablauf in eine solche sogenannte **Endlosschleife** mündet, endet nie. Im Falle von JavaScript gibt der Browser allerdings nach wenigen Sekunden eine Warnmeldung aus. Dagegen kann die Suche nach der Ursache für eine solche Endlosschleife, insbesondere wenn sie nur bei bestimmten Eingaben zustande kommt, deutlich länger dauern. Übrigens gibt es keinen Algorithmus, der allgemein und damit auch für komplizierte Quellcodes feststellen kann, ob das Programm irgendwann terminiert[35]. Es handelt sich um das sogenannte **Halteproblem**, dass bereits 1936 als algorithmisch unlösbar erkannt wurde, als es Computer nur als gedankliche Vorstellung einiger Mathematiker gab.

Für das Beispielprogramm noch zu erläutern bleiben noch drei weitere Befehlszeilen:

- Mit der Anweisung sum=sum+i wird die eigentliche Summation durchgeführt. Die Funktionsweise dieser Anweisung haben wir bereits bei unserem Pseudocode-Beispiel erklärt. Dabei werden die Werte der Variablen, die rechts vom sogenannten **Zuweisungsoperator** „=" ste-

---

[35] Konkret kann es kein Computerprogramm geben, das wie ein Compiler als Input ein beliebiges Computerprogramm erhält und daraus berechnet, ob das zu prüfende Programm nach einer endlichen Zeit terminiert.
Hintergrund dieser Aussage ist, dass die angenommene Existenz eines solchen Prüfprogramms zu einem logischen Widerspruch geführt werden kann.

hen, nur gelesen. Mit Hilfe der **arithmetischen Operatoren** lassen
sich (Rechen-)**Ausdrücke** bilden, welche die gewünschten Berechnungen durchführen. Die Verwendung geschieht in der mathematisch
üblichen Weise, was gegebenenfalls geschachtelte Klammerungen mit
runden Klammern „(" und „)" einschließt.

- Beim sogenannten **Inkrementierungsbefehl** i++ auf Basis des sogenannten **Inkrement-Operators** „++" handelt es sich schlicht um die
  Kurzform des Befehls i=i+1.

- Bei der Zeile, die mit zwei Schrägstrichen „//" beginnt, bleibt der
  Text, der in der betreffenden Zeile hinter den zwei Schrägstrichen
  „//" steht, ohne jede Programm-Funktionalität. Auf diese Weise können erläuternde **Kommentare** in den Programmcode geschrieben
  werden. Andere Bearbeiter – und vor allem man selbst – werden nämlich dankbar sein für jeden Hinweis, wenn der Programmcode in späteren Jahren erweitert oder korrigiert werden muss. Ansonsten entsteht
  erfahrungsgemäß oft eine Situation, die man vom Betrachten eines
  abstrakten Kunstwerkes her kennt: „Was hat wohl der Künstler hier-
  mit zum Ausdruck bringen wollen?" Eine weitere Möglichkeit, Kommentare über mehrere Zeilen zu schreiben, besteht durch die Klammerung mit „/*" und „*/" Der gesamte Text dazwischen wird vom
  Interpreter ignoriert.[36]
  Bei den folgenden Beispielprogrammen werden Kommentare oft dazu
  verwendet, das Verhalten des Programmes, insbesondere in Bezug auf
  die Bildschirmanzeigen, zu beschreiben.

Die Formatierung von JavaScript-Programmen

Ein Programm wird übersichtlicher und damit leichter verständlich,
wenn es sorgfältig formatiert wird. Dafür gibt es die folgenden Empfehlungen:

- Nach jedem Befehl sollte ein **Semikolon** stehen, auch wenn er in
  JavaScript nur dann zwingend erforderlich ist, wenn mehrere Befehle in einer Textzeile stehen. *Kein* Semikolon steht aber hinter
  der schließenden Klammer eines Anweisungsblocks.

---

[36] Auch außerhalb der Skripte können im HTML-Quelltext Kommentare eingefügt
werden. Diese werden mit den Zeichenfolgen „<!--" und „-->" eingeklammert.

- Leerzeichen und Tabulatorzeichen können zwischen den einzelnen Sprachelementen wie Schlüsselwörtern, Bezeichnern und Operatorzeichen beliebig eingefügt werden. Das gilt auch für Zeilenumbrüche, jedoch in diesem Fall nur dann, wenn *nicht beide* durch den Zeilenumbruch entstehenden Zeilen als selbständige Befehle interpretiert werden können. In der Praxis wird von der Möglichkeit des Zeilenumbruchs innerhalb eines Befehls vor allem bei Schleifen- und Steueranweisungen Gebrauch gemacht. Auch überlange Zeilen sollten lesefreundlich auf verschiedene Zeilen aufgeteilt werden.

- Die Befehle eines mit geschweiften Klammern abgegrenzten Anweisungsblocks sollten einheitlich mit Leer- oder Tabulatorzeichen eingerückt werden: Genügend viel, damit die Blockstruktur einfach erkennbar ist, und nicht zu viel, damit bei mehrfach ineinander geschachtelten Blöcken auch bei einer Standardbreite, die ein Editor bietet, noch genügend Platz ist. Wir werden hier je Block zwei Zeichen einrücken.

- **Geschweifte Klammern**, welche die Anweisungsblöcke begrenzen, sollten allein in einer Zeile stehen. Mit einer solchen Formatierung, wie sie im vorliegenden Buch verwendet wird, lassen sich die beiden Klammern eines Paares besser erkennen. Da ein guter Editor zusammengehörende Klammern durch Markierungen hervorhebt, kann man Blöcke aber auch davon abweichend formatieren. Meist wird die öffnende Klammer als Abschluss der vorangegangenen Zeile geschrieben Auf diese Weise wird nicht nur eine Zeile gespart. Darüber hinaus wird ein Block in seiner Gesamtheit optisch gut erkennbar, da er durch eine fast leere Zeile beendet wird, in der als einziges Zeichen die schließende Klammer steht.

Wenn bei Ihnen das Programm nicht den Wert 5050 anzeigt, haben Sie sich wahrscheinlich vertippt. Es beginnt dann die Suche, mit der schon jeder Programmierer viel seiner Zeit vertan hat. Wenn Sie allerdings bisher alles richtig gemacht haben sollten, helfen wir etwas nach, um einen Fehler zu erhalten: Was passiert, wenn in Zeile 10

```
summ=sum+i;
```

steht? Nur ein kleines „m" zu viel, und schon erhalten wir als Ergebnis den Wert 0. Übrigens hätte bereits ein Großschreiben wie

```
Sum=sum+i;
```

den gleichen Fehler hervorgebracht.

Selbstverständlich hat alles seine logische Erklärung, was häufig ein – wenn auch ein schwacher – Trost ist.

Natürlich erkennt der Browser nicht, dass wir uns eigentlich nur vertippt haben und mit sum und summ eigentlich dieselbe Variable meinten. Damit wird die Variable sum nach der Initialisierung mit dem Anfangswert zwar immer wieder gelesen und zu jedem Werte addiert, welche die Variable i annimmt. Geändert wird der Wert der Variablen sum aber nicht. Und so erhalten wir aufgrund des Tippfehlers das unsinnige Ergebnis 0.

Zum Programmieren gehört immer Systematik. Daher ist zu fragen, wie man solche Tippfehler vermeiden beziehungsweise erkennen kann. Tatsächlich kann die Gefahr, die von Tippfehlern ausgeht, drastisch verringert werden. Dazu verwendet man bei JavaScript einen speziellen **Strikt-Modus** (*strict mode*), bei dem jede Variable vor ihrer Verwendung stets explizit deklariert werden *muss*, wie es in anderen Programmiersprachen wie C C++, Java und Pascal bereits standardmäßig der Fall ist. Damit wird verhindert, dass einzig durch Vertippen eine neue Variable angelegt wird. Gegen einen Tippfehler, mit dem aus einem Bezeichner ein anderer Bezeichner entsteht, hilft dies aber nicht – ähnlich wie bei der Rechtschreibprüfung eines Textverarbeitungsprogramms, die ebenfalls nicht erkennen kann, dass „ein Huhn" eigentlich „ein Hahn" hätte sein sollen. Als Konsequenz ergibt sich die Empfehlung, dass sich Variablennamen deutlich voneinander unterscheiden sollten, und zwar zumindest dann, wenn sich der Gültigkeitsbereich überschneidet – darüber später mehr.

Unser Programm im Strikt-Modus sieht folgendermaßen aus:

```
<html>
<head>
<title>Summe der Zahlen 1, 2, ..., 100 (js/7a)</title>
<script type="text/javascript">
"use strict";
var sum=0,i;
i=1;
while(i<=100)
{
    //Diese Schleife wird für i=1,...,100 durchlaufen:
    sum=sum+i;
    i++;
}
```

```
window.alert(sum);        // liefert Ausgabe 5050
</script>
</head>
<body>
</body></html>
```

Aufgrund des Strikt-Modus-Befehls

```
"use strict";
```

müssen alle nachfolgend verwendeten Variablen vor ihrem Gebrauch deklariert werden[37]. Diese Deklarationen geschehen mit einem oder mehreren `var`-Befehlen. Hinter dem Schlüsselwort `var` folgt dabei jeweils eine Liste mit den zu deklarierenden Variablen-Bezeichnern. Als Trennzeichen innerhalb der Liste fungiert das Komma. Innerhalb der Liste *kann* zugleich eine Initialisierung erfolgen. Im letzten Programm ist das bei der Variablen `sum` der Fall. Abweichend von anderen Programmiersprachen wie C, C++, Java und Pascal werden alle Variablen ohne Typangabe deklariert. Das heißt, dass eine solche Deklaration ohne Angabe dahingehend erfolgt, ob die betreffende Variable zur Speicherung einer Zahl oder eines Textes verwendet werden soll – wir werden die Bedeutung dieses Sachverhalts an späterer Stelle noch detailliert erläutern.

Auch wenn es nicht zwingend ist, sollte die Deklaration mit dem `var`-Befehl möglichst immer am Anfang des betreffenden Programmteiles stehen.

Wir haben in Kapitel 2 bereits erwähnt, dass der WHILE-Befehl eigentlich der wichtigste Befehl ist, mit dem von der rein sequentiellen Befehlsausführung abgewichen werden kann. Der Grund ist, dass WHILE-Befehle und normale Rechenbefehle ausreichen, um jeden beliebigen Algorithmus in einen Programmablauf transformieren zu können.

Was theoretisch möglich ist, muss aber deshalb noch lange nicht auch praktisch sinnvoll sein: In Bezug auf den WHILE-Befehl bedeutet das konkret, dass es durchaus vorteilhaft ist, wenn eine Programmiersprache weitere Befehlstypen für eine bedingte Ablaufsteuerung beinhaltet. Bei JavaScript gibt es dazu im Wesentlichen

---

[37] Der Befehl `"use strict";` wurde aus der Programmiersprache Perl, die zur Programmierung von Internetservern verwendet wird, Ende 2009 in den JavaScript-Standard ECMAScript 5 übernommen.

- die beiden Befehle `if` und `switch`, die eine bedingte Ausführung erlauben, sowie

- zwei weitere Befehle `for` und `do while` zur Realisierung von Schleifen.

Wir setzen unsere Erläuterungen mit den beiden letztgenannten Schleifenbefehlen fort. Mit dem `for`-Befehl kann insbesondere eine Schleife, deren Wiederholungszahl bereits vor dem Start des ersten Durchlaufs feststeht, einfacher, kompakter und damit auch übersichtlicher programmiert werden als mit der `while`-Anweisung. Konkret für die beispielhaft dargestellte Summation ist die folgende Anweisungsfolge möglich, ohne dass dazu die sogenannte **Laufvariable** `i` vorher mit einem Anfangswert initialisiert werden muss. Anzumerken ist, dass die geschweiften Klammern des Blocks sogar im vorliegenden Fall wegfallen könnten, weil der Block nur aus einer einzigen JavaScript-Anweisung besteht:

```
for (i=1; i<=100; i++)
{
    sum=sum+i;
}
```

Da wir das entsprechende `while`-Konstrukt bereits kennen, ist die Funktionalität der verschiedenen Teile der `for`-Anweisung unschwer zu erraten. Die allgemeine Form sieht folgendermaßen aus:

```
for(Initialisierung; Schleifenbedingung; Wertänderungsbefehl)
    Befehl;       //(oder Befehlsblock)
```

Auch diese allgemeine Form einer `for`-Anweisung hätten wir etwas umständlicher auch mit einer `while`-Anweisung formulieren können:

```
Initialisierung;
while(Schleifenbedingung)
{
    Befehl;       //(oder Befehlsblock)
    Wertänderungsbefehl;
}
```

Auch die `do-while`-Anweisung bringt eigentlich keine neuen Aspekte. Anders als bei einer `while`-Schleife wird der Schleifeninhalt mindestens einmal ausgeführt, da die Bedingung immer erst nach dem Schleifendurchlauf geprüft wird:

```
i=1;
do
```

```
{
  sum=sum+i;
  i++;
}
while (i<=100);
```

Wesentlich wichtiger sind die Steuerungsanweisungen auf Basis des Schlüsselwortes `if`. In der Standardform hat der `if`-Befehl die Form

```
if(Bedingung)
  Befehl;      //(oder Befehlsblock)
```

Beispielsweise wird der Befehlsteil der Bildschirmausgabe im nachfolgenden `if`-Befehl

```
if(i==3)
  window.alert("drei!");
```

nur dann ausgeführt, wenn der Wert der Variablen `i` gleich 3 ist. Übrigens muss die *eine* Anweisung nicht auf zwei Zeilen aufgeteilt werden, aber dies ist sehr zu empfehlen – ebenso wie die Einrückung des nur bedingt ausgeführten Textausgabe-Befehls.

Oft soll nicht nur bei positiv verlaufender Prüfung ein Befehl ausgeführt werden. Soll stattdessen abhängig von der Prüfbedingung alternativ einer von zwei Befehlen ausgeführt werden, so gibt es dafür die `if-else`-Anweisung, die allgemein die folgende Form besitzt:

```
if(Bedingung)
  Befehl1;     //(oder Befehlsblock1)
else
  Befehl2;     //(oder Befehlsblock2)
```

Beispielsweise könnte eine Textausgabe innerhalb eines body-Skripts, die das Genus bei der Zahlenangabe „eins" berücksichtigt, folgendermaßen aussehen:

```
if(i==1)
  document.write("eine Tomate");
else
{
  document.write(i);
  document.write(" Tomaten");
}
```

Wichtig beim `if`- sowie dem `if-else`-Befehl sind die runden Klammern um die Bedingung, die wir bereits entsprechend bei den Schleifenbefehlen `while`, `for` und do `while` kennen gelernt haben. Wie schon bei diesen

Schleifenbefehlen dienen die Zeilenumbrüche auch beim `if`-Befehl und
`if-else`-Befehl ausschließlich dazu, die Übersichtlichkeit des Quellcodes zu erhöhen. Trotzdem kann es schnell unübersichtlich werden,
wenn die Programmverzweigung auf Basis mehrstufiger Bedingungen
erfolgen soll. Schauen wir uns dazu ein Beispiel an:

```
if(i==j)
  if(j==k)
    window.alert("Es ist i gleich k");
  else
    window.alert("Es ist i ungleich k");
```

Die durch Einrückung vorgenommene Formatierung suggeriert, dass das
`else` vom Interpreter auf das unmittelbar zuvor stehende `if` bezogen
wird, was in der Tat auch der Fall ist, da sich ein `else` per Definition
immer aus das nächst davor stehende `if` bezieht. Das heißt, der Programmteil wird interpretiert, als wäre er folgendermaßen geklammert:

```
if(i==j)
{
  if(j==k)
    window.alert("Es ist i gleich k");
  else
    window.alert("Es ist i ungleich k");
}
```

Mit diesen Klammern wird sofort deutlich, dass der vom Programm
generierte Ausgabetext dem tatsächlichen Sachverhalt in Bezug auf die
Ungleichheit der Werte der beiden Variablen `i` und `k` entspricht. Dagegen
führt die a priori genauso denkbare Interpretation im Sinne der nachfolgenden Klammerung im Fall von drei wertgleichen Variablen zu einer
Ausgabe, die nicht dem tatsächlichen Sachverhalt entspricht. Die im
Vergleich zum vorherigen Programmcode geänderten Einrückungen
haben natürlich keine funktionale Auswirkung, sondern dienen nur der
Verdeutlichung:

```
if(i==j)
{
  if(j==k)
    window.alert("Es ist i gleich k");
}
else
  window.alert("Es ist i ungleich k");   //falsch bei i==j und j==k
```

Abgesehen von der speziellen Situation des `if`-Befehls sollte das Beispiel auch dahingehend verstanden werden, dass man lieber einmal zu viel Klammern setzen sollte als einmal zu wenig. Das gilt sowohl für die geschweiften Klammern eines Programmblocks als auch für die runden Klammern, mit denen Formelausdrücke geklammert werden können. Dabei sollte, wenn immer möglich, die Lesbarkeit durch eine geeignete Formatierung, insbesondere durch Leerzeichen, erhöht werden.

Eigentlich kein eigenständiger JavaScript-Befehl, aber eine häufig genutzte Version des `if-else`-Befehls ist die mehrfache Verkettung, bei der es sich bei jedem `else`-Zweig um eine weitere `if`-Anweisung handelt. Dabei stellt es sich als vorteilhaft heraus, auf mehrfache Einrückungen zu verzichten:

```
if(i==0)
    window.alert("null");
else if(i==1)
    window.alert("eins");
else if(i==2)
    window.alert("zwei");
else
    window.alert("mindestens drei");
```

Zu dem im Beispiel verwendeten Programmierstil muss noch eine kritische Anmerkung gemacht werden: Kann die Variable `i` auch negative Werte annehmen, führt der in diesem Fall erreichte letzte `else`-Zweig zu einer eigentlich nicht vorgesehenen und damit in Folge zu einer unzutreffenden Bildschirm-Ausgabe. Vor solchen Überraschungen kann man sich schützen, wenn man versucht, alle wirklich möglichen Fälle in `else-if`-Zweigen abzuarbeiten. Der letzte `else`-Zweig dürfte in diesem Fall nie durchlaufen werden, so dass ihm eine auf einen „System-Fehler" hinweisende Meldung zugeordnet werden kann.

In Fällen, bei denen sich die `else-if`-Verzweigungen wie im letzten Beispiel alle auf den Wert einer einzelnen Variable oder eines einzelnen Ausdrucks beziehen, gibt es noch die Alternative der `switch`-Anweisung:

```
switch(i)
{
    case 0:
        window.alert("null");
        break;
    case 1:
        window.alert("eins");
        break;
```

```
case 2:
    window.alert("zwei");
    break;
default:
    window.alert("mindestens drei");
}
```

Die Funktionalität dieser `switch`-Anweisung entspricht exakt der Funktionalität des vorherigen Beispiels auf Basis von `else-if`-Verzweigungen. Die Syntax ist allerdings sehr unterschiedlich. Innerhalb der runden Klammer hinter `switch` steht ein (Rechen-)Ausdruck, dessen Wert die Programm-Verzweigung steuert. Danach folgt eine Block-Klammerung mit geschweiften Klammern. Innerhalb dieses Blocks müssen dann die einzelnen Verzweigungsabschnitte, die jeweils mit dem Schlüsselwort `case` gefolgt von einem Wert (oder einem Ausdruck) und einem Doppelpunkt beginnen, auch dann nicht mit Block-Klammern versehen werden, wenn sie aus mehreren Anweisungen bestehen. Dabei wird ein Block genau dann durchlaufen, wenn eine Gleichheit der beiden Werte vorliegt. Der `default`-Zweig wird genau dann durchlaufen, wenn zuvor kein `case`-Zweig zur Ausführung gekommen ist.

Eine besondere Aufgabe besitzt die `break`-Anweisung[38], die dafür sorgt, dass keine weiteren `case`-Zweige mehr darauf untersucht werden, ob auch sie durchlaufen werden müssen. Allein aus Gründen der Bearbeitungszeit sind daher `break`-Anweisungen in den einzelnen `case`-Zweigen sinnvoll.

Mit den bis jetzt vermittelten Kenntnissen über JavaScript sind wir nun in der Lage, den Algorithmus aus Kapitel 2 zur Teilersuche in JavaScript zu programmieren:

```
<html>
<head>
<title>Teilersuche (js/7b)</title>
<script type="text/javascript">
"use strict";
var zuTestendeZahl, moeglicherTeiler, gefundenerTeiler;
zuTestendeZahl = window.prompt("Zu zerlegende Zahl");
```

---

[38] Mit der `break`-Anweisung können auch Schleifen direkt abgebrochen werden, wobei jeweils die innerste der gerade durchlaufenen Schleifen ohne weitere Prüfung sofort abgebrochen wird.
Eine ähnliche Funktion hat die `continue`-Anweisung, die in der innersten Schleife den *aktuellen* Durchlauf beendet.

```
if(zuTestendeZahl < 2)
   window.alert("Keine korrekte Eingabe!");
else
{
   gefundenerTeiler = zuTestendeZahl;
   moeglicherTeiler = zuTestendeZahl - 1;
   while(moeglicherTeiler > 1)
   {
      if(zuTestendeZahl % moeglicherTeiler == 0)
         gefundenerTeiler = moeglicherTeiler;
      moeglicherTeiler = moeglicherTeiler - 1;
   }
   if(gefundenerTeiler < zuTestendeZahl)
      window.alert(gefundenerTeiler);
   else
      window.alert("Eingegebene Zahl ist Primzahl!");
}
</script>
</head>
<body>
</body></html>
```

Da die Arbeitsweise des Algorithmus bereits erläutert wurde, können wir uns bei den Anmerkungen auf die beiden für uns noch unbekannten JavaScript-Sprachelemente beschränken:

- Die Funktionalität von `window.prompt(...)` wird sofort beim Start des Programms ersichtlich, wenn ein Eingabefenster erscheint, mit dem nach der zu zerlegenden Zahl gefragt wird.

- Beim Zeichen „%" handelt es sich um den sogenannten **Modulo-Operator**, der für den bei einer ganzzahligen Division entstehenden Rest steht. Genau dann, wenn dieser Rest gleich 0 ist, lässt sich der Wert der Variablen `zuTestendeZahl` durch den Wert der Variablen `moeglicherTeiler` ohne Rest teilen.

Formalisierte Syntax-Darstellungen

Meist, wie auch im vorliegenden Kapitel, wird die Syntax einer Programmiersprache zusammen mit Hinweisen auf die Semantik, das heißt die Funktionalität, verbal unter Zuhilfenahme einiger Beispiele beschrieben. Einige Grenzfälle können dabei leicht offen bleiben: Wann ist zum Beispiel eine Block-Klammerung mit geschweiften Klammern optional, und wann ist sie verbindlich?

Klarheit, und das in einer relativ kompakten Darstellung, verschaffen formalisierte Darstellungen der Syntax. Eine relativ übersichtliche Form einer solchen Darstellung sind die sogenannten **Syntax-Diagramme**. Schauen wir uns ein Beispiel dazu an:

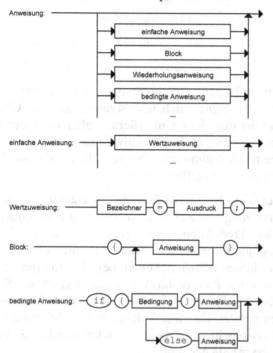

In den Diagrammen ist dargestellt, wie eine Anweisung in JavaScript aufgebaut sein muss. Obwohl dieser Sprachbereich durch die Diagramme nicht vollständig abgedeckt wird – erkennbar unter anderem an den Auslassungszeichen „…" –, dürfte sowohl die Systematik der Diagramme als auch der darzustellende Inhalt deutlich werden.

In einer rein textbasierten Form lassen sich die entsprechenden Sachverhalte über die Beziehungen zwischen den verschiedenen Sprachbestandteilen in der sogenannten **Backus-Naur-Form** (BNF) darstellen, die nach den Informatik-Pionieren John Warner Backus (1924-2007) und Peter Naur (1928-) benannt ist. In einer auf den Schöpfer der Programmiersprache Pascal Niklaus Wirth zurückgehenden Weiterentwicklung der sogenannten **Erweiterten Backus-Naur-Form**

(EBNF), können optionale Wiederholungen von Sprachbestandteilen besonders einfach dargestellt werden. Wir wollen uns hier mit dem Äquivalent der Beschreibung der drei Sprachbestandteile *einfache Anweisung*, *Wertzuweisung* und *Block* begnügen:

```
<einfache Anweisung> ::= <Wertzuweisung> | ...

<Wertzuweisung> ::= <Bezeichner> "=" <Ausdruck> ";"

<Block> ::= "{" <Anweisung> {<Anweisung>} "}"
```

Solche „formelmäßigen" Beschreibungen einer Syntax auf Basis einer **Metasprache** eignen sich insbesondere auch als Grundlage für die Programmierung eines **Compilers**. Dabei kann der Schritt des sogenannten **Parsens** (*Analyse*) relativ einfach, nämlich im Wesentlichen auf rein algorithmische Weise, direkt auf solche Syntax-Beschreibungen zurückgeführt werden.

Aus formaler Sicht beschreibt jede der sogenannten **Produktionsregeln** eine Ersetzung von Zeichen, wobei durch eine sequentielle Verwendung der Produktionsregeln jedes syntaktisch korrekte JavaScript-Programm entstehen kann. Damit es innerhalb der Metasprache keine Schwierigkeiten bei der Interpretation der in EBNF formulierten Produktionsregeln gibt, werden die Symbole der zu beschreibenden Sprache – in unserem Fall JavaScript – in Anführungszeichen gesetzt. Da diese Zeichen mit nachfolgend angewendeten Produktionsregeln nicht mehr verändert werden können, werden sie **Terminalsymbole** genannt.

Ersetzt werden im Rahmen der Produktionsregeln können nur die sogenannten **Nicht-Terminalsymbole** oder **Nonterminalsymbole**. Sie werden durch spitze Klammern wie `<Block>` begrenzt und gelten unabhängig von ihrer Notation innerhalb der Metasprache jeweils als *ein* Symbol. Solche Nicht-Terminalsymbole tauchen im Verlauf der sequentiellen Anwendung der Produktionsregeln nur in den Zwischenschritten auf. Bei den letztlich erzeugten Symbolketten müssen sie sämtlich ersetzt sein.

Außerhalb der in Anführungszeichen gesetzten Ketten von Terminalsymbolen und der durch spitze Klammern begrenzten Terminalsymbole verwendet die Metasprache, die der ENBF zugrunde liegt, noch ein paar Symbole wie „: :=" und „|", welche die Möglichkeiten der Ersetzung charakterisieren.

Formale Sprachen

Programmiersprachen, aber auch Dokumentenbeschreibungssprachen wie HTML sind Beispiele für **formale Sprachen**. Ausgangspunkt der Definition einer formalen Sprache ist diejenige Frage, die wir auch von einer „richtigen", das heißt einer natürlichen, Sprache, her kennen: Welche Sätze, beispielsweise der deutschen Sprache, sind grammatikalisch korrekt gebildet? In Bezug auf eine formale Sprache lässt sich die Fragestellung abstrahieren: Welche Zeichenketten gehören zum Sprachumfang und welche nicht? Eine formale Sprache ist damit schlicht eine Menge von Zeichenketten. Ausgehend vom verwendeten Zeichenvorrat, der allgemein als **Alphabet** bezeichnet wird, kann eine formale Sprache aufgefasst werden als Teilmenge aller möglichen **Worte**, das sind die aus den Zeichen des Alphabets durch *beliebige* Aneinanderreihung entstehenden Zeichenketten.[39]

Zum Beispiel gehört das Wort <html></html> zur formalen Sprache HTML, <html></body> aber nicht.

Die verwendeten Alphabete sind in der Regel endlich. Da aber die Wortlänge in einer formalen Sprache nicht begrenzt sein muss, kann eine formale Sprache trotzdem unendlich viele Worte enthalten – die Sprachen JavaScript und HTML sind Beispiele dafür. Es ist daher wenig sinnvoll, die Worte einer solchen Sprache durch eine simple Aufzählung der Worte aufzählen zu wollen, obwohl dies selbst für Sprachen mit unendlichem Sprachumfang theoretisch durchaus denkbar ist – beispielsweise mit einem entsprechenden Computerprogramm, das unendlich lange läuft und Worte der Sprache nacheinander derart auflistet, dass jedes Wort der Sprache irgendwann drankommt.

---

[39] Die Menge aller Worte, die sich aus einem Alphabet bilden lassen, wird auch **Kleene'sche Hülle** des Alphabets genannt – benannt nach dem amerikanischen Mathematiker Stephen Cole Kleene (1909-1994).

Deutlich kompakter wird die Charakterisierung des Sprachumfangs, wenn eine formale Sprache mittels einer sogenannten (formalen) **Grammatik**, auch **Syntax** genannt, definiert ist. Eine solche Grammatik besteht aus Regeln, die beschreiben, wie syntaktisch korrekt gebildete Zeichenketten gebildet werden können. Die im letzten Kasten durch Syntax-Diagramme oder in Erweiterter Backus-Naur-Form beschriebenen Produktionsregeln sind Beispiele dafür, wie eine solche formale Grammatik im Detail aussehen kann. Dabei geben die Produktionsregeln, die in ihrer EBNF-Darstellung mit einem um sogenannte Nicht-Terminalsymbole erweiterten Zeichenvorrat arbeiten, an, wie alle Worte der Sprache schrittweise durch Ersetzungen generiert werden können.

Die wichtigste Anwendung von Grammatiken ist natürlich das sogenannte **Wortproblem**, bei dem eine vorgelegte Zeichenkette daraufhin zu prüfen ist, ob sie zur Sprache gehört. Konkret zum Beispiel: Handelt es sich bei einem vorgelegten Text um ein syntaktisch korrektes HTML-Dokument? Die Prüfung übernehmen meistens sogenannte **Parser**-Programme. Diese Parser können sehr allgemein programmiert werden, nämlich in Form eines sogenannten **Parsergenerators**. Ein Parsergenerator erhält als Input eine Syntaxdarstellung der zu erkennenden Sprache, beispielsweise in der Erweiterten Backus-Naur-Form, und erzeugt daraus den entsprechenden Parser.

Variiert man die Konstruktionsprinzipien, nach denen die Produktionsregeln einer Grammatik aufgebaut sein müssen, dann ergeben sich auf diese Weise unterschiedliche Klassen von Sprachen. Konkret fand der Linguist Noam Chomsky (1928-) Ende der 1950er-Jahre vier Sprachklassen, die man aufgrund ihres aufsteigenden Umfangs als **Chomsky-Hierarchie** bezeichnet. Dabei sind nur die Sprachen der beiden kleinsten Klassen als Programmier- oder Dokumentenbeschreibungssprachen praktisch geeignet:[40]

---

[40] Die umfassendste Klasse innerhalb der Chomsky-Hierarchie enthält per Definition alle Sprachen, deren Worte mit einem Computerprogramm aufgezählt werden können, das heißt, die Worte werden in Form einer Folge nacheinander generiert. Eine solche Sprache heißt **rekursiv aufzählbar**. Es stellt sich heraus, dass dieses Sprachkonzept sehr universell ist, so dass auch Sprachen mit recht exotischen Eigenschaften damit abgedeckt werden. Darunter sind sogar Sprachen, bei denen das Wortproblem nur in

- Bei der zweitkleinsten von Chomskys Klassen handelt es sich um die Klasse der sogenannten **kontextfreien** Sprachen. Per Definition kann die Grammatik einer kontextfreien Sprache mit Produktionsregeln beschrieben werden, wie wir sie im letzten Kasten auf EBNF-Basis kurz dargelegt haben. Dabei steht links jeweils genau ein Nicht-Terminalsymbol. Beispiele für Sprachen, deren Syntaxen sich zu einem großen Teil mit EBNF-Regeln beschreiben lassen, sind HTML und JavaScript.

- Bei der kleinsten Sprachklasse handelt es sich um die sogenannten **regulären** Sprachen. Bei ihnen sind nur solche Produktionsregeln erlaubt, bei denen links genau ein Nicht-Terminalsymbol und rechts *höchstens* ein Nicht-Terminalsymbol steht, und zwar einheitlich bei allen Produktionsregeln entweder immer ganz links oder immer ganz rechts. Reguläre Sprachen können durch besonders einfach aufgebaute Parser in Form sogenannter **Endlicher Automaten** erkannt werden, wobei eine Laufzeit garantiert werden kann, die proportional zur Länge des zu untersuchenden Wortes ist. Aufgrund dieser Tatsache verwendet man reguläre Sprachen oft im Bereich der **Datenübertragung** als Basis eines **Kommunikationsprotokolls**, das heißt einer Vereinbarung über Syntax, Semantik und Synchronisation innerhalb der Kommunika-

---

der Weise angegangen werden kann, dass man die Aufzählung aller Worte so lange abwartet, bis das zu prüfende Wort irgendwann vorkommt. Zwar kann auf diese Weise jedes Wort der Sprache als solches erkannt werden, allerdings kann die dafür notwendige Prüfzeit sehr lange sein. Außerdem kann es im umgekehrten Fall, das heißt bei Vorlage eines nicht zur Sprache gehörenden Wortes, sogar passieren, dass dieser negative Sachverhalt algorithmisch überhaupt nicht erkennbar ist. Ein Beispiel für eine solche Sprache erhält man auf Basis des bereits erwähnten Haltproblems: Dazu wählt man unter den Kombinationen, die aus einem JavaScript-Programm und einem dazugehörigen Input bestehen, diejenigen Paare aus, bei denen das Programm mit dem betreffenden Input nach endlicher Zeit terminiert, also insbesondere nicht in eine Endlos-Schleife läuft.

Die zweitgrößte Klasse von Sprachen besteht aus den sogenannten **kontextsensitiven** Sprachen. Bei ihnen sind auch solche Produktionsregeln erlaubt, auf deren linken Seite neben mindestens einem Nicht-Terminalsymbol auch Terminalsymbole enthalten sein dürfen. Bei kontextsensitiven Sprachen kann stets mit einem Parser in endlicher Zeit algorithmisch entschieden werden, ob ein gegebenes Wort zur Sprache gehört oder nicht. Die dazu notwendigen Laufzeiten können allerdings bei längeren Worten zu lang für eine praktische Verwendung werden.

tion. Bei einer regulären Syntax ist es nämlich, sofern das System ausreichend Performanz besitzt, gesichert, dass der Empfänger die empfangenen Daten zeitlich unmittelbar syntaktisch prüfen und semantisch interpretieren kann, um so gegebenenfalls genügend schnell antworten zu können.

Die einfache Erkennbarkeit der Worte einer regulären Sprache ist auch der Grund dafür, dass reguläre Sprachen gerne als Basis von Such- und Ersetzungsoperationen in Zeichenketten verwendet werden, und zwar auch in JavaScript. Dabei wird eine reguläre Sprache jeweils durch eine Zeichenkette einer Metasprache, der als **regulärer Ausdruck** bezeichnet wird, charakterisiert. Wir werden darauf in Kapitel 11 zurückkommen.

8 Programmabschnitte für Teilaufgaben: Unterprogramme

Viele Abläufe in unserem Leben wiederholen sich ständig. Wenn wir beispielsweise beim Autofahren merken, dass die Drehzahl des Motors für den aktuellen Gang zu hoch wird, schalten wir in den nächsthöheren Gang. Dazu gehen wir vom Gas, treten die Kupplung, schalten in den nächsten Gang und lassen dann die Kupplung langsam wieder kommen, um schließlich wieder Gas zu geben. Wer ein Auto mit Automatikgetriebe fährt, hat es natürlich einfacher. Zwar laufen die internen Prozesse in Getriebe und Motor ähnlich ab, aber anstelle der manuellen Ablaufsteuerung arbeitet eine ein für alle Mal festgelegte, maschinell realisierte Steuerung des Schaltvorgangs.

Auch beim Programmieren entsteht oft der Bedarf, bestimmte Sequenzen von Programmbefehlen immer wieder einzusetzen Nichts liegt näher, als solche Sequenzen zusammenzufassen, um sie mittels einer geeignet dafür gewählten Bezeichnung wie zum Beispiel `hochSchalten` en bloc einzusetzen, gegebenenfalls parametrisiert mit einer Variable `gangVorher`, deren Wert den Gang vor dem Schaltvorgang widerspiegelt.

Man nennt einen solchen Programmteil, der bestimmte Sequenzen von Programmbefehlen beinhaltet und mit einer eindeutigen Bezeichnung gekennzeichnet ist, **Unterprogramm**. Da es sich dabei oft um mathematische Berechnungen handelt, wie sie einer mathematischen **Funktion**[41] wie zum Beispiel dem Logarithmus oder `summiere1Bis(n)` zugrunde liegen, werden Unterprogramme in JavaScript als `function` bezeichnet und mit diesem Schlüsselwort im Programmcode gekennzeichnet.

Schauen wir uns ein Beispiel an:

---

[41] Eine Funktion im mathematischen Sinn ist eine Zuordnungsvorschrift, mit der im einfachsten Fall jeder Zahl x eine Zahl $f(x)$ zugeordnet wird, beispielsweise auf Basis einer expliziten Formel wie $f(x) = x^2 + x - 3$. Wählt man für das sogenannte Argument x spezielle Werte wie 1 oder 3, dann erhält man die Funktionswerte $f(1) = -1$ und $f(3) = 9$.

© Springer Fachmedien Wiesbaden GmbH, ein Teil von Springer Nature 2018
J. Bewersdorff, *Objektorientierte Programmierung mit JavaScript*,
https://doi.org/10.1007/978-3-658-21077-9_8

```
<html>
<head>
<title>Beispiel einer Funktion (js/8)</title>
<script type="text/javascript">
"use strict";

function summiere1Bis(n)
{
   var i, sum=0;
   for(i=1; i<=n; i++)
      sum=sum+i;
   return sum;
}

window.alert(summiere1Bis(100));     // zeigt 5050 an
window.alert(summiere1Bis(1000));    // zeigt 500500 an
</script>
</head>
<body>
</body>
</html>
```

Analog zu einer Variablen a, deren Wert erst mit einem Zuweisungs-befehl der Form a = ... definiert wird, um ihn dann später beispielsweise in der Form ... = 1 + a*a zu lesen, muss auch eine Funktion zunächst definiert werden, um sie dann später nutzen zu können[42]. Die Definition

- beginnt mit dem Schlüsselwort function,
- gefolgt vom gewählten Funktionsnamen wie summiere1Bis,
- einer in runde Klammern gesetzten, mit Kommas getrennten Liste von **Parametern**, die auch als Argumente bezeichnet werden, sowie
- schließlich einem mit geschweiften Klammern abgegrenzten Block von JavaScript-Befehlen, der auch als **Funktionskörper** bezeichnet wird.

Die drei ersten Bestandteile werden **Funktionskopf** genannt.

Den Inhalt des Funktionskörpers, deren Programmbefehle die eigentliche Summation der Zahlen von 1 bis n abwickeln, haben wir bereits in Kapitel 7 kennen gelernt. Neu ist allerdings die jetzt variable, als Input fungierende Summationsobergrenze, die mittels der Variablen n realisiert ist.

---

[42] Wir werden im nächsten Kapitel sehen, dass es in JavaScript sogar möglich ist, auch Funktionen mit Zuweisungsbefehlen zu definieren.

Deren Wert kann mit jedem sogenannten **Funktionsaufruf** wie zum Beispiel summiere1Bis(100) neu festgelegt werden.

Als Output fungiert das gesuchte Summationsergebnis, auf das über den Ausdruck summiere1Bis(100) zugegriffen werden kann, wobei dieser Ausdruck zugleich das Unterprogramm aufruft. Intern im Unterprogramm wird dieser sogenannte **Rückgabewert** mittels return festgelegt. Im Beispiel des ersten Aufrufs ist das konkret die Zahl 5050, die dann sofort in dem Mitteilungsfenster ausgegeben wird.

Wichtig ist, dass die Befehle des Funktionskörpers erst ausgeführt werden, wenn die Funktion aufgerufen wird. Im vorliegenden Programm hat das die Konsequenz, dass die Ausführung des Gesamtprogramms mit dem Befehl window.alert(summiere1Bis(100)); beginnt. Erst beim Versuch, diesen Programmbefehl auszuführen, wird die Befehlssequenz des Funktionskörpers das erste Mal abgearbeitet.

Funktionen erleichtern nicht nur die Arbeit dadurch, dass mit ihnen eine Wiederholung ähnlicher Programmteile vermeidbar wird. Funktionen bieten zugleich eine Möglichkeit der sogenannten **Kapselung** von Daten. Generell kann sich ein Programmierer mit einer solchen Datenkapselung davor schützen, dass sich verschiedene Programmteile, die unter Umständen sogar von unterschiedlichen Personen erstellt wurden, durch sogenannte **Seiteneffekte** in ihrer Funktionalität gegenseitig unkontrolliert stören.

Im vorliegenden Fall geschieht die Kapselung konkret dadurch, dass mit jedem Aufruf der Funktion sowohl für den übergebenen Parameter n wie auch die **lokalen**, das heißt innerhalb der Funktion deklarierten, Variablen i und sum jeweils spezielle Speicherbereiche temporär angelegt werden. Sollte also beispielsweise an irgendeiner anderen Stelle des Programms die Variable sum nochmals verwendet werden, so gibt es *keine* gegenseitigen Einflüsse. In Abgrenzung zu den lokalen Variablen werden die außerhalb von Funktionsblöcken definierten Variablen **global** genannt. Auf sie kann im gesamten Programm lesend und schreibend zugegriffen werden. Dagegen kann auf die lokalen Variablen nur innerhalb der betreffenden Funktion zugegriffen werden. In der Regel ist damit der Zugriff nur während der Abarbeitung der betreffenden Funktion möglich.[43,44] Auch bei den Parametern handelt es sich im Prinzip um lokale Variablen. Das heißt insbesondere, dass der Wert der Variablen n im Unterprogramm geändert werden könnte, ohne dass dies irgendwelche Auswirkungen außerhalb des Unterprogramms hätte.

Wie schnell *ohne* die Verwendung lokaler Variablen etwas schief gehen kann, zeigt das folgende Beispiel, bei dem der zweite Aufruf des Unterprogramms ein falsches Ergebnis liefert. Grund ist, dass die Initialisierung der Variable sum nur beim ersten Aufruf gewährleistet ist:

```
"use strict";                    // (js/8a)
var i, sum=0;

function summiere1Bis(n)         // fehlerhaft!
{
    for(i=1; i<=n; i++)
        sum=sum+i;
    return sum;
}

window.alert(summiere1Bis(100));   // zeigt 5050 an
window.alert(summiere1Bis(1000));  // zeigt 505550 an
```

Man könnte nun meinen, dass der Fehler allein aus der falsch platzierten Initialisierung der Variablen sum resultiert. Dem ist aber nicht so. Wir schauen uns dazu eine weitere Variante des Skripts an, bei der die Verän-

---

[43] Allerdings ist ein Zugriff auf eine lokale Variable dann zeitweise nicht möglich, wenn eine andere aufgerufene Funktion abgearbeitet wird, in der eine namensgleiche Variable lokal deklariert ist. Dies ist insbesondere bei rekursiven Aufrufen der Fall, die wir gleich am Beispiel eines Unterprogramms zur Berechnung der Fakultätsfunktion erläutern werden.

Andererseits kann in JavaScript mit einem Trick der Zugriff auf lokale Variablen auch noch nach Ausführungsende eines Unterprogramms ermöglicht werden. Dies liegt daran, dass die Speicherverwaltung für lokale Variablen in JavaScript jeweils in einem sogenannten Closure erfolgt. Dabei wird der von einem Unterprogramm verwendete Speicherbereich nur als Gesamtheit freigegeben, und zwar erst dann, wenn keine Möglichkeit mehr besteht, auf *irgendeine* der dort gespeicherten Variablen zuzugreifen.

[44] Es gibt noch eine dritte Art von Variablen, die man in Programmiersprachen wie C als **statisch** (*static*) bezeichnet. Statische Variablen besitzen einen gewissen Zwitter-Charakter: Wie bei lokalen Variablen kann auch auf eine statische Variable nur innerhalb des Unterprogramms zugegriffen werden, allerdings wird sie nur einmalig angelegt und behält zwischen den verschiedenen Aufrufen des Unterprogramms ihren Wert. In JavaScript gibt es ein Äquivalent, das wir noch kennen lernen werden.

derung des Wertes der Variablen sum von 15 auf 5050 eine Überraschung darstellt:

```
"use strict";                    // (js/8b)
var i, sum;

function summiere1Bis(n)         // mit Seiteneffekt!
{
    sum=0;
    for(i=1; i<=n; i++)
        sum=sum+i;
    return sum;
}
sum=1+2+4+8;
window.alert(summiere1Bis(100)); // zeigt 5050 an
window.alert(sum);               // zeigt 5050 an
```

Der eigentliche Fehler ist nicht die doppelte Nutzung der Variablen sum. So etwas lässt sich in größeren Programmen nie vermeiden. Eine Deklaration der beiden Variablen sum und i im Funktionskörper hätte aber neue, eben nur lokal wirkende Variablen angelegt, so dass der Wert der globalen Variablen sum unverändert geblieben wäre. Es ist wie beim Autofahren: Man rechnet nie mit einem Unfall und schnallt sich trotzdem (hoffentlich) immer an, auch bei kurzen Fahrten. Und ebenso sollten immer wenn möglich – und das heißt in der Regel fast immer – lokale Variablen verwendet werden, die dazu innerhalb der betreffenden Funktion deklariert werden.[45] Nur, wenn es keine einzige globale Variable gibt, ist es nämlich unmöglich, dass zum Beispiel aufgrund eines Tippfehlers auf die globale Variable summ statt auf die lokale Variable sum zugegriffen wird.

Funktionen dienen aber nicht nur zur Vermeidung von Wiederholungen und zur Kapselung. Mit Funktionen lassen sich darüber hinaus erstaunliche Konstruktionen realisieren, wie das nächste Beispiel zeigt:

```
"use strict";                    // (js/8c)
function fakultaet(n)
```

---

[45] Streng genommen sind allerdings die Funktionen selbst global definiert. Allerdings ist es möglich, auch Funktionen lokal zu definieren, wodurch die Zahl der globalen Bezeichner reduziert wird. Gebräuchlicher ist allerdings die Technik, Funktionen einem Objekt zuzuordnen, das heißt sie als Methode des betreffenden Objekts aufzufassen. Um die Zahl global definierter Objekte noch stärker zu reduzieren, kann man zu sogenannten **Namensräumen** übergehen, die in JavaScript selbst wieder als Objekt definiert werden. Wir werden auf diese Techniken noch zurückkommen.

```
{
  if (n>0)
    return n*fakultaet(n-1);
  else if(n==0)
    return 1;
  else
    window.alert("Unzulässiger Aufruf der Fakultät-Funktion");
}
window.alert(fakultaet(5));          // zeigt 120 an
```

Das Unterprogramm berechnet die mathematische **Fakultät**-Funktion, die üblicherweise mit einem Ausrufungszeichen abgekürzt wird: $5! = 120$. Dabei ist der Wert der Fakultät $n!$ als das Produkt von allen ganzen Zahlen von 1 bis n definiert. Der Wert lässt sich als die Zahl der Umsortierungen von n verschiedenen Gegenständen interpretieren. Beispielsweise kann ein Kartenspiel mit 52 Karten in 52! verschiedene Reihenfolgen gemischt werden – eine astronomisch große Zahl mit 67 Dezimalstellen!

Wir weisen zunächst auf zwei eher nebensächliche Aspekte des Beispiels hin: Eine Funktion muss nicht unbedingt genau eine `return`-Anweisung beinhalten. Möglich ist sowohl, dass es gar keine gibt, als auch, dass es mehr als eine solche Anweisung gibt – so wie im letzten Beispiel. Außerdem ist das Beispiel so einfach, dass es nicht notwendig ist, innerhalb der Funktion lokale Variablen explizit zu deklarieren. Damit ist der übergebene Parameter `n` die einzige lokale Variable.

Das Besondere am Beispiel ist aber, dass die Funktion `fakultaet` sich selbst aufruft. Man nennt eine solche Konstruktion **rekursiv**. Dass die Programmbefehle auch bei einer Rekursion ohne Schwierigkeit ausgeführt werden können, liegt daran, dass mit jedem Aufruf einer Funktion für jede lokale Variable ein neuer Speicherbereich angelegt wird. Sobald die Befehlssequenz des Funktionskörpers vollständig ausgeführt ist, wird dann für die lokalen Variablen der Zustand vor dem Funktionsaufruf wiederhergestellt.

Die Verfahrensweise erinnert an einen Schreibtisch, bei dem die aktuelle Bearbeitung einer Akte Angaben aus einer anderen Akte benötigt. Man sucht die entsprechende Akte heraus und legt sie über die zuvor bearbeitete Akte. Kann nun die gewünschte Information nur durch Hinzuziehung einer weiteren Akte ermittelt werden, sucht man auch diese Akte heraus und legt sie nochmals oben drauf. Endet der Vorgang irgendwann –

andernfalls kommt es zum Problem einer Endlosschleife –, wird jeweils eine ausreichend sondierte Akte weggelegt, um die Bearbeitung der so wieder nach oben gelangenden Akte am Punkt der Unterbrechung fortzusetzen.

Im Beispiel der `fakultaet`-Funktion würde übrigens, wenn man den eine Fehlermeldung generierenden `else`-Zweig weglassen würde, der Aufruf `fakultaet(-1)` zu einer Endlosschleife führen.

Der Stack

Das Unterprogramm `fakultaet` kann in seiner konkreten Form nur deshalb funktionieren, weil von der Variablen n mit jedem Aufruf ein neues Exemplar angelegt wird. Der Computer verwendet dazu einen ganz speziellen, **Stack** oder **Stapel** genannten Speicherbereich,[46] in dem die Werte der lokalen, relativ kurzlebigen Variablen gespeichert sind. Konzepten folgend, wie sie von den damals in München forschenden Computer-Pionieren Friedrich Ludwig Bauer (1924-) und Klaus Samelson (1918-1980) in einem 1957 angemeldeten und 1971 erteilten Patent beschrieben sind, kann der Stack dazu verwendet werden, Zwischenergebnisse einer Berechnung in einfacher und übersichtlicher Weise vorübergehend im Speicher zu verwalten.

Zu Beginn der Programmausführung handelt es sich beim Stack um einen reservierten, aber noch ungenutzten Bereich des Speichers. Der während der Programmausführung genutzte Bereich ist stets zusammenhängend und beginnt am adressmäßig unteren Ende des reservierten Bereichs, so dass die aktuelle Größe des genutzten Stackbereichs stets durch die Adresse des Stack-Endes, **Stack-Pointer** oder **Stapelzeiger** genannt[47], charakterisiert werden kann. Organisatorisch findet die Nutzung so statt, dass der Stack jeweils schrittweise um eine Speicherzelle vergrößert oder verkleinert wird, wozu einfach der Stack-Pointer um 1 erhöht beziehungsweise verringert wird. Dabei kann bei einem, **Push** genannten, Vergrößerungsschritt zugleich ein

---

[46] Der ursprüngliche Name **Keller** wird heute nur noch selten verwendet, am häufigsten noch in der Wortzusammensetzung **Kellerprinzip**.

[47] Aufgrund der Wichtigkeit des Stack-Pointers besitzen Prozessoren dafür jeweils ein eigenes Register.

Wert am oberen Ende gespeichert werden. Bei einem Verkleinerungsschritt, der **Pop** genannt wird, wird der hinterste, das heißt adressmäßig „oberste" Wert, für eine spätere Nutzung wieder freigegeben.[48] Von einer Löschung sieht man ab, weil beim Stack-Bereich immer von einer Wert-Initialisierung im Rahmen eines Push-Vorgangs ausgegangen wird.

Es bleibt anzumerken, dass damit der Stack als ein Objekt verstanden werden kann, das im Wesentlichen mit zwei Methoden, nämlich mit *Pop* sowie mit einer parametrisierten *Push*-Methode, manipuliert wird. Sinnvoll ist außerdem noch eine weitere Methode, die ein Lesen des obersten Eintrages oder alternativ von dessen Adresse, also dem Stack-Pointer, erlaubt.

Ähnlich dem bereits angeführten Beispiel eines Aktenstoßes kann man sich den Stack als ein Stapel von Papieren vorstellen. Dabei möglich ist einerseits, das oberste Blatt vom Stapel zu entfernen, und andererseits, ein mit einem Wert beschriebenes Papier oben auf den Stapel zu legen. Man nennt diese Verfahrensweise auch **Last-In-First-Out-Prinzip**, kurz **LIFO**.

Seine wichtigste Anwendung besitzt der Stack bei der organisatorischen Abwicklung einer unterbrochenen Programmausführung, und zwar dann, wenn die unterbrechenden Programmbefehle bereits zuvor verwendete Speicherbereiche verändern könnten, dies aber nicht erwünscht ist.[49] Dazu kann man beispielsweise wie folgt vorgehen: Die Inhalte der betroffenen Speicherzellen werden unmittelbar vor der Unterbrechung mittels einer Kopie auf dem Stack „gerettet", um diese Inhalte nach der Unterbrechung – und den dadurch gegebenenfalls bewirkten Veränderungen – wieder zu restaurieren. Ebenfalls auf dem Stack gespeichert wird die **Rücksprungadresse**, also die Adresse des aufrufenden Programmbefehls, zu dem die Programmausführung zurückkehrt, sobald die Programmbefehle der Unterbrechung vollständig ausgeführt sind.

---

[48] Prozessoren verfügen über spezielle Maschinenbefehle für diese beiden Stack-Operationen, so dass sie besonders schnell ausgeführt werden können.

[49] Eine solche Verwendung eines Stacks wird als **Call Stack** oder **Aufrufstapel** bezeichnet.

Speziell für Unterprogrammaufrufe mit Parametern und lokalen Variablen verwenden Compiler beziehungsweise Interpreter normalerweise eine etwas ausgefeiltere Technik des Stack-Managements. Dabei wird der Speicher für die Parameter und die lokalen Variablen direkt auf dem Stack angelegt. Um bei der Ausführung des Unterprogramms auf eine solche Variable zugreifen zu können, muss die zugehörige Speicheradresse unter Verwendung des Stack-Pointer-Wertes berechnet werden, den dieser zum Zeitpunkt des letzten Aufrufs des betreffenden Unterprogramms aufgewiesen hat. Es bleibt anzumerken, dass JavaScript-Interpreter den Stack bei Unterprogrammen noch etwas anders verwenden (siehe Kasten *Closures* in Kapitel 16, Seite 164).

Für das Unterprogramm `fakultaet` bedeutet diese Verfahrensweise konkret, dass beim originalen Aufruf `fakultaet(5)` das Unterprogramm zunächst bis zur Zeile

```
fakultaet = 5*fakultaet(4);
```

abgearbeitet wird. Dabei wird der Wert 5 der Variablen n sowie die Adresse des aufrufenden Programmbefehls in Stack-Speicherzellen gespeichert, die dort mit dem Aufruf des Unterprogramms angelegt worden sind. Vor der Multiplikation wird nun die Berechnung unterbrochen. Weiter geht es mit einem erneuten Aufruf des `fakultaet`-Unterprogramms, und zwar auf Basis eines neuen Variablensatzes, der wieder neu im Stack angelegte Speicherzellen verwendet. Wie beim ersten Aufruf umfasst der Variablensatz die Variable n, diesmal mit dem Wert auf 4, und eine interne Variable zur Speicherung der Adresse des aufrufenden Programmbefehls. Bis runter zum Wert 0 geht das so weiter. Erst am Schluss, wenn `fakultaet(0)` seinen Rückgabewert an `fakultaet(1)` abgeliefert hat, werden nacheinander die Unterprogramme `fakultaet(1)`, `fakultaet(2)`, `fakultaet(3)`, `fakultaet(4)` und schließlich `fakultaet(5)` jeweils von der Unterbrechung an zu Ende geführt. Dabei werden aus dem Stack bei jedem Abschluss eines `fakultaet`-Unterprogramm-Durchlaufs jeweils die zwei letzten Einträge gestrichen, welche den Wert der Variablen n und die Rücksprungadresse enthalten.

Wir wollen uns noch weitere Beispiele für Unterprogramme ansehen. Das folgende Unterprogramm `zeigeDifferenz` enthält keinen Rückgabewert.[50] Dies ist auch gar nicht nötig, weil im Unterprogramm nur die Differenz der beiden Parameter a und b auf dem Bildschirm ausgegeben wird – und nichts weiter. Da die Funktion keinen Rückgabewert besitzt, erfolgt ihr Aufruf konsequenterweise nicht innerhalb eines Zuweisungsbefehls:

```
"use strict";                    // (js/8d)
function zeigeDifferenz(a, b)
{
    window.alert(a-b);
}
zeigeDifferenz(5,3);             // zeigt 2 an
```

Das nächste Unterprogramm verhält sich etwas anders, als man es vielleicht annimmt. Offensichtlich werden die beiden Werte 10 und 1 der Variablen x und y an die Funktion `vertauscheWerte` übergeben. Dort erfolgt dann in einem Ringtausch, der die lokale Variable z zur Zwischenspeicherung verwendet, die Vertauschung der beiden ins Unterprogramm übergebenen Werte:

```
"use strict";                    // (js/8e)
var x=10, y=1;
function vertauscheWerte(a, b)
{
    var z;
    z=b;
    b=a;
    a=z;
}
vertauscheWerte(x,y);            // hier wird nichts vertauscht!
window.alert(x);                 // zeigt 10 an
```

Dass mit dem Aufruf die Werte der beiden globalen Variablen x und y *nicht* wirklich vertauscht werden, liegt daran, dass es sich bei den im Unterprogramm verwendeten Parametern um lokale Variablen handelt, die zu Beginn der Unterprogrammausführung mit den als Argumenten übergebenen *Werten* initialisiert werden. Eine Rückwirkung auf die globalen Variablen, deren Werte übergeben werden, ist damit ausge-

---

[50] Andere Programmiersprachen wie Pascal unterscheiden begrifflich und syntaktisch zwischen Unterprogrammen und Funktionen. Dabei besitzen Funktionen einen Rückgabewert und Unterprogramme keinen. Hingegen folgt JavaScript der Tradition der Programmiersprache C, in der eine solche Differenzierung nicht gemacht wird.

schlossen. Dies wäre nicht der Fall, wenn die globalen Variablen x und y anstelle der Parameter a und b treten würden, was in anderen Programmiersprachen mit einer **Übergabe per Referenz** (*call by reference*) möglich ist, nicht aber mit der in JavaScript einheitlichen **Übergabe per Wert** (*call by value*)[51]. Wie man aber auch in JavaScript entsprechende Effekte erzielen kann, bei denen ein Unterprogramm über den Rückgabewert hinaus Variablenwerte verändern kann, ohne dass dazu globale Variablen verwendet werden müssen, werden wir noch in Kapitel 12 sehen.

Über JavaScript-Funktionen gäbe es noch einiges zu berichten: So kann zum Beispiel die Zahl der Argumente variabel gehalten werden. Das heißt, dass nicht allen im Funktionskopf aufgeführten Variablen bei einem Aufruf ein Wert zugewiesen werden muss. Im Rahmen unseres Überblicks auf die grundlegenden Techniken des Programmierens blenden wir diese Spezialitäten aber zunächst bewusst aus. Wir werden darauf im Kasten *Funktionen: Statische Variablen und variable Anzahl von Argumenten* ab Seite 151 zurückkommen.

Lebensdauer und Sichtbarkeit von Variablen[52]

Lebensdauer (*extent* oder *lifetime*), **Gültigkeitsbereich** und **Sichtbarkeitsbereich** (*scope*) sind drei wichtige Eigenschaften einer Variablen. Bestimmt werden diese Eigenschaften durch die Position der jeweiligen Variablendeklaration in Bezug auf die Verschachtelung der Funktionsblöcke. Nicht immer wird zwischen Gültigkeits- und Sichtbarkeitsbereich sauber differenziert – in einigen Programmiersprachen wie Java ist dies allerdings aufgrund eines fehlenden Unterschieds auch nicht notwendig.

---

[51] Stellt man sich eine Variable als eine mit dem Variablen-Bezeichner gekennzeichnete Schreibtafel vor, auf der jeweils ein, über die Zeit veränderbarer, Wert geschrieben werden kann, dann wird bei einer Übergabe per Wert der aktuelle Inhalt der Tafel dem Unterprogramm mitgeteilt. Hingegen wird bei einer Übergabe per Referenz die Tafel selbst ans Unterprogramm weitergereicht, so dass deren Wert dort sowohl gelesen, aber auch verändert werden kann.

[52] Dieser Ausblick sollte von Anfängern bei der ersten Lektüre unbedingt überschlagen werden, auch wenn er eine thematische Ergänzung zu Funktionen behandelt. Die hier erläuterten Sachverhalte und Begriffe werden erst dann wesentlich, wenn man in Kapitel 16 die interne Funktionsweise von Objekten verstehen will.

Die Lebensdauer einer Variablen ist ein zeitlicher Abschnitt im Verlauf der Programmausführung. Die Lebensdauer einer Variablen beginnt, wenn ein Speicherbereich für den Wert der Variablen reserviert wird. Sie endet, wenn der Speicherbereich wieder für andere Verwendungen freigegeben wird. Konkret erstreckt sich die Lebensdauer einer globalen Variablen über die Gesamtlaufzeit des Programms. Dagegen beginnt die Lebensdauer einer lokalen Variablen mit dem Aufruf des Unterprogramms, in der sie deklariert ist, und endet – zumindest in der Regel[53] –, wenn dieser Unterprogrammaufruf komplett abgearbeitet ist.

Beim Gültigkeits- sowie beim Sichtbarkeitsbereich einer Variablen handelt es sich jeweils um einen Teil des Programmcodes. Dabei umfasst der Gültigkeitsbereich einer Variablen diejenigen Programmabschnitte, während deren Ausführung ein Speicherbereich für die Variable reserviert ist. Der im Gültigkeitsbereich enthaltene Sichtbarkeitsbereich umfasst dagegen nur diejenigen Programmabschnitte, in denen auf die Variable, das heißt auf den ihr entsprechenden Speicherbereich, lesend oder schreibend zugegriffen werden kann.

Maßgebend für den Gültigkeitsbereich einer JavaScript-Variablen ist, wie deren Deklaration in Bezug auf die im Programm verschachtelten Funktionen positioniert ist. In JavaScript bezieht sich eine Deklaration, die innerhalb einer Funktion platziert ist, unabhängig von ihrer genauen Positionierung immer auf die gesamte Funktion, die dann den Gültigkeitsbereich bildet.[54] Eine Deklaration, die außerhalb von allen Funktionen liegt, führt zu einer globalen Variablen – ihr Gültigkeitsbereich umfasst das ganze Programm. Beim Sichtbarkeitsbereich werden aus dem Gültigkeitsbereich solche Funktionen herausge-

---

[53] JavaScript kennt Ausnahmen von dieser Regel, die wir in Kapitel 16 (Kasten *Closures*, Seite 168) erörtern werden.

[54] Folglich sollten Variablendeklarationen möglichst immer am Anfang einer Funktion stehen, da eine Abweichung von dieser, der Übersichtlichkeit dienenden, Konvention keine funktionale Auswirkung hätte.
Im Standard ECMAScript 2015 gibt es zur Deklaration einer Variablen noch die Alternative des Schlüsselworts `let` statt `var`. Mit dieser Deklaration wird der Gültigkeitsbereich auf den aktuellen Anweisungsblock begrenzt. Solche „lokale" Deklarationen bieten sich insbesondere für Schleifen an, wie es im Beispiel `js/15` zu sehen ist.

nommen, in denen jeweils eine Variable mit identischem Bezeichnernamen deklariert ist.

Mit diesen Charakterisierungen wird deutlich, dass sowohl Gültig-
keits- wie auch Sichtbarkeitsbereich einer JavaScript-Variablen nur
statisch vom Programmcode selbst und *nicht* vom dynamischen Prozess der Aufrufreihenfolge der Unterprogramme bestimmt wird. Man
spricht daher von einer **statischen** oder auch **lexikalischen Bindung**
– im Kontrast zu einer **dynamischen Bindung**. Dabei bezeichnet
Bindung schlicht die Zuordnung zwischen Bezeichnernamen und
Speicherbereichen.

Schauen wir uns dazu ein Beispiel an:

```
"use strict";           // (js/8f)
var levelNow=0;
g();                    // g() -> 0
f(0);                   // -> f1(), g(), f1(), g() -> 1, 0, 2, 0
function f(level)
{
  level=level+1;
  var levelNow=level;
  f1();
  g();
  if (level==1)
    f(level);

  function f1()
  {
    window.alert(levelNow);   // liefert Anzeige 1, 2
  }
}
function g()
{
  window.alert(levelNow);     // liefert Anzeige 0
}
```

Der Sichtbarkeitsbereich der global deklarierten Variablen `levelNow`
umfasst das gesamte Programm mit Ausnahme der Funktion `f`. Daher
liefert der Aufruf der Funktion `g`, egal ob er direkt oder aus der Funktion `f` heraus erfolgt, die Bildschirmanzeige „0". Insbesondere wird
die innerhalb der Funktion `f` lokal deklarierte Variable `levelNow` mit
einem auf jeden Fall positiven Wert *nicht* in den Aufruf der Funktion
`g` übernommen.

Der Sichtbarkeitsbereich der in der Funktion `f` lokal deklarieren Variablen `levelNow` umfasst die gesamte Funktion `f` einschließlich der

lokal definierten Funktion `f1`, da dort keine Variable mit dem Bezeichner `levelNow` deklariert ist.

Wir wollen uns den Programmverlauf noch im Detail ansehen. Mit dem Start des Programms werden die globalen Bezeichner definiert. Neben der Variablen `levelNow` sind das die beiden Funktionen `f` und `g`. Zum Zeitpunkt der Definition der Funktionen `f` und `g` wird insbesondere auch für die Ausführung eines späteren Aufrufs festgelegt, wie die Bindung eines darin verwendeten Bezeichners erfolgen wird, für den es keine lokale Deklaration gibt. Konkret wird für einen solchen Bezeichner eine Bindung im globalen Programmbereich gesucht.

Die Funktion `f` wird zweimal aufgerufen, wobei der zweite Aufruf – gesteuert durch die lokale Variable `level` – rekursiv erfolgt. Mit jedem Aufruf der Funktion `f` geschieht zweierlei:

- Erstens wird eine lokale Variable mit dem Bezeichnernamen `levelNow` angelegt, womit jeweils die vorher aktuelle Bindung der Variablen `levelNow` ausgeblendet wird.
- Zweitens wird die lokale Funktion `f1` definiert. Dabei wird die aktuelle Bindung der Variablen `levelNow` für die in `f1` ohne Deklaration verwendete Variable `levelNow` für den späteren Aufruf übernommen. Daher „weiß" die Variable `levelNow` beim später erfolgenden Aufruf der Funktion `f1`, auf welchen der beiden Aufrufe der Funktion `f` sie sich bezieht.

Fassen wir zusammen: Bei Bezeichnern, die innerhalb einer Funktion vorkommen, wird vorrangig eine lokale Bindung vorgenommen. Das heißt, der JavaScript-Interpreter prüft zunächst, ob es zu einem auftauchenden Bezeichnernamen innerhalb der betreffenden Funktion eine lokal deklarierte Variable gibt – dazu zählen auch die Funktionsparameter sowie die lokal definierten Funktionen. Wie die Bindung der anderen Bezeichnernamen erfolgt – man spricht dabei von einer Festlegung des **Ausführungskontextes** (*execution context*) –, wird bereits zum Zeitpunkt der Definition der Funktion entschieden. Bei einer „klassisch", das heißt nicht durch Zuweisung an eine Variable definierten Funktion, ist dieser Zeitpunkt identisch mit dem Aufruf der nächstumgebenden Funktion beziehungsweise dem Start des Gesamtprogramms, wenn es sich bei der definierten Funktion um eine globale Funktion handelt. Dabei „erbt" die aktuell definierte Funktion alle Bindungen, die in der umgebenden Funktion bereits vorgenommen wurden. Man spricht in diesem Zusammenhang von einer **Gültigkeitsbereichs-Kette** (*scope chain*).

9 Nicht alles ist Zahl

In den bisherigen Beispielprogrammen standen alle Variablen für Speicherzellen, in denen *Zahlen* gespeichert wurden. Details wie maximale Größe oder Nachkomma-Genauigkeit der Zahlen wurden dabei nicht erörtert. Im beschränkten Rahmen kamen in den erörterten Programmen auch Texte vor, etwa im „Hello world!"-Beispiel. Dort wurde der Text „Hello world!" aber nicht in einer Variablen gespeichert, sondern direkt als **Konstante** für eine Bildschirmausgabe verwendet.

Auch wenn sich im Prinzip beliebige Informationen in Zahlen transformieren lassen, so besteht natürlich ein Bedarf, auch nicht-quantitative Daten komfortabel verarbeiten zu können. Dazu müssen entsprechende Programmabläufe übersichtlich und verständlich formuliert werden können. So kennen wir von einem **Tabellenkalkulationsprogramm** wie Excel die Möglichkeit, die Texteingabe einer Zelle als Zahl, Text, Wahrheitswert oder als Datum zu interpretieren. Solche Möglichkeiten erwartet man natürlich auch von einer Programmiersprache. Darüber hinaus sollten auch Kombinationen, die aus mehreren Einzeldaten bestehen, bearbeitet werden können. Dabei kann es sich beispielsweise um eine Zusammenfassung der Inhalte von mehreren Zellen einer EXCEL-Tabelle handeln. Solche Zusammenfassungen werden allgemein als **Verbund** bezeichnet.

Damit auch nicht-quantitative Daten, wie sie gerade beispielhaft erläutert wurden, mit Hilfe einer Programmiersprache verarbeitet werden können, bedarf es Dreierlei:

- Zunächst muss es eine Möglichkeit geben, diese nicht-quantitativen Daten zeichenmäßig zu beschreiben. Solche sogenannten **Literale** sind uns von zeichenmäßigen Zahl-Darstellungen wie zum Beispiel 214 im Zuweisungsbefehl $a = 214$; bestens vertraut.

- Auch nicht-quantitative Daten müssen wie Zahlen in Variablen gespeichert werden können.

- Außerdem benötigt werden Operationen und Funktionen, mit denen nicht-quantitative Daten in grundlegender Weise manipuliert werden

© Springer Fachmedien Wiesbaden GmbH, ein Teil von Springer Nature 2018
J. Bewersdorff, *Objektorientierte Programmierung mit JavaScript*,
https://doi.org/10.1007/978-3-658-21077-9_9

können – so wie es bei Zahlen mit den arithmetischen Operationen
möglich ist.

Wir schauen uns das folgende, in eine HTML-Datei eingebettete Skript
an, das für uns trotz seiner Kürze eine Menge Neuigkeiten bringt. Der
Quellcode des Skripts und der sich daraus ergebende Verlauf sollte daher
genauestens studiert werden:

```
<html>
<head><title>Literale (js/9)</title>
<script type="text/javascript">
"use strict";
var dreieinhalb, wahr, hi, zeige, vektor, matrix, spielkarte, nix;
dreieinhalb=3.5;
wahr=true;
hi="Hallo";
zeige=function(meldung) {window.alert(meldung);};
vektor=[-1,2,4];
matrix=[ [0,1,2], [10,11,12] ];
spielkarte={farbe:"Pik", wert:8};
                              // es wird angezeigt:
zeige(dreieinhalb);           //    3.5
zeige(wahr);                  //    true
zeige(hi);                    //    Hallo
zeige(zeige);                 //    function(meldung){...
zeige(vektor);                //    -1,2,4
zeige(vektor[0]);             //    -1
zeige(matrix);                //    0,1,2,10,11,12
zeige(matrix[1][2]);          //    12
zeige(spielkarte);            //    [object Object]
zeige(spielkarte.farbe);      //    Pik
zeige(nix);                   //    undefined
</script>
</head>
<body>
</body>
</html>
```

Zunächst werden acht Variablen deklariert[55]. Dies geschieht unterschiedslos, das heißt in der Deklarationsanweisung var dreieihalb,...

---

[55] Neben den im Beispielprogramm vorkommenden Literal-Typen existiert in JavaScript
noch ein weiterer Typ, dessen Werte mit Literalen charakterisiert werden können. Ein
Wert dieses Typs wird als **regulärer Ausdruck** (*regular expression*) bezeichnet. Charakterisiert wird ein solcher Wert durch eine Zeichenkette, mit der, insbesondere mit
den darin vorkommenden Sonderzeichen, ein Textmuster beschrieben wird. Somit
steht ein regulärer Ausdruck eigentlich für eine Menge von Zeichenketten, die dem
Textmuster entsprechen. Beispielsweise steht das Literal /[1-9][0-9]/ für die
Menge der Zeichenketten "10", "11", ..., "99".

wird nirgends ein **Datentyp**, meist kurz als **Typ** bezeichnet, angegeben, für den die betreffende Variable später eingesetzt werden soll. Ohne den durch die Anweisung "use strict"; aktivierten Strikt-Modus hätten wir sogar auf jegliche Deklaration verzichten können.

Die nicht vorgesehene Typfestlegung bei deklarierten Variablen unterscheidet JavaScript von den meisten anderen, sogenannten **typsicheren** Programmiersprachen. Bei diesen Sprachen wird sogar nicht nur zwischen Zahl-, Text- und Wahrheitswert-Variablen unterschieden, sondern darüber hinaus meist noch zwischen Ganzzahl- und Fließkomma-Variablen.[56]

Auf den ersten Blick erscheint die von JavaScript gebotene Freiheit, den Typ einer Variablen dynamisch ändern zu können, nur Vorteile zu bieten. Allerdings bringt die **dynamische Typisierung** auch Nachteile mit sich:

- Einerseits wird die Verarbeitungsgeschwindigkeit verringert, weil bei der Ausführung eines Programmbefehls Fallunterscheidungen notwendig sind, je nachdem, welchen Typ der aktuelle Variablenwert besitzt. Allerdings spielt dieser Nachteil aufgrund der heute erreichten Rechengeschwindigkeiten kaum noch eine Rolle, vor allem in den Fällen, bei denen typischerweise JavaScript zum Einsatz kommt.
- Andererseits kann es, insbesondere bei einer mangelnden Disziplin des Programmierers, zu Fehlern kommen, wenn Werte in einen anderen Typ **konvertiert** werden müssen. Zwar nimmt der JavaScript-Interpreter viele solche Konvertierungen automatisch vor, die meist im Gleichklang mit der impliziten Erwartungshaltung des Programmierers stehen dürften. Manchmal weicht das Gewünschte aber davon ab: Welchen Wert ergibt beispielsweise die Summe a+b, wenn die Variable a als Wert die Zeichenkette "2" und die Variable b den Zahlenwert 3 enthält? Ergibt sich als Ergebnis der Addition der beiden Zah-

---

Reguläre Ausdrücke erlauben es, Textoperationen wie Textsuche und -ersetzung in etwas kryptischer, dafür aber *sehr* kompakter Weise zu beschreiben.

[56] Dies hat insbesondere historische Gründe, weil im Vergleich zu Gleitkommazahlen der Speicherbedarf für ganze Zahlen geringer ist und arithmetische Operationen bei ihnen schneller ausgeführt werden können. In vielen Anwendungen spielt dies heute keine Rolle mehr. Im Unterschied zu Ganzzahlen bedürfen Gleitkommazahlen aber auch einer deutlich überlegteren Überwachung, etwa bei der Prüfung auf Gleichheit, die andernfalls allein aufgrund eines minimalen Rundungsfehlers schiefgehen kann.

len 2 und 3 der Wert 5? Oder ergibt sich als Ergebnis der **Verkettung** von zwei Zeichenketten, die ebenfalls mit einem Plus-Zeichen notiert wird, die Zeichenkette `"23"`?

Ein anderes Beispiel für ein in seiner Gesamtheit nur schwer verständliches Verhalten ist, dass zwar die beiden Einzelvergleiche `"0"==0` und `0==""` jeweils den Wert `true` liefern, trotzdem aber keine Identität im Sinne eines ebenso `true` liefernden Vergleichs `"0"==""` vorliegt.[57]

Zurück zum letzten Beispielprogramm: Nach der Deklaration erfolgen Wertzuweisungen. Wir wissen bereits, dass dies zum Beispiel auch mit `var dreieinhalb=3.5,...;` innerhalb der Deklaration möglich gewesen wäre:

- Wenig überraschend ist, dass bei **Gleitkommazahlen** als **Dezimaltrennzeichen** der im angelsächsischen Raum übliche Punkt verwendet wird. Möglich sind auch Darstellungen mit **Exponentialschreibweise** wie `1.23E-5` für `0.0000123`. Der Datentyp wird in JavaScript als **Number** bezeichnet.

- Bei **booleschen**[58] Werten gibt es nur zwei Möglichkeiten, nämlich die beiden Wahrheitswerte `true` und `false` für *wahr* und *falsch*. Implizit haben wir solche Werte bereits bei Steuerungs- und Schleifenanweisungen mit `if` beziehungsweise `while` kennen gelernt. Der Typ wird mit dem englischen Wort **Boolean** bezeichnet.

- Text-Literale werden beidseitig durch Anführungszeichen abgegrenzt wie im Beispiel `"Hallo"`. Möglich ist auch die beidseitige Abgrenzung mit einfachen Anführungszeichen, was unter anderem dann hilfreich ist, wenn der Text selbst Anführungszeichen enthält wie beispielsweise bei `'Er sagt "Hallo"'`. Alternativ hätte man allerdings auch `"Er sagt \"Hallo\""` schreiben können, weil mit dem **Backslash-Zeichen** „\" die standardmäßige Interpretation des nachfolgen-

---

[57] Der Vergleichsoperator „==" ist also nicht **transitiv**, wie das bei der mathematischen Identitätsrelation der Fall ist: Dort folgt aus $a = b$ und $b = c$ stets $a = c$.

[58] Benannt nach dem englischen Mathematiker George Boole (1815-1864), der als Erster Begriffe und Techniken der Logik in algebraischer Weise formalisierte.

den Zeichens außer Kraft gesetzt wird – man spricht daher auch von einer sogenannten **Escape-Sequenz**.[59]
Für einen Wert, bei dem es sich um eine **Zeichenkette** handelt, wird auch im Deutschen meist die englische Bezeichnung **String** verwendet. Ein speziellen Typ für einzelne Zeichen, das heißt Strings der Länge 1, der in anderen Programmiersprachen als **Character** bezeichnet wird, gibt es in JavaScript *nicht*.

- Ebenfalls als eigenständigen Datentyp kann man den sogenannten **Pseudowert** `undefined` ansehen. Obwohl dieser Wert einer Variablen auch explizit zugewiesen werden kann, ist der `undefined`-Wert meist das Ergebnis eines Lesezugriffs auf eine Variable, der noch kein „richtiger" Wert zugewiesen wurde.

Die vier bisher erörterten JavaScript-Datentypen werden als **einfache**, **primitive** oder **elementare Typen** bezeichnet.[60] Jede JavaScript-Variable kann damit insbesondere einen Wert von einem dieser vier Typen speichern – ganz analog, wie wir es von den einzelnen Zellen eines Tabellenkalkulationsprogramms her kennen.

Neben den vier Variablen `dreieinhalb`, `wahr`, `hi` und `nix`, denen im letzten Beispielprogramm einfach typisierte Werte zugewiesen wurden, enthält dieses Programm noch die drei Variablen `vektor`, `matrix` und `spielkarte`, bei deren Werten es sich jeweils um einen Verbund von Einzeldaten handelt. Solche Verbunddaten treten häufig auf, etwa wenn mehrere Einzeldaten zu einer durchnummerierten **Liste** gruppiert sind oder als solche aufgefasst werden können, wie es zum Beispiel bei den Einträgen einer Tabellenspalte innerhalb eines Tabellenkalkulationsprogramms aufgrund der internen Zeilennummerierung immer der Fall ist.

---

[59] Dass eine Zeichensequenz, bei der die standardmäßige Interpretation von Zeichen mit einem vorangestellten Backslash-Zeichen außer Kraft gesetzt wird, mit dem Begriff *escape* für „ausbrechen" bezeichnet wird, ist zweifellos suggestiv (die wenig gebräuchlichen deutschen Begriffe sind **Fluchtzeichen** und **Maskierungszeichen**). Mit dem **Escape-Zeichen** hat dies aber nur indirekt zu tun. Dieses Zeichen wurde im Kontext von Druckern bereits bei Fernschreibern dazu verwendet, die Standardinterpretation von Zeichen außer Kraft zu setzen. Als nicht druckbares **Steuerzeichen** ist das Escape-Zeichen für Escape-Sequenzen in Quellcodes aber ungeeignet.

[60] Es gibt in JavaScript noch zwei weitere einfache Datentypen, nämlich den Pseudowert `null`, der ein nicht vorhandenes Objekt repräsentiert, sowie den relativ selten gebrauchten Datentyp `Symbol`.

Die Notation, mit der solche durchnummerierten Listen in JavaScript und anderen Programmiersprachen realisiert werden können, lehnt sich an die in der Mathematik übliche Indexschreibweise von **Vektoren** an. Wir erinnern uns, dass ein solcher Vektor zum Beispiel zwei Koordinaten eines Punktes in der Ebene beziehungsweise drei Koordinaten eines Punktes im Raum kombiniert – Mathematiker haben natürlich auch mit mehr als drei Dimensionen kein Problem.[61] Analog zur üblichen Bezeichnung in der Mathematik, bei der die **Koordinaten** v_1, v_2, ... eines Vektors v durch einen Index gekennzeichnet werden, erfolgt die Benennung der Koordinaten in JavaScript mit eckigen Klammern: vektor[1], vektor[2], ... Als Index können in JavaScript beliebige, nicht negative Ganzzahlen fungieren. Bei der Initialisierung mittels eines Literals beginnt die Indizierung standardmäßig mit 0. Aus diesem Grund ist der im Beispielprogramm ausgegebene Wert von vektor[0] gleich -1. Die Bildschirmausgabe des gesamten Inhaltes der Variablen vektor führt zur Anzeige „–1,2,4". Funktional kann vektor[0] in einem JavaScript-Programmbefehl wie jede andere Variable verwendet werden. Insofern hätte man auch drei verschiedene Bezeichner vektor0, vektor1, vektor2 verwenden können, allerdings mit dem großen Nachteil, diese nicht als Gesamtheit bearbeiten zu können, beispielsweise mit einem Befehl der Art

```
for (i=0;i<=2;i++)
  vektor[i]=2*i*i + 3;
```

Indizierte Variablenwerte werden als **Feld** bezeichnet – gebräuchlicher ist aber auch im Deutschen der englische Begriff **Array**. Da JavaScript dynamisch typisiert ist, können die einzelnen Einträge wertmäßig beliebige, gegebenenfalls voneinander abweichende Typen aufweisen. Insbesondere ist es erlaubt, dass die Einträge selbst wieder Arrays sind, wie es im letzten Beispielprogramm bei der Initialisierung der Variablen matrix praktiziert wurde. Mit dieser Konstruktion ergibt sich ein JavaScript-Pendant zu einer rechteckigen **Tabelle**, die nicht nur Mathematiker als **Matrix** bezeichnen. Der Zugriff auf eine Tabellenzelle erfolgt dann über

---

[61] Diese mathematische Konstruktion funktioniert allgemein für Kombinationen, die aus den Elementen von zwei oder mehr, gegebenenfalls unterschiedlichen, Mengen gebildet sind. In der Mathematik spricht man von einem **kartesischen Produkt**. Dieses umfasst alle Kombinationen, die sich aus den Elementen der Mengen, aus denen das Produkt gebildet wurde, bilden lassen.

eine zweifache Indexierung wie zum Beispiel durch `matrix[0][2]`.
Dieser Eintrag, der in einem JavaScript-Befehl funktional wie eine Variable verwendet werden kann, besitzt den Wert 2.

Eine Besonderheit von JavaScript ist, dass Arrays nicht statisch, sondern dynamisch sind. Das heißt, dass die Größe eines Arrays nicht a priori festgelegt werden muss. Daher wäre im Beispielprogramm auch nachträglich noch die Zuweisung

`vektor[6]=111;`

möglich gewesen – dann mit der Bildschirmausgabe „–1,2,4,,,,111". Auf bisher undefinierte Zellen ist aber nicht nur ein Schreibzugriff möglich. Ein Lesezugriff liefert den Wert `undefined`, was sich beispielsweise durch den Befehl

`zeige(vektor[4]);`

bestätigen lässt.

Eng verwandt mit Arrays sind Verbünde, die in JavaScript als sogenannte **assoziative Arrays** verfügbar sind. Assoziative Arrays bilden in JavaScript zugleich die Basis des Datentyps `Object`. Im Prinzip handelt es sich um Arrays, deren Inhalte mit Strings, also Zeichenketten, statt mit Zahlen indiziert sind. Solche Konstruktionen sind uns zumindest bei der Verwendung von Office-Programmen bestimmt schon begegnet:

- Man denke nur an ein Textverarbeitungsprogramm, bei dem die Angaben zur Formatierung eines Textabschnitts als sogenannte Formatvorlagen über Bezeichnungen wie zum Beispiel „Standard", „Fußnote" oder „Überschrift 1" abrufbar sind.
- Auch in Tabellen lassen sich die Einträge einer einzelnen Tabellenzeile jeweils als assoziatives Array auffassen. Dazu legt man die Zuordnung zwischen den in der Kopfzeile stehenden Spaltenüberschriften und den in der ausgewählten Zeile darunter stehenden Inhalten zugrunde.
- Schließlich zu erwähnen sind noch Interpreter und Compiler. Sie verwenden intern **Symboltabellen**, um die Zuordnung zwischen dem Bezeichner einer Variablen und der betreffenden Speicheradresse zu organisieren.

In der Programmiersprache Pascal werden solche Datenverbünde als **Record** bezeichnet – in Anlehnung an die häufige Anwendung, bei denen

eine **Datentabelle** aus gleich strukturierten[62] **Datensätzen** besteht: Beispielsweise besteht der Datensatz, der zur Gehaltsabrechnung einer Firma
verwendet wird, aus einer Zahl als Personalnummer, zwei Strings für
Vor- und Nachnamen, einer Zahl für die Kontoverbindung und so weiter.
Natürlich gehört zu jedem Mitarbeiter der Firma genau ein Datensatz.

Im Vergleich zum Datensatz einer Personalverwaltung ist der im letzten
Beispielprogramm vorkommende Verbund deutlich einfacher aufgebaut:
Im Sinne der in Kapitel 4 erläuterten Terminologie wird das Objekt
Spielkarte durch nur zwei Attribute, das heißt Eigenschaften, charakterisiert, nämlich `farbe` und `wert`. Analog zu einem Array erfolgt der
Schreib- und Lesezugriff auf einzelne Attributwerte in der Form
`spielkarte["farbe"]` und `spielkarte["wert"]`, wobei meist die Kurzform `spielkarte.farbe` beziehungsweise `spielkarte.wert` verwendet
wird. Die Kurzform ist aber nur dann erlaubt, wenn der als String fungierende Index wie beispielsweise `farbe` den Anforderungen an einen
JavaScript-Bezeichner genügt, das heißt insbesondere, dass der String
nicht mit einer Ziffer beginnt und kein Leerzeichen enthält.

Wie „richtige" Arrays sind in JavaScript auch die assoziativen Arrays
dynamisch organisiert. Das heißt, dass jederzeit weitere Attribute hinzugefügt werden können. Dazu reicht es, in einem Zuweisungsbefehl der
Art

```
spielkarte.verdeckt=true;
```

dem betreffenden Attribut `verdeckt` einen Wert zuzuweisen. Versucht
man, den Wert eines bisher nicht definierten Attributs zu lesen, erhält
man wie bei noch nicht initialisierten Variablen den Wert `undefined`:

```
window.alert(spielkarte.nichtExistierendesAttribut);
```

Es bleibt anzumerken, dass die dynamische Flexibilität, neue Attribute
definieren zu können, auch im Strikt-Modus von JavaScript gegeben ist.
Damit werden die Vorteile des Strikt-Modus zum Teil wieder aufge-
weicht. Ein simpler Tippfehler reicht nämlich aus, mit

```
spielkarte.Wert=5;
```

---

[62] In den Programmiersprachen C und C++ lautet das eine entsprechende Deklaration
kennzeichnende Schlüsselwort `struct` für *structure*.

eine weiteres Attribut `Wert` neben dem bereits bestehenden Attribut `wert` anzulegen, wobei die eigentlich gewünschte Attributwertänderung unterbleibt.

Eine dynamische Erweiterung eines Arrays beziehungsweise eines assoziativen Arrays ist aber nur dann möglich, wenn es bereits existiert, das heißt, wenn es bereits zuvor angelegt wurde. Soll ein Array oder ein assoziatives Array ohne Initialisierung mit irgendwelchen Inhalten kreiert werden, so ist dies mit den Befehlen möglich, die leere Hüllen erzeugen:

```
vektor=[];
spielkarte={};
```

Eine Spezialität von JavaScript ist der Sachverhalt, dass Funktionen wie Daten behandelt werden. Im letzten Beispielprogramm wurde dazu die Variable `zeige` mit einem Wert des Datentyps **Function** initialisiert. Dazu wurde zunächst auf der rechten Seite der Zuweisung eine Funktion ohne Bezeichner – man spricht daher auch von einer **anonymen Funktion** – definiert.[63] Die dann dem Bezeichner `zeige` zugewiesene Funktion wird anschließend zur Realisierung der Kontrollausgaben auf dem Bildschirm mehrfach aufgerufen. Natürlich hätte man die gleiche Funktionalität auch mit der klassischen Art der Funktionsdefinition erreichen können, wie sie uns aus dem letzten Kapitel und gegebenenfalls von anderen Programmiersprachen her bekannt ist:

```
function zeige(meldung)
{
    window.alert(meldung);
}
```

Übrigens wird mit dem Aufruf

```
window.alert(zeige);
```

die Funktion `zeige` in einen String konvertiert, wie es auch bei der Anzeige von Werten anderer Datentypen geschieht. Daher liefert der Aufruf `zeige(zeige);` ein Bildschirmfenster mit dem Quellcode der Funktion `zeige`.

Prinzipiell könnte die Funktionalität der Funktion `zeige` während der Programmausführung mittels eines Zuweisungsbefehls sogar geändert

---

[63] Unter Verwendung des sogenannten **Pfeiloperators** ist auch die Kurzschreibweise `zeige=(meldung)=>{window.alert(meldung);};` möglich.

werden. Erstrebenswert sind solche Konstruktionen aber nicht, da sie keinesfalls der Übersichtlichkeit dienen. Der eigentliche Vorteil, eine Funktion analog zu einem Wert in einem Zuweisungsbefehl verwenden zu können, zeigt sich erst richtig dann, wenn die Zuweisung nicht an eine normale Variable erfolgt sondern an ein Attribut eines assoziativen Arrays. Auf diese Weise können wir nämlich dem assoziativen Array, das wir bereits als programmtechnische Beschreibung eines **Objekts** erkannt haben, eine Methode zuordnen:

```
spielkarte.waehleZufaellig = function() {...};
spielkarte.zeigeKarteAlsGrafik = function(anzeigeGroesse){...};
```

Die Auslassungspünktchen stehen natürlich jeweils für die Programmbefehle, mit denen die eigentliche Funktionalität realisiert wird. Die dabei anzuwendenden Techniken werden später noch ausführlich erörtert. Im zweiten Fall ist die Methode parametrisiert, um die Größe der Bildschirmausgabe zu steuern. Der Aufruf solcher Methoden geschieht zum Beispiel mit Programmbefehlen wie

```
spielkarte.waehleZufaellig();
spielkarte.zeigeKarteAlsGrafik(5);
```

Damit verstehen wir nun endlich auch den Aufbau des Befehls, den wir schon oft zur Kontrollausgabe von Werten verwendet haben, der uns aber in seinem Aufbau bisher sicher etwas kryptisch erschienen ist:

```
window.alert("Hallo");
```

Es handelt sich um den Aufruf der Methode `alert`, die dem in JavaScript vordefinierten Objekt `window` zugeordnet ist. Dieses Objekt `window` beschreibt die Eigenschaften und das Verhalten des aktuellen Browserfensters. Aufgefasst als Funktion besitzt die `alert`-Methode übrigens keinen Rückgabewert. Ein Test mit

```
window.alert(window.alert("Hallo"));
```

würde daher die Bildschirmausgabe `undefined` erbringen. Dies unterscheidet `alert` von der zweiten Methode des Objekts `window`, die wir bereits kennen gelernt haben, nämlich die Eingabeaufforderung

```
window.prompt("Bitte machen Sie Ihre Eingabe");
```

Diese `prompt`-Methode erhält als Rückgabewert die Eingabe des Benutzers in Form eines Wertes vom Typ String.

10 Formeln in JavaScript

Im vorletzten Kapitel haben wir JavaScript-Funktionen als wichtiges Mittel kennen gelernt, Daten systematisch zu bearbeiten. Dies geschah dort an Hand von JavaScript-Funktionen, in denen mit Zahlen Berechnungen durchgeführt wurden. Im letzten Kapitel haben wir dann gesehen, dass mit JavaScript nicht nur Zahlen, sondern auch Strings, boolesche Werte und Zusammensetzungen von Einzeldaten gespeichert werden können. Auch solche Daten können natürlich mit Funktionen systematisch bearbeitet werden.

Allerdings sind Funktionen für häufig gebrauchte Standardzwecke in ihrer Schreibweise zu schwerfällig. Man stelle sich nur vor, man müsste statt einer an üblichen Gebräuchen orientierten Formelschreibweise wie

```
a=(37-11*3)*7/2;
```

eine Sequenz von Aufrufen entsprechend definierter Funktionen verwenden:

```
a=quotient(produkt(differenz(37,produkt(11,3)),7),2);
```

notieren: Offensichtlich ist diese Schreibweise lang, unübersichtlich und damit fehleranfällig. Dagegen orientiert sich die Notation der ersten Version des Programmbefehls an der üblichen mathematischen Schreibweise: Es werden die bekannten Symbole für die arithmetischen Grundoperationen Addition, Subtraktion, Multiplikation und Division verwendet. Und auch die Reihenfolge bei der Auswertung eines Rechenausdrucks folgt der üblichen Konvention. Das heißt, standardmäßig wird ein Rechenausdruck von links nach rechts ausgewertet, wobei Punktrechnung vor Strichrechnung geht und geklammerte Teilausdrücke eine noch höhere Priorität in der Reihenfolge der Auswertung besitzen.

Insofern hat uns die inhaltliche Interpretation des JavaScript-Befehls in seiner ersten Version keine Schwierigkeiten bereitet: Die Variable a erhält den Wert 14 zugewiesen, der sich bei der Auswertung des **Ausdrucks** ergibt, der rechts vom Gleichheitszeichen steht. Allgemein beschreibt ein solcher Ausdruck, wie aus Werten, die durch Literale und Variablen vorgegeben sind, neue Werte berechnet werden.

© Springer Fachmedien Wiesbaden GmbH, ein Teil von Springer Nature 2018
J. Bewersdorff, *Objektorientierte Programmierung mit JavaScript*,
https://doi.org/10.1007/978-3-658-21077-9_10

Über die arithmetischen Grundoperationen hinaus bietet JavaScript noch viele andere Möglichkeiten, elementare Operationen durch Symbole zu beschreiben. Selbstverständlich hängen diese Möglichkeiten stark von den Datentypen ab, die die beteiligten Werte besitzen: Bei Zahlen handelt es sich neben den arithmetischen Operationen um Größenvergleiche, die als Ergebnis jeweils einen booleschen Wert liefern, also entweder `true` oder `false`. Boolesche Werte können dann mit den logischen Operationen AND, OR und NOT verknüpft werden. Bei Strings geht es vor allem um eine Verkettung, das heißt eine Aneinanderreihung, von Zeichenfolgen. Aber auch für Strings sind Vergleiche, nämlich auf Gleichheit oder auf Basis der lexikographischen Ordnung, möglich. Als weitere Operation, die zumindest für die einfachen Datentypen anwendbar ist, bleibt noch die Zuweisung eines Wertes zu nennen.

Obwohl Ausdrücke wie `produkt(a,3)` und `a*3` eine vergleichbare Struktur aufweisen, haben sich unterschiedliche Bezeichnungen eingebürgert. Spricht man im ersten Fall von einer Funktion `produkt` und ihren beiden Argumenten `a` und `3`, so spricht man im zweiten Fall von einem durch das Produkt-Zeichen symbolisierten **Operator** und den beiden **Operanden** `a` und `3`. Operatoren werden in JavaScript meist durch Symbole, manchmal auch durch Symbolkombinationen wie „`>=`" oder Schlüsselworte wie zum Beispiel `typeof` gekennzeichnet. Die Operanden, auf die ein Operator wirkt, sind in der Regel diejenigen Objekte, deren JavaScript-Äquivalente dem Operator-Symbol unmittelbar benachbart sind. Dabei kann es sich um Literale, Variablen, Funktionsaufrufe und Ausdrücke handeln. Je nach Anzahl der Operanden spricht man von einem **unären** beziehungsweise **binären** Operator. Und wir werden sogar noch einen Operator kennen lernen, der sich auf drei Operanden bezieht und daher als **ternär** bezeichnet wird. Beispiele für binäre Operatoren sind die **arithmetischen Operatoren** Addition, Subtraktion, Multiplikation und Division. Unär ist der sogenannte **Negationsoperator** in Form eines Minus-Zeichens, das am Anfang eines Ausdrucks einen Vorzeichenwechsel symbolisiert, beispielsweise bei `-(4+a)`. Entsprechendes gilt für das völlig wirkungslose, aber durchaus erlaubte Pluszeichen am Anfang eines Ausdrucks, zum Beispiel bei `+(4+a)`.

Ein weiteres Beispiel für einen binären Operator, den wir bereits kennen gelernt haben, ist der Modulo-Operator, bei dessen Ergebnis es sich um den bei einer ganzzahligen Division entstehenden Rest handelt. Beispielsweise ergibt der Ausdruck 23%5 den Wert 3, weil dies der Rest ist, der bei der Division von 23 durch 5 entsteht.

Ebenfalls bereits erwähnt wurde der **Verkettungsoperator** für Strings, der mit dem Plus-Zeichen abgekürzt wird. Beispielsweise liefert der Befehl

```
window.alert("Anfang "+"und Ende");
```

die Bildschirmausgabe „Anfang und Ende".

Auch schon verwendet wurden **Vergleichsoperatoren**, die als Ergebnisse boolesche Werte liefern. Eingesetzt wurden sie bisher in if- oder while-Befehlen wie zum Beispiel

```
if (a!=14)
    window.alert("Es ist ein Fehler aufgetreten");
```

Die Bedeutung ist naheliegend: Besitzt die Variable a nicht den Wert 14, dann soll uns eine Fehlermeldung auf diesen Sachverhalt hinweisen. Das dazu verwendete Symbolpaar „!=" wird Ungleich-Operator genannt. Sicher noch häufiger werden die anderen Vergleichsoperatoren „==", „<", „>", „<=" und „>="zur Prüfung der Relationen „ist gleich", „ist kleiner als", „ist größer als" „ist kleiner oder gleich" beziehungsweise „ist größer oder gleich" verwendet. Jeder von diesen Operatoren ist binär und liefert als Ergebnis einen booleschen Wert, das heißt entweder true oder false.

Miteinander verglichen werden können auch zwei Strings, das heißt Zeichenketten. Dabei wird die lexikographische Reihenfolge zugrunde gelegt, wobei für Sonderzeichen interne Nummerierungen der Zeichen verwendet werden. Die auf Strings bezogenen Vergleichsoperatoren werden daher insbesondere immer dann eingesetzt, wenn Worte alphabetisch zu sortieren sind. Beispielsweise liefert der Ausdruck "abd"<"abe" den Wert true.

Zwei boolesche Werte, die beispielsweise das Ergebnis von je einem Vergleich sein können, lassen sich mit den **logischen Operatoren** des logischen AND sowie des logischen OR miteinander verknüpfen. In JavaScript geschieht dies mit den beiden Symbolpaaren „&&" und „||". Neben diesen beiden binären Operatoren gibt es noch den unären **logischen Negationsoperator**, für den das Symbol „!" verwendet wird.

Mit den logischen Operatoren lassen sich auch komplexe Bedingungen formulieren. Als Beispiel schauen wir uns die Prüfung an, ob ein bestimmtes Jahr ein Schaltjahr ist. Ein Schaltjahr findet bekanntlich alle 4 Jahre statt, nicht aber bei den ohne Rest durch 100 teilbaren Jahren, es sei denn, die Jahreszahl ist sogar ohne Rest durch 400 teilbar:

```
if ( ((jahr%4==0) && (jahr%100!=0)) || (jahr%400==0) )
    window.alert("Das Jahr " + jahr + " ist ein Schaltjahr");
```

Wie man sieht, haben wir kaum Prioritäten bei der Ausführung der Operatoren vorausgesetzt und daher entsprechend viele Klammern gesetzt. Zusätzliche Leerzeichen verbessern die Lesbarkeit nochmals. Da bei der **Operatorpriorität** die arithmetischen Operatoren vor den Vergleichsoperatoren und die wiederum vor den logischen Operatoren ausgewertet sind, hätten wir auch

```
if ( (jahr%4==0 && jahr%100!=0) || jahr%400==0)
    window.alert("Das Jahr " + jahr + " ist ein Schaltjahr");
```

schreiben können. Sogar die Klammerung um die erste AND-Operation könnte entfallen, da die AND-Operation als binäres Analogon der Multiplikation eine höhere Priorität besitzt als die OR-Operation, die man als binäres Analogon zur Addition verstehen kann.[64] Wie auch in anderen Fällen gilt aber: Es sollte nicht das Ziel eines Programmierers sein, einen möglichst kurzen Programmcode zu schreiben. Ziel sollte ein verständlicher Code sein, der es auch einem Dritten erlaubt, die Übereinstimmung zwischen gewünschter und realisierter Funktionalität zu überprüfen.

Bezieht sich ein Operator auf zwei unterschiedliche Datentypen, dann versucht der JavaScript-Interpreter das Bestmögliche daraus zu machen. Dazu führt er **automatische Typkonvertierungen** durch, die dann hoffentlich (!) zu derjenigen Berechnung führen, die der Programmierer ursprünglich angestrebt hat. Es kann aber nur dringendst empfohlen werden, solche Konstruktionen nur selten und vor allem nur in solchen

---

[64] Ein boolescher Wert bleibt unverändert, wenn er zusammen mit `true` der AND-Operation unterworfen wird. Gleiches gilt bei einer OR-Operation mit `false`. Da `false` dem Wert 0 und `true` dem Wert 1 entspricht, kann man in AND das logische Analogon zur Addition sehen, da auch die Addition mit 0 nichts verändert. Entsprechend ist, da die Multiplikation mit 1 nichts verändert, OR das logische Analogon zur Multiplikation.

Fällen einzusetzen, wo man die Wirkung vollständig überblickt.[65] Bei-
spielsweise bringt die Summe `"2"+3` das Ergebnis `"23"`, während das
Produkt `"2"*3` das Ergebnis `6` liefert. Der Grund für dieses auf den ersten
Blick eigentümliche Verhalten ist, dass es keinen Produkt-Operator für
Strings gibt, wohl aber einen mit „+" symbolisierten Verkettungsoperator.

Äußerst wichtig, da es sich um die Ursache für einen häufig gemachten
Fehler handelt, ist der Sachverhalt, dass es sich selbst beim Gleichheitszeichen, mit dem eine Wertzuweisung an eine Variable vorgenommen
wird, um einen Operator handelt. Bei diesem sogenannten **Zuweisungsoperator** muss links eine Variable stehen – möglich ist auch ein per
Index bestimmtes Array-Element oder ein per Attributname bestimmtes
Element eines assoziativen Arrays. Diese Untermenge von Ausdrücken
wird auch als **L-Wert** (*lvalue*) bezeichnet, eben weil ein solcher Ausdruck auf der linken Seite eines Zuweisungsbefehls stehen darf. Der
Operator-Charakter des eine Zuweisung bewirkenden Gleichheitszei-
chens beruht nun darauf, dass mit einem Befehl der Art

```
a=5;
```

nicht nur eine Wertzuweisung an die Variable `a` erfolgt. Zusätzlich wird
dieser Befehl als Ausdruck aufgefasst, und zwar ganz analog zu einem
„normalen" Rechenausdruck wie `a+5`. Dies bewirkt, dass zum Beispiel
der Befehl

```
window.alert(a=5);
```

zu einer Bildschirmausgabe des Wertes `5` führt, weil dies der Wert des
Ausdrucks `a=5` ist. Dieser Sachverhalt kann in anderen Fällen allerdings
fatale Konsequenzen haben. Schauen wir uns die folgende Befehlssequenz an:

```
var a=0;
if (a=0)
   alert("a hat den Wert 0");
else
   alert("a hat einen Wert ungleich 0");
```

---

[65] Ein Beispiel für einen solch unkritischen Einsatz ist sicher die automatische Konvertierung in einen String, der für ein Argument der `window.alert`-Methode durchgeführt wird. Daher wurde dies auch bisher bereits mehrfach und ohne jeden
Warnhinweis praktiziert.

Was passiert? Warum wird wider Erwarten die zweite Meldung angezeigt, die inhaltlich falsch ist? Der Grund ist, dass in der `if`-Bedingung
beim Vergleichsoperator ein Gleichheitszeichen vergessen wurde. Daher
kommt es nicht zum gewünschten Vergleich, sondern dazu, dass der
Variablen `a` nochmals der Wert 0 zugewiesen wird. Gleichzeitig wird als
Ergebnis des Ausdrucks `a=0` der Wert 0 generiert, der nach einer Umwandlung in den booleschen Wert `false` die Ausführung des `if`-Befehls
steuert – leider ganz anders als geplant. Die Zeit, solchermaßen entstan-
dene Fehler in Programmen der Sprachfamilie C, C++, Java, JavaScript
und PHP zu suchen, dürfte viele tausend Mann-Jahre betragen.

Entsprechend der Tradition, wie sie von den Programmiersprachen der
mit C begründeten Sprachfamilie her bekannt ist, gibt es in JavaScript
noch deutlich mehr Operatoren, mit denen insbesondere Zuweisungsbefehle deutlich kompakter formuliert werden können. Bevor wir eine
Auswahl der wichtigsten Operatoren erläutern, wollen wir uns ein kurzes
Beispielprogramm ansehen, mit dem wir auf die Schnelle experimentieren können. Es handelt sich um einen Miniatur-Interpreter für JavaScript,
mit dem einzelne JavaScript-Zeilen ausgeführt werden können:

```
<html>
<head><title>Auswertung von Ausdrücken (js/10)</title>
<script type="text/javascript">
// hier ausnahmsweise kein "use strict"; !
var ausdruck, letzterAusdruck="";
var meldung="Auszuwertender Ausdruck (Abbruch mit leerer Eingabe)";
do
{
   ausdruck = window.prompt(meldung,letzterAusdruck);
   letzterAusdruck=ausdruck;
   if (ausdruck!="")
      window.alert(ausdruck+"\nergibt\n"+eval(ausdruck));
}
while (ausdruck!="");
</script>
</head>
<body></body>
</html>
```

Die für das Programm zentrale Funktionalität steckt im Aufruf der in
JavaScript vordefinierten Funktion `eval(ausdruck)`. Mit ihr wird ein
gemäß der JavaScript-Syntax gebildeter Ausdruck ausgewertet, also zum
Beispiel `2+3`. Viel interessanter sind natürlich die im aktuellen Kapitel
bereits erörterten Beispiele wie `"2"+3` und `"2"*3`, die wir mit Hilfe des

Programms alle einfach und vor allem schnell testen können. Da es sich auch bei JavaScript-Befehlen und sogar bei Sequenzen aus JavaScript-Befehlen um Ausdrücke handelt, können auch diese getestet werden.

Auf die Aktivierung des Strikt-Modus mit der `"use strict"`-Anweisung" wurde diesmal bewusst verzichtet, damit auch Eingaben wie

```
jahr=2000; istSchaltjahr=(jahr%4==0&&jahr%100!=0||jahr%400==0);
```

möglich sind, in denen nicht deklarierte Variablen verwendet werden.[66] Deren Werte bleiben sogar erhalten und können daher bei nachfolgenden Eingaben abgerufen werden:

```
window.alert(jahr+" ist "+(istSchaltjahr?"":"k")+"ein Schaltjahr");
```

Bei dieser Ausgabe wurde übrigens vom ternären **Konditional-Operator** Gebrauch gemacht, der aus einer Bedingung und zwei Werten besteht, von denen der erste im `true`-Fall und der zweite im `false`-Fall verwendet wird.

Mit dem letzten Beispielprogramm können wir auch noch weitere Operatoren ausprobieren wie die Erhöhung der `jahr`-Variable um 1 mit Hilfe des unären **Inkrement-Operators**. Dieser Operator ist auf jeden L-Wert anwendbar, also insbesondere auf Variablen:

```
jahr++;
```

Der Inkrement-Operator kann übrigens auch innerhalb einer Zuweisung verwendet werden, was aber nicht gerade zur Übersichtlichkeit des betroffenen Programmbefehls beiträgt. Insofern wird von einer solchen Verwendung abgeraten.

Soll der Wert einer Variablen um einen beliebigen Wert erhöht oder verringert werden oder soll der Variablenwert mit einem anderen Wert multipliziert werden, dann kann dies mit einem um eine Operation erweiterten Zuweisungs-Operator geschehen. Beispielsweise erhöht man die Jahreszahl um 3 mit dem folgenden Befehl:

```
jahr+=3;
```

Wir verzichten hier darauf, alle Operatoren, die JavaScript bietet, zu beschreiben. Man kann nämlich sehr wohl darüber streiten, ob der Ein-

---

[66] Wir werden noch sehen, dass die Klammern um den Rechenausdruck sogar weggelassen werden können.

satz dieser Operatoren in ihrer Gesamtheit wirklich sinnvoll ist. Dies gilt insbesondere für jene Operatoren, die sich auf die Binärdarstellung von Ganzzahlen beziehen. In Programmiersprachen wie C und C++ gibt es dafür sicher viele Anwendungen, etwa wenn Bitmuster zur Steuerung von Peripheriegeräten manipuliert werden. Bei JavaScript-typischen Anwendungen dürfte das eher selten der Fall sein.

Allerdings gibt es noch fünf weitere Operatoren, deren Einsatz sehr wichtig ist: Da JavaScript dynamisch typisiert ist, benötigt man eine Möglichkeit, den Typ festzustellen, den der aktuelle Wert einer Variablen aufweist. Dazu bietet JavaScript den `typeof`-Operator, dessen Resultat ein String ist, dessen Wert abhängig vom aktuellen Typ des Operanden gleich `"number"`, `"string"`, `"boolean"`, `"undefined"`, `"function"` beziehungsweise `"object"` ist. Beispielsweise erhält man im Fall von

```
var a=5;
window.alert(typeof a);
```

die Anzeige „number". Zu beachten ist, dass auch Arrays beim Aufruf des typeof-Operators das Ergebnis `"object"` liefern.

Es bleibt anzumerken, dass `typeof` ein Operator ist und keine vordefinierte Funktion wie zum Beispiel die Auswertefunktion `eval`. Daher ist bei `typeof` keine Klammer um den Operanden notwendig.

Ein Operand, der quasi ein Gegenstück zur Deklaration mit `var` darstellt, ist der unäre `delete`-Operator. Üblicherweise wird er aber nicht bei normalen Variablen verwendet, sondern bei Einträgen in assoziativen Arrays. Dort kann er dazu verwendet werden, ein bestehendes Attribut zu löschen. Dabei wird nicht nur der Attributwert, sondern auch das Attribut gelöscht. Wir wollen uns das in einem kleinen Programm ansehen, mit dem wir zugleich den Einsatz eines weiteren Operators erläutern, mit dem die Existenz eines bestimmten Attributs festgestellt werden kann:

```
<html>
<head><title>Die Operatoren in und delete (js/10a)</title>
<script type="text/javascript">
"use strict";
var a={};                              // es wird angezeigt:
window.alert(a.eigenschaft);           //    undefined
window.alert("eigenschaft" in a);      //    false
a.eigenschaft=3;
window.alert(a.eigenschaft);           //    3
window.alert("eigenschaft" in a);      //    true
```

```
delete a.eigenschaft;
window.alert(a.eigenschaft);          //    undefined
window.alert("eigenschaft" in a);     //    false
</script>
</head>
<body></body>
```

Zwar lässt sich die mit delete durchgeführte Löschung des Attributs eigenschaft daran erkennen, dass a.eigenschaft bei der dritten Bildschirmanzeige des Wertes wie beim ersten Mal wieder den Wert undefined besitzt. Eine Unterscheidung zwischen einem nicht vorhandenen Attribut und einem Attribut mit dem Wert undefined ist aber auf diese Weise nicht möglich. Dies geht nur mit dem binären in-Operator, der abhängig von der Existenz eines Eintrags, dessen Bezeichnung gleich dem ersten Operanden ist, entweder den Wert true oder den Wert false liefert. In der Praxis meist verwendet werden Prüfungen der folgenden Art:

```
if (a.eigenschaft)
   window.alert("Die Eigenschaft ist vorhanden");
```

Die bis auf wenige Ausnahmen korrekte Funktionalität dieser Prüfung beruht darauf, dass a.eigenschaft in einen booleschen Wert konvertiert wird. Dabei ergibt sich fast immer true, außer der Wert von a.eigenschaft ist gleich 0, undefined, null, NaN oder dem leeren String – die Bedeutung von null und NaN, bei denen es sich wie bei undefined um Pseudowerte handelt, werden wir noch kennen lernen.

Wie die beiden, an späterer Stelle zu erläuternden, Operatoren new und instanceof, die wir hier nur der Vollständigkeit halber erwähnen wollen, spielen die beiden Operatoren delete und in eine wichtige Rolle bei der Realisierung objektorientierter Ansätze in JavaScript.

Äußerst wichtig sind die **Operatorprioritäten**, welche die Reihenfolge bei der Auswertung der in einem Ausdruck enthaltenen Operatoren definieren und damit zugleich die Notwendigkeit für Klammerungen vorgeben. In der nachfolgenden Aufzählung sind die wesentlichen JavaScript-Operatoren in absteigender Priorität aufgeführt, wobei die Operatoren, die in derselben der zehn Stufen liegen, von links nach rechts ausgewertet werden:

- `( )    [ ]    .    new`
  Die höchste Priorität besitzen Operatoren, die man als solche vielleicht gar nicht bewusst wahrnimmt. Es handelt sich um runde und eckige Klammern sowie Punkte: Runde Klammern fassen einerseits zu priorisierende Ausdrücke zusammen und stehen außerdem als sogenannter **Anwendungsoperator** zwischen dem Bezeichner einer aufgerufenen Funktion und den zugehörigen Argumenten. Eckige Klammern trennen den Bezeichner eines Arrays vom zugehörigen Index. Eckige Klammern oder Punkte trennen den Bezeichner eines assoziativen Arrays von zugehörigen Attributnamen, man spricht auch von einem **Zugriffsoperator**. In diese Stufe gehört auch der später noch zu erläuternde `new`-Operator.

- `++    --    -    !    delete    typeof`
  Die zweithöchste Priorität besitzen die allesamt unären Operatoren der Inkrementierung, der Dekrementierung, der arithmetischen Negation, der Negation, zum Entfernen von Attributen und zur Typfeststellung.

- `*    /    %`
  Die dritthöchste Priorität besitzen die allesamt binären Operatoren der arithmetischen Punktrechnung.

- `+    -`
  Die vierthöchste Priorität besitzen die binären Operatoren der arithmetischen Strichrechnung sowie der Verkettungsoperator für Strings.

- `<    >    >=    <=    instanceof    in`
  Die nächstniedrigere Priorität besitzen die binären, ein Kleiner- oder Größer-Zeichen enthaltende Vergleichsoperatoren sowie die der Prüfung eines Objekts dienenden Operatoren `instanceof` und `in`.

- `==    !=    ===    !==`
  Die nachfolgende Priorität besitzen diejenigen binären Vergleichsoperatoren, die ein Gleichheitszeichen enthalten. Die beiden letztgenannten Operatoren beziehen sich übrigens auf eine Wert- *und* Typgleichheit. Beispielsweise liefert `"3"==3` den Wert `true`, hingegen ergibt der Vergleich `"3"===3` das Ergebnis `false`.

- `&&`

  Die nächstniedrigere Priorität besitzt das logische AND, das vergleichbar der Multiplikation als logische Punktrechnung gilt.

- `||`

  Es folgt das logische OR, das vergleichbar der Addition als logische Strichrechnung gilt.

- `? :`

  Die nächstniedrigere Priorität besitzt der ternäre Bedingungsoperator.

- `=    +=    *=    -=    /=`

  Die nächstniedrigere Priorität besitzen die Zuweisungsoperatoren, gegebenenfalls ergänzt mit einer Operation.

In Kurzform: Am meisten binden neben Klammerungen die Anwendungs- und Zugriffsoperatoren, die ein Detail eines Variablenbezeichners charakterisieren. Es folgen die unären Operatoren. Dann kommen die binären Operatoren in der Rangfolge Arithmetik, Vergleich, Logik und schließlich Zuweisung.

Übrigens muss der in einem Programmbefehl stehende Ausdruck überhaupt keinen Operator enthalten. Daher ist beispielsweise der Programmbefehl

```
5;
```

zulässig. Er erzeugt als Ergebnis den Wert 5, mit dem dann aber nichts gemacht wird – abweichend von der Verfahrensweise in Ausdrücken wie `a=3+5` oder `a=5`, wo der Wert 5 an den Additions- beziehungsweise den Zuweisungsoperator weitergereicht wird. Aus Sicht des syntaktischen Aufbaus äquivalent ist der schon mehrmals verwendete Befehl

```
"use strict";
```

Dass es sich dabei um einen syntaktisch zulässigen Befehl handelt, ist insofern von Bedeutung, als dass auch bei alten JavaScript-Versionen, die noch nicht den Strikt-Modus unterstützen, kein Fehler aufgrund dieser, dann völlig wirkungslosen, Anweisung entsteht.

11 Nicht alles geht mit Formeln

Im letzten Kapitel wurde erörtert, wie in JavaScript Standardfunktionalitäten realisiert werden können, die für die verschiedenen einfachen Datentypen häufig benötigt werden. Im Fokus standen Operatoren und daraus gebildete, Formel-artige Ausdrücke. Unter ausschließlicher Verwendung von Operatoren können allerdings nicht alle Funktionalitäten realisiert werden, die insbesondere für Strings, aber auch für die anderen einfachen Datentypen oft gebraucht werden. Zu diesem Zweck beinhaltet JavaScript Standardfunktionen, die wir uns in diesem Kapitel anschauen wollen.

Die ersten Funktionen, die wir erörtern wollen, dienen der Konvertierung von Werten in einen bestimmten Datentyp. Für jeden einfachen Datentyp gibt es eine Funktion, die ein einzelnes Argument in den entsprechenden Typ umwandelt:

- `String(wert)`

- `Number(wert)`

- `Boolean(wert)`

Dabei kann es sich bei dem mit `wert` bezeichneten Argument um einen beliebigen Ausdruck handeln – möglich sind insbesondere Literale und Variablen, egal welchen Typs. Die Möglichkeiten der drei aufgelisteten Funktionen können wir am einfachsten wieder mit dem Programm `js/10` des letzten Kapitels ausprobieren, das auf der JavaScript-Auswertefunktion `eval` basiert.

Am unproblematischsten ist sicher die Umwandlung in einen String, einfach deshalb, weil dieser Datentyp am universellsten ist. Implizit haben wir die Konvertierung in einen String bereits bei den zur Kontrolle verwendeten Bildschirmausgaben mit `window.alert` durchgeführt. Egal, ob es sich um eine Zahl, einen booleschen Wert oder einen Pseudowert wie `undefined` handelt, alles ist als String darstellbar.

Es bleibt anzumerken, dass die Konvertierung mit der `String`-Funktion keine gezielte Formatierung erlaubt. Außerdem verwendet diese Funktion

© Springer Fachmedien Wiesbaden GmbH, ein Teil von Springer Nature 2018
J. Bewersdorff, *Objektorientierte Programmierung mit JavaScript*,
https://doi.org/10.1007/978-3-658-21077-9_11

für Fließkommazahlen den Punkt als Dezimaltrennzeichen. So ergibt zum Beispiel `String(2/3)` den String-Wert `"0.6666666666666666"`.

Laufzeitfehler und Pseudowerte

Bei einem Programm sind im Wesentlichen drei Typen von Fehlern möglich, die sich zum Teil noch weiter untergliedern lassen. Da sind einerseits die **logischen Fehler**, die dazu führen, dass das Programm zwar etwas berechnet oder sonst etwas tut, aber leider nicht das, was eigentlich beabsichtigt war – oft Auftakt einer mühsamen Suche nach den Fehlern. Am harmlosesten sind **syntaktische Fehler**, die von einem Compiler bereits vor dem Ausführen des ersten Programmbefehls erkannt werden und daher zu einem entsprechenden Hinweis führen. Bei einem interpretierten Programm, wie es bei JavaScript der Fall ist, werden solche Fehler in der Regel allerdings erst dann erkannt, wenn der betreffende Programmbefehl erstmals zur Ausführung kommt. Ebenfalls erst bei Ausführung des betroffenen Programmbefehls, und zwar generell sowohl bei Verwendung eines Compilers wie eines Interpreters, treten sogenannte **Laufzeitfehler** auf, die durch spezielle Werte verursacht werden. Dies ist zum Beispiel der Fall, wenn ein Divisionsbefehl nicht ausgeführt werden kann, weil der Divisor aufgrund der aktuellen Variablenwerte gleich 0 ist.

Ein Programm ist nur dann **robust**, wenn alle denkbaren Ausnahmesituationen wie vom Bediener vergessene oder inkorrekte Eingaben kontrolliert behandelt werden – beispielsweise mit einer Aufforderung an den Bediener, die inkorrekt erfolgte Eingabe erneut, nun aber richtig, zu tätigen. Das Gegenteil einer robusten Programmierung wird spöttisch auch „Schönwetterprogrammierung" genannt: Dabei geht der Programmierer blauäugig davon aus, dass alles gut geht.

Bei JavaScript werden einige Situationen, die in anderen Programmiersprachen ausnahmslos zu Laufzeitfehlern führen, durch sogenannte Pseudowerte abgefangen und können dementsprechend programmtechnisch behandelt werden:

- Die Pseudowerte `Infinity` und `-Infinity` entstehen, wenn eine positive beziehungsweise negative Zahl durch 0 geteilt wird. Möglich ist auch ein Überlauf, das heißt, wenn das Ergebnis den darstellbaren Zahlenbereich überschreitet, beispielsweise mit der Berechnung `2*1.5E+308`. Zur entsprechenden Prüfung, ob der Wert einer Variablen `wert` ungleich `Infinity` und ungleich `-Infinity` ist, kann die Funktion `isFinite(wert)` verwendet werden. Einzelprüfungen sind mit dem normalen Vergleichsoperator möglich: `wert==-Infinity`.

- Der Not-a-Number-Pseudowert `NaN` entsteht, wenn bei einer Konvertierung in einen Zahlwert mit der Funktion `Number` deren Argument keiner Zahl entspricht. Auch die Division `0/0` liefert das Ergebnis `NaN`. Eine Prüfung, ob ein Wert gleich `NaN` ist, darf aber nicht mit dem Vergleichsoperator durchgeführt werden. Stattdessen muss die Funktion `isNaN(wert)` verwendet werden.

- Den besonderen Wert `undefined` haben wir bereits kennen gelernt. Jede Variable, der noch kein Wert zugewiesen wurde, besitzt diesen Wert `undefined`. Gleiches gilt für Attribute, die noch keinen Wert zugewiesen bekommen haben.

Es bleibt noch anzumerken, dass auch Laufzeitfehler, die nicht durch eine Eingabe des Bedieners verursacht werden, abgefangen werden müssen. Bei Skripten in Internetseiten können solche Fehler auch durch den Typ, die Version oder die speziellen Einstellungen des vom Benutzer verwendeten Browsers verursacht werden.

Die Konvertierung von Strings in Zahlen ist deutlich problematischer, weil nicht jeder String als Zahl interpretierbar ist: Denkbar sind zum Beispiel Fälle wie `"0,66"` und `"6.02 km"`. Im ersten Fall ist das Dezimaltrennzeichen nicht korrekt im Sinne der JavaScript-Syntax. Im zweiten Fall enthält der String außer einer Zahl noch eine Abkürzung für eine Maßeinheit. Eine Konvertierung unter Verwendung der `Number`-Funktion liefert in beiden Fällen den Pseudowert `NaN` für *Not-a-Number*. Dieses Verhalten des JavaScript-Interpreters verhindert einen ansonsten unabdingbaren Abbruch der Programmbearbeitung aufgrund eines sogenannten Laufzeitfehlers (siehe Kasten *Laufzeitfehler und Pseudowerte*). Wie so oft gilt aber: „Aufgeschoben ist nicht aufgehoben!" Für den Fall der Konvertierung heißt das konkret: Wird das Resultat weiterverarbeitet, also nicht einfach nur auf dem Bildschirm ausgegeben, *und* kann nicht ausgeschlossen werden, dass es zu einer solchen Zuweisung des `NaN`-

Pseudowertes kommen kann, dann muss der Programmverlauf auf einen solchen Ausnahmefall vorbereitet sein.

Ein Beispiel dafür, wie man es *nicht* machen darf, ist die Eingabe des Beispielprogramms zur Teilersuche in Kapitel 7 (siehe Seite 62). Dort wird die Eingabe des Benutzers nicht genügend robust behandelt, da zum Beispiel die Eingabe eines Zeichens „a" zum völlig unsinnigen Ergebnis führt, dass es sich bei dieser Eingabe um eine Primzahl handelt. Immer noch nicht besonders komfortabel, aber immerhin robust ist die folgende Variante des Programmanfangs. Es bleibt anzumerken, dass die im letzten Kapitel erörterten Operatorprioritäten zur Reduktion von Klammern berücksichtigt wurden. Wie man sieht, können zusätzliche Leerzeichen die Lesbarkeit von solchen, nur sparsam geklammerten, Ausdrücken fördern:

```
"use strict";              // (js/11)
var zuTestendeZahl, moeglicherTeiler, gefundenerTeiler, ok;
zuTestendeZahl = Number(window.prompt("Zu zerlegende Zahl"));
ok= isFinite(zuTestendeZahl)
if(ok)
{
    ok= Math.round(zuTestendeZahl)==zuTestendeZahl;
    ok= ok && zuTestendeZahl>=2;
}
if(!ok)
    window.alert("Keine korrekte Eingabe!");
else
    //weiter wie gehabt ...
```

Zu Beginn des Programms wird die in einen String konvertierte Eingabe des Benutzers mit der Funktion `isFinite` geprüft. Naheliegend wäre auch die Verwendung der negierten Funktion `isNaN` gewesen. Allerdings würde dann nicht die Eingabe des Texts „Infinity" abgefangen, so dass es dann in Folge zu einem Laufzeitfehler kommen würde.

Anschließend wird geprüft, ob es sich bei der Eingabe um eine ganze Zahl handelt. Dazu wird die der Rundung dienende Methode `round` des Objekts `Math` verwendet, das ähnlich wie das Objekt `window` bereits vordefiniert ist. Wie der Objektname `Math` vermuten lässt, beinhaltet `Math` diverse Konstanten und Methoden mathematischer Natur.

Schließlich wird noch die bereits in der ersten Version vorhandene Prüfung vorgenommen, dass die eingegebene Zahl mindestens den Wert 2 besitzt.

Das Objekt Math: Ein lehrreiches Vorbild

Das in JavaScript vordefinierte Objekt Math beinhaltet Konstanten und Methoden, die für mathematische Berechnungen wichtig sind. Der Umfang entspricht etwa dem, was ein wissenschaftlicher Taschenrechner bietet: Wurzel-, Exponential-, Winkel- und Logarithmusfunktion.

Das Konzept, die mathematischen Konstanten und Methoden in einem Objekt zusammenzufassen, ist vor allem dadurch begründet, dass damit **Namenskonflikte** zu Bezeichnern, die ein Programmierer selbst innerhalb seines Programms wählt, weitgehend vermieden werden. Global „verbraucht" ist nur der Bezeichnername Math. Der zweite Grund ist, dass die Programmiersprache Java eine gleichlautende und weitgehend äquivalente Klasse enthält.[67]

Die beiden wichtigsten Konstanten, die das Math-Objekt zur Verfügung stellt, sind Math.PI und Math.E für die Kreiszahl π beziehungsweise die Euler'sche Zahl e. Ihre Großschreibung orientiert sich an der Konvention, dass für den Bezeichner einer Konstanten in der Regel nur Großbuchstaben verwendet werden.

Als Methoden, die jeweils ein Argument x verarbeiten, stehen unter anderem die folgenden Funktionen zur Verfügung: Math.abs(x) für den Absolutbetrag, die Quadratwurzelfunktion Math.sqrt(x), die Winkelfunktionen Math.cos(x), Math.sin(x), Math.tan(x), die zur Basis e gebildete Exponentialfunktion Math.exp(x), der natürliche Logarithmus Math.log(x) sowie Funktionen zum Runden, Auf- und Abrunden: Math.round(x), Math.ceil(x) und Math.floor(x).

Zu erwähnen ist noch die parameterlose Zufallsfunktion Math.random(), die Zufallszahlen zwischen 0 und 1 produziert, sowie die Potenzfunktion Math.pow(x,y) zur Berechnung von x^y.

Man kann das Math-Objekt sogar erweitern, beispielsweise um die standardmäßig nicht implementierte Kotangens-Funktion:

---

[67] Da Java anders als JavaScript weder globale Variablen noch globale Funktionen (wie eval in JavaScript) kennt, ist innerhalb von Java die Verwendung einer eigens dazu definierten Klasse de facto zwingend.

```
Math.ctg=function(x){return Math.cos(x)/Math.sin(x);}
```

Darüber hinaus wäre es sogar möglich, in analoger Weise bestehende Funktionsdefinitionen zu überschreiben, das heißt zu ändern – im Fall des Objekts `Math` wird sich kaum eine Anforderung dazu ergeben. Selbst die Ergänzung mit einer Methode wie `ctg` ist ein fragliches Unterfangen, da zumindest im Rahmen größerer Projekte im Prinzip dieselben Gegenargumente gelten wie bei global definierten Funktionen.

Die Technik, Bibliotheken von Konstanten und Funktionen zu einem Objekt wie `Math` zusammenzufassen, eignet sich übrigens bestens als Vorbild. Mit Hilfe des `src`-Attributs im `<script>`-Tag

```
<script type="text/javascript" src="mylib.js"></script>
```

können solche, als eigenständige Dateien vorliegende Bibliotheken sogar separat in eine HTML-Datei eingebunden werden. Dabei kann die Quelle der Datei sogar auf einem anderen Internetserver liegen. Viele JavaScript-Bibliotheken, ob zur Erweiterung des Sprachumfangs oder als – **API** (*application programming interface*) genannte – Programmierschnittstelle zu Internetanbietern, arbeiten auf diese Weise.

Ganz ähnlich wie das Objekt `Math` funktioniert auch das Objekt `JSON`, das wir noch kennen lernen werden.

In Bezug auf die Konvertierung eines Strings in eine Zahl bleibt noch zu ergänzen, dass es zwei Funktionen gibt, die etwas komfortabler sind als die Funktion `Number`. Es handelt sich um die globalen Funktionen `parseInt` und `parseFloat`. Beide Funktionen erlauben es insbesondere, Strings, die eine um eine Maßeinheit ergänzte Zahl beinhalten[68], einfach in eine Zahl zu konvertieren. Konkret wird der Anfang des Strings so lange als Zahl interpretiert, wie es geht. Der Rest dahinter wird ignoriert. Daher werden beispielsweise die drei Strings `"123,3km"`, `"123.4 km"`, `"123.4 m**2"` mit der Funktion `parseInt` alle zu `123` konvertiert, wäh-

---

[68] Gerade bei Browser-Anwendungen kommt dies sehr oft vor, wenn Attributwerte von HTML-Elementen ausgelesen werden, etwa solche, die Position und Größe bestimmen.

rend der String `"=123"` den Wert `NaN` liefert, weil sein Anfang nicht als Zahl zu interpretieren ist. Mit `parseFloat` hätte man die Ergebnisse `123`, `123.4`, `123.4` beziehungsweise `NaN` erhalten, weil als Dezimaltrennzeichen einzig der Punkt akzeptiert wird.

Übrigens kann die Funktion `parseInt` noch mit einem zweiten Parameter versehen werden, wenn es darum geht, als String vorliegende Binär-, Oktal- oder Hexadezimalzahlen zu konvertieren. Dazu muss der zweite Parameter gleich 2, 8 beziehungsweise 16 sein. Beispielsweise liefert der Aufruf `parseInt("1001",2)` den Wert 9.

Die letzten Beispiele zeigen bereits die Bedeutung, welche die Funktionen zur String-Bearbeitung besitzen. Dies liegt einfach daran, dass das **User-Interface**, das heißt die Schnittstelle zum Bediener, robust, komfortabel, übersichtlich und ästhetisch ansprechend gestaltet sein muss. Dazu gehört insbesondere auch, dass das Layout von ausgegebenen Zahlen und Texten entsprechend formatiert ist.

Wir werden nachfolgend eine Auswahl der wichtigen Funktionen zur String-Verarbeitung vorstellen. Die Auflistung beschränkt sich auf die wesentlichen Funktionen, da der Umfang der insgesamt von JavaScript für die Bearbeitung von Strings gebotenen Möglichkeiten sehr groß ist. Nicht vollständig ist die Beschreibung auch in Bezug auf optionale Argumente sowie im Hinblick auf Sonderfälle.

Bei allen aufgeführten Funktionen handelt es sich übrigens um Methoden. Dies mag überraschen, da wir Methoden bisher nur in Bezug auf Objekte kennen gelernt haben. In der Möglichkeit, Methoden auch auf String-Werte – und entsprechend auch auf Number- und Boolean-Werte – anwenden zu können, kann man zunächst einfach eine Schreibweise sehen, die eine übersichtliche Notation ermöglicht.

Wie wir noch später sehen werden, führt der JavaScript-Interpreter beim Aufruf der nachfolgend beschriebenen Methoden in Wahrheit intern eine Typkonvertierung durch. Dabei entsteht temporär ein Objekt, das im Wesentlichen nur über ein einziges, nach außen gegen direkte Zugriffe gekapseltes, Attribut verfügt.[69] Das einzige sichtbare Attribut besitzt den

---

[69] Mit dieser Kapselung hängt auch zusammen, dass ein String-Wert, der zu einem Objekt konvertiert wurde, nicht in einzelnen Zeichen verändert werden kann. Das heißt, mit jeder String-Operation entsteht ein komplett neuer String.

Attributnamen `length`. Sein Wert ist gleich der Anzahl der Zeichen im String.

Wer sich im Moment noch nicht im Detail mit der String-Verarbeitung befassen will, kann den Rest des Kapitels problemlos überspringen. Für den umgekehrten Fall wird dringend empfohlen, mit den Funktionen praktisch zu arbeiten, mindestens im Rahmen des Beispielprogramms zum Pfad `js/10` auf Basis der Auswertefunktion `eval`:

- `charAt(n)`

  Der aus dem Methodenaufruf bestehende Ausdruck `s.charAt(n)` liefert einen String, der als einziges Zeichen das `n`-te Zeichen des ursprünglichen Strings `s` enthält. Dabei beginnt die Zählung der Zeichen mit der Nummer 0 für das erste Zeichen. Beispielsweise führt der Programmbefehl

  `window.alert("012345".charAt(3));`

  zur Bildschirmausgabe „3". Dagegen liefert der Aufruf `"012345".charAt(6)` den leeren String `""`. Als Kurzform kann statt `charAt` auch die Array-Schreibweise verwendet werden, wobei aber *kein* Schreibzugriff möglich ist:

  `window.alert("012345"[3]);`

- `charCodeAt(n)`

  Der Ausdruck `s.charCodeAt(n)` liefert eine ganze Zahl, die der Unicode-Nummer des `n`-ten Zeichens des ursprünglichen Strings `s` entspricht. Beispielsweise erzeugt der Programmbefehl

  `window.alert("abcdef".charCodeAt(3));`

  die Bildschirmausgabe „100", weil dies der Character-Code des klein geschriebenen Buchstabens „d" ist.

- `substring(von,bis)`

  Der Ausdruck `s.substring(von,bis)` liefert vom ursprünglichen String `s` denjenigen Teil-String, der mit dem `von`-ten Zeichen beginnt und mit dem Zeichen *vor* dem `bis`-ten Zeichen endet. Zum Beispiel erhält man mit dem Programmbefehl

  `window.alert("012345".substring(2,4));`

  die Bildschirmausgabe „23".

- `substr(von,laenge)`
  Der Ausdruck `s.substr(von,laenge)` liefert vom ursprünglichen String s denjenigen Teil-String, der mit dem von-ten Zeichen beginnt und insgesamt `laenge` Zeichen umfasst. Beispielsweise generiert der Programmbefehl
  `window.alert("012345".substr(2,3));`
  die Bildschirmausgabe „234".

- `slice(von,bis)`
  Der Ausdruck `s.slice(von,bis)` liefert vom ursprünglichen String s denjenigen Teil-String, der mit dem von-ten Zeichen beginnt und *vor* dem bis-ten Zeichen endet. Dabei können auch negative Parameter verwendet werden, wenn die Zählung vom String-Ende statt vom String-Anfang erfolgen soll. Somit steht -1 für das letzte Zeichen, -2 für das vorletzte Zeichen und so weiter. Beispielsweise erhält man mit dem Programmbefehl
  `window.alert("012345".slice(2,-2));`
  die Bildschirmausgabe „23".

- `fromCharCode(n)`
  Der Ausdruck `s.fromCharCode(n1,n2,...,ni)` liefert einen String der Länge i, dessen Zeichen die Unicode-Nummern n1, n2, ... besitzen. Da das Ergebnis gar nicht vom ursprünglichen String s abhängt, kann man auch den Typ-Bezeichner string verwenden:
  `window.alert(String.fromCharCode(100,101,102,945));`
  Dieser Programmbefehl führt zur Bildschirmausgabe von „defα".

- `toLowerCase()`
  Der Ausdruck `s.toLowerCase()` liefert einen String, bei dem im Ausgangsstring vorkommende Großbuchstaben durch die entsprechenden Kleinbuchstaben ersetzt wurden. Zum Beispiel liefert der Programmbefehl
  `window.alert("Wir sehen 14 Kühe.".toLowerCase());`
  die Bildschirmausgabe „wir sehen 14 kühe.".

- `toUpperCase()`
  Der Ausdruck `s.toUpperCase()` liefert einen String, bei dem Kleinbuchstaben im ursprünglichen String durch die entsprechenden Großbuchstaben ersetzt wurden. Zum Beispiel liefert der Programmbefehl
  `window.alert("Wir sehen 14 Kühe.".toUpperCase());`

die Bildschirmausgabe „WIR SEHEN 14 KÜHE.".

- `indexOf(gesucht)`
  Der Ausdruck `s.indexOf(gesucht)` liefert die *erste* Position innerhalb des ursprünglichen Strings `s`, an dem ein Teilstring beginnt, der
  mit dem Wert des Strings `gesucht` übereinstimmt. Im Fall, dass der
  String `gesucht` nicht als Teil innerhalb des ursprünglichen Strings `s`
  auftaucht, erhält man −1 als Rückgabewert. Beispielsweise liefert der
  Programmbefehl
  ```
  window.alert("0123456239".indexOf("23"));
  ```
  die Bildschirmausgabe „2".

- `lastIndexOf(gesucht)`
  Wie der Name der Methode bereits vermuten lässt, liefert der Ausdruck `s.lastIndexOf(gesucht)` die *letzte* Position innerhalb des ursprünglichen Strings `s`, an dem ein Teilstring beginnt, der mit dem
  Wert des Strings `gesucht` übereinstimmt. Wieder erhält man im Fall,
  dass der String `gesucht` nicht als Teil innerhalb des ursprünglichen
  Strings `s` auftaucht, als Rückgabewert −1. Beispielsweise liefert der
  Programmbefehl
  ```
  window.alert("0123456239".indexOf("23"));
  ```
  die Bildschirmausgabe „7".

- `search(gesucht)`
  Handelt es sich bei `gesucht` um einen String, dann liefert die Methode
  `search` die gleichen Resultate wie die Methode `indexOf`. Der Programmbefehl
  ```
  window.alert("0123456239".search("23"));
  ```
  liefert also die Bildschirmausgabe „2".
  Allerdings kann die Methode `search` deutlich mehr: Statt nach nur *einer einzigen* Zeichenkette zu suchen, kann man nämlich mit der Methode `search` auch nach *irgendeiner* Zeichenkette aus einer ganzer
  Menge von Zeichenketten suchen. Voraussetzung dafür ist, dass die
  betreffende Menge von Zeichenketten bestimmten, genügend einfachen Konstruktionsprinzipien unterliegt. Konkret muss es sich um eine reguläre Sprache handeln (siehe Kasten *Formale Sprachen*, Seite
  66). Beispielsweise liefert der Programmbefehl
  ```
  window.alert("0123456239".search(/[13][4-6]/));
  ```

die Bildschirmausgabe „3", weil beginnend an der vierten Position
erstmals ein Teilstring beginnt, der zur durch /[13][4-6]/ charakterisierten Menge von Zeichenketten gehört. Diese Menge umfasst nämlich die sechs Zeichenketten der Länge 2, die einerseits mit „1" oder
„3" beginnen und andererseits mit „4", „5" oder „6" enden: "14",
"34", "15", "35", "16" und "36". Beginnend mit Position vier des zu
durchsuchenden Strings findet man den zur Menge gehörenden String
"34".

Allgemein darf es sich bei dem Parameter gesucht um einen sogenannten **regulären Ausdruck** handeln. Im ersten search-Beispiel
entstand der Parameterwert durch Konvertierung des Strings "23", im
zweiten Fall durch das Literal /[13][4-6]/.

Wie bereits kurz in Fußnote 55 erwähnt, werden solche Literale beidseitig durch Schrägstriche „/" begrenzt. Innerhalb der Schrägstriche
können mit Hilfe der **Metazeichen**, das heißt nicht für sich selbst stehenden Zeichen,

^ $. * + ? = ! : | \ / ( ) [ ] { }

Textmuster charakterisiert werden. Konkret geschieht dies auf Basis
einer sehr kompakten, dafür aber leider etwas komplizierten Syntax.
Beispielsweise steht [13] für genau eins der Zeichen "1" oder "3"
und [4-6] für genau eins der Zeichen "4", "5" oder "6". Will man
einmal auf die aufgezählten Sonderzeichen selbst Bezug nehmen, also
außerhalb ihrer Funktion als Metazeichen zur Textmusterbeschrei-
bung, so geschieht dies durch ein vorgestelltes Backslash-Zeichen „\"
– ganz analog zur schon erörterten Verwendung von einfachen und
doppelten Anführungszeichen innerhalb von Strings. Zum Beispiel
steht das Literal /\=f\([0-9]\)/ für die Menge der zehn Stringwerte
"=f(0)", "=f(1)", ..., "=f(9)".

Es bleibt noch anzumerken, dass im Fall eines als Literal definierten
Parameters gesucht dieser durch das optionale **Steuerflag**[70] „i" hin-

---

[70] Ein **Flag** ist eigentlich nichts anderes als eine boolesche Variable. Der Ausdruck *Flag*
wird vor allem dann verwendet, wenn der boolesche Wert einen Status mit einer besonders hervorzuhebenden Bedeutung charakterisiert: So sind in einem Prozessor einem Register, das für Rechenergebnisse vorgesehen ist, Statusflags zugeordnet, die
für einen Überlauf, Unterlauf, Übertrag beziehungsweise den Registerinhalt 0 stehen.
Obwohl das Wort im Englischen etymologisch auf den Begriff zurückgeht, der im
Deutschen *Flagge* heißt – ursprünglich wahrscheinlich auf Signalflaggen bezogen –,
ist die entsprechende Übersetzung nicht üblich.

ter dem abschließenden Schrägstrich „/" ergänzt werden kann. Das Setzen dieses Flags bewirkt, dass Klein- und Großschreibung keine Rolle spielt. Zum Beispiel liefert der Programmbefehl

```
window.alert("JavaScript".search(/A/i));
```

die Bildschirmausgabe „1".

- `split(trenner)`

  Beim Ausdruck `s.split(trenner)` handelt es sich um ein Array, dessen Einträge aus dem Inhalt des ursprünglichen Strings `s` entstehen, wenn dieser bei jedem Vorkommen des Teilstrings `trenner` getrennt wird. Folglich weist zum Beispiel der Programmbefehl

  ```
  a="012--34-5--678".split("--");
  ```

  der Variablen `a` ein Array zu, dessen Wert dem Array-Literal `["012","34-5","678"]` entspricht.
  Ist der Wert des Parameters `trenner` gleich dem leeren String `""`, dann erzeugt `s.split("")` ein Array, dessen Einträge jeweils ein Zeichen des ursprünglichen Strings `s` enthalten.
  Wie schon die Methode `search` kann auch die Methode `split` mit jedem regulären Ausdruck als Parameter aufgerufen werden – Strings, wie sie in den bisherigen Beispielen als Parameter verwendet wurden, werden einfach entsprechend konvertiert. Beispielswiese wird mit dem Programmbefehl

  ```
  a="Fünf Worte  mit    diversen Abständen".split(/ {1,}/);
  ```

  der Variablen `a` ein Array zugewiesen, dessen Wert dem Array-Literal `["Fünf","Worte","mit","diversen","Abständen"]` entspricht. Die unterschiedlich langen Abstände mit Leerzeichen werden dabei unterschiedslos als Trennungen erkannt und „geschluckt". Grund ist, dass die Zeichenfolge `{1,}` das zuvor stehende Leerzeichen in beliebiger Anzahl von mindestens 1 zulässt. Möglich wäre übrigens auch die Vorgabe von einer Mindest- und einer Höchstanzahl gewesen: So steht zum Beispiel der durch das Literal `/t{3,5}/` definierte reguläre Ausdruck für die Menge der drei Strings `"ttt"`, `"tttt"` und `"ttttt"`.
  Weil Leerzeichen schlecht zu erkennen sind, insbesondere wenn mehreren Leerzeichen hintereinander stehen, kann auch `\u0020` für ein einzelnes Leerzeichen und `\s` für irgendein sogenanntes **Whitespace-Zeichen** geschrieben werden. Dabei folgt die erste Möglichkeit einer universellen Methode, mit der jedes Unicode-Zeichen mit Hilfe seiner

hexadezimal geschriebenen Unicode-Nummer erzeugt werden kann –
im Fall des Leerzeichens ist dies die Nummer 20 in Hexadezimalschreibweise entsprechend der Dezimalzahl 32.[71]
Wie schon bei der Methode `search` kann ein als Literal vorliegender
Parameterwert mit dem Steuerflag „i" ergänzt werden, wenn es auf
Groß- und Kleinschreibung bei den Trennwerten nicht ankommen
soll. So weist zum Beispiel der Programmbefehl

`a="012A34a5".split(/a/i);`

der Variablen `a` ein Array zu, dessen Wert dem Array-Literal
`["012","34","5"]` entspricht.

- `match(muster)`
  Der Ausdruck `s.match(muster)` erzeugt ein Array, dessen Einträge
  das Ergebnis der durch den Programmbefehl gestarteten Suche widerspiegeln. Dabei wird im originalen String `s` nach allen Teilstrings gesucht, deren Aufbau dem als regulären Ausdruck vorliegenden Parameter `muster` entspricht. Wie schon bei den Methoden `search` und
  `split` kann ein als Literal vorliegender Parameterwert durch das
  Steuerflag „i" ergänzt werden, wenn bei der Suche nicht zwischen
  Groß- und Kleinschreibung unterschieden werden soll. Unabhängig
  davon kann die Suche außerdem noch mit dem Flag „g" dahingehend
  gesteuert werden, dass die Suche auch über den ersten Treffer hinaus
  im gesamten String durchgeführt wird.
  Im Fall eines aktivierten Steuerflags „g" enthält das Array als Einträge
  die gefundenen Übereinstimmungen (*matches*) mit dem Muster. Zum
  Beispiel weist der Programmbefehl

  `a="a12b  456c78d90de".match(/[0-9]{1,}/g);`

  der Variablen `a` einen dem Array-Literal `[12,456,78,90]` entsprechenden Wert zu. Bei jeder der drei Übereinstimmungen handelt es
  sich um einen maximal langen Teilstring, der gemäß dem Muster ge-

---

[71] Bereits in der am 17. Juni 1963 erstmals definierten, später als *American Standard
Code for Information Interchange* (**ASCII**) bezeichneten 7-Bit-Zeichencodierung be-
saß das Leerzeichen die Nummer 32. Der Zeichensatz umfasste $2^7 = 128$ Zeichen, darunter das lateinisches Alphabet im Umfang einer amerikanischen Schreibmaschinen-
tastatur, Ziffern und nicht druckbare Zeichen, und zwar sowohl für den Druckkopf
bestimmte Steuerzeichen wie Tabulator und Zeilenwechsel als auch zur Datenkommunikation.

bildet ist, das heißt aus einer ununterbrochenen Folge von Ziffern in beliebiger Länge besteht.

Analog erhält die Variable a mit dem Zuweisungsbefehl

```
a="left:-6px;top: 15px;".match(/-{0,1}[0-9]{1,}px/g);
```

einen Wert, wie er auch vom Array-Literal `["-6px","15px"]` erzeugt wird. Es bleibt anzumerken, dass der solchermaßen durchsuchte String wie schon in Kapitel 5 erläutert eine Form aufweist, die typisch ist für CSS-Format-Anweisungen im `style`-Attribut von HTML-Elementen. Gesucht wird nach dem Teilstring `"px"` in Verbindung mit einer vorangehenden Zahl, die mit einem Minuszeichen beginnen kann.

Fehlt das Steuerflag „g", so endet die Suche mit der ersten gefundenen Übereinstimmung. Dafür gibt diese Version der Suche aber die Möglichkeit, die gefundene Übereinstimmung im Detail auszuwerten. Beispielsweise weisen die drei Programmbefehle

```
txt="Infos unter http://www.my-url.de/pfad/datei.htm";
reg=/([a-z0-9]{1,})\:\/\/([a-z0-9\-\.]{1,})\//i;
a=txt.match(reg);
```

der Variablen a einen Wert zu, wie er auch mit dem Array-Literal

```
["http://www.my-url.de/","http","www.my-url.de"]
```
erzeugt würde. Dabei besteht der erste Eintrag des Arrays wieder aus der gefundenen Übereinstimmung. Die beiden anderen Einträge enthalten einzelne Anteile der gefunden Übereinstimmungen, und zwar jeweils entsprechend den Zeichen, die im Literal des regulären Ausdrucks `reg` durch runde Klammern gruppiert sind.

Bereits dieses einfache Beispiel macht deutlich, wie mächtig die Werkzeuge sind, die JavaScript auf Basis von regulären Ausdrücken bietet. Dabei wurde bewusst davon abgesehen, das Literal mit Hilfe weiterer Steuersequenzen abzukürzen. Auf diesem Weg lässt sich eine sogar noch erweiterte Stringanalyse deutlich kürzer schreiben:

```
txt="Infos unter http://www.my-url.de/pfad/datei.htm";
reg=/(\w+)\:\/\/([\w\.\-]+)\/(\S*)/;
a=txt.match(reg);
```

Diesmal wird der Variablen a als Wert ein Array zugewiesen, das dem folgenden Literal entspricht:

```
["http://www.my-url.de/pfad/datei.htm","http",
"www.my-url.de","pfad/datei.htm"]
```

Auch wenn wir hier bewusst keine vollständige Beschreibung der mit Hilfe von Metazeichen beschreibbaren regulären Ausdrücke geben wollen, sollen doch zumindest die verwendeten Metazeichen erläutert werden:

`\w`   ist die Kurzform für `[a-zA-Z0-9_]`,

`+`   ist die Kurzform von `{1,}`,

`\S`   steht für irgendein Zeichen, das kein Whitespace-Zeichen ist,

`*`   ist die Kurzform von `{0,}`.

Im Fall einer Suche ohne Treffer ergibt sich als Ergebnis der Pseudowert `null`, der ein nicht vorhandenes Objekt repräsentiert.

- `replace(muster, ersatz)`

  Der Ausdruck `s.replace(muster,ersatz)` erzeugt einen String, bei dem im ursprünglichen String `s` Teilstrings, deren Textmuster dem regulären Ausdruck `muster` entsprechen, durch den String `ersatz` ersetzt wurden. Wie bei der Methode `match` kann ein als Literal vorliegender Parameterwert durch bis zu zwei Steuerflags ergänzt werden: Mit einem gesetztem Steuerflag „i" wird bei der Suche nicht zwischen Groß- und Kleinschreibung unterschieden. Unabhängig davon kann die Suche noch mit dem Flag „g" dahingehend gesteuert werden, dass die Ersetzung auch über den ersten Treffer hinaus im gesamten String durchgeführt wird.

  Zum Beispiel liefert der Programmbefehl

  `window.alert("abcdeABCDE".replace(/bc/ig, "8"));`

  die Bildschirmausgabe „a8deA8DE".

12 Objekte in JavaScript

Von JavaScript haben wir bisher diverse Befehle zur Steuerung des Programmablaufs sowie die elementaren Möglichkeiten zur Speicherung und Bearbeitung von Daten kennen gelernt. Insbesondere haben wir gesehen, wie der Datenzugriff – zum Lesen oder Speichern – organisiert wird, nämlich mit Variablennamen. Jede von diesen Variablen steht analog zu einer Adresse für einen Speicherbereich, dessen Inhalt im einfachsten Fall einer Zahl, einem logischen Wert oder einer Zeichenkette entspricht. In komplexeren Fällen kann einem Variablennamen auch ein Verbund von Einzeldaten oder eine Funktion, das heißt eine Folge von Programmbefehlen, zugeordnet sein.

Alle modernen Programmiersprachen, mit Ausnahme der bereits in den frühen 1970er-Jahren entwickelten und trotzdem immer noch vielfach weitgehend unverändert eingesetzten Programmiersprache C, gelten als **objektorientiert**. Auch JavaScript beinhaltet ein Konzept für Objekte. Wie bereits in Kapitel 9 kurz erläutert, basiert dieses Objekt-Konzept auf Verbünden aus Einzeldaten.

Unabhängig vom Kontext einer Programmiersprache hatten wir Objekte in Kapitel 4 in zweierlei Hinsicht erörtert:

- Einerseits als einzigartige Gegenstände unserer Umwelt,
  - die mit Eigenschaften und Verhaltensweisen ausgestattet sind,
  - die oft einer Klasse von Objekten der gleichen Bauart angehören und
  - für die gegebenenfalls ein Abbild in einem Computerprogramm gesucht wird.
- Andererseits hatten wir beispielhaft auf immaterielle Objekte hingewiesen, die als Bestandteil eines Computers und seiner Programme in Erscheinung treten, etwa in Form eines Elements innerhalb einer graphischen Bedienoberfläche.

Ein Objekt, für das sprachlich meist ein Substantiv steht, besitzt als Eigenschaften Attribute. Dabei wird der Wert eines solchen Attributs oft durch ein Adjektiv charakterisiert. Die Verhaltensweise eines Objekts besteht aus einer Sammlung von Methoden, deren jeweilige Wirkung

© Springer Fachmedien Wiesbaden GmbH, ein Teil von Springer Nature 2018
J. Bewersdorff, *Objektorientierte Programmierung mit JavaScript*,
https://doi.org/10.1007/978-3-658-21077-9_12

meist durch ein Verb beschrieben wird. Wie schon mehrfach erwähnt, fungiert in JavaScript als Abbild eines „realen" Objekts ein Wert vom Verbund-Typ, das heißt ein assoziatives Array. Die Dateninhalte eines solchen assoziativen Arrays umfassen sowohl die Attribute als auch die Methoden: Im ersten Fall handelt es sich bei den Daten meist um Werte einfacher Datentypen. Hingegen wird eine Methode durch einen Wert charakterisiert, bei dem es sich um eine Funktion handelt. Die weitgehende Analogie von Attributen und Methoden nutzt das grundlegende Konzept von JavaScript, gemäß der Funktionen wie Daten behandelt werden.

Ein Objekt in JavaScript – oder in einer anderen Programmiersprache – bildet die Grundlage dafür, dass logisch zusammengehörende Daten und Funktionalitäten auch programmtechnisch als Einheit behandelt werden können. Insofern stellen objektorientierte Ansätze eine natürliche Weiterentwicklung der strukturierten Programmierung dar, die solche Klammerungen einerseits für Programmteile und andererseits für Daten beinhaltet – aber eben nicht die Grenze der beiden Bereiche überschreitet. „Jetzt wächst zusammen, was zusammen gehört", ließe sich ergänzen in den Worten, mit denen Willy Brandt nach dem Fall der Mauer 1989 zitiert wird.

Wir schauen uns zunächst ein Beispielprogramm an, in dem zu Beginn ein Objekt definiert wird, das eine einzelne Eigenschaft und ebenso eine einzelne Methode besitzt:

```
<html>
<head><title>Mein erstes Objekt (js/12)</title>
<script type="text/javascript">
"use strict";
var objekt={};
objekt.eigenschaft="Eigenschaftswert";
objekt.verwendeMethode=function(){window.alert(
     'Die Methode "verwendeMethode" wurde aufgerufen');}};
objekt.verwendeMethode();              // zeigt "Die Methode ..."

var objektKopie=objekt;
objekt.eigenschaft="neuer Eigenschaftswert";
window.alert(objektKopie.eigenschaft);  // "neuer Eigenschaftswert"
</script>
</head>
<body></body>
</html>
```

Was im ersten Teil des Programms passiert, werden wir wahrscheinlich auf Basis der bereits in Kapitel 9 gemachten Erläuterungen verstehen. Aufgrund der Wichtigkeit gehen wir aber nochmals die Details durch: Zunächst wird ein leeres Objekt erzeugt, das heißt ein Objekt, das weder eine Eigenschaft noch eine Methode besitzt. Anschließend wird für das Objekt erst ein Attribut mit dem Namen `eigenschaft` definiert, dem zugleich ein Wert, nämlich der String `"Eigenschaftswert"`, zugewiesen wird. Ganz analog, das heißt mit einem weiteren Zuweisungsbefehl, wird anschließend für das Objekt eine Methode `verwendeMethode` definiert. Man sieht insbesondere, dass Methoden in JavaScript syntaktisch nichts anderes als Eigenschaften sind. Der Unterschied zwischen beidem besteht einzig im Datentyp des zugewiesenen Wertes, der dem jeweiligen Bezeichner zugeordnet wird. Dabei wird mit der Zuweisung eines Wertes vom Typ Function eine Methode definiert. Hingegen führt die Zuweisung eines anderen Wertes zur Definition eines Attributs.

Dem zweiten Teil des Beispielprogramms scheint das Ziel zugrunde zu liegen, eine Kopie des Objekts anzulegen. Was liegt näher, als dies wie bei der Kopie eines numerischen Wertes mit einer weiteren Variable zu machen, deren Wert im Rahmen eines Zuweisungsbefehls gesetzt wird? Leider geht dies aber gründlich schief! Erkennbar an der Kontrollausgabe auf dem Bildschirm, bei der „neuer Eigenschaftswert" angezeigt wird, erkennen wir, dass wir gar kein zweites Objekt erzeugt haben. In Wahrheit haben wir nämlich de facto nur die Adresse auf das Objekt dupliziert. Daher ändert sich mit dem Schreibzugriff auf den Inhalt des ursprünglichen Objekts `objekt` auch der Inhalt, der unter der Adresse `objektKopie` abrufbar ist.

Eine Variable, deren aktueller Inhalt für ein Objekt steht, verhält sich also im Rahmen eines Zuweisungsbefehls gänzlich anders als eine Variable, deren Wert einen primitiven Datentyp aufweist: Bei Objekten wird nämlich bei einer Zuweisung *keine* Kopie der Inhalte, das heißt insbesondere der Attributwerte, angelegt. Kopiert wird lediglich die sogenannte **Referenz** auf das Objekt, bei der es sich im Prinzip um die Adresse handelt, die auf den für die Objektdaten reservierten Speicherbereich verweist.[72]

---

[72] In anderen Programmiersprachen wie C spricht man von einem **Pointer** oder einem **Zeiger**. Allerdings gibt es Unterschiede:
Eine Referenz kann ausschließlich zum Zugriff auf das betreffende Objekt verwendet

124 Objekte in JavaScript

Das sich so ergebende Verhalten kennen wir von anderen Verweisen, wie zum Beispiel bei einer Internet*adresse*. Speichern wir eine Internetadresse ab, dann kann sich der unter dieser Adresse abrufbare Inhalt durchaus ändern. Daher ist eine Speicherung der Internetadresse in der Regel nicht dazu geeignet, wenn es darum geht, den zugehörigen Seiteninhalt zu archivieren.

Analog zum Pseudowert `undefined`, der den Sonderfall eines noch nicht initialisierten Werts charakterisiert, ist der Pseudowert `null` eine Referenz, die zu keinem Objekt verweist.

Bevor wir uns ansehen, welche Möglichkeiten diese Referenz-bezogene Verwaltung von Objekten eröffnet, wollen wir noch zwei Dinge anmerken, auf die wir später noch genauer eingehen werden:

- Wird ein Gleichheitsoperator auf zwei Objekte `obj1` und `obj2` angewendet, dann liefert der entsprechende Ausdruck `obj1==obj2` genau dann den Wert `true`, wenn beide Variablen auf das gleiche Objekt verweisen. Zwei verschiedene, „nur" inhaltsgleiche Objekte liefern also bei der Anwendung des Gleichheitsoperators den Wert `false`. So liefert selbst der Ausdruck `{}=={}` den Wert `false`, weil durch jedes der beiden Literale ein eigenständiges Objekt erzeugt wird[73].
- In JavaScript werden Arrays und Funktionen als Objekte behandelt. Die für Objekte beschriebenen Besonderheiten gelten damit auch für Arrays und Funktionen.

Die JavaScript-interne Verwaltung von Objekten mittels Referenzen wirkt sich auch beim Aufruf eines Unterprogramms aus. Anders als bei

---

werden. Dagegen kann mit einem Pointer, bei dem es sich um ein Äquivalent einer Speicheradresse handelt, aufgrund des numerischen Charakters auch gerechnet werden, um anschließend auf die Inhalte anderer Variablen zuzugreifen. Dies setzt aber voraus, dass man die interne Datenorganisation der betreffenden Variablen kennt, was zum Beispiel bei den Daten eines Arrays in der Regel der Fall ist. Allerdings kann die interne Datenorganisation bei verschiedenen Compilern voneinander abweichen. Irrtümer sind daher leicht möglich, was zu fatalen Fehlern führen kann.
Außerdem ist es in anderen Programmiersprachen wie C möglich, Pointer zu Variablen eines primitiven Datentyps zu ermitteln. Diese Möglichkeit kann bei Unterprogrammaufrufen dazu verwendet werden, eine Übergabe per Referenz zu erreichen.

[73] Bei einem Test mit dem Auswerteprogramm `js/10` aus Kapitel 10 kommt es allerdings zu einem Laufzeitfehler, weil der String `"{}=={}"` nicht mit der `eval`-Funktion ausgewertet werden kann. In diesem Fall muss `"({}=={})"` verwendet werden.

Variableninhalten, die einen einfachen Datentyp besitzen, können sich nämlich die Inhalte von Objekten ändern, wenn sie als Parameter in einem Funktionsaufruf verwendet werden. Als Beispiel dafür sehen wir uns das nächste Programm an:

```
"use strict";                    // (js/12a)
var meinAuto={farbe:"rot",kW:90};
meinAuto.zeigeFarbe=function()
        {window.alert("Die Farbe ist " + meinAuto.farbe);};

function lackiereAuto(einAuto,farbe)
{
    einAuto.farbe=farbe;
}
lackiereAuto(meinAuto,"gelb");    // es wird anzgeigt:
meinAuto.zeigeFarbe();            //   Die Farbe ist gelb

meinAuto.lackiere=function(farbe){meinAuto.farbe=farbe};
meinAuto.lackiere("blau");
meinAuto.zeigeFarbe();            //   Die Farbe ist blau
```

Zu Beginn des Programms wird – nun etwas konkreter als im letzten Programm – ein Objekt `meinAuto` deklariert, und zwar direkt mit zwei wertmäßig initialisierten Eigenschaften, nämlich `farbe` und `kW`. Im direkten Anschluss wird die Methode `zeigeFarbe` definiert, was durchaus bereits in der vorangehenden Anweisung hätte geschehen können, allerdings nur in einer unübersichtlichen Weise.

Die anschließend definierte Funktion `lackiereAuto` erlaubt eine Veränderung der Attributwerte desjenigen Objekts, das für den Parameter `einAuto` übergeben wird. Beim unmittelbar nachfolgenden Aufruf, bei dem konkret das Objekt `meinAuto` für den Parameter `einAuto` übergeben wird, kommt es also zu einer Änderung der Farbe des übergebenen Objekts `meinAuto`. Damit wird ein Effekt erzielt, wie er in anderen Programmiersprachen bei einer Übergabe per Referenz (*call by reference*) möglich ist. Wie schon in Kapitel 8 dargelegt, kennt JavaScript diese Verfahrensweise für einfache Datentypen nicht. Dafür wird in JavaScript diese Art der Parameterübergabe bei Objekten aufgrund des per Referenz abgewickelten Datenzugriffs *immer* verwendet.

Mit der drittletzten Zeile wird noch eine Methode `lackiere` für das Objekt `meinAuto` definiert, die funktional fast dasselbe tut wie die Funktion `lackiereAuto`. Damit wird auch deutlich, dass eine Objekt-Methode ähnlich wie eine Funktion arbeitet, bei der das betreffende Objekt Bestandteil der Parameterliste ist. Dabei besitzt dieser implizite Parameter aufgrund der Syntax gegenüber den anderen Parametern eine herausragende Position, so dass die logische Zugehörigkeit der Methode zum Objekt betont wird, die den Umstand widerspiegelt, welches Objekt Gegenstand der aktuellen Operation ist.

Allerdings stellt die im Beispielprogramm vorgenommene Implementierung der Methode `lackiere` in einer Hinsicht einen Rückschritt dar. Sollte nämlich der Bedarf bestehen, noch weitere Autos als JavaScript-Objekte zu erzeugen, so könnte für diese Objekte zwar die Funktion `lackiereAuto` verwendet werden, nicht aber die Methode `lackiere`. Grund ist, dass die Methode `lackiere` dem Objekt `meinAuto` zugewiesen wurde und in ihrem Rumpf sogar explizit auf dessen Inhalt Bezug nimmt. Daher kann diese Methode nicht unverändert für ein anderes Objekt verwendet werden. Wie dieser Nachteil überwunden werden kann, werden wir im nächsten Kapitel sehen.

Wir beschließen unseren Auftakt in die Welt der JavaScript-Objekte mit einem Hinweis, dass Attribute in einem Objekt nicht nur ergänzt, sondern auch gestrichen werden können. Wir haben gesehen, dass ein Attribut, selbst bei vorhandener `"use strict"`-Anweisung, schlicht mit einem Zuweisungsbefehl

```
objekt.attributName=attributWert;
```

angelegt und zugleich mit einem Wert initialisiert wird. Um umgekehrt ein Attribut zu löschen, muss der Operator `delete` verwendet werden:

```
delete objekt.attributName;
```

13 Gibt es Klassen in JavaScript?

Objekte in JavaScript haben wir bisher als völlig individuelle Unikate kennen gelernt. Dabei ist jedes einzelne JavaScript-Objekt im Verlauf seiner Existenz mit höchster Flexibilität veränderbar: Verändert werden können nicht nur die Werte der Attribute. Ebenfalls veränderbar sind – in Abweichung zu den meisten anderen Programmiersprachen – die Menge der Attribute, die Menge der Methoden und die Funktionalität der Methoden.

So schön Freiheit und Flexibilität sein mögen, sie haben auch Nachteile: Wir erinnern nur daran, dass wir die "use strict"-Anweisung nicht umsonst regelmäßig in den Beispielen verwenden. Ohne diese Anweisung müsste in JavaScript keine Variable deklariert werden, so dass ein kleiner Tippfehler reichen würde, unbeabsichtigt eine weitere Variable anzulegen, auf die dann statt der eigentlich zu verwendenden Variablen zugegriffen würde. Die Folge wäre eine unter Umständen langwierige Fehlersuche. In Bezug auf Tippfehler bei Namen von Objektattributen und -methoden hilft der Strikt-Modus aber nicht!

Andere Programmiersprachen wie C++ und Java verfolgen analog zur dort generellen Deklarationspflicht von Variablen auch in Bezug auf Objekte völlig starre Konzepte. Demgemäß kann ein Objekt nur als Instanz einer vorher deklarierten Klasse erzeugt werden, die analog zu einem leeren Formularvordruck die Attribute und Methoden aller daraus abgeleiteten Objektinstanzen einheitlich vorgibt. Dabei wird für jede Methode die Funktionalität und für jedes Attribut der Datentyp vorgegeben. Für eine einzelne Instanz individuell sind damit „nur" die Werte der Attribute – eben wie beim Ausfüllen eines Formulars.

Der in den genannten Programmiersprachen C++ und Java bestehende Zwang, Objekte nur im Rahmen einer zuvor deklarierten Klasse erzeugen zu können, reduziert gegenüber JavaScript zwar die Flexibilität, bringt jedoch auch Vorteile: Heute nicht mehr ganz so wichtig ist der Performanzgewinn, der darauf beruht, dass ein Compiler beim Übersetzen in Maschinencode von vorher genau bekannten Speichergrößen und feststehenden Verarbeitungsmethoden ausgehen kann. Sicher deutlich wichtiger

© Springer Fachmedien Wiesbaden GmbH, ein Teil von Springer Nature 2018
J. Bewersdorff, *Objektorientierte Programmierung mit JavaScript*,
https://doi.org/10.1007/978-3-658-21077-9_13

ist aber die höhere **Zuverlässigkeit**, die sich beim Einsatz des betreffenden Programmteils ergibt. Sie entsteht dadurch, dass Objekte nur in ihren Eigenschaften – und auch das nur wertmäßig – verändert werden können. Damit wirken sich Tippfehler bei Methoden- und Attributnamen genauso beherrschbar aus, wie wir es von Variablennamen im Strikt-Modus von JavaScript her kennen. Darüber hinaus wird eine Klasse im Idealfall so implementiert, dass Änderungen der Eigenschaftswerte nur durch den Aufruf entsprechender Methoden erfolgen können. Mit solchen Methoden, die **Zugriffsmethoden** genannt werden, lassen sich Wertänderungen im Hinblick auf zulässige Attributwerte und einzuhaltende Konsistenzen zwischen verschiedenen Attributwerten überwachen. Man erhält dann eine gegenüber unvorhersehbaren Seiteneffekten robuste **Kapselung** der Objektdaten. Wir werden darauf in Kapitel 16 zurückkommen.

Damit eine Objektinstanz bereits bei ihrer Erstellung einen zulässigen Zustand – konkret handelt es sich meist um einen definierten Anfangszustand – erhält, werden in den Programmiersprachen C++ und Java zur Objekt-Erzeugung sogenannte **Konstruktoren** verwendet, die ebenfalls Bestandteil der Klassen-Definition sind. Bei einem solchen Konstruktor handelt es sich um eine bei der Erstellung einer Objektinstanz aufgerufene Methode, welche die Attributwerte des Objekts in Abhängigkeit der bei ihrem Aufruf übergebenen Parameter initialisiert. Konstruktoren haben keinen eigenen Namen, sondern werden mit dem Namen der betreffenden Klasse bezeichnet.[74]

Die gerade dargelegten Unterschiede zwischen JavaScript einerseits und Programmiersprachen wie C++ und Java andererseits lassen bereits vermuten, dass die rhetorisch in der Überschrift gestellte Frage mit

---

[74] Manchmal ist es notwendig, Objekte am Ende ihrer Lebensdauer in einer geregelten Weise zu terminieren. Eine Methode, die diese Vorbereitung trifft, wird **Destruktor** genannt. Beispielsweise muss bei einem Objekt, welches das Lesen und Schreiben in eine Datei oder eine Datenbank abwickelt, vor der Terminierung eine entsprechende Schließ-Operation erfolgen.
In einigen anderen Programmiersprachen kann zu Objekten eine Destruktor-Methode implementiert werden, die *automatisch* vor der Terminierung des Objekts aufgerufen wird. Solche Methoden werden insbesondere dazu verwendet, gegebenenfalls vorhandene Unterobjekte „abzuwickeln" und so den Speicher zu bereinigen. Da solche „Aufräumarbeiten" des Speichers in JavaScript automatisch erfolgen, sind Destruktoren in JavaScript weitgehend überflüssig. JavaScript besitzt daher kein Sprachelement eines Destruktors.

„Nein" beantwortet werden sollte: In JavaScript gibt es keine Klassen! Das heißt konkret: In JavaScript basiert die Objektorientierung eigentlich nicht auf Klassen, obwohl es seit ECMAScript 2015 einen Befehl `class` gibt, welcher aber nur syntaktische Vereinfachungen bringt und den wir daher erst in Kapitel 19 beschreiben werden.

Unabhängig davon erinnern wir uns an die in Kapitel 4 gemachten Ausführungen, gemäß denen sich der Begriff *Klasse* am besten durch das entsprechende Verb *klassifizieren* erklären lässt. Auf diese Weise lassen sich nämlich, völlig unabhängig von einer Implementierung mittels einer Programmiersprache, bereits in der Realwelt Objekte mit gleichem Bauplan zu einer Klasse zusammenfassen. Da JavaScript über kein Sprachelement verfügt, dass eine solche, nicht zu überwindende Zusammenfassung zu einer Klasse *erzwingt*, gibt es eigentlich keine Klassen in JavaScript.

Allerdings beinhaltet JavaScript alternative Ansätze, mit denen Objektinstanzen erstellt werden können, die zumindest anfänglich die gleiche Bauart aufweisen. Neben Programmschleifen und Unterprogrammen erhält man damit eine weitere Möglichkeit, die wiederholte Programmierung von Funktionalitäten zu vermeiden. Zur „Abschreckung" schauen wir uns zunächst ein Beispielprogramm an, in dem solche uneleganten Wiederholungen nicht unterdrückt sind:

```
<html>
<head><title>Zwei Autos (js/13)</title>
<script type="text/javascript">
"use strict";
var meinAuto={};
var deinAuto={};

meinAuto.farbe="rot";
meinAuto.kW=90;
meinAuto.zeigeFarbe=function()
        {window.alert("Die Farbe ist " + meinAuto.farbe);};

deinAuto.farbe="blau";
deinAuto.kW=63;
deinAuto.zeigeFarbe=function()
        {window.alert("Die Farbe ist " + deinAuto.farbe);};

meinAuto.zeigeFarbe();      // zeigt "Die Farbe ist rot"
deinAuto.zeigeFarbe();      // zeigt "Die Farbe ist blau"
</script>
</head>
```

```
<body></body>
</html>
```

Die beiden Objekte `meinAuto` und `deinAuto` besitzen den gleichen Bauplan und können daher in der „Realwelt" als Mitglieder einer Klasse von
`Auto`-Objekten interpretiert werden. Innerhalb des Beispielprogramms
spiegelt sich diese naheliegende Sichtweise allerdings überhaupt nicht
wider. Die Konsequenz, Befehlssequenzen mehrfach im Programm zu
implementieren, ist selbstverständlich völlig unbefriedigend, nicht anders,
als wenn zum Beispiel statt einer `for`-Schleife die Einzelbefehle, die dem
wiederholt ausgeführten Schleifenkörper entsprechen, explizit programmiert werden müssten.

Um die mehrfache Implementierung von Objektfunktionalitäten zu
vermeiden, bietet JavaScript die Möglichkeit, ein Objekt mit Hilfe eines
Konstruktors statt mit den bisher verwendeten Literalen zu erzeugen.
Anders als bei einer Programmiersprache wie C++ und Java, deren Objektorientierung auf Klassen basiert, ist in JavaScript ein Konstruktor
nicht Teil einer Klassendefinition, sondern das funktionale Analogon der
vollständigen Definition einer Klasse – zumindest bei einem Konstruktor
in „klassischer" Syntax, das heißt ohne Verwendung des `class`-Befehls.
Trotz dieser gravierenden Unterschiede bei der prinzipiellen Konzeption
ist die Syntax eines Konstruktoraufrufs stark an die beiden genannten
Programmiersprachen angelehnt. Konkret handelt es sich bei einem
Konstruktor in JavaScript in syntaktischer Sicht schlicht um eine Funktion, die allerdings in zweierlei Hinsicht Besonderheiten aufweist:

- Einerseits wird die Funktion, zumindest wenn ihre Konstruktor-
  Funktionalität genutzt werden soll, in einem speziellen Modus aufgerufen. Dazu wird das Schlüsselwort `new` verwendet, das bewirkt, dass
  eine Referenz auf eine neue Objektinstanz generiert wird.[75]
- Andererseits wird innerhalb der Funktion der Anfangszustand der
  erzeugten Instanz in Abhängigkeit der übergebenen Parameter initialisiert. Dies schließt insbesondere die Definition der Methoden-Funk-
  tionalitäten ein. Der Zugriff auf die aktuelle Objektinstanz, die sich
  während des Funktionsaufrufs gerade in Erstellung befindet, erfolgt

---

[75] Außerdem erhält damit der Programmbefehl des Konstruktoraufrufs eine äußere
Form, die identisch ist mit dem Aufruf eines Konstruktors in Java – trotz der fundamental unterschiedlichen Objekt-Konzepte von Java und JavaScript.

innerhalb der als Konstruktor verwendeten Funktion über das Schlüsselwort this.

Sehen wir uns dazu ein Beispiel an. Das Programm ist funktional vollkommen äquivalent zum letzten Beispielprogramm:

```
"use strict";                    // (js/13a)
function Auto(farbe, kW)
{
    this.farbe=farbe;
    this.kW=kW;
    this.zeigeFarbe=function()
        {window.alert("Die Farbe ist " + this.farbe);};
}
var meinAuto=new Auto("rot",90);
var deinAuto=new Auto("blau",63);
meinAuto.zeigeFarbe();          // zeigt "Die Farbe ist rot"
deinAuto.zeigeFarbe();          // zeigt "Die Farbe ist blau"
```

Auf die beiden bisher noch nicht verwendeten Schlüsselwörter this und
new wurde bereits hingewiesen: Der erste Befehl, der in der gerade angeführten Programmvariante *ausgeführt* wird, ist die erste Instanziierung
eines Objekts der „Klasse" Auto, bei welcher der Variablen meinAuto die
entsprechende Referenz unter Verwendung des new-Operators zugewiesen wird. Dabei werden die übergebenen Parameterwerte "rot" und 90
mit Hilfe des Schlüsselwortes this den beiden zugehörigen Attributen
zugewiesen. Die dynamische Natur der Objekte bleibt aber auch bei
dieser Variante des Programms voll erhalten. Und dies gilt nicht nur nach
dem Abschluss des Konstruktoraufrufs, sondern auch bereits bei dessen
Ausführung. Das heißt konkret, dass die beiden Attribute farbe und kW
erst bei der Abarbeitung des Konstruktors zum Zeitpunkt der Ausführung
des betreffenden Zuweisungsbefehls angelegt werden. Gleiches gilt für
die Methode zeigeFarbe: Dem zugehörigen Attribut wird bei jedem der
beiden Konstruktoraufrufe ein „Wert" des Datentyps Function zugewiesen.

In Bezug auf das Schlüsselwort this bleibt noch anzumerken, dass damit
ein Zugriff auf das betreffende Objekt auch dann möglich ist, wenn die
Methode außerhalb der als Konstruktor dienenden Funktion definiert
wird – Hauptsache, es wird keine externe Funktion *aufgerufen*. Beispielsweise könnte, und zwar auch nachträglich, für einzelne Instanzen,
eine Methode lackiere ergänzt werden, was im letzten Kapitel nur
unelegant möglich war:

```
meinAuto.lackiere=function(farbe){this.farbe=farbe};
```

In dieser universellen Form wäre dann, anders als bei der Version des letzten Kapitels, sogar eine anschließende Kopie in Form der Zuweisung

```
deinAuto.lackiere=meinAuto.lackiere;
```

möglich. Das Schlüsselwort `this` stellt sicher, dass jede Methode nur die Farbe des eigenen Autos ändert.

Die Definition der Methode `zeigeFarbe` mittels der Zuweisung eines Funktionsliterals war in übersichtlicher Weise nur deshalb möglich, weil der Funktionskörper sehr kurz ist. In anderen Fällen kann man dem Methoden-Bezeichner stattdessen auch einen Bezeichner für eine Funktion zuweisen, die idealerweise nur lokal definiert ist:

```
function Auto(farbe, kW)
{
    this.farbe=farbe;
    this.kW=kW;
    this.zeigeFarbe=zeigeFarbe;

    function zeigeFarbe()
    {
        window.alert("Die Farbe ist " + this.farbe);
    }
}
```

Generell ist es unproblematisch, wenn für Attribute oder Methoden einerseits und andererseits für lokale Variablen einschließlich Parametern und Funktionsnamen, gleichlautende Bezeichner verwendet werden. In vielen Fällen wie bei der gerade definierten Methode `zeigeFarbe` oder auch bei der parametrisierten Initialisierung der Objektinstanz sind solche Übereinstimmungen bei Bezeichnernamen sogar sehr nahe liegend, aber keinesfalls zwingend. In anderen Fällen kann es vorteilhaft sein, andere Wege zu beschreiten:

```
function Konto(soll, haben)
{
    this.kontostand=haben-soll;
}
meinKonto=new Konto(0.00, 1200.00);
```

Es wurde bereits angemerkt, dass eine als Konstruktor verwendete Funktion einen mit `return` definierten Rückgabewert nicht benötigt und auch in der Regel nicht besitzt. Dass dies nicht notwendig ist, liegt daran, dass sich die Wirkung eines mit dem Schlüsselwort `new` ergänzten Funktionsaufrufs grundlegend vom Ablauf unterscheidet, der durch einen normalen Funktionsaufruf ausgelöst wird. Das Ergebnis des Ausdrucks, der aus einem mit new ergänzten Funktionsaufruf besteht, ist nämlich eine Objekt-Referenz. Diese Referenz wird mit dem Aufruf angelegt, um im direkten Anschluss mittels der Referenz this mit den Programmbefehlen des Funktionskörpers initialisiert zu werden.[76] Die Funktionalität eines mit new ergänzten Aufrufs einer Funktion hat damit *im Wesentlichen* die gleiche Wirkung, wie man sie auch mit dem folgenden Vorgehen erzielen würde:

```
function Auto(farbe, kW)
{
    var dies={};            // Objekt-Instanziierung mit Literal
    dies.farbe=farbe;       // Initialisierung wie bei ...
    dies.kW=kW;             // ... Auto im letzten Beispiel ...
    dies.zeigeFarbe=function()  // ... mit dies statt this
        {window.alert("Die Farbe ist " + dies.farbe);};
    return dies;            // abschließend ein return
}
var meinAuto=Auto("rot",90);  // ohne "new"!
meinAuto.zeigeFarbe();
```

Die gerade zur Erläuterung dargelegte Alternative einer Objekt-Instanziierung, die mit einer ohne new aufgerufenen Funktion erfolgt, sollte in der Praxis allerdings nicht verwendet werden. Dafür gibt es verschiedene Gründe: Einerseits werden wir später noch sehen, dass es sinnvoll sein kann, eine als Konstruktor vorgesehene Funktion manchmal auch ohne den new-Operator aufzurufen.[77] Außerdem initialisiert der new-Operator nebenher auch noch interne Systemattribute. Deren Status lässt sich zum Beispiel aus dem Attribut constructor ersehen, dessen Wert für *jedes* Objekt abrufbar ist. Nach einer Objekt-Instanziierung mit new erhält man dabei eine Referenz auf die als Konstruktor aufgerufene Funktion. Daher liefert zum Beispiel die Abfrage

```
window.alert(deinAuto.constructor == Auto);
```

---

[76] Ein Rückgabewert, bei dem es sich *nicht* um eine Objekt-Referenz handelt, ist allerdings für die Konstruktor-Funktionalität unschädlich. Wir werden dies noch im Rahmen von Standardfunktionen wie Number kennen lernen.

[77] In Kapitel 19 wird der Konstruktor Auto im Modus Auto.call(this,farbe,kW) als Methode zu einer vorgegebenen Objektinstanz this aufgerufen.

die Bildschirmausgabe „true", wenn zuvor die Objekt-Referenz `deinAuto` wie im zweiten Beispielprogramm dieses Kapitels mit dem `new`-Operator instanziiert wurde, das heißt konkret mit

`deinAuto=new Auto("blau",63);`

Ein entsprechendes Ergebnis lässt sich in der Nachbildung des mit `new` bewirkten Verhaltens allerdings auch dadurch simulieren, dass innerhalb der Konstruktor-Nachbildung `Auto` noch die Zeile

`dies.constructor=Auto;`

eingefügt wird.

In der Praxis erlaubt das Attribut `constructor`, für eine vorliegende Objekt-Referenz festzustellen, zu welcher „Klasse" im logischen Sinne das betreffende Objekt gehört. Dies ist insbesondere dann wichtig, wenn eine solche Objekt-Referenz als Parameter in einem Unterprogramm beziehungsweise einer Methode auftritt. Dabei sollte zuvor mit dem `typeof`-Operator festgestellt werden, ob die betreffende Variable tatsächlich als aktuellen Wert eine Objekt-Referenz besitzt.

Bei einem mit einem Objekt-Literal `{...}` erzeugten Objekt liefert die Eigenschaft `constructor` übrigens einen Verweis auf diejenige Standardfunktion, die unter dem Bezeichner `Object` abrufbar ist.

Nochmals zurück zur Frage der Kapitelüberschrift: Im JavaScript-Standard gab es lange Zeit, nämlich vor ECMAScript 2015, kein Sprachelement namens `class`. Demgemäß bieten Konstruktoren eine Möglichkeit, mit der sich ohne Verwendung des `class`-Befehls Objekte erzeugen lassen, die zum Zeitpunkt ihrer Erzeugung als Mitglieder einer Klasse aufgefasst werden können. Insofern sind Konstruktoren in JavaScript im Unterschied zu Java und C++ nicht zwangsläufig Teil einer expliziten Klassendefinition, auch wenn solche expliziten Klassendefinitionen seit ECMAScript 2015 möglich sind, wie wir in Kapitel 19 noch sehen werden. Beim Verzicht auf die Verwendung des `class`-Befehls enthält ein JavaScript-Konstruktor alle Informationen, die bei einer Übertragung auf Java oder C++ dort Bestandteil der Klassendefinition wären.

Nachdem eine Objektinstanz mit einem Konstruktor erzeugt worden ist, kann sie im Verlauf ihrer weiteren Existenz völlig dynamisch ergänzt und verändert werden. Allerdings bietet JavaScript die Möglichkeit, mit der eine weitere Veränderung der Objektstruktur eingeschränkt oder sogar gänzlich verhindert werden kann. Wir werden darauf in Kapitel 17 zurückkommen. Mit diesen Techniken lassen sich insbesondere die vom Konstruktor erzeugten Objektinstanzen so fixieren, wie man es von Klassen in Java und C++ her kennt, das heißt, die Menge der Attribute und die Funktionalität der Methoden werden „eingefroren". So gesehen verfügt auch JavaScript über „richtige" Klassen.

Insgesamt kann man daher von Klassen in JavaScript sprechen, obwohl das Objekt-Konzept von JavaScript eindeutig nicht klassenbasiert ist.

Konventionen für Bezeichner

In der Praxis kann es äußerst hilfreich sein, wenn die Namensauswahl für Bezeichner klar definierten Konventionen folgt. Der nachfolgende **Style Guide** für die Bezeichnerbenennung sollte als Empfehlung verstanden werden, keinesfalls als Dogma. Wichtig ist vor allem, dass man sich überhaupt dieser Thematik widmet und zu einer Standardisierung kommt, um so den Programmcode verständlicher zu machen für alle, die ihn verstehen sollen.

- Die Wortbedeutung eines Bezeichners sollte weitgehende Hinweise darauf geben, wofür der Bezeichner inhaltlich steht. Ausnahmen für nur sehr kurzzeitig eingesetzte Variablen, etwa für einen mit `i` bezeichneten Laufindex in einer `for`-Schleife, sind aber meist unproblematisch.
- Verschiedene Bezeichner sollten sich genügend deutlich unterscheiden. Daher sind geringfügige Unterschiede zu vermeiden, die nur ein einzelnes Zeichen umfassen oder die sich nur aus Groß- und Kleinschreibung ergeben. Trotzdem kann es natürlich in Einzelfällen Sinn machen, die beiden Parameter einer Funktion zum Beispiel `zahl1` und `zahl2` zu nennen.
- Nationale Sonderzeichen wie ä, ü, ß, α, β und å sollten tunlichst nicht verwendet werden. Zwar ist zum Beispiel der Bezeichner `größe` in JavaScript syntaktisch erlaubt, jedoch sind Bezeichnernamen wie `groesse` oder `size` in jedem Fall besser geeignet.
- Ebenfalls als Bestandteil eines Bezeichners vermieden werden sollten Unterstriche („_"), und zwar auch dann, wenn sich der Bezeichner aus mehreren Worten ableitet. Zum Beispiel sollte

`mein_auto` nicht als Bezeichner verwendet werden. Besser geeignet ist der Name `meinAuto`, wobei der Beginn weiterer Worte
durch Großbuchstaben gekennzeichnet wird. [78] Auch in JavaScript
vordefinierte Funktionen und Methoden verwenden diese sogenannte **Höckerschreibweise** (*CamelCase*). Beispiele sind
`lastIndexOf` und `backgroundColor`. Letzteres fungiert in HTML
als Äquivalent des CSS-Attributnamens `background-color`, dessen Bindestrich in JavaScript als Minuszeichen interpretiert werden würde und daher nicht in einem Variablenbezeichner verwendet werden darf.

- Zu lange Bezeichner wie `dasAutoDesVorstandsvorsitzenden`
  erschweren die Lesbarkeit und führen zu Programmzeilen, die zu
  lang sind. Solche langen Bezeichner sind daher nur in Ausnahme-
  fällen empfehlenswert.

- Ob man englische oder deutsche Bezeichner verwendet, ist sicher
  Geschmackssache, so lange man nur selbst das Projekt bearbeitet.
  Deutschsprachige Bezeichner klingen etwas hausbacken und sind
  als Worte meist länger. Dafür haben deutschsprachige Namen, die
  sich an Standardfunktionalitäten orientieren wie zum Beispiel
  `loeschen`, den Vorteil, nicht mit Schlüsselworten oder Standardfunktionen zu kollidieren. Ein Mix von deutschen und englischen
  Begriffen wie zum Beispiel `writeDatensatz` vermittelt keinen
  professionellen Eindruck. In unterschiedlichen Programmteilen
  sind verschiedene Sprachen aber nicht unbedingt ein Problem:
  Beispielsweise erscheinen englischsprachige Bezeichner in Grund-
  lagen-Bibliotheken sprachlich wie funktional als Erweiterung der
  Programmiersprache, deren Termini sowieso am Englischen orientiert sind.

- Für Methoden, die kontrollierte Lese- und Schreibzugriffe auf ein
  bestimmtes Attribut mit dem Bezeichnernamen `attributname`
  abwickeln, sind die Funktionen `getAttributname()` beziehungsweise `setAttributname(wert)` üblich. Allerdings werden wir
  noch eine deutlich elegantere Möglichkeit von Zugriffsmethoden
  kennen lernen, die kontrollierte Lese- und Schreibzugriffe unter
  Verwendung des originalen Attributnamens `attributname` erlau-

---

[78] Ein solcher im Wortinneren stehender Großbuchstabe wird als **Binnenversal** oder
Binnenmajuskel bezeichnet.

ben. Für Prüfmethoden, die einen booleschen Wert liefern, hat sich beim Bezeichner das Präfix `is` durchgesetzt. Wir haben es bereits bei der globalen Funktion `isNaN` kennen gelernt.

- Bezeichner für Variablen, Attribute, Funktionen oder Methoden, sollten in der Regel mit einem Kleinbuchstaben beginnen, wobei sich drei Ausnahmen etabliert haben, und zwar bereits im JavaScript-Sprachkern: Funktionen, die als Konstruktoren verwendet werden, **Konstanten**[79] und globale Objekte. Kennen gelernt haben wir bereits das globale Objekt `Math` mit den beiden darin als Attribut abrufbaren Konstanten `Math.PI` und `Math.E`. Dabei wird der Bezeichner einer Konstanten selbst dann komplett in Großbuchstaben geschrieben, wenn dadurch zur Kenntlichmachung von Einzelworten ein Unterstrich notwendig wird wie zum Beispiel bei der Konstanten `Number.MAX_VALUE`, deren Wert der größten darstellbaren Zahl entspricht.

- Mit einem Großbuchstaben beginnt der Bezeichner eines Konstruktors, der für eine Objektklasse der Realwelt steht. Sprachlich handelt es sich in der Regel um einen Appellativ oder ein sonstiges Substantiv im Singular, eventuell ergänzt um ein Adjektiv. Typische Beispiele sind `Auto` und `BestelltesAuto`.

- Bezeichner für Objektinstanzen beginnen mit einem Kleinbuchstaben und enden mit dem Namen des betreffenden Konstruktors, gegebenenfalls noch ergänzt durch eine Zahl. Beispiele sind `meinAuto`, `einAuto`, `einAuto1` und `einAuto2`, gelegentlich auch einfach `auto1` oder `auto`, obwohl sich diese Namen eigentlich nicht genügend vom Bezeichner des Konstruktors unterscheiden. Der unbestimmte Artikel „ein" beziehungsweise „a" als Präfix eignet sich besonders dann, wenn eine unbestimmte Objektinstanz bezeichnet werden soll, was meist in der Parameterliste eines Funktionskopfes der Fall ist.

---

[79] JavaScript kannte lange Zeit abweichend von den meisten anderen Programmiersprachen kein Sprachelement einer Konstante. Erst seit ECMAScript 2015 können Konstanten mit einer Anweisung der Form
```
const MWST=1.19, MWST_ERM=1.07;
```
deklariert werden.

Garbage Collection

Es wurde bereits erörtert, dass jede Variable einem Speicherbereich entspricht, in dem der Variablenwert gespeichert ist. Im einfachsten Fall wird dieser Speicherbereich durch eine feste Adresse repräsentiert, die für die gesamte Laufzeit des Programms gültig ist. Leider ist dieses Konzept für alle diejenigen Variablen ungeeignet, die dynamisch entstehen können oder deren Speicherbedarf sich dynamisch ändern kann. Unter diese Ausnahmen fallen sowohl lokale Variablen, die das erste Kriterium erfüllen, als auch Objekte, die sogar beide Kriterien erfüllen. Wie dramatisch die Dynamik in beiden Fällen sein kann, zeigt sich daran, dass eine bestimmte lokale Variable oder eine bestimmte Klasse während der Programmlaufzeit mehrfach instanziiert werden kann und dass für diese Anzahl zum Zeitpunkt des Programmstarts im Allgemeinen keine Obergrenze angegeben werden kann.

Die Instanziierung und Abwicklung der verschiedenen Objekte kann chronologisch in einer völlig unregelmäßigen Reihenfolge erfolgen, das heißt sie erfolgen insbesondere *nicht* nach einem Last-in-First-out-Prinzip wie wir es bei lokalen Variablen gesehen haben. Daher kann die Speicherverwaltung bei Objekten auch nicht in Form eines Stacks erfolgen. Zum Einsatz kommt ein sogenannter **Heap** (wörtlich *Haufen*). Dabei handelt es sich um einen segmentierten Speicherbereich, dem ein Verzeichnis zugeordnet ist, das die Adressen der freien und belegten Speicherabschnitte sowie deren Längen enthält. Der Heap kann als Objekt verstanden werden, das über zwei entscheidende Methoden verfügt – zur Optimierung der Speicherausnutzung idealerweise ergänzt um eine Defragmentierungsmethode:

- Ermittlung einer Referenz, ab der mindestens eine als Parameter übergebene Anzahl `n` von Segmenten frei ist. Die `n` Segmente werden reserviert. Man nennt diesen Vorgang **Speicherallokation**. Die Programmiersprache C besitzt dafür die Funktion `malloc`, deren Namen sich aus den englischen Worten *memory allocation* ableitet.

- Freigabe des Speicherabschnitts, der ab einer als Parameter übergebenen Referenz beginnt – die Länge des betreffenden Speicherbereichs kann dazu aus den Verzeichnisdaten ersehen werden. Die

Programmiersprache C besitzt dafür die Funktion `free`.

- Defragmentierung des Heaps, wobei belegte Speicherbereiche zusammengelegt werden, um längere Bereiche von freiem Speicher zu erhalten.

Wie schon erläutert, wird der Speicherplatz für Objekte indirekt verwaltet. Das heißt: Wird ein Objekt einer Variablen zugewiesen, so wird im Speicherplatz, der zur Variablen korrespondiert, nur eine Referenz gespeichert. Dabei verweist diese Referenz auf denjenigen Speicherbereich im Heap, in dem die eigentlichen Objektdaten abgelegt sind.

Zur effizienten Nutzung des Speichers gehört natürlich ein Verfahren, mit dem der Speicher nicht mehr benötigter Objekte freigegeben werden kann. Dazu muss für die Referenzen zu nicht mehr benötigten Objekten die eben erläuterte Speicherfreigabemethode des Heap-Objekts aufgerufen werden. Im Kontrast zu einer Programmiersprache wie C++ bietet JavaScript immerhin den Komfort, dass sich der Programmierer um die Freigabe nicht mehr benötigter Objekte nicht selbst kümmern muss. Die sogenannte **Garbage Collection** (wörtlich *Müllabfuhr*) verläuft nämlich völlig automatisch. Trotzdem macht es Sinn, sich mit den dabei ablaufenden Prozessen etwas zu beschäftigen. Konkret stellt sich die Frage: Wie lassen sich nicht mehr gebrauchte Speicherbereiche algorithmisch erkennen und dann freigeben? Beantworten lässt sich die Frage nur, wenn man sich den zuvor ablaufenden Prozess der Speicher*reservierung* etwas detaillierter anschaut.

Ein einfaches Beispiel dazu:

```
a={};
b={};
b1=b;
a=null;
b=null;
```

Aufgrund des ersten Programmbefehls wird zunächst ein Speicherbereich reserviert, der für den Fall nachträglich noch zu ergänzender Attributwerte erweiterbar ist. Die Referenz des so angelegten Speicherbereichs wird dann als Wert der Variablen a zugewiesen. Analoges passiert, wenn der zweite Programmbefehl ausgeführt wird, wobei die Referenz des nun reservierten Speicherbereichs nach der Ausführung des dritten Programmbefehls sowohl in der Variablen b wie auch in der Variablen b1 gespeichert ist. Mit den letzten beiden Befehlen werden schließlich die in den Variablen a und b gespeicherten Referenzen dadurch gelöscht, dass die beiden Variablenwerte mit dem Pseudowert null überschrieben werden.

Und wie kann nun, das heißt nach Ausführung der fünf Programmbefehle, mit den beiden Speicherbereichen verfahren werden? Auf den zuerst angelegten Speicherbereich verweist keine Referenz mehr, so dass weitere Zugriffe für Schreib- oder Leseoperationen unmöglich sind. Der Speicherbereich hat damit keine Aufgabe mehr und kann vom Interpreter wieder für andere Aufgaben freigegeben werden. Analoges ist für den Speicherbereich, der ursprünglich für die Variable b reserviert wurde, *nicht* möglich, da ein Zugriff auf diesen Speicherbereich nach wie vor über die in der Variablen b1 abgelegte Referenz möglich ist.

Es gibt verschiedene Algorithmen, überflüssig gewordene Speicherbereiche als Grundlage einer Garbage Collection zu erkennen: Am einfachsten ist es, die Zahl der Referenzen, die auf einen Speicherbereich verweisen, zu zählen. Ausgehend vom Initialwert 1 bei der anfänglichen Instanziierung wird der Zählerwert bei jedem Kopieren dieser Referenz um 1 erhöht. Verringert wird der Zählerwert um 1, wenn eine Variable, die die betreffende Referenz als Wert besitzt, mit einem anderen Wert überschrieben oder gar „abgewickelt" wird – ob als lokale Variable am Ende der Ausführung des entsprechenden Funktionsaufrufs oder als Attribut eines anderen Objekts am Ende von dessen Lebensdauer. Klar ist, dass eine Referenz, deren Zähler den Wert 0 erreicht, auf einen Speicherbereich verweist, auf den nicht mehr zugegriffen werden kann, so dass der betreffende Speicherbereich freigegeben werden kann. Umgekehrt können allerdings mit dieser sogenannten **Referenzzählung** Speicherbereiche entstehen, auf die zwar kein Zugriff mehr möglich ist, deren Zählerwerte aber aufgrund zyklischer Referenzierung trotzdem nicht den Wert 0 erreichen. Ein Beispiel dazu:

```
a={nummer:1};
```

```
b={nummer:2};
a.next=b;
b.next=a;
a=null;
b=null;
```

Nach der Ausführung des vorletzten Befehls `a=null;` besitzt der Zähler zur Referenz, die auf den Objektinhalt `{nummer:1;...}` verweist, immer noch den Wert 1, da die Attributvariable `b.next` weiterhin diese Referenz als Wert enthält. Damit kann der Speicher, der den Objektinhalt `{nummer:1;...}` enthält, auf Basis einer reinen Referenzzählung *nicht* freigegeben werden. Folglich kann nach Ausführung des letzten Programmbefehls der Speicher, der den Objektinhalt `{nummer:2;...}` enthält, ebenso wenig freigegeben werden, weil ja der Attributwert `a.next` noch darauf verweist.

Nur eine disziplinierte Verwendung von Destruktoren, die zum Beispiel die Referenzlöschung `a.next=null` vor Ausführung der Zuweisung `a=null` sicherstellen, kann das Verfahren der Referenzzählung als Grundlage der Garbage Collection genügend effizient machen.

Sinnvoller als Basis einer Garbage Collection ist daher der sogenannte **Mark-and-Sweep-Algorithmus** (wörtlich *markieren und aufräumen*), den moderne JavaScript-Interpreter verwenden. Zum Zeitpunkt, bei dem der Interpreter eine Garbage Collection durchführt, wird dazu ausgehend von den globalen Variablen sowie den lokalen Variablen, die zu noch in Ausführung befindlichen Funktionsaufrufen gehören, sukzessive den Referenzen gefolgt – insbesondere einschließlich derjenigen Referenzen, die sich als Attributwerte von zuvor erreichten Objekten ergeben. Die Speicherbereiche zu Objektinhalten, die auf diesem Weg nicht erreicht werden, können dann im Rahmen der Garbage Collection wieder freigegeben werden. Dazu gehören auch ausschließlich über zyklische Referenzen erreichbare Objekte, wie wir sie im letzten Beispiel kennen gelernt haben.

14 Prototypen: Einer für alle

Im letzten Kapitel haben wir gesehen, dass Klassen ihre Entsprechung in JavaScript darin finden, wenn mit einem Konstruktor Objekte nach einem gemeinsamen Bauplan erzeugt werden. Dabei werden – anders als in klassenbasierten Programmiersprachen wie C++ und Java – bei jedem Aufruf eines Konstruktors nicht nur die Attributwerte initialisiert. Vielmehr findet bei jedem Aufruf der *komplette* Prozess der Objekterstellung statt. Dabei werden zunächst die Attribute und Methoden als solche angelegt. Außerdem werden die „Werte" der Methoden initialisiert, das heißt, dem Bezeichner einer Methode wird ein Function-Objekt zugewiesen – in der Regel in *jeder* Objektinstanz mit gleichem Inhalt.

Wie der Programmverlauf beim Aufruf eines Konstruktors vor sich geht, wollen wir uns im Detail an einem Beispielprogramm ansehen. Der darin enthaltene Konstruktor weist in prinzipieller Hinsicht keinen Unterschied auf zu dem bereits im letzten Kapitel erörterten Beispiel:

```
"use strict";              // (js/14)
function Auto(farbe)
{
   this.farbe=farbe;
   this.geschwindigkeit=0;
   this.zeigeStatus=function()
       {window.alert("Das " + this.farbe + "e Auto fährt jetzt " +
                     this.geschwindigkeit);};
   this.beschleunige=function()
       {this.geschwindigkeit+=10};
}

var meinAuto=new Auto("rot");
var deinAuto=new Auto("blau");
meinAuto.beschleunige();
meinAuto.beschleunige();
meinAuto.zeigeStatus();    // zeigt "Das rote Auto fährt jetzt 20"
deinAuto.zeigeStatus();    // zeigt "Das blaue Auto fährt jetzt 0"
```

Die Ausführung des Programms beginnt mit den Deklarationen, die sich innerhalb des globalen Programmcodes befinden. Im Einzelnen deklariert werden dort die drei Bezeichner Auto, meinAuto und deinAuto. Anschließend wird als erster „richtiger" Programmbefehl die Zuweisung meinAuto=new Auto("rot") ausgeführt. Mit diesem Aufruf werden alle

© Springer Fachmedien Wiesbaden GmbH, ein Teil von Springer Nature 2018
J. Bewersdorff, *Objektorientierte Programmierung mit JavaScript*,
https://doi.org/10.1007/978-3-658-21077-9_14

Programmbefehle des Funktionskörpers der Funktion `Auto` durchlaufen. Ein zweiter Durchlauf des Funktionskörpers erfolgt im unmittelbaren Anschluss bei der Zuweisung `deinAuto=new Auto("blau")`. Dabei wird insbesondere den Bezeichnern der beiden Methoden `beschleunigung` und `zeigeStatus` jeweils ein `Function`-Objekt zugewiesen, das inhaltsgleich bereits den entsprechenden Bezeichnern innerhalb der ersten `Auto`-Instanz zugewiesen wurde.[80] Die letzten vier Programmzeilen erklären sich, wie es bei einem Programm auch sein sollte, fast von selbst: Es erfolgen Bildschirmanzeigen, dass das rote Auto eine Geschwindigkeit von 20 und das blaue Auto eine Geschwindigkeit von 0 besitzt.

Auch wenn die Verschwendung an Speicherplatz und Programmlaufzeit angesichts rasant steigender Hardware-Performanz immer weniger eine Rolle spielen dürfte, stellt sich trotzdem die Frage, wie solche Wiederholungen in Bezug auf *ausgeführte* Programmbefehle vermieden werden können. Tatsächlich eröffnet JavaScript dazu eine Möglichkeit. Konkret handelt es sich um **Prototypen**, wobei „hinter" jedem Objekt ein weiteres Objekt als Prototyp steht.[81] Zum Einsatz gelangt der Prototyp als „Fallback", und zwar immer dann, wenn in einer nicht schreibenden Weise auf eine nicht vorhandene Eigenschaft oder Methode zugegriffen wird. In diesen Fällen, das heißt beim Lesezugriff auf den Wert eines nicht vorhandenen Attributs beziehungsweise beim Aufruf einer nicht vorhandenen Methode, versucht der JavaScript-Interpreter automatisch, die entsprechende Aktion beim Prototyp-Objekt durchzuführen.

Auf den ersten Blick erscheint die Beschränkung auf nicht schreibende Zugriffe etwas verwirrend, jedoch wird der Sinn dieser Konstruktion schnell deutlich, wenn man sich ein Beispiel anschaut, was wir gleich tun werden. Dabei werden wir sehen, wie mit einem Prototyp eine weitgehende Einheitlichkeit der Objekte einer Klasse erzwungen werden kann. An späterer Stelle, nämlich in Kapitel 18, werden wir noch erörtern, wie

---

[80] Die Aussage der Inhaltsgleichheit bezieht sich zunächst auf das entsprechende `Function`-Literal und damit auf den Quellcode. Allerdings ergibt sich auch auf der Ebene des Maschinencodes eine Inhaltsgleichheit, wenn die Zugriffe auf die Attributwerte des Objekts als relativer Adressoffset zu einer Basisadresse gesehen werden – vergleichbar einem relativen Link auf einer Internetseite.

[81] In komplizierteren Fällen sind sogar ganze Ketten von Prototyp-Objekten möglich. Wir werden darauf in Kapitel 19 zurückkommen.

Prototypen ebenfalls dazu verwendet werden können, die Konstruktion von Unterklassen zu erleichtern.

Das Programm, das uns zur Demonstration eines Prototyps dient, ist funktionsmäßig völlig äquivalent zum letzten Beispielprogramm:

```
"use strict";                          // (js/14a)
function Auto(farbe)
{
    this.farbe=farbe;
}
Auto.prototype.geschwindigkeit=0;
Auto.prototype.zeigeStatus=function()
    {window.alert("Das " + this.farbe + "e Auto fährt jetzt " +
        this.geschwindigkeit);};
Auto.prototype.beschleunige=function()
    {this.geschwindigkeit+=10};

var meinAuto=new Auto("rot");
var deinAuto=new Auto("blau");
meinAuto.beschleunige();
meinAuto.beschleunige();
meinAuto.zeigeStatus();
deinAuto.zeigeStatus();
```

Zunächst fällt auf, dass der Funktionskörper des Konstruktors gegenüber der ersten Version deutlich kürzer geworden ist. Die in der gerade aufgelisteten Variante fehlenden Zuweisungen erfolgen nun außerhalb des Konstruktors, und werden nur einmalig, das heißt nicht für jede einzelne Instanz, ausgeführt. Dabei erfolgen die Zuweisungen nicht mehr in Bezug auf die jeweils aktuelle Objektreferenz this, sondern stattdessen in Bezug auf Auto.prototype. Dieses Attribut des Konstruktors referenziert das Prototyp-Objekt, das nach den drei Zuweisungsbefehlen über das Attribut geschwindigkeit sowie die beiden Methoden zeigeStatus und beschleunige verfügt.

Zu beachten ist, dass die im globalen Programmbereich erfolgende Initialisierung des Prototyp-Objekts unbedingt vor seiner Nutzung erfolgen muss. Die entsprechenden Programmbefehle können also anders als ein Konstruktor – und andere Funktionen sowie qualitativ vergleichbare Variablendeklarationen mit var – nicht an einer beliebigen Stelle des Programms positioniert werden.

Dass die Initialisierungen überhaupt in der beschriebenen Weise möglich sind, liegt daran, dass jedes neu erzeugte Function-Objekt über eine

Eigenschaft `prototype` verfügt, die auf ein zunächst leeres Objekt verweist. Dieses Objekt unterscheidet sich von einem mit dem Literal `{}` erzeugten Objekt nur dadurch, dass die `constructor`-Eigenschaft zurück auf das ursprüngliche `Function`-Objekt – im Beispielprogramm ist das die Funktion `Auto` – verweist statt auf die Standardfunktion `Object`.

Was passiert nun konkret bei der Ausführung der letzten sechs, gegenüber der letzten Programmversion unveränderten, Befehle? Zunächst wird der rudimentäre Konstruktor `Auto` zweimal aufgerufen. Die so erzeugten Instanzen beinhalten keine Methode `beschleunige`, so dass der Aufruf `meinAuto.beschleunige()` an das Prototyp-Objekt weitergereicht wird. Auch beim Attribut `geschwindigkeit` kommt es beim Lesezugriff, der innerhalb der Methode `beschleunige` durch die Anweisung `this.geschwindigkeit+=10` ausgelöst wird, zu einer Weiterreichung an das Prototyp-Objekt, wobei der Wert `0` gelesen wird. Allerdings erfolgt der unmittelbar folgende Schreibzugriff, bei dem der erhöhte Wert `10` dem Attribut `geschwindigkeit` zugewiesen wird, innerhalb der Instanz `meinAuto`, wodurch nun dort ebenfalls ein Attribut `geschwindigkeit` entsteht. Dessen Wert wird beim zweiten Aufruf der Methode `beschleunige` gelesen, um `10` erhöht und schließlich wieder gespeichert. Aufgrund der solchermaßen ablaufenden Programmausführung erfolgen am Ende auch von dieser Programmversion die Geschwindigkeitsanzeigen 20 und 0 für das rote beziehungsweise blaue Auto.

An Hand des Beispiels wird deutlich, dass sich ein Prototyp im Rahmen eines Konstruktors insbesondere zur Speicherung von Methoden und Initialwerten von Attributen eignet. Wie angestrebt kann auf diese Weise der Funktionskörper eines Konstruktors deutlich verkleinert werden, was insbesondere bei vielfach instanziierten Objekten in einer Klasse Vorteile bei Rechenzeit und Speicherbedarf bringt. Es darf allerdings nicht verschwiegen werden, dass eine Nutzung von Prototypen auch Nachteile aufweist, insbesondere wenn Objekte gut gekapselt werden sollen, wie wir es in Kapitel 16 erörtern werden.

Beachtet werden muss, dass eine Änderung des Prototyp-Objekts auf alle Instanzen wirken kann. So würden am Ende angefügte Anweisungen

```
Auto.prototype.geschwindigkeit=10;
meinAuto.zeigeStatus();
deinAuto.zeigeStatus();
```

zu Geschwindigkeitsanzeigen von 20 für das rote Auto und 10 für das blaue Auto bewirken. Eine erkennbare Wirkung auf die Instanz meinAuto erfolgt nur deshalb nicht, weil dort bereits ein eigenes Attribut geschwindigkeit angelegt worden ist. Dagegen würde eine Änderung der Methode Auto.prototype.zeigeStatus sichtbare Auswirkungen bei beiden Instanzen haben.

Insgesamt haben wir es also mit drei oder mehr Objekten zu tun: Zunächst vorhanden ist mindestens ein Objekt, das zu einer Klasse gehört. Dabei wird die Klasse durch ein Function-Objekt als Konstruktor sowie ein ihm zugeordnetes Prototyp-Objekt repräsentiert. Bild 6 zeigt, wie die verschiedenen Objekte miteinander in Beziehung stehen: Das schon erörterte Attribut constructor weist von dem Klassenmitglied zu seinem Konstruktor.[82] Dessen Attribut prototype verweist auf das zugehörige Prototyp-Objekt, das heißt auf den Prototyp der durch den Konstruktor erzeugten Objekte. Schließlich gibt es außerhalb des normierten JavaScript-Standards noch das Attribut __proto__, das nur in den Browsern der Netscape-Firefox-Familie implementiert ist. Es sollte daher keinesfalls in „richtigen" JavaScript-Programmen verwendet werden. Für Demonstrationszwecke ist das Attribut __proto__ allerdings äußerst lehrreich, da sein Wert einer im JavaScript-Standard vorgesehenen, internen Eigenschaft [[Prototype]] entspricht, dessen Wert direkt auf den Prototyp verweist.

Die in Bild 6 dargestellten Referenz-Beziehungen zwischen den verschiedenen Objekten stimmen für den Fall, dass die Objektinstanzen mit einem Konstruktor erzeugt werden – oder auch mit einem Literal, was dem Konstruktor Object entspricht. Da die dargestellten Attributwerte überschrieben werden können und es außerdem weitere Möglichkeiten gibt, Objekte zu erzeugen, sind die dargestellten Beziehungen aber nicht für jede Situation garantiert.

---

[82] Allerdings ist constructor zunächst eigentlich kein Attribut der einzelnen Instanzen, sondern zunächst nur ein Attribut des Prototyps. Trotzdem erhält man bei einem Lesezugriff scheinbar einen Wert, nämlich den für den Prototyp gespeicherten Wert des Attributs constructor. Außerdem kann das Attribut für einzelne Instanzen natürlich überschrieben werden.

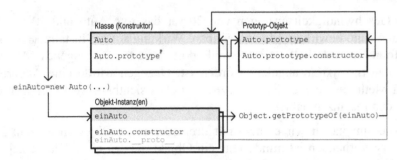

Bild 6   Jedem Objekt sind zwei weitere Objekte zugeordnet, die dessen Klasse repräsentieren: [83] Der Konstruktor sowie das Prototyp-Objekt.

Wie verläuft nun die Prototyp-basierte „Fallback"-Funktionalität beim nicht schreibenden Zugriff auf ein Attribut im Detail? Maßgeblich dafür ist die Referenz, die im internen `[[Prototype]]`-Attribut gespeichert ist, und *nicht* etwa die Referenz, die sich durch die Attributverkettung `constructor.prototype` ergibt. Das ist auch der Grund dafür, dass wir hier das inhaltsgleiche, aber nur proprietäre Attribut `__proto__` überhaupt beschrieben haben. Allerdings kann auch die `Object`-Methode `Object.getPrototypeOf(obj)` dazu verwendet werden, den Prototyp eines Objekts `obj` zu ermitteln.

Die „Fallback"-Funktionalität im Rahmen von Prototyp-Referenzen kann sogar mehrstufig erfolgen, wenn das Prototyp-Objekt selbst wieder über einen Prototyp verfügt, der mittels des Attributs `__proto__` beziehungsweise der Methode `Object.getPrototypeOf` abgerufen werden kann. Man spricht in diesem Fall von einer **Prototypenkette**. Untersucht werden die Mitglieder der Prototypenkette vom JavaScript-Interpreter im Fall eines nicht schreibenden Zugriffs auf ein Attribut, und zwar nacheinander

---

[83] Auch unabhängig von der in JavaScript realisierten Konzeption von Klassen kann man Klassen als Objekte auffassen, und zwar spätestens dann, wenn sie durch einen Text beschrieben werden, der einer darauf ausgerichteten Syntax unterworfen ist. Solche Beschreibungen bilden dann Instanzen einer Klasse von Klassenbeschreibungen. Enthält eine objektorientierte Programmiersprache ein explizites Sprachelement für Klassen von Klassen, spricht man von einer **Metaklasse**. Metaklassen gibt es zum Beispiel in der Programmiersprache Delphi, der objektorientierten Weiterentwicklung von Pascal. Auch die Java-Klasse `Class` besitzt einige Merkmale einer Metaklasse, da mit dieser Klasse Instanzen anderer Klassen erzeugt werden können.

so lange, bis ein Objekt gefunden wird, bei dem das betreffende Attribut einen Wert enthält.

15 Vordefinierte Standardobjekte

Bereits im ersten Beispielprogramm `js/12` zu Objekten in Kapitel 12 hatten wir versucht, mit einem Zuweisungsbefehl ein Objekt zu kopieren, wie wir es von Werten einfacher Datentypen her gewohnt waren. Dass dies nicht wie gewünscht funktionierte, lag daran, dass der eigentliche Inhalt eines Objekts über eine Referenz verwaltet wird. Der Objektinhalt lässt sich damit nicht durch Kopieren des Variableninhalts kopieren, weil auf diese Weise nur die Referenz kopiert wird – so, wie man den Inhalt einer Internetseite nicht dadurch in seinen lokalen Speicher kopieren kann, dass man die betreffende Internetadresse speichert.

Gleiches passiert, wenn man versucht, Arrays oder Funktionen zu kopieren. Grund ist, dass auch sie in JavaScript als Objekte realisiert sind. Ein Beispiel dazu:

```
a=[0,1];
b=a;
b[1]+=1;
window.alert(a[1]);      // liefert Bildschirmausgabe 2
```

Auch in diesem Beispielprogramm handelt es sich bei den Werten der beiden Variablen `a` und `b` um Referenzen, und zwar um zwei identische Referenzen, die damit „beide" auf ein und denselben Array-Inhalt verweisen.

Arrays, aber auch Funktionen, reguläre Ausdrücke, Datumswerte und Fehlerkennungen, sind in JavaScript als Objekte realisiert.[84] Das heißt insbesondere, dass man bei ihnen auch Eigenschaften und Methoden hinzufügen kann, so wie wir es in den vergangenen Kapiteln bei Objekten gelernt haben. Wenn aber Arrays Objekte sind, sollte es eigentlich eine Funktion geben, die als Konstruktor aufgerufen werden kann, um ein Array zu erzeugen. Und dies sollte analog auch für „normale" Objekte gelten, die mit einem Literal erzeugt werden:

```
spielkarte={farbe:"Pik", wert:8};
```

---

[84] Neben diesen sogenannten **nativen Objekten** des JavaScript-Sprachkerns gibt es noch vordefinierte Objekte, die den Zustand und das Verhalten des im Browser angezeigten HTML-Inhalts charakterisieren. Sie werden als **Host-Objekte** bezeichnet

© Springer Fachmedien Wiesbaden GmbH, ein Teil von Springer Nature 2018
J. Bewersdorff, *Objektorientierte Programmierung mit JavaScript*,
https://doi.org/10.1007/978-3-658-21077-9_15

```
leeresObjekt={};
```

Tatsächlich gibt es solche Funktionen. Es handelt sich um die beiden
Funktionen `Array` und `Object`. Sehen wir uns dazu ein Beispiel an:

```
a=new Array(0,1);
spielkarte=new Object();
spielkarte.farbe="Pik";
spielkarte.wert=8;
```

Natürlich gibt es auch für die beiden anderen Objekttypen, die sich mit
Literalen erzeugen lassen, nämlich Funktionen und reguläre Ausdrücke,
entsprechende Funktionen, die als Konstruktoren fungieren können:
`Function` und `RegExp`. Übrigens haben Sie richtig gelesen, es handelt
sich *nicht* um einen Druckfehler: In JavaScript gibt es eine globale Funktion mit dem Bezeichner `Function`, der keinesfalls mit dem klein geschriebenen Schlüsselwort `function` verwechselt werden darf.

Da wir bisher Arrays, Objekte und Funktionen ohne die Konstruktoren
`Array`, `Object` beziehungsweise `Function` erstellt haben, gibt es eigentlich keinen Grund, sie zukünftig zu verwenden,[85] zumal die Verwendung
dieser drei Funktionen dadurch noch verwirrender wird, dass diese drei
Funktionen bei unveränderter Funktionalität auch ohne den `new`-Operator
aufgerufen werden können.

Obwohl die drei Funktionen `Array`, `Object` und `Function` also nicht zum
Erzeugen von Objektinstanzen gebraucht werden, sind sie trotzdem unverzichtbar! Nur mit diesen Funktionen ergibt sich nämlich die Systematik, dass zu *jedem* JavaScript-Objekt ein Konstruktor gehört. Bei einer zu
prüfenden Objektinstanz kann der betreffende Konstruktor mit der stets
verfügbaren Eigenschaft `constructor` ermittelt werden.[86] Die möglichen
Werte sind Referenzen auf Funktionen wie `Object`, `Array` und so weiter,

---

[85] Allerdings ist die Verwendung der Funktionen `Array` und `Object` als Konstruktor
durchaus verbreitet. Unüblich ist dagegen der Einsatz der Funktion `Function` als
Konstruktor:
```
summe=new Function("x","y","return x+y;");
window.alert(summe(1,4));
```

[86] Weniger günstig ist eine Analyse mit dem `instanceof`-Operator. Er liefert bei einem
Array a eine positive Antwort sowohl beim Test
```
a instanceof Array
```
wie auch bei einem Test in Bezug auf die übergreifende „Klasse" `Object`:
```
a instanceof Object
```

das heißt, die Attributwerte sind stets vom Typ Function. Beispielsweise liefern die folgenden vier Befehle jeweils die Bildschirmausgabe „true":

```
window.alert([1,2].constructor==Array);
window.alert({farbe:"Pik",wert:8}.constructor==Object);
window.alert((function(){return 1;}).constructor==Function);
window.alert(/123/.constructor==RegExp);
```

Funktionen: Statische Variablen und variable Anzahl von Argumenten

Wir haben in Kapitel 8 darauf hingewiesen (siehe Fußnote 44), dass es neben globalen und lokalen Variablen noch die Möglichkeit gibt, statische Variablen in Unterprogrammen zu definieren. Andere Programmiersprachen wie C besitzen dafür ein Schlüsselwort `static`. Mit diesem Schlüsselwort wird dort bei einer Variablendeklaration innerhalb eines Unterprogramms eine Variable gekennzeichnet, auf die einerseits nur lokal im Unterprogramm zugegriffen werden kann, deren Wert aber andererseits nach dem Ende eines Aufrufs bis zum Beginn des nächsten Aufrufs erhalten bleibt.[87]

Ein Bedarf für eine solche Funktionalität ergibt sich zum Beispiel dann, wenn die Anzahl der Aufrufe einer Funktion gezählt werden muss, ohne dass dafür – aus den bereits erörterten Gründen – eine globale Variable verwendet werden soll.

In JavaScript gibt es zwar keine statischen Variablen, die wie in einer C-Funktion deklariert werden können, aber zwei Konstruktionen, die Vergleichbares leisten:

- Einerseits kann eine Funktion, bei der es sich ja um ein Objekt handelt, dynamisch um Eigenschaften ergänzt werden. Sollen beispielsweise die Aufrufe einer Funktion `make` gezählt werden, so kann eine Objekt-Eigenschaft `make.count` angelegt werden, die mit jedem Aufruf um 1 erhöht wird, um bei Bedarf gelesen zu werden. Abweichend von der dargelegten Funktionalität, wie sie der Deklarationstyp `static` der Programmiersprache C bietet, kann allerdings auf die Variable `make.count` auch von außerhalb der Funktion zugegriffen werden. Gegenüber einer global definier-

---

[87] Eine statische Variable besitzt demnach die Lebensdauer einer globalen Variablen und die Sichtbarkeit einer lokalen Variablen.

ten Variablen wird lediglich erreicht, dass der **Namensraum** der Bezeichner erkennbar untergliedert wird, womit Namenskonflikte eigentlich vermeidbar sein sollten.

- Eine wirklich umfassende Kapselung kann man nur erhalten, wenn man zu einem Objekt übergeht und die Funktion, deren Aufrufe gezählt werden sollen, durch eine Methode ersetzt. Wie man Objekte professionell kapselt, werden wir in Kapitel 16 erörtern.

Der Wert einer statischen Variablen kann natürlich auch den Typ Function besitzen. So gehört beispielsweise zur in JavaScript vordefinierten Funktion `Object`, die als Konstruktor verwendet werden kann, eine ebenso vordefinierte Funktion `Object.getPrototypeOf`, wie wir sie am Ende des letzten Kapitels kennen gelernt haben. Diese „statische" Funktion `Object.getPrototypeOf` ist keine Methode der einzelnen Objektinstanzen vom Typ Object, sondern eine Methode des Objekts `Object`, aufgefasst als Objekt vom Typ Function.[88]

Obwohl das Aussehen des Funktionskopfes einer JavaScript-Funktion suggeriert, dass diese Funktion nur mit der dort vorgesehenen Anzahl von Argumenten aufgerufen werden könnte, ist das nicht der Fall. Auch in diesem Punkt bleibt JavaScript seinem dynamischen Konzept treu:

- Einerseits ist es möglich, dass ein Funktionsaufruf „zu wenige" Argumente enthält. In der Regel ist dieser „Mangel" inhaltlich darin begründet, dass innerhalb des Funktionskopfes optionale Argumente vorkommen. In diesem Fall werden für die Ausführung der Funktion die übergebenen Werte den Parametervariablen der Reihe nach von links nach rechts zugewiesen, wobei die übrig bleibenden Argumente einfach den Wert `undefined` erhalten.
- Sind andererseits im Funktionsaufruf „zu viel" Argumente enthalten, werden diese bei der Wertzuweisung der Parametervariablen einfach ignoriert. Allerdings können diese Werte trotzdem von der

---

[88] In dieser Interpretation werden statische Variablen von Funktionen, die als Konstruktor verwendet werden, zu einem Äquivalent von **Klassenattributen** und **Klassenmethoden**, wie sie von klassenbasierten Programmiersprachen her bekannt sind. Verwendet werden solche Attribute und Methoden, die sich auf die gesamte Klasse und *nicht* auf die einzelne Instanz beziehen, eher selten. Ein Beispiel für ein Klassenattribut im Bereich des JavaScript-Sprachkerns ist Number.MAX_VALUE. Es handelt sich um eine Konstante, deren Wert der größten darstellbaren Zahl entspricht.

Funktion verarbeitet werden, weil in jeder Funktion eine Array-Variable `arguments[]` lokal definiert ist, deren Inhalte den übergebenen Parameterwerten entsprechen. Auf diese Weise ist es sogar möglich, ganz auf die Deklaration von Argumenten im Funktionskopf zu verzichten und so zum Beispiel eine Summationsfunktion für beliebig viele Parameter zu realisieren.

Etwas übersichtlicher kann eine variable Anzahl von Argumenten mit sogenannten **Restparametern** gehandhabt werden, wobei oft zusätzlich der syntaktisch identische **Spread-Operator** (wörtlich *Ausbreitung*) Verwendung findet. Ein Beispiel:

```
"use strict";                    // js/15
function faktorMalSumme(faktor,...summanden)
{
   return faktor*summe(...summanden);
}
function summe(...summanden)
{
   var ret=0;
   for (let i in summanden)
      ret+=summanden[i];
   return ret;
}
window.alert(faktorMalSumme(5,10,20,30));    //zeigt 300
```

Die Drei-Punkte-Notation für Restparameter am Ende der Parameterliste einer Funktionsdeklaration bewirkt, dass bei einem Aufruf aus allen vorhandenen, aber nicht explizit zugeordneten Parametern ein Array gebildet wird. Anders als bei der Verwendung des `arguments`-Arrays ist der Bezeichner aber frei wählbar: Im Beispiel ist `summands` der Bezeichner des Arrays, das aus allen Parametern beginnend mit dem zweiten Parameter erstellt wird. Mit Hilfe des ebenfalls mit drei Punkten geschriebenen Spread-Operators kann man umgekehrt aus einem Array eine Liste seiner Einträge erzeugen, die dann zum Beispiel bei einem Funktionsaufruf als Parameter verwendet werden. Dabei darf die Parameterliste eines solchen Funktionsaufrufs durchaus mehrere Spread-Operatoren enthalten, während in einer Funktionsdeklaration immer nur ein Restparameter-Bezeichner stehen kann, und zwar nur am Ende der Parameterliste.

Weiterhin zu erwähnen ist die mit `let` vorgenommene Deklaration einer Variable, deren Gültigkeitsbereich daher nur den aktuellen Block umfasst. Außerdem wird die `for-in`-Schleife, die

> standardmäßig die Attribute von Objekten durchläuft, hier für das
> Durchlaufen der (zu Strings konvertierten) Indizes mit Array-Ein-
> trägen verwendet. Eher üblich für diese Aufgabe ist ein Schleifenkopf
> der Form `for (let i=0;i<summanden.length;i++)`.

Neben diesen vier angeführten Objekttypen `Object`, `Array`, `Function`
und `RegExp` können natürlich auch die drei Konvertierungsfunktionen
`String`, `Number` und `Boolean` mittels des `new`-Operators als Konstruktoren eingesetzt werden. Diese in der Konzeption des JavaScript-
Sprachkerns explizit ermöglichte Verwendungsmöglichkeit als Konstruktor ist auch der Grund dafür, dass die Bezeichner dieser drei, global
definierten Funktionen mit einem Großbuchstaben beginnen – anders als
zum Beispiel bei der Funktion `eval`.

Der Aufruf der drei genannten Konvertierungsfunktionen `String`, `Number`
und `Boolean` als Konstruktor geschieht wie üblich mit Hilfe des `new`-
Operators, also zum Beispiel mit dem Befehl

```
a=new Number(3);
```

Mit einem solchen Befehl wird ein sogenanntes **Wrapper-Objekt** erzeugt. Es handelt sich dabei um ein Objekt, das über genau ein Attribut
verfügt, dessen Wert gleich der übergebenen Zahl 3 ist. Dabei kann der
Attributwert eines einmal erzeugten Wrapper-Objekts *nicht* mehr geändert werden. Insbesondere sind solchermaßen erzeugte Wrapper-Objekte
daher *nicht* geeignet, in Unterprogrammen eine Übergabe per Referenz
zu realisieren, bei welcher der Wert eines übergebenen Parameters geändert werden kann.

Zwar kann der Attributwert des Wrapper-Objekts mit der Zugriffsmethode `valueOf` gelesen werden, was aber aufgrund der automatischen Typkonvertierungen des JavaScript-Interpreters gar nicht notwendig ist.
Überhaupt ist in der Praxis eine mit dem `new`-Operator aktivierte Kon-
struktor-Verwendung der drei Konvertierungsfunktionen `String`,
`Boolean` und `Number` eigentlich überflüssig, weil die automatische Typkonvertierung von JavaScript alles regelt. Statt mit dem Programmbefehl

```
window.alert(new Number(Math.PI).toFixed(8));
```

eine auf acht Nachkommastellen gerundete Bildschirmausgabe der Kreiszahl π, das heißt „3.14159265", zu erzeugen, kann man deutlich einfacher
auch die Anweisung

```
window.alert(Math.PI.toFixed(8));
```

verwenden. Analog liefert der Befehl

```
window.alert((Math.pow(2,20)+0.01).toLocaleString());
```

zum Beispiel bei Verwendung eines deutschsprachigen Betriebssystems
die Bildschirmausgabe „1.048.576,01". Wie man bereits an diesen beiden
Beispielen sieht, verfügt ein Number-Wrapper-Objekt analog zu den
Methoden eines String-Wrapper-Objekts über diverse Methoden, mit
denen der numerische Wert komfortabel formatiert werden kann. Dank
der automatischen Typkonvertierung können diese Methoden direkt auf
die Werte vom Datentyp Number angewendet werden.

Die durch einen Methodenaufruf ausgelöste automatische Typkonvertierung sorgt auch dafür, dass die drei folgenden JavaScript-Anweisungen
jeweils die Bildschirmausgabe „true" liefern:

```
window.alert((1).constructor==Number);
window.alert(true.constructor==Boolean);
window.alert("123".constructor==String);
```

In Bezug auf diese drei Anweisungen muss allerdings angemerkt werden,
dass es sich bei den zu prüfenden Werten gar nicht um Objekte handelt.
Insofern mahnt dieses Verhalten zur Vorsicht! Soll der Datentyp des
aktuellen Wertes einer Variablen x analysiert werden, so muss zunächst
immer erst der typeof-Operator verwendet werden. Ansonsten kann es
nämlich zu Fehlschlüssen kommen, wenn wie gerade passiert durch den
Aufruf der constructor-Methode beim Wert eines primitiven Datentyps
zunächst die automatische Typkonvertierung ausgelöst wird.[89]

Neben den bisher bereits erörterten Funktionen Object, Array, RegExp,
Function, Number, String und Boolean enthält der Sprachkern von
JavaScript im Wesentlichen noch zwei weitere Funktionen, die als Kon-
struktor verwendet werden: Date erzeugt Datumswerte und Error erzeugt

---

[89] Dass in der ersten der drei Anweisungen der numerische Wert 1 geklammert werden
musste, liegt übrigens einfach daran, dass ansonsten der nachfolgende Punkt als Dezimaltrennzeichen und nicht als Zugriffsoperator interpretiert worden wäre.

Objekte zur Behandlung von Laufzeitfehlern. Wir werden diese beiden Objektklassen in den Kapiteln 16 und 25 näher kennen lernen.

Eine sehr wichtige Objektklasse ist das Array, weil es sich um *den* klassischen Container für Daten handelt, mit dem Listen und Tabellen beziehungsweise Vektoren und Matrizen in Computerprogrammen realisiert werden können. Wir wollen daher den Rest des Kapitels dazu nutzen, die Funktionalität von JavaScript-Arrays zu erläutern. Zunächst ist anzumerken, dass die Bedeutung von Arrays bei objektorientierten Programmiersprachen nicht mehr ganz so groß ist wie es noch bei einer klassischen Programmiersprache wie C der Fall war. Trotzdem bleibt es attraktiv, Arrays in JavaScript einzusetzen, weil JavaScript-Arrays über alle Möglichkeiten eines Objekts verfügen.

Den Zugriff auf einzelne Feldelemente eines Arrays, die den Koordinaten eines Vektors entsprechen, haben wir bereits in Kapitel 9 erläutert. Wichtig, insbesondere auch im Vergleich zu den Möglichkeiten in anderen Programmiersprachen, ist:

- Ein Index muss 0 oder eine positive Ganzzahl sein.
- Eine in der Deklaration vorgegebene Vorab-Festlegung, welche Indizes gebraucht werden, ist *nicht* notwendig.
- Zwei- und höherdimensionale Arrays werden rekursiv dadurch erzeugt, dass die Dateninhalte des „äußeren", das heißt zum hintersten Index gehörenden, Arrays wieder Arrays sind.

JavaScript bietet vielfältige Methoden, mit denen Arrays komfortabel zu bearbeiten sind. Nachfolgend eine Auswahl der wichtigsten Methoden. Wie schon bei den String-Methoden erlauben einige Methoden optional zusätzliche Parameter, auf deren detaillierte Erläuterung wir hier verzichten:

- `a.push(wert)`
  Hinter dem letzten Eintrag des Arrays a wird ein weiterer Eintrag mit dem Inhalt `wert` angelegt. Optional können auch mehrere Parameter übergeben werden, die dann alle eingetragen werden. Zum Beispiel liefern die Anweisungen
  ```
  a=[0,,2,3];
  a.push(4);
  window.alert(a);
  ```
  die Bildschirmausgabe „0,,2,3,4".

- `a.pop()`
  Der letzte Eintrag des Arrays a wird gelesen, dann im Array gelöscht und schließlich als Rückgabewert zurückgegeben. Ist das Array a leer, wird ohne Veränderung des Arrays der Wert `undefined` zurückgegeben.

- `a.indexOf(wert)`
  Ermittelt den niedrigsten Index des Arrays a, dessen Feldinhalt im Sinne des auch den Datentyp berücksichtigenden Vergleichsoperators „`===`" gleich `wert` ist. Gibt es keinen solchen Eintrag, wird `-1` zurückgegeben. Beispielsweise liefert der Programmbefehl
  `window.alert([0,"3",2,3,4].indexOf(3));`
  die Bildschirmausgabe „3".

- `a.lastIndexOf(wert)`
  Ermittelt den höchsten Index des Arrays a, dessen Feldinhalt im Sinne des Vergleichsoperators „`===`" gleich `wert` ist. Gibt es keinen solchen Eintrag, wird `-1` zurückgegeben.

- `a.join(trenn)`
  Erzeugt einen einzelnen String, der aus den zu Strings konvertierten Inhalten des Arrays a besteht, die jeweils mit dem String `trenn` getrennt sind. Beispielsweise liefert der Programmbefehl
  `window.alert([10,11,12,,14].join(";"));`
  Bildschirmausgabe „10;11;12;;14".

- `a.reverse()`
  Diese Methode erzeugt kein neues Array, sondern kehrt im Array a die Reihenfolge der Feldinhalte um. Beispielsweise besitzt das Array a nach den beiden Programmbefehlen
  `a=[0,1,,,4,5];`
  `a.reverse();`
  einen Wert, der dem Literal `[5,4,,,1,0]` entspricht.

- `a.concat(wert1, wert2, ...)`
  Diese Methode erzeugt ein Array, dessen Feldinhalte zunächst die Inhalte des Arrays a umfassen und dahinter die Werte `wert1`, `wert2` und so weiter. Handelt es sich bei einem Parameter um ein Array, wird es nicht selbst als Ganzes in einen einzelnen Feldinhalt eingetragen, son-

dern es werden stattdessen die einzelnen Feldinhalte angefügt. Beispielsweise besitzt das Array b nach dem Programmbefehl

`b=[0,1,2].concat(3,[4,5],[6,[7,8]]);`

einen Wert, der dem Literal `[0,1,2,4,5,6,[7,8]]` entspricht.

16 Die Kapselung von Objekten

In Kapitel 8 haben wir bei der Erörterung von Funktionen auf die Wichtigkeit hingewiesen, Variablen möglichst lokal zu deklarieren. Nur so kann nämlich verhindert werden, dass es zwischen verschiedenen Programmteilen zu unerwünschten Seiteneffekten kommt, wenn dort auf ein und dieselbe globale Variable schreibend zugegriffen wird – jeweils in der implizit gemachten Annahme, dass diese Variable dem betreffenden Programmteil exklusiv zur Verfügung steht. Das hat zur Folge, dass die korrekte Funktionalität eines Programmteils, der globale Variablen verwendet, davon abhängt, in welcher Weise der Rest des Programms realisiert ist. Insbesondere bei Programmen, die von mehreren Personen erstellt werden, ist eine Kapselung, die auf konsequenter Verwendung lokaler Variablen beruht, damit unabdingbar.

Das Ziel, Daten vor unerwünschten Änderungen zu schützen, besteht natürlich auch in Bezug auf die Attributwerte von Objekten. Allerdings ist bei Objektattributen die Gefahr zufälliger Kollisionen bei den Bezeichnernamen sicher deutlich geringer als bei Variablennamen. Grund ist, dass die doppelte Verwendung eines Bezeichners wie zum Beispiel `neuerArtikel.preis` sicher weniger wahrscheinlich ist als dies bei einem Bezeichner einer globalen Variablen wie etwa `preis` der Fall ist. Unabhängig davon bleibt aber das Grundproblem dasselbe: Die korrekte Funktionalität eines Programmteils sollte nicht davon abhängen, in welcher Weise der Rest des Programms realisiert ist.

Außer dem Schutz vor Seiteneffekten muss aber noch ein weiterer Aspekt angesprochen werden: Demnach sollte ein Objekt auch davor geschützt werden, unerlaubte Zustände anzunehmen. Beispielsweise ist es kaum sinnvoll, der Eigenschaft, die die Höhe eines HTML-Elementes charakterisiert, einen negativen Wert zuweisen zu können. Ähnliches gilt für Objekteigenschaften, die untereinander gewisse Konsistenzrelationen erfüllen müssen: So müssen bei einem Verkaufsvorgang die drei Eigenschaften `nettopreis`, `mehrwertsteuer` und `bruttopreis` in einer Summenrelation zueinander stehen.

© Springer Fachmedien Wiesbaden GmbH, ein Teil von Springer Nature 2018
J. Bewersdorff, *Objektorientierte Programmierung mit JavaScript*,
https://doi.org/10.1007/978-3-658-21077-9_16

Eine *völlige* Kapselung von Objektattributen im Sinne des sogenannten **Geheimnisprinzips** (*information hiding*) erreicht man, wenn der Schreib- und Lesezugriff auf die betreffenden Werte ausschließlich über Methoden stattfindet. Um diesen Charakter einer **Black Box**, deren innerer Zustand dem Betrachter verborgen bleibt, zu erhalten, müssen die Variablen, welche die Eigenschaftswerte speichern, analog zu lokalen Variablen einer Funktion für die Außenwelt unzugänglich gemacht werden. Andere Programmiersprachen wie Java und C++ bieten dazu die Möglichkeit, bei der Deklaration der Variablen, die den Objekt-Eigenschaften entsprechen, sogenannte Zugriffsmodifikatoren (*access modifier*) zu ergänzen. Dabei kann eine Variable insbesondere als öffentlich (*public*) oder privat (*private*) deklariert werden. Im ersten Fall kann auf das Attribut auch von außerhalb des Objekts zugegriffen werden, im zweiten Fall ist der Zugriff nur innerhalb des Objekts möglich.

Beide Zugriffsarten auf Objektattribute können auch in JavaScript realisiert werden:

- Öffentlich zugänglich sind die Objektattribute, deren Werte in demjenigen assoziativen Array gespeichert sind, das dem Objekt zugrunde liegt. Konkret sind das die Attribute und Methoden, auf die innerhalb des Konstruktors mit dem Schlüsselwort `this` zugegriffen wird.
- Privat, das heißt ohne Zugriff von außen, sind alle Variablen, die in der als Konstruktor verwendeten Funktion lokal deklariert sind.

Eine solchermaßen realisierte Kapselung wollen wir uns konkret am Beispiel einer Implementierung eines Stack-Objekts ansehen. Wir erinnern uns daran, dass es sich bei einem Stack um einen Stapel von Daten handelt, der nach dem Last-In-First-Out-Prinzip organisiert wird (siehe Kapitel 8). Es bleibt anzumerken, dass bei der Implementierung der Methoden `push` und `pop` bewusst nicht die entsprechenden Methoden für Arrays verwendet werden, damit die Funktionalität besser ersichtlich wird:

```
<html>
<head><title>Stack als gekapseltes Objekt (js/16)</title>
<script type="text/javascript">
"use strict";
function Stack()
{
   // Alle Daten sind lokal und damit nach außen gekapselt.
   // Initialisierung als leerer Stack:
   var stackpointer=-1;                    // entspricht (Stackgröße-1)
```

```
  var data=[];                            // Stack-Inhalte als Array

  // Von außen aufrufbare, d.h. öffentliche, Methoden:
  this.push=push;
  this.pop=pop;
  this.getStackpointer=getStackpointer;
  this.getTop=getTop;
  this.isEmpty=isEmpty;

  function push(value)                     // speichere value im Stack
  {
    stackpointer++;
    data[stackpointer]=value;
  }

  function pop()                           // lösche obersten Stackwert
  {
    if (isEmpty())
      throw new Error("Leerer Stack bei Methode Stack.pop");
    else
      stackpointer--;
  }

  function getStackpointer()               // lese (Stackgröße-1)
  {
    return stackpointer;
  }

  function getTop()                        // lese obersten Stackwert
  {
    if (isEmpty())
      throw new Error("Leerer Stack bei Methode Stack.getTop");
    else
      return data[stackpointer];
  }

  function isEmpty()                       // prüfe, ob Stack leer
  {
    return (stackpointer==-1);
  }
}
                                          // aktuelle Stackinhalte:
var aStack=new Stack();                    // leer
aStack.push(1);                            // 1
aStack.push(2);                            // 1, 2
aStack.push(3);                            // 1, 2, 3
aStack.pop();;                             // 1, 2
aStack.push(-3);                           // 1, 2, -3
aStack.pop();                              // 1, 2
aStack.pop();                              // 1
window.alert(aStack.getTop());            // zeigt 1 an
aStack.pop();                              // leer
aStack.pop();                              // löst Laufzeitfehler aus
```

```
</script>
</head>
<body></body>
</html>
```

Die Inhalte eines Stack-Objekts werden in einem *lokalen* Array `data` gespeichert. Eine weitere, ebenfalls lokale, Variable `stackpointer` spiegelt die aktuelle Größe des Stacks wider, wobei der Wert von `stackpointer` gleich der Zahl der Einträge im Stack minus 1 ist. Auf beide Variablen kann nicht von außerhalb des Objekts zugegriffen werden, wie dies möglich wäre, wenn die Initialisierung innerhalb des Konstruktors die folgende Form aufweisen würde:

```
this.stackpointer=-1;
this.data=[];
```

Bei einer solchen Variante mit öffentlich zugänglichen Attributen wäre eine Kapselung der Daten nicht mehr gegeben, da dann auch von außerhalb des Objekts beliebige Lese- und sogar Schreibzugriffe möglich wären.

Aufgrund der aber im Programm vollständig vollzogenen Datenkapselung erfolgt der Schreib- und Lesezugriff auf den Stack nur über fünf öffentliche Methoden. Dass die Methoden öffentlich sind, kann man aus den Zuweisungen `this.pop=...` sehen. Eine Methode ist in JavaScript ja nichts anderes als ein Attribut – nur mit einem Wert des Datentyps Function.[90]

Definiert werden die fünf Methoden mit Hilfe lokaler Funktionen, deren Bezeichnung jeweils mit der betreffenden Methode übereinstimmt. Wie bei den Anschlüssen eines elektronischen Gerätes bilden diese Methoden zugleich die einzige nach außen führende Schnittstelle des ansonsten komplett gekapselten Stack-Objekts. Man bezeichnet daher die Gesamtheit der Methoden eines Objekts, dessen Daten vollständig gekapselt sind, auch als **Interface**.

Im Beispielprogramm besonders hervorzuheben ist noch das Management von Laufzeitfehlern. Laufzeitfehler kennen wir von den im

---

[90] Leider können diese Methoden nicht dem Prototyp zugeordnet werden, da für dessen Methoden die lokalen Variablen der Instanzen, das heißt `stackpointer` und `data`, nicht zugänglich sind. Generell können nur solche Methoden dem Prototyp zugeordnet werden, die ausschließlich auf öffentliche Attribute und Methoden zugreifen.

JavaScript-Sprachkern implementierten Funktionalitäten her. Und wer die bisherige Lektüre des vorliegenden Buches mit genügend vielen praktischen Programmierversuchen begleitet hat, dürfte bereits genug Erfahrung mit Laufzeitfehlern gesammelt haben. Zu einem Laufzeitfehler kommt es insbesondere dann, wenn eine im Programm verwendete Standardfunktionalität aufgrund spezieller Werte nicht ausgeführt werden kann. Allerdings werden in JavaScript, wie wir schon erörtert haben, im Vergleich zu anderen Programmiersprachen viele Ausnahmesituationen wie eine Division durch 0 dadurch abgefangen, dass die betreffenden Ausdrücke als Ergebnis einen Pseudowert wie Infinity zugewiesen bekommen. Andere Ausnahmesituationen bieten keine sinnvolle Möglichkeit, die Ausführung eines Programmbefehls mittels der Zuweisung eines Pseudowertes zu ermöglichen und somit Laufzeitfehler abzufangen: Wird etwa die Auswertefunktion eval(code) mit einem String-Wert code aufgerufen, der sich nicht als JavaScript-Code auswerten lässt, dann kommt es zu einem Laufzeitfehler. Dabei terminiert die Programmausführung, und in der Fehlerkonsole des Browsers kann die Fehlermeldung

„SyntaxError: syntax error"

abgerufen werden.

Natürlich liegt es nahe, Laufzeitfehler, die bei der Abwicklung selbst erstellter Funktionalitäten auftreten, analog zu behandeln. Es gibt eben keinen Grund, ursächlich ähnliche Situationen völlig unterschiedlich zu behandeln. Aus diesem Grund wurde im Fall, dass bei einem leeren Stack der oberste Eintrag gelöscht werden soll, die Erzeugung eines Laufzeitfehlers implementiert. Der Programmbefehl dazu lautet:

```
throw new Error("Leerer Stack bei Methode Stack.pop");
```

Auf den ersten Blick könnte man meinen, dass der Befehl

```
window.alert("Leerer Stack bei Methode Stack.pop");
```

sinnvoller gewesen wäre, da die so erzeugte Direktanzeige der Fehlermeldung optisch auffälliger ist. Wir werden aber in Kapitel 17 sehen, wie Fehler, die einerseits gezielt mit dem Programmbefehl throw oder andererseits durch den JavaScript-Interpreter erzeugt wurden, einer gezielten und für den Nutzer sinnvollen Reaktion zugeführt werden können. Ohne solche Maßnahmen terminiert das Programm bei einem Laufzeitfehler. Programme sollten aber stets so konzipiert und realisiert werden, dass eine Eingabe des Nutzers nie zu einem Laufzeitfehler führen kann. Nur auf diese Weise ist es möglich, den Nutzer gegebenenfalls um eine erneute Eingabe zu bitten.

Wie man bereits am new-Operator erkennen kann, erfolgt die Fehlerauslösung mit einem Fehler-Objekt, das mit der als Konstruktor aufgerufenen Funktion Error erzeugt wird. Das Fehler-Objekt ist sehr einfach aufgebaut. Es verfügt nur über die beiden String-Attribute name und message sowie die Methode toString. Dieser einfache Aufbau reicht aber völlig, die so erzeugten Laufzeitfehler beispielsweise in einem zentralen Fehlerhandler zu managen: Das Attribut name enthält den Fehlertyp, das Attribut message die Fehlerbeschreibung und der Methodenaufruf toString() erzeugt einen aus beiden Attributwerten gebildeten Gesamtstring.

Closures

Schaut man sich die Realisierung der Funktion Stack an, so ist die Frage naheliegend, warum die Werte der beiden lokal definierten Variablen stackpointer und data überhaupt erhalten bleiben. Bei der Erläuterung von lokalen Variablen haben wir schließlich darauf hingewiesen, dass die Lebensdauer einer Variablen, die lokal innerhalb einer Funktion definiert ist, auf die Ausführungszeit des entsprechenden Funktionsaufrufs beschränkt ist.

Man könnte nun vermuten, dass der new-Operator einer in der betreffenden Funktion lokal deklarierten Variablen eine längere Lebensdauer beschert, die sich über die gesamte Lebensdauer der Objektinstanz erstreckt. Diese Mutmaßung ist zwar plausibel, aber falsch! Tatsächlich kann auch eine lokale Variable einer normal aufgerufenen Funktion eine Lebensdauer besitzen, die über die Ausführung des Funktionsaufrufs hinausreicht. Wir schauen uns dazu ein einfaches Beispielprogramm an:

```
"use strict";                          // (js/16a)
function Zahl(wert)
{
   var dies={};
   dies.alsWert=function(){return wert;}
   return dies;
}
```

```
var drei=Zahl(3),vier=Zahl(4);        // ohne new !
window.alert(drei.alsWert());         // zeigt 3 an
window.alert(vier.alsWert());         // zeigt 4 an
```

Die Funktion `Zahl` imitiert die Funktionalität einer im `new`-Modus aufgerufenen Konstruktorfunktion, wie wir es bereits in Kapitel 13 (Seite 133) anhand eines anderen Beispiels kennen gelernt haben. Als Rückgabewert eines Aufrufs `Zahl(3)` erhält man ein Wrapper-Objekt, das den übergebenen Parameterwert `3` in einer nicht mehr änderbaren Form enthält. Die Funktion `Zahl` besitzt nur eine lokale Variable, nämlich den Parameter `wert`. Normalerweise könnte auf den Wert dieser lokalen Variablen `wert` nach der Abarbeitung des Funktionsaufrufs `Zahl(3)` nicht mehr zugegriffen werden. Dass dies trotzdem, wenn auch nur in einer indirekten Weise, möglich ist, liegt daran, dass über die Methode `alsZahl` des Objekts `drei` ein Lesezugriff erfolgt. Mit der Instanziierung eines weiteren Objekts `Zahl(4)` wird schließlich noch der Nachweis angetreten, dass die lokale Variable `wert` zur gleichen Zeit tatsächlich mehrfach parallel existiert.

Auch nach der Ausführung eines Funktionsaufrufs kann also ein Zugriff auf eine lokale Variable noch möglich sein. Was ist aber die genaue Ursache dafür? Immerhin wissen wir jetzt, dass es *nicht* der `new`-Operator ist.

Klar ist immerhin, dass im letzten Beispielprogramm die spätere Zugriffsmöglichkeit auf die lokale Variable `wert` de facto unverzichtbar ist. Andernfalls würde nämlich die Auslösung eines Laufzeitfehlers unvermeidbar werden. In Folge würde eins der Kernkonzepte von JavaScript, gemäß dem Funktionen wie normale Werte einer Variablen zugewiesen werden können, zu einem sehr fehleranfälligen Prozedere.

Eine systematische Lösung des Problemkreises ergibt sich dadurch, dass ein JavaScript-Interpreter beim Aufruf einer Funktion gänzlich anders vorgeht als zum Beispiel ein C-Compiler, der bei einem Funktionsaufruf Rücksprungadresse, Parameter und lokale Variablen alle in dazu neu auf dem Stack angelegten Einträgen speichert. Demgegenüber legt der JavaScript-Interpreter für die lokalen Variablen inklusive der Parameter und einige weitere Daten zum Zeitpunkt des Funktionsaufrufs Speicherbereiche im Heap an. Auf dem Stack werden dann deren Referenzen gespeichert. Nach der Ausführung der aufgerufenen Funktion baut der JavaScript-Interpreter – nun in völliger Übereinstimmung zum Vorgehen eines C-Compilers – den Stack wieder ab, und zwar auf den Zustand vor dem Aufruf. Dabei wird als Letztes die Rücksprungadresse gelesen, dann vom Stack gelöscht und schließlich zum Zweck der Programmfortsetzung angesprungen.

Auf den ersten Blick scheint es in prinzipieller Hinsicht keinen Unterschied zu machen, ob der Stack die lokale Variable selbst oder „nur" deren Referenz enthält, da in beiden Fällen der betreffende Stackinhalt nicht mehr verfügbar ist, sobald das Unterprogramm abgearbeitet ist. Allerdings steht im zweiten Fall der Variablenwert noch immer im Heap! Darüber hinaus kann auf diesen Wert sogar noch weiterhin lesend und schreibend zugegriffen werden, *sofern* die betreffende Referenz vor ihrer Löschung im Stack in eine nach wie vor verfügbare Variable kopiert worden ist. Und genau diese Bedingung, welche den betreffenden Speicherbereich vor der Garbage Collection schützt, wird mit der Zuweisung der lokal definierten Funktion an die Eigenschaft `dies.alsWert` sichergestellt.

In diesem Zusammenhang ist an die Form der Variablenbindung zu erinnern, die wir bereits im Kasten am Ende von Kapitel 8 erörtert haben: Innerhalb von Funktionen prüft der JavaScript-Interpreter zunächst, ob es zu einem auftauchenden Bezeichnernamen innerhalb der betreffenden Funktion eine lokal deklarierte Variable gibt – dazu zählen auch die Funktionsparameter sowie die lokal definierten Funktionen. Wie die Bindung der anderen Bezeichnernamen erfolgt, wird bereits zum Zeitpunkt der Definition der Funktion entschieden. Für die Methode `dies.alsWert` ist dies der Zeitpunkt, zu dem der Eigenschaft `dies.alsWert` mittels Literal eine lokal definierte Funktion zugewiesen wird. Daher wird als Bindung der dort vorkommenden Variablen `wert` die zu *diesem* Zeitpunkt aktuelle Bindung, also die innerhalb der aktuellen Ausführung der Funktion `zahl` geltende Bindung, übernommen.

Die gerade beschriebene Gesamtheit aus dem Programmcode einer Funktion und einem Satz von Bindungen, die sich über alle nicht lokal deklarierten Variablen erstreckt, wird **Closure** beziehungsweise **Funktionsabschluss**[91] genannt.

Mit dem beschriebenen Vorgehen des JavaScript-Interpreters wird insgesamt sichergestellt, dass der Aufruf einer inneren Funktion auch nach dem Verlassen der umgebenden Funktion noch sinnvoll abgearbeitet werden kann. Dabei ist der Aufruf der inneren Funktion natürlich nur dann überhaupt möglich, wenn noch eine Referenz auf diese Funktion besteht. Das zugrunde liegende Konzept des Closures ist für JavaScript sehr bedeutend, weil Closures, wie schon dargelegt, zugleich die Basis bilden, Objekte definieren zu können.

Sofort ausgeführte Funktionsausdrücke

Eine Möglichkeit, Programmcode ohne jeden „Verbrauch" globaler Namen auszuführen, bieten sogenannte **Immediately invoked function expressions** (IIFE), bei denen anonyme Funktionen direkt aufgerufen werden. Schauen wir uns dazu ein Beispiel an:

```
"use strict";                    // (js/16b)
(function()
{
  var lokaleVariable1 = 1;
  var lokaleVariable2 = 2;

  function lokaleFunktion1()
  {
    alert("lokaleVariable1 = " + lokaleVariable1);
  }
  function lokaleFunktion2()
  {
    lokaleFunktion1();
    alert("lokaleVariable2 = " + lokaleVariable2);
  }
  lokaleFunktion2();
}());
```

---

[91] In der Mathematik ist der Begriff der Hülle beziehungsweise des Abschlusses in verschiedenen Kontexten gebräuchlich. Ausgegangen wird jeweils von einer Grundmenge und einer darin liegenden Teilmenge. Deren Hülle entsteht dann durch Hinzufügung aller Elemente aus der Grundmenge, die sich durch bestimmte Konstruktionen aus den Elementen der Teilmenge ergeben. Ein Beispiel ist die schon in Fußnote 39 erwähnte Kleene'sche Hülle.

Hätten wir zunächst eine anonyme Funktion definiert und diese dann direkt einer Variablen zugewiesen, um sie schließlich aufzurufen, dann wäre uns alles vertraut gewesen:

```
var showHi = function(){window.alert("Hi");}
showHi();
```

Da wir aber bei der einmaligen Ausführung der Funktion globale Variablen wie `showHi` ausnahmslos vermeiden wollen, bilden wir stattdessen einen Ausdruck, der der rechten Seite der Zuweisung entspricht. Dabei dienen die äußeren runden Klammern einzig dazu, dass der JavaScript-Interpreter nicht fälschlicherweise von der Deklaration einer (nicht anonymen) Funktion ausgeht, bei der er dann den Namen dieser Funktion vermisst und folglich mit einem Fehler terminiert.

Nachdem wir nun den äußeren, syntaktischen Rahmen der Konstruktion verstanden haben, der dem Beispielprogramm `js/16b` zugrunde liegt, bleibt kaum noch ein Bedarf, die Semantik zu erläutern: Beim Direktaufruf der Funktion werden die Befehle des Funktionskörpers von oben nach unten ausgeführt: Nach den beiden Deklarationen und Zuweisungen folgt der Funktionsaufruf `lokaleFunktion2()`, wobei bei der Ausführung auch die erste Unterfunktion durchlaufen wird. Dabei sind die vier Bezeichner alle lokal definiert und bleiben demgemäß nach außen unsichtbar.

Sofort ausgeführte Funktionsausdrücke eignen sich gut zur Initialisierung von Variablen. Dabei werden oft auch parametrisierte Funktionsausdrücke und Funktionsausdrücke mit Return-Werten verwendet, die dann sofort ausgeführt werden. Dass sofort ausgeführte Funktionsausdrücke heute an Bedeutung verloren haben, ist auf zwei Neuerungen des JavaScript-Sprachkerns zurückzuführen: Mit dem `let`-Befehl lassen sich Variablen derart deklarieren, dass sie nur im betreffenden Block gültig sind. Außerdem lassen sich eigenständige Module definieren, deren Variablen im Regelfall vor Zugriffen in anderen Programmteilen gänzlich geschützt sind.

Für die globalen Ergebnisse eines Initialisierungsvorgangs eignen sich insbesondere eigens geschaffene Namensräume. Dabei bewährt haben sich sogenannte **Nested Namespaces**, bei denen mehrfach untergliederte Objekte wie zum Beispiel `MyApp.Gui.Mobile` initialisiert werden. Die eindeutige Zuordnung von Namen zu Objekten, die ein

Namensraum auszeichnet, basiert dabei auf Mechanismen, die eine lange Tradition haben: Die Nummer eines Telefonanschlusses wird eindeutig durch die Vorwahl für das Land sowie das Ortsnetz. Bei Nested Namespaces ergibt sich die Eindeutigkeit durch die vorange-stellten Objekt-Bezeichner wie zum Beispiel `MyApp.Gui`.

17 Fixierte Klassen besser als in Java

Bekanntlich ist ein Objekt in JavaScript nicht nur im Hinblick auf seine Attributwerte, sondern auch in Bezug auf seine Struktur und seine Funktionalität völlig flexibel veränderbar. In Kapitel 13 haben wir gesehen, dass es Klassen als Zusammenfassungen von Objekten gleicher Bauart und gleicher Funktionalität in JavaScript abweichend von anderen Programmiersprachen wie Java und C++ nur indirekt gibt: Auch wenn es in JavaScript kein Sprachelement gibt, das einer Klasse entspricht, so kann man dennoch von Klassen sprechen, weil es sie in der abzubildenden Wirklichkeit gibt. Außerdem ist es mit einem Konstruktor möglich, baugleiche und funktional identische Objekte zu erstellen – wohl wissend, dass später individuelle Veränderungen der Objektstruktur und -funktionalität möglich sind.

Am Ende von Kapitel 13 wurde bereits erwähnt, dass JavaScript Möglichkeiten bietet, die völlige Flexibilität von Objekten einzuschränken. Dazu kann mit Hilfe von sogenannten Deskriptoren, bei denen es sich um interne Systemattribute von Objekten handelt, gesteuert werden, dass das betreffende Objekt nur noch mit Einschränkungen verändert werden kann. Wird von diesen Möglichkeiten in geeigneter Weise bereits im Konstruktor Gebrauch gemacht, erhält man eine Funktionalität, wie sie von klassenbasierten Programmiersprachen wie Java und C++ her bekannt ist.

Selbstverständlich handelt es sich bei einer solchen Nachempfindung von Klassen-Funktionalitäten nicht einfach nur um „l'art pour l'art". Als entscheidender Vorteil ergibt sich, dass Objekte auf diese Weise noch strenger gekapselt werden. Seiteneffekte werden damit noch besser verhindert, die andernfalls dadurch möglich wären, dass in anderen Programmteilen die Methoden nachträglich geändert werden könnten.

Wir schauen uns ein Beispielprogramm an, das zeigt, wie die Struktur, die Funktionalität und der Inhalt eines Objekts fixiert werden können:

```
"use strict";                    // (js/17)
var meinObjekt={};
meinObjekt.eigenschaft1="wert1";
meinObjekt.eigenschaft2="wert2";
```

© Springer Fachmedien Wiesbaden GmbH, ein Teil von Springer Nature 2018
J. Bewersdorff, *Objektorientierte Programmierung mit JavaScript*,
https://doi.org/10.1007/978-3-658-21077-9_17

```
Object.preventExtensions(meinObjekt);
showRuntimeError('meinObjekt.eigenschaft3="wert3";');
                            // "... is not extensible"

delete meinObjekt.eigenschaft2;
Object.seal(meinObjekt);
showRuntimeError('delete meinObjekt.eigenschaft1;');
                            // "... is non-configurable
                            // and can't be deleted"

meinObjekt.eigenschaft1="WERT1";
Object.freeze(meinObjekt);
showRuntimeError('meinObjekt.eigenschaft1="wert1";');
                            // "... is read-only"

function showRuntimeError(code)
{
   try
   {
      eval(code);
   }
   catch(error)
   {
      window.alert(error.message + " (" + error.name + ")");
   }
}
```

Wir erläutern zunächst die letzte Funktion showRuntimeError, obwohl ihr Inhalt eigentlich nichts mit der aktuell zu erörternden Thematik zu tun hat. Im letzten Kapitel haben wir bereits aufgezeigt, wie man mit dem Befehl throw selbst Laufzeitfehler erzeugen kann, die sich genauso verhalten wie die vom JavaScript-Interpreter erzeugten Laufzeitfehler. Der eigentliche Sinn eines solchen Vorgehens wird erst jetzt deutlich. Es gibt nämlich die Möglichkeit, einen Block von JavaScript-Anweisungen mit Hilfe des try-catch-Befehls unter Vorbehalt auszuführen: Tritt kein Laufzeitfehler auf, wird der Anweisungsblock normal ausgeführt. Ansonsten endet die Ausführung beim Auftreten des ersten Laufzeitfehlers, wobei die Programmausführung mit dem catch-Block fortgesetzt wird. Ähnlich einem Parameter in einer Funktion erhält der catch-Block ein Error-Objekt übergeben, das den aufgetretenen Laufzeitfehler widerspiegelt.[92]

---

[92] Die Syntax eines try-catch-Befehls erlaubt noch die Definition eines abschließenden finally-Blocks, der allerdings nur selten gebraucht wird. Die dort enthaltenen Befehle werden auf jeden Fall ausgeführt, auch wenn zum Beispiel das aktuelle Un-

Die Verfahrensweise wird als **Laufzeitfehlerbehandlung, Auffangen von Laufzeitfehlern** oder als **Exception-Handling** bezeichnet.

Im vorangehenden Beispielprogramm wird der `try-catch`-Befehl scheinbar nur zur Anzeige des Fehlers verwendet. Wesentlicher ist allerdings der Effekt, dass das Programm nicht beim Auftreten eines Fehlers terminiert. Dabei kann im Unterprogramm `showRuntimeError` ein beliebiger JavaScript-Code `code` unter Vorbehalt ausgeführt werden, wobei die eigentliche Ausführung mit der uns bereits vertrauten, global definierten Standardfunktion `eval` erfolgt.

Nach dieser Vorrede wenden wir uns aber dem eigentlichen Demonstrationszweck des Beispielprogramms zu. Es werden drei Fehlermeldungen angezeigt:

- Nach dem Aufruf der Methode `Object.preventExtensions(obj)` kann das als Parameter übergebene Objekt `obj` nicht mehr um zusätzliche Attribute oder Methoden erweitert werden. Zu beachten ist, dass die Methode nicht der betreffenden Objektinstanz `obj` zugeordnet ist, sondern dem Konstruktor `Object`.
  Anzumerken bleibt, dass die betreffende Zustandsänderung irreversibel ist und mit der Methode `Object.isExtensible(obj)` geprüft werden kann.

- Nach dem Aufruf der Methode `Object.seal(obj)` (wörtlich *versiegeln*) können bei dem als Parameter übergebenen Objekt `obj` Attribute und Methoden weder gelöscht noch hinzugefügt werden.
  Auch die so erzielte Zustandsänderung ist irreversibel und kann mit der Methode `Object.isSealed(obj)` geprüft werden.

- Nach dem Aufruf der Methode `Object.freeze(obj)` können bei dem als Parameter übergebenen Objekt `obj` Attribute und Methoden weder gelöscht noch hinzugefügt werden, noch können deren Werte verändert werden.[93]
  Auch die so erzielte Zustandsänderung ist irreversibel und kann mit der Methode `Object.isFrozen(obj)` geprüft werden.

---

terprogramm bereits in einem der beiden anderen Blöcke mit `return` beendet wurde.

[93] Mit der Methode `Object.freeze` kann auch ein Standardobjekt wie `Math` vor Veränderung geschützt werden. Ansonsten können selbst Methoden wie `Math.log` verändert werden.

Die gerade beschriebenen drei Paare von Methoden, mit denen sich der Fixierungszustand eines Objekts ändern beziehungsweise überprüfen lässt, beziehen sich jeweils auf alle Attribute und Methoden eines Objekts. Darüber hinaus gibt es noch weitere Methoden, die jeweils nur ein einzelnes Attribut[94] zum Gegenstand haben. Realisiert sind diese Methoden dadurch, dass jedem Attribut diverse Systemeigenschaften zugeordnet sind, darunter gegebenenfalls auch der eigentliche Wert. Diese sogenannten **Eigenschaftsdeskriptoren** gibt es in zwei verschiedenen Zusammenstellungen. Die erste Variante wird dadurch charakterisiert, dass zu den Eigenschaftsdeskriptoren insbesondere das Attribut `value` gehört. Man spricht dann von **Dateneigenschaften**. Es gibt vier Dateneigenschaften:

- `value`
  Der eigentliche Attributwert.

- `writable`
  Boolescher Wert, der angibt, ob der Wert der Eigenschaft verändert oder die Eigenschaft als Ganzes gelöscht werden kann. Der **Default-Wert**, das heißt der ohne Initialisierung bestehende Anfangswert, ist `true`.

- `enumerable`
  Boolescher Wert der angibt, ob das betreffende Attribut im Rahmen einer `for-in`-Schleife aufgezählt wird, für die wir gleich ein Beispiel kennen lernen werden. Der Default-Wert ist `true`.

- `configurable`
  Boolescher Wert, der angibt, ob die die Eigenschaft als Ganzes gelöscht werden kann und ob die Dateneigenschaften `writable`, `enumerable` und `configurable` verändert werden können.[95]

Die Konfigurierung der Eigenschaftsdeskriptoren erfolgt mit der Methode `Object.defineProperty`, die über drei Parameter gesteuert wird. Dabei handelt es sich um die Referenz auf das zu konfigurierende Objekt, den Attributnamen und ein Objekt, dessen Attribute den zu ändernden Eigenschaftsdeskriptoren entsprechen. Wir schauen uns ein Beispielprogramm an:

---

[94] Natürlich sind damit auch Methoden abgedeckt, da es sich bei ihnen um Attribute mit Werten vom Typ Function handelt.

[95] Allerdings kann die Dateneigenschaft `writable` immer vom Wert `true` auf `false` gesetzt werden.

```
"use strict";                                    // (js/17a)
Object.fixAsClassMember=function(aObject)
{
  var att;
  for (att in aObject)
    if ((typeof aObject[att])=="function")
      Object.defineProperty(aObject, att, {writable:false});
  Object.seal(aObject);
}

var meinAuto=new Auto("rot",90);
showRuntimeError("meinAuto.zeigeFarbe=function(){};");
                                 // "... ist read only"
showRuntimeError("delete meinAuto.farbe;");
                                 // "... is non-configurable
                                 //  and can't be deleted"
showRuntimeError("meinAuto.preis=25000;");
                                 // "... is not extensible"
meinAuto.farbe="gelb";           // Farbe ist änderbar
meinAuto.zeigeFarbe();           // zeigt "Die Farbe ist gelb"

function Auto(farbe, kW)
{
  this.farbe=farbe;
  this.kW=kW;
  this.zeigeFarbe=function()
        {window.alert("Die Farbe ist " + this.farbe);};
  Object.fixAsClassMember(this);
}

function showRuntimeError(code)
{
  try
  {
    eval(code);
  }
  catch(error)
  {
    window.alert(error.message + " (" + error.name + ")");
  }
}
```

Die Funktion showRuntimeError kennen wir bereits. Bis auf den am
Ende der Funktion neu hinzugekommenen Befehl ist auch die als Kon-
struktor aufgerufene Funktion Auto bereits verwendet worden. Neu ist die
am Angang definierte Funktion, welche die Menge der Attribute gegen
Veränderungen und alle Methoden gegen ein Überschreiben schützt.
Diese Funktion wird zunächst als anonyme Funktion realisiert und dann
analog zu den Methoden wie seal und freeze dem Konstruktor-Objekt
Object als Methode Object.fixAsClassMember hinzugefügt. Damit

erlangt sie – mit allen Vor- und Nachteilen – fast einen globalen Charakter. Ruft man diese Methode am Ende eines Konstruktors auf, wird die gerade erzeugte Instanz in diesem Sinne fixiert – so wie man es von Klassen in Programmiersprachen wie Java und C++ kennt. Die Aufrufe der Funktion `showRuntimeError` dienen dazu, die beschriebenen Fixierungen zu demonstrieren.

Die Methode `Object.fixAsClassMember` besteht im Wesentlichen aus einer `for-in`-Schleife. Mit dieser Schleife werden alle Attribute und Methoden des Objekts `aObject` durchlaufen, bei denen die Dateneigenschaft `enumerable` nicht auf `false` gesetzt wurde, was im vorliegenden Programm nirgends der Fall ist. Innerhalb der Schleife erhält die Variable `attribut` mit jedem Durchlauf den String-Wert, der dem Attributnamen entspricht.

Die eigentliche Änderung der Dateneigenschaften erfolgt mit der schon erwähnten Methode `Object.defineProperty`. Dabei gibt das als Parameter übergebene Literal `{writable:false}` an, welche Dateneigenschaften überschrieben werden sollen. Das Objekt und das Attribut werden durch die ersten beiden Parameter bestimmt.

Ausgelesen werden können die Eigenschaftsdeskriptoren übrigens mit der Methode

```
Object.getOwnPropertyDescriptor(obj, attributName);
```

Wir wollen uns noch ein weiteres Beispielprogramm ansehen, bei dem die zweite Variante der Eigenschaftsdeskriptoren zum Einsatz kommt. Diese Variante wird dadurch charakterisiert, dass zu den Eigenschaftsdeskriptoren mindestens eins der Attribute `get` oder `set` gehört, wobei dann weder ein Attribut `value` noch ein Attribut `writable` vorhanden sein darf. Bei dieser Variante bezeichnet man die Eigenschaftsdeskriptoren auch als **Zugriffseigenschaften**. Mit ihnen werden Verhaltensweisen von Objekten realisiert, wie sie beispielsweise die vordefinierten Host-Objekte aufweisen, die den Browser und den von ihm angezeigten HTML-Inhalt widerspiegeln. So kann man zum Beispiel mit dem Programmbefehl

```
window.location.href="http://www.bewersdorff-online.de";
```

für das betreffende Browserfenster eine Navigation zu meiner Homepage einleiten. Dabei auf den ersten Blick irritierend ist die Form des Programmbefehls. Es scheint, dass es sich um eine reine Zuweisung handelt, bei welcher der Eigenschaft `window.location.href` ein Wert vom Typ String zugewiesen wird. Zwar findet diese Zuweisung tatsächlich statt. Allerdings löst die Zuweisung gleichzeitig eine Aktion aus, das heißt konkret, dass eine Methode zur Browser-Navigation aufgerufen wird.

In Bezug auf Host-Objekte erlaubt JavaScript eine solch intuitive Notation schon seit seinen Anfängen im Jahr 1996. Entsprechende Funktionalitäten für beliebige Objekte flossen wenig später zunächst in die Programmiersprache Visual Basic ein, etwas später folgten alle Programmiersprachen von Microsofts .NET-Framework, darunter insbesondere C#. Mit dem 2009 definierten Standard ECMAScript 5 wurde es auch in JavaScript möglich, für beliebige Objekte solche Methoden zu definieren. Sie werden als **Zugriffsmethoden** bezeichnet.

Die Definition von Zugriffsfunktionen erfolgt mit Hilfe von vier Zugriffseigenschaften:

- `get`
  Der Wert dieses Attributs ist eine Funktion, die als sogenannte **Abfragemethode** fungiert. Man spricht auch von einem **Getter**.
- `set`
  Der Wert dieses Attributs ist eine Funktion, die als sogenannte **Änderungsmethode** fungiert. Man spricht auch von einem **Setter**.
- `enumerable`
  Boolescher Wert, der angibt, ob das betreffende Attribut im Rahmen einer `for-in`-Schleife aufgezählt wird. Der Default-Wert ist `true`.
- `configurable`
  Boolescher Wert, der angibt, ob die Eigenschaft als Ganzes gelöscht werden kann und ob die Zugriffseigenschaften verändert werden können.

Auch für die zweite Variante, bei der es sich bei den Eigenschaftsdeskriptoren um Zugriffseigenschaften handelt, schauen wir uns noch ein Beispielprogramm an:

```
"use strict";                          // (js/17b)
function PositiveZahl()
{
  var wert;
  Object.defineProperty(this,'wert',
    {get: function() {return wert;},
     set: function(wertNeu)
```

```
            {
                if (typeof wertNeu=="number")
                    if (wertNeu>0)
                        wert=wertNeu;
            },
        configurable:false});
}
var einePositiveZahl=new PositiveZahl();
einePositiveZahl.wert=1;
einePositiveZahl.wert="2";        // kein Schreibzugriff
alert(einePositiveZahl.wert);     // zeigt Wert 1 an
```

Mit dem kleinen Programm wird eine Klasse `PositiveZahl` angelegt, mit der für eine positive Zahl ein Wrapper-Objekt angelegt werden kann.

Der Schreib- und Lesezugriff auf den Objektinhalt findet analog zum schon erläuterten Beispiel `window.location.href` wie bei einem Zugriff auf die Eigenschaft `einePositiveZahl.wert` statt. Zwar gibt es eine lokale Eigenschaft `wert` in der Klasse `PositiveZahl`, jedoch ist diese Eigenschaft nach außen nicht sichtbar. Insofern kann mit der Methode `Object.defineProperty` ein Verhalten erzeugt werden, das ein nach außen sichtbares Attribut `wert` suggeriert – man spricht auch von einer **Pseudo-Eigenschaft**. Dabei wickeln die als Zugriffseigenschaften zu den Attributnamen `get` und `set` definierten Funktionen den Lese- beziehungsweise Schreibzugriff ab. Beide Funktionen können Parameter enthalten, wobei die zum Attributnamen `set` definierte Funktion mindestens einen Parameter enthalten muss, mit dem der in einem Zuweisungsbefehl zugewiesene Wert übergeben wird.

Wie schon beim Attribut `window.location.href` dienen die Getter- und Setter-Funktion meist primär der Realisierung des Lese- und Schreibzugriffs auf einen Attributwert. „En passant" können dabei Funktionalitäten ausgelöst werden. Analog zum Attribut `window.location.href` wird auch beim scheinbaren Attributwert `einePositiveZahl.wert` nur beim Schreibzugriff eine zusätzliche Funktionalität realisiert. Dabei werden konkret der Typ und das Vorzeichen des übergebenen Wertes geprüft. Auf diese Weise lassen sich insbesondere auch typsichere Attribute, wie man sie von anderen Programmiersprachen wie Java und C++ her kennt, realisieren. Im aktuellen Beispielprogramm werden unzulässige Werte wie der Stringwert `"2"` einfach ignoriert. Alternativ hätte man auch einen Laufzeitfehler auslösen können.

Ein schreibgeschütztes Attribut erhält man, wenn nur eine Getter-Methode definiert wird. Wird nur eine Setter-Methode definiert, kann das Attribut nicht ausgelesen werden. Ein Pseudo-Attribut ohne Lesezugriff ist zum Beispiel sinnvoll bei einem Passwortcontainer, bei dem es neben der Methode zum Setzen eines Passwortes einzig eine Methode zur Passwortprüfung gibt, mit der ein als Argument übergebener String darauf geprüft werden kann, ob es sich um das richtige Passwort handelt.

Abgesehen von den hier zu erläuternden Getter- und Setter-Methoden bleibt in Bezug auf das Beispielprogramm noch zu erläutern, dass im Unterschied zu einem mittels `new Number(zahl)` angelegten Standard-Wrapper-Objekt der Wert der im Objekt gespeicherten Zahl nachträglich noch veränderbar ist. Insofern eignet sich ein solchermaßen erzeugtes Objekt auch dazu, bei einem Funktionsaufruf eine Übergabe per Referenz zu realisieren: Dabei bleibt die als Parameter übergebene Referenz unverändert. Trotzdem kann der Objektinhalt geändert werden.

Resümierend kann festgestellt werden, dass man in JavaScript strikt kapseln kann, wenn man nur will! Mit den Getter- und Setter-Methoden lässt sich nicht nur eine konsequente Typsicherheit bei den Attributen erreichen. Darüber hinaus ist es ebenso möglich, dass alle Attribute in übersichtlicher Weise im Sinne des Geheimnisprinzips lokal deklariert werden können. Auch der Schutz sämtlicher Methoden gegen eine nachträgliche Veränderung ist kein Problem. Aber wie gesagt: Eine solchermaßen quasi erreichte Ausdehnung des Striktmodus auf Attribute und Methoden ist möglich, aber nicht zwingend. Für ein kleines Programm mögen solche Maßnahmen überdimensioniert sein, für eine große Objekt-Bibliothek sind sie es sicher nicht.

Gegenüber typsicheren und klassenbasierten Programmiersprachen wie Java und C++ bleibt aber ein Unterschied bestehen: Tippfehler, die unbeabsichtigt zu neuen Attributen und Methoden führen, führen in JavaScript erst zur Laufzeit zu Fehlern, während bei Java und C++ bereits beim Kompilieren Fehler entstehen.

Leider wird sich aber noch zeigen, dass die strikte Kapselung von JavaScript-Objekten, wie wir sie gerade beschrieben haben, auch gewichtige Nachteile hat. Mehr dazu in Kapitel 19.

Singletons

Als **Singleton** bezeichnet man eine in einem Programm implementierte Klasse, von der nur ein einziges Objekt instanziiert werden kann. Der Bedarf für einen Singleton entsteht zum Beispiel dann, wenn ein Objekt der Realwelt modelliert werden soll, das nicht vervielfachbar ist. Oft sind dies Objekte mit globalem Charakter, wobei es sich nicht gleich um die ganze Welt oder „nur" um unsere Erde handeln muss. Es reicht bereits der Computer, an dem wir arbeiten. Seine Hardware wird beschrieben durch ein Objekt, dessen Attribute den Status globaler Variablen und Konstanten besitzen und dessen graphisches User-Interface wir vom Windows-Desktop unter dem Namen *Arbeitsplatz* oder *Computer* her kennen. Verschiedene Instanzen wären daher nicht sinnvoll. Analoges gilt für den Browser, der ebenfalls global für ein darin laufendes Skript ist und dessen Eigenschaften in JavaScript durch ein Singleton-Objekt `navigator` beschrieben werden, das wir in Kapitel 23 kennen lernen werden. Natürlich gibt es nicht nur einen einzigen Browser und nicht nur einen einzigen Computer, aber die Einzigartigkeit besteht sehr wohl bei einer Sicht von innen heraus. Sie gilt selbst für ein Browserfenster, in dem ein JavaScript-Programm läuft und das demgemäß im Programm durch ein globales Objekt `window` repräsentiert wird.

Die bisher beschriebenen Singletons zeichnen sich dadurch aus, dass bei ihnen die Existenz *genau* einer Instanz offensichtlich ist. Außerdem besitzen ihre Attribute sogar oft den Charakter einer Konstanten. Es gibt aber Klassen, von denen manchmal gar keine Instanz zu existieren scheint. Zum Beispiel könnte eine Klasse `User` den Login-Zustand eines Programms widerspiegeln. Wenn zu einem Zeitpunkt immer nur ein Nutzer eingeloggt sein kann, gibt es maximal eine Instanz. Aber was passiert mit der Instanz nach dem Logout? Und gibt es die Instanz bereits vor dem ersten Login? Ein wesentliches Merkmal der Singleton-Klasse ist, dass die einzige Instanz erst beim Beenden des Programms zerstört wird. Login- und Logout-Prozesse führen also bei der einzigen `User`-Instanz zu Änderungen der internen Attribute und nicht zur Erzeugung oder Löschung einer Instanz.

Innerhalb von JavaScript haben wir bereits das `Math`-Objekt als Singleton kennen gelernt. Bereits erwähnt wurde das noch in Kapitel 21 zu beschreibende Objekt `JSON`. Beide liefern beim `typeof`-Operator den Wert `"object"` und eben nicht den Wert `"function"`, den man bei `typeof Object` erhält. Das liegt daran, dass `Math` und `JSON` keine Konstruktoren sind, auch wenn ihre Namen mit einem Großbuchstaben beginnen, wie dies für Konstruktoren üblich ist. Die beiden Objekte dienen im Wesentlichen dazu, Namensräume zu separieren.

Wird ein Singleton mittels einer Klasse definiert, was in einer klassenbasierten Programmiersprache wie Java zwingend ist, muss der Konstruktor ab dem zweiten Aufruf immer die gleiche Instanz wie im ersten Aufruf liefern. In JavaScript besteht alternativ die Möglichkeit, ein Singleton relativ einfach als Einzelobjekt zu realisieren:

```
"use strict";                    // (js/17c)
const MyBrowser={};
(function()
{
    // Initialisierungen, auch unter Verwendung
    // lokaler Variablen und lokaler Funktionen
    // ...
    MyBrowser.name="Fire Chrome";
}());
Object.freeze(MyBrowser);        // fixiert Attributmenge und -werte
window.alert(MyBrowser.name);
```

Die Deklaration der Konstanten `MyBrowser` mittels `const` bewirkt einzeln für sich nur, dass diesem Bezeichner kein anderer Wert und damit auch keine andere Referenz zugewiesen werden kann. Die Konstanten-Deklaration verhindert aber nicht, dass Attribute des Objekts `MyBrowser` ergänzt oder verändert werden. Unmöglich wird dies erst durch den Aufruf der Methode `freeze`, der natürlich erst erfolgt, nachdem das Objekt `MyBrowser` mittels eines direkt ausgeführten Funktionsausdrucks initialisiert worden ist. Dabei wird durch den wie auch immer im Detail gestalteten Initialisierungsprozess kein einziger globaler Bezeichner außer `MyBrowser` „verbraucht".

Hätte man statt der `freeze`-Methode nur die `seal`-Methode verwendet, wäre eine nachträgliche Änderung der Attributwerte noch möglich, wie dies im Beispiel der `User`-Klasse als notwendig erkannt wurde.

18 Erben ohne Sterben

Wer etwas erbt, muss es sich nicht selbst erarbeiten. Das gilt im richtigen Leben, aber auch für Programmierer – dort mit dem Vorteil, dass niemand für die Erbschaft sterben muss.

Die **Vererbung** (*inheritance*) von Softwarefunktionalitäten bezieht sich stets auf Objekte. Konkret ist damit gemeint, dass die Funktionalität eines Objekts nicht explizit programmiert werden muss, weil sie von einem anderen Objekt übernommen werden kann.

Die Vererbung ist neben der Kapselung eins der wichtigsten Prinzipien der objektorientierten Programmierung, für das die diversen objektorientierten Programmiersprachen unterschiedliche Konzepte bieten. Vererbung ist ein weiteres Mittel, mit dem die wiederholte Implementierung desselben Programmablaufs verhindert werden kann. Dabei ist das naheliegende „Copy & Paste" keine Alternative – genau wie bei wissenschaftlichen Arbeiten, wenn auch aus ganz anderen Gründen: Sind nämlich später Programmfehler zu korrigieren oder Änderungen aufgrund von gewünschten Funktionserweiterungen notwendig, dann müssten nach einem „Copy & Paste" jeweils mehrere Stellen gleichlautend geändert werden – ein fehlerträchtiges Unterfangen, das organisatorisch von Anfang an vermieden werden sollte.

Vererbung ist insbesondere dann sinnvoll, wenn zu einer bereits implementierten Klasse eine Unterklasse realisiert werden soll, wobei man von einer **Spezialisierung** oder auch **einfachen Vererbung** spricht. Da die Mitglieder der Unterklasse alle auch zur ursprünglichen Klasse gehören, verfügen sie selbstverständlich über alle Attribute und Methoden, welche die Mitglieder der bereits implementierten Klasse besitzen. Beispielsweise könnte zur Klasse `Auto` aus bisherigen Beispielprogrammen eine Unterklasse `BestandsAuto` realisiert werden, deren Instanzen die Autos im aktuellen Lagerbestand eines Händlers widerspiegeln. Die Mitglieder dieser Klasse verfügen nicht nur über die Methoden und Attribute, die bereits in der Klasse `Auto` vorhanden sind, sondern darüber hinaus über weitere Attribute und Methoden, zum Beispiel über ein Attribut `preis` und eine Methode `rabattiere`.

© Springer Fachmedien Wiesbaden GmbH, ein Teil von Springer Nature 2018
J. Bewersdorff, *Objektorientierte Programmierung mit JavaScript*,
https://doi.org/10.1007/978-3-658-21077-9_18

Wir schauen uns dazu ein Beispielprogramm an. Wie in den bisherigen Fällen sind die Objekte im Vergleich zu realistischen Anwendungen so simpel, so dass sich die Realisierung einer Vererbung eigentlich gar nicht lohnt. Das sollte aber keinesfalls stören, da es uns um eine Demonstration des Prinzips geht, das völlig analog auch für komplexe Implementierungen von Objekten funktioniert.

```
"use strict";                           // (js/18)
function Auto(farbe, kW)
{
    Object.defineProperty(this,'farbe',
        {get: function() {return farbe;}});
    Object.defineProperty(this,'kW',
        {get: function() {return kW;}});
    this.zeigeFarbe=function()
        {window.alert("Die Farbe ist " + farbe);};
}

function BestandsAuto(farbe, kW, preis)
{
    var diesesAuto=new Auto(farbe, kW);
    Object.defineProperty(this,'farbe',
        {get: function() {return diesesAuto.farbe;}});
    Object.defineProperty(this,'kW',
        {get: function() {return diesesAuto.kW;}});
    this.zeigeFarbe=function() {diesesAuto.zeigeFarbe()};
    Object.defineProperty(this,'preis',
        {get: function() {return preis;}});
    this.rabattiere=function(prozent)
        {preis=preis*(100-prozent)/100};
}

var einBestandsAuto=new BestandsAuto("rot",90,25000);
einBestandsAuto.zeigeFarbe();           // zeigt "Die Farbe ist rot"
einBestandsAuto.rabattiere(10);
window.alert(einBestandsAuto.preis);    // zeigt "22500"
```

Die Klasse Auto ist uns in Bezug auf ihre Attribute und Funktionalität bereits aus früheren Beispielen bestens bekannt. Gegenüber den Versionen in Kapitel 13 haben wir in der neuen Version des Konstruktors lediglich von der im letzten Kapitel erörterten Möglichkeit Gebrauch gemacht, die Attribute farbe und kW nur über Zugriffsmethoden ausschließlich zum Lesen zugänglich zu machen. Als lokale Variablen fungieren dabei die beiden Parameter des Konstruktoraufrufs, so dass es keiner var-Deklaration bedarf.

Bei der zweiten Klasse `BestandsAuto` handelt es sich um eine Unterklasse der Klasse `Auto`: Jedes Auto im Lagerbestand ist schließlich ein Auto. Dabei besitzen die Autos im Lagerbestand zusätzlich die Eigenschaft `preis` und die Methode `rabattiere`. Letztere reduziert den Preis um den als Parameter übergebenen Prozentsatz. Dabei kann die lokal deklarierte Eigenschaft `preis` nur über eine Zugriffsmethode gelesen oder mittels der Methode `rabattiere` verändert werden.

Die Implementierung der beiden Attribute `farbe` und `kW` sowie der Methode `zeigeFarbe` geschieht durch Vererbung. Das heißt, es wird von der – wie auch immer bestehenden – Implementierung innerhalb der `Auto`-Klasse Gebrauch gemacht. Die Art und Weise, wie dies im Beispielprogramm gemacht wurde, ist etwas umständlich, dafür aber völlig universell. Insbesondere werden keine speziell dafür vorgesehenen JavaScript-Sprachelemente verwendet, sondern nur die bereits bekannten Konzepte für die Definition und Nutzung von Objekten.

Konkret erbt die Tochter-Klasse `BestandsAuto` die Attribute der `Auto`-Klasse dadurch, dass jede Instanz der Klasse `BestandsAuto` eine lokale Variable `diesesAuto` besitzt, bei deren Wert es sich um ein Objekt der Vater-Klasse `Auto` handelt. Jede geerbte Methode ist als Rumpfmethode definiert, deren Funktionskörper jeweils aus einem einzigen „Durchschiebe"-Befehl besteht, mit dem die entsprechende Methode des Objekts `diesesAuto` aufgerufen wird. Man nennt diese Verfahrensweise **Delegation**.

Mit der gerade beschriebenen Vorgehensweise wird die Vererbung einer Methode zur reinen Schreibarbeit, die bei der Programmierung der Unterklasse zu bewältigen ist. Dabei wird die Verantwortung einer korrekt realisierten Methodenfunktionalität voll an die Vater-Klasse delegiert. Auf diese Weise ist im Prinzip sogar eine **Mehrfachvererbung** (*multiple inheritance*) möglich, bei der die Funktionalität der diversen Methoden an verschiedene Vater-Klassen delegiert wird. Beispielsweise könnte die Klasse `BestandsAuto` nicht nur von der Klasse `Auto` erben, sondern darüber hinaus auch das Attribut `preis` und die Methode `rabattiere` von einer anderen Klasse `BestandsArtikel`. Ein entsprechendes Beispiel werden wir am Ende des Kapitels erläutern.

Delegation ist transparentes und flexibles Verfahren der Vererbung, das
darüber hinaus – wie bereits bemerkt – universell, aber leider etwas
umständlich ist. Das eigentliche Ziel der Vererbung, nämlich Redundan-
zen im Quellcode von Methoden überflüssig zu machen, wird aber voll
erreicht. In den meisten Fällen nachteilig ist, dass eine nachträglich
realisierte Methode, mit der die Vater-Klasse erweitert wird, in der Tochter-Klasse ohne eine dort nachgetragene Rumpf-Implementation nicht
verfügbar ist. Nur im Ausnahmefall, wo der Vererbungsprozess in seinem
Umfang streng kontrolliert werden soll, wird dieser Zwang zum Vorteil.

Wir wollen uns nun noch eine weitere Realisierung einer Vererbung
ansehen, bei der alle Attribute und Methoden automatisch in eine Unterklasse vererbt werden, was den Quellcode deutlich verkürzt. An die
Vater-Klasse delegiert wird diesmal nur der Aufruf des Konstruktors.
Funktional ist das Beispielprogramm völlig identisch zum letzten Programm:

```
"use strict";                        // (js/18a)
function Auto(farbe, kW)
{
    Object.defineProperty(this,'farbe',
        {get: function() {return farbe;}});
    Object.defineProperty(this,'kW',
        {get: function() {return kW;}});
    this.zeigeFarbe=function()
        {window.alert("Die Farbe ist " + farbe);};
}

function BestandsAuto(farbe, kW, preis)
{
    Auto.call(this,farbe,kW);            //initialisiere Auto-Anteil
    Object.defineProperty(this,'preis',
        {get: function() {return preis;}});
    this.rabattiere=function(prozent)
        {preis=preis*(100-prozent)/100};
}


var einBestandsAuto=new BestandsAuto("rot",90,25000);
einBestandsAuto.zeigeFarbe();          // zeigt "Die Farbe ist rot"
einBestandsAuto.rabattiere(10);
window.alert(einBestandsAuto.preis);   // zeigt "22500"
```

Im Unterschied zur zuvor erörterten Programmversion enthält eine Instanz der Klasse BestandsAuto kein Attribut mit einem Auto-Objekt,
sondern die Instanz selbst wird anfänglich wie ein Auto-Objekt initialisiert. Diese Initialisierung erfolgt durch einen Aufruf der normalerweise

nur als Konstruktor dienenden Funktion `Auto`, und zwar mittels der für alle `Function`-Objekte verfügbaren Methode `call`. Dabei wird als erster Parameter das Objekt übergeben, das innerhalb des Funktionskörpers den Platz der Referenz `this` einnimmt – im vorliegenden Fall handelt es sich um die unmittelbar zuvor erstellte Referenz `this` aus der Abarbeitung des Konstruktors `BestandsAuto`. Anschließend werden dann bei der Instanz diejenigen Eigenschaften und Methoden ergänzt, über die Instanzen der Klasse `BestandsAuto` gegenüber Instanzen der Klasse `Auto` zusätzlich verfügen.

Im Vergleich zu der in der ersten Programmversion verwendeten Delegation wird mit der neuen Vererbungskonstruktion eine Menge Schreibarbeit gespart, weil zur Vererbung der Methoden keine Rumpfmethoden angelegt werden müssen. Keine nennenswerte Ersparnis erhält man aber in Bezug auf die bei einer Instanziierung eines Objekts benötigte Laufzeit, die sich ungefähr aus der Anzahl der zu durchlaufenden Programmbefehle ergibt.

Wie schon bei der ersten Version auf Basis einer Delegation ist auch mit der zweiten Konstruktion einer Vererbung eine Mehrfachvererbung möglich, wenn die zu implementierende Klasse als Unterklasse von mehreren bereits existierenden Klassen aufgefasst werden kann. Wir sehen uns dazu ein weiteres Beispielprogramm an, das wieder funktional völlig identisch zu den beiden letzten Programmen ist, wenn man einmal von den ergänzten Objektfixierungen absieht, wie wir sie schon in Kapitel 17 kennen gelernt haben. Wir erinnern daran, dass mit der Objektfixierung bei Attributen und Methoden ein ähnlicher Zustand erreicht wird wie bei normalen Variablen im Striktmodus, das heißt, Tippfehler bei Bezeichnernamen führen in der Regel zu einem beherrschbaren Fehlerverhalten:

```
"use strict";                        // (js/18b)
Object.fixAsClassMember=function(aObject,aClass)
{
   // Fixierung, wenn aClass der Konstruktor von aObject ist:
   var attribut;
   if (aObject.constructor==aClass)
   {
      for (attribut in aObject)
         if ((typeof aObject[attribut])=="function")
            Object.defineProperty(aObject, attribut, {writable:false});
      Object.seal(aObject);
```

```
    }
}

function Auto(farbe, kW)
{
    Object.defineProperty(this,'farbe',
        {get: function() {return farbe;}});
    Object.defineProperty(this,'kW',
        {get: function() {return kW;}});
    this.zeigeFarbe=function()
        {window.alert("Die Farbe ist " + farbe);};
    Object.fixAsClassMember(this,Auto);
}

function BestandsArtikel(preis)
{
    Object.defineProperty(this,'preis',
        {get: function() {return preis;}});
    this.rabattiere=function(prozent)
        {preis=preis*(100-prozent)/100};
    Object.fixAsClassMember(this,BestandsArtikel);
}

function BestandsAuto(farbe, kW, preis)
{
    Auto.call(this,farbe,kW);          // initialisiere als Auto ...
    BestandsArtikel.call(this,preis);  // ... und als BestandsArtikel
    Object.fixAsClassMember(this,BestandsAuto);
}


var einBestandsAuto=new BestandsAuto("rot",90,25000);
einBestandsAuto.zeigeFarbe();         // zeigt "Die Farbe ist rot"
einBestandsAuto.rabattiere(10);
window.alert(einBestandsAuto.preis);  // zeigt "22500"
```

Diesmal wird die Klasse BestandsAuto als Unterklasse sowohl der
Klasse Auto wie auch der Klasse BestandsArtikel aufgefasst. Damit die
Methoden beider Klassen geerbt werden können, wird im Konstruktor
BestandsAuto zu Beginn die Referenz this, die auf das aktuell zu in-
stanziierende Objekt verweist, durch Aufrufe der *beiden* Konstruktor-
Funktionen initialisiert, und zwar wie im letzten Programm wieder unter
Verwendung der call-Methode.

Bei diesem Initialisierungsprozess findet etwas statt, was auch im späteren Leben der Objekte häufig auftritt und sogar sehr typisch ist für objektorientierte Programmierung: Eine Objektinstanz aus der Klasse
BestandsAuto wird zunächst als ein Mitglied der Klasse Auto und dann
als ein Mitglied der Klasse BestandsArtikel aufgefasst. Man bezeichnet

den Sachverhalt, mit Objekten auf diese Weise umgehen zu können, als **Polymorphismus**. In JavaScript ist das eigentlich nichts Besonderes, da alle Variablen aufgrund der dynamischen Typisierung generell hochgradig polymorph sind. Demgegenüber ist die Polymorphie in typsicheren Programmiersprachen wie C++ und Java das Ergebnis von gezielt darauf ausgerichteten Sprachkonzepten. Auf deren Basis sind polymorphe Konstruktionen möglich, bei denen bereits zum Zeitpunkt des Kompilierens ein Programmablauf garantiert werden kann, bei dem keine Laufzeitfehler aufgrund von nicht existierenden Attributen und Methoden auftreten.[96]

Zu erläutern ist noch die Methode `Object.fixAsClassMember`, die gegenüber der Version in Kapitel 17 um einen zweiten Parameter `aClass` und eine darauf basierende Eingangsprüfung ergänzt wurde. Mit dieser bedingten Ausführung der Funktion wird sichergestellt, dass ein Objekt nur dann fixiert wird, wenn der Konstruktor mit dem `new`-Operator aufgerufen wird. Das hat zur Konsequenz, dass ein `BestandsAuto`-Objekt erst am Ende des eigenen Konstruktoraufrufs fixiert wird, nicht aber bereits im Rahmen des Aufrufs der `Auto.call`-Methode, was einen Fehler bei der anschließenden Erweiterung des Objekts im Rahmen der Methode `BestandsArtikel.call` auslösen würde.

Auch wenn die Vererbung sämtlicher Methoden automatisch funktioniert, ist eine Löschung oder eine gezielte Änderung einzelner Methoden durchaus möglich. Man spricht dann von einem **Überschreiben** der betreffenden, von der Vater-Klasse geerbten Methode. Beispielsweise könnte die `rabattiere`-Methode für die `BestandsAuto`-Klasse auf einen bestimmten Höchstprozentsatz begrenzt werden. Dazu könnte man versuchen, den Konstruktor folgendermaßen zu erweitern:

```
function BestandsAuto(farbe, kW, preis)           // (js/18c)
{
  Auto.call(this,farbe,kW);          // initialisiere als Auto ...
  BestandsArtikel.call(this,preis);  // ... und als BestandsArtikel
  this.rabattiere=function(prozent)
```

---

[96] Typsichere Programmiersprachen ermöglichen eine sogenannte **frühe Bindung**, da es für eine Objektinstanz bereits zum Zeitpunkt der Kompilierung entscheidbar ist, ob ein bestimmtes Attribut oder eine bestimmte Methode existiert. JavaScript ist dagegen ein Beispiel für eine Programmiersprache mit **später Bindung**. Dort kann erst zur Laufzeit entschieden werden, ob eine bestimmte Objektinstanz über ein bestimmtes Attribut verfügt.

```
    {
        if (prozent<=15)
           preis=preis*(100-prozent)/100; // falsche lokale Variable!!!
    }
    Object.fixAsClassMember(this,BestandsAuto);
}
```

Integriert man den derart modifizierten Konstruktor in das letzte Programm, so stellt sich die erwartete Wirkung *nicht* ein. Selbst bei einem
Prozentsatz unterhalb von 15 bleibt nämlich der Preis von 25.000 unverändert. Der Grund ist, dass der Gültigkeitsbereich der lokal im Konstruktor `BestandsAuto` deklarierten Variablen `preis` diejenige anonyme
Funktion beinhaltet, die dem Attribut `rabattiere` als Methode zugewiesen wird. Damit greift die Methode `rabattiere` *nicht* wie ihr überschrie-
benes Pendant auf die im Konstruktor `BestandsArtikel` lokal deklarierte
Variable `preis` zu, deren Wert durch die Zugriffsmethode `preis` von
außen gelesen werden kann.

Eine Lösung für das Problem erhält man mit einer Art Delegation, bei der
die Methode des „ausgeschlagenen Erbes" für die Implementierung einer
modifizierten Methode verwendet wird:

```
function BestandsAuto(farbe, kW, preis)             // (js/18d)
{
    Auto.call(this,farbe,kW);            // initialisiere als Auto ...
    BestandsArtikel.call(this,preis);    // ... und als BestandsArtikel
    var bestandsArtikelRabattiere=this.rabattiere;

    this.rabattiere=function(prozent)
    {
        if (prozent<=15)
           bestandsArtikelRabattiere(prozent);
    }
    Object.fixAsClassMember(this,BestandsAuto);
}
```

Das Beispiel macht mal wieder ausgiebig davon Gebrauch, in JavaScript
mit Funktionen wie mit normalen Werten umgehen zu können. Auf diese
Weise wird zunächst die zu überschreibende Methode als Funktion in
einer lokalen Variablen „gerettet". Daher kann die zu überschreibende
Methode anschließend im Rahmen ihrer Neudefinition verwendet werden.

Selbstverständlich ist es mit den in Kapitel 17 erörterten Techniken
möglich, bereits bei der Implementierung einer Klasse einzelne Methoden
gegen ein späteres Überschreiben zu schützen – zumindest für den Fall,

dass die Vererbung mittels Konstruktor-Delegation durchgeführt wird. In anderen Programmiersprachen werden Methoden, die bei einer Vererbung nicht überschrieben werden können, **geschützte Methoden** genannt.

Das Schlüsselwort `this`

Das Schlüsselwort `this` verhält sich innerhalb einer Anweisung wie eine Variable, auf die nur lesend zugegriffen werden kann. Beim Wert von `this` handelt es sich um eine Objektreferenz, die sich abhängig vom gerade ausgeführten Programmcode ändert. Änderungen erfolgen nur bei einer Änderung des Ausführungskontextes, das heißt bei Funktionsaufrufen für die Dauer der Ausführung der aufgerufenen Funktion – insbesondere ist das auch der Fall beim Aufruf einer Methode oder eines Konstruktors.

- Beim Aufruf eines Konstruktors mit Hilfe des `new`-Operators wird `this` eine Referenz auf das gerade neu instanziierte Objekt zugewiesen.
- Beim Aufruf einer Methode wird `this` eine Referenz auf dasjenige Objekt zugewiesen, dessen Methode aufgerufen wurde.
- Eine Ausnahme bilden die beiden für `Function`-Objekte aufrufbaren Methoden `call` und `apply`. Bei der Ausführung ihrer Aufrufe erhält `this` den Wert des ersten Aufrufparameters zugewiesen.
- Ein mit dem Aufruf einer Funktion festgelegter Wert von `this` gilt innerhalb des gesamten Gültigkeitsbereichs, wie er sich für eine in dieser Funktion lokal deklarierte Variable ergeben würde.

Bei anderen Aufrufen einer Funktion ist `this` bei Verwendung des Striktmodus gleich `undefined`. Auf globaler Ebene besitzt `this` den Wert `window`, der dem Browserfenster entspricht. Warum Letzteres sinnvoll ist, werden wir in Kapitel 31 sehen, in dem wir die Reaktionsmöglichkeiten auf Ereignisse wie einen Mausklick oder eine Texteingabe erörtern.

19 Effizient erben

Im letzten Kapitel haben wir zwei Techniken kennen gelernt, wie Methoden einer Klasse an eine Unterklasse vererbt werden können: Universell und flexibel, aber höchst schwerfällig ist das Verfahren der Delegation. Wird dagegen nur der Aufruf des Konstruktors delegiert, werden alle Methoden – und gegebenenfalls auch Attribute – automatisch vererbt.

Nachteilig ist der schon in Kapitel 14 erörterte Sachverhalt, dass jede einzelne Instanz der Unterklasse mit allen Methoden initialisiert werden muss. Eigentlich ist diese Tatsache keine Folge der Vererbung. Vielmehr beruht dieser Nachteil darauf, dass das Objekt-Konzept von JavaScript nicht auf Klassen basiert. Allerdings kann, wie wir ebenfalls in Kapitel 14 gesehen haben, die Notwendigkeit, die Methoden bei jeder einzelnen Instanz initialisieren zu müssen, mit Prototypen vermieden werden. Daher liegt es nahe, die „Fall back"-Funktionalität von Prototypen auch zur Realisierung einer Vererbung einzusetzen. Genau genommen handelt es sich bei dieser „Fall back"-Funktionalität bereits um einen Vererbungsmechanismus, wenn auch „nur" zwischen Instanzen und nicht zwischen Klassen. Insofern überrascht es kaum, dass sich Prototypen tatsächlich zur Realisierung einer Vererbung von Klassen auf Unterklassen eignen, und zwar in einer Weise, die sich in Bezug auf die notwendigen Ressourcen an Laufzeit und Speicherbedarf als deutlich effizienter herausstellt. Leider gibt es aber einen entscheidenden Nachteil. So müssen im Hinblick auf die Datenkapselung drastische Kompromisse gemacht werden.

Wir beginnen wieder mit einem kleinen Programm, das funktional identisch ist zu den im letzten Kapitel erörterten Beispielprogrammen. Allerdings wurde auf jede Form der Fixierung der Klasse und ebenso der Datenkapselung verzichtet – Letzteres als Grundlage für die Verwendung von Prototypen:

```
"use strict";                          // (js/19)
function Auto(farbe, kW)
{
  this.farbe=farbe;
  this.kW=kW;
}
```

© Springer Fachmedien Wiesbaden GmbH, ein Teil von Springer Nature 2018
J. Bewersdorff, *Objektorientierte Programmierung mit JavaScript*,
https://doi.org/10.1007/978-3-658-21077-9_19

```
Auto.prototype.zeigeFarbe=function()
     {window.alert("Die Farbe ist " + this.farbe);}};

function BestandsAuto(farbe, kW, preis)
{
     this.farbe=farbe;
     this.kW=kW;
     this.preis=preis;
}
BestandsAuto.prototype=new Auto("",0);
BestandsAuto.prototype.constructor=BestandsAuto;
BestandsAuto.prototype.rabattiere=function(prozent)
             {this.preis=this.preis*(100-prozent)/100};

var einBestandsAuto=new BestandsAuto("rot",90,25000);
einBestandsAuto.zeigeFarbe();
einBestandsAuto.rabattiere(10);
window.alert(einBestandsAuto.preis);
```

Das Programm beginnt mit den Definitionen der beiden Klassen Auto
und BestandsAuto, wobei diesmal die zugehörigen Methoden
zeigeFarbe beziehungsweise rabattiere dem jeweiligen Prototyp der
Klasse Auto beziehungsweise BestandsAuto zugeordnet sind. Aus diesem Grund konnten die Attributwerte auch nicht gekapselt werden, weil
die Definition der Prototyp-Methoden außerhalb des Gültigkeitsbereichs
von Variablen liegt, die lokal im Konstruktor deklariert sind.

Die Funktionsweise der Klasse Auto reicht nicht über das hinaus, was wir
bereits in den Beispielprogrammen von Kapitel 14 kennen gelernt haben.
Bei der Klasse BestandsAuto ist aber neu, dass das defaultmäßig als
Prototyp vorkonfigurierte, leere Objekt durch ein anderes Objekt ersetzt
wird, nämlich durch ein frisch instanziiertes Objekt aus der Klasse Auto.
Dieses Prototyp-Objekt wird im direkten Anschluss noch um die Methode rabattiere erweitert. Eine Bedeutung besitzt der Auto-Prototyp nur
als Container von Methoden, da die Attributwerte sowieso überschrieben
werden. Das ist auch der Grund dafür, dass das als Prototyp fungierende
Auto-Objekt nur mit Pseudodaten initialisiert wird.

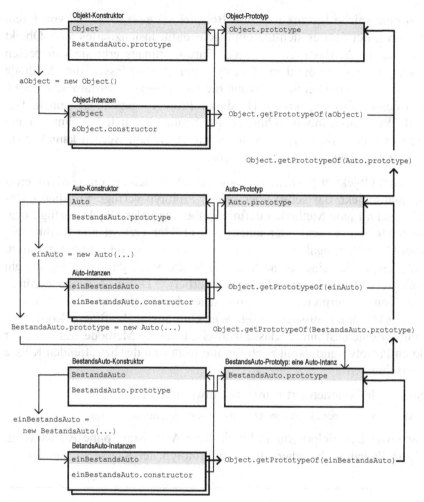

Bild 7   Am rechten und unteren Rand fett dargestellt ist die
Prototypenkette des Objekts `einBestandsAuto`. Für jede
der beteiligten drei Klassen sind analog zu Bild 6 jeweils
Konstruktor, Prototyp und Instanzen dargestellt – nun allerdings in ihren Beziehungen untereinander vereinfacht.

Eine Instanz der Klasse `BestandsAuto` kann damit von den drei weiteren
Mitgliedern ihrer in Bild 7 dargestellten Prototypenkette erben: Zunächst

erbt eine solche Instanz wie zum Beispiel `einBestandsAuto` von ihrem Prototyp, bei dem es sich um ein eigens dafür instanziiertes `Auto`-Objekt handelt, die Methode `rabattiere`. Darüber hinaus erbt sie von dessen Prototyp, das heißt dem Prototyp der `Auto`-Klasse, die Methode `zeigeFarbe`. Und schließlich kann die `BestandsAuto`-Instanz sogar noch von dessen Prototyp erben. Da dieser Prototyp gegenüber seinem Default-Wert unverändert geblieben ist, handelt es sich bei ihm um ein leeres Objekt, wie es mit einem Literal `{}` erzeugt werden kann.[97] Sein Prototyp ist daher `Object.prototype`.

Bei dem Objekt `Object.prototype` handelt es sich um ein vordefiniertes Standardobjekt, das selbst über keinen Prototyp verfügt. Für dieses Objekt sind all jene Methoden definiert, über die jedes Objekt verfügt, egal ob mit einem Literal oder einem Konstruktor erzeugt und unabhängig vom Objekttyp, egal ob `Object`, `Function`, `Array` oder selbst definiert. Ein Beispiel für eine solche Methode ist die Methode `toString`, die ein beliebiges Objekt in einen String konvertiert.[98] Dabei ist die standardmäßig vom Interpreter vorgenommene Konvertierung in `"[object Object]"` wenig aussagekräftig. Wer eine aussagekräftigere Konvertierung für eine bestimmte Klasse wünscht, kann die Methode `toString` für deren Prototyp und damit auch für alle Instanzen der betreffenden Klasse überschreiben.

Noch nicht kommentiert wurde die Anweisung

```
BestandsAuto.prototype.constructor=BestandsAuto;
```

Für unser Beispielprogramm bleibt diese Anweisung ohne Auswirkung. Sie stellt lediglich sicher, dass der Prototyp der Klasse `BestandsAuto`

---

[97] Einzige Ausnahme ist der Wert des Attributs `constructor`, der auf das `Function`-Objekt `Auto` und nicht auf `Object` verweist. Wie bereits in Fußnote 82 dargelegt, wird beim Lesen des `constructor`-Attributwerts einer Instanz defaultmäßig auf das entsprechende Attribut des zugehörigen Prototyps zugegriffen.

[98] Dass die Methode `toString` tatsächlich zum Objekt `Object.prototype` definiert ist, erkennt man, wenn man die Funktion umdefiniert und anschließend aufruft:
`Object.prototype.toString=function(){return "*";};`
`window.alert({}.toString());`
Von dieser Änderung sind alle Objekte vom Typ `Object` sowie benutzerdefinierte Objekte betroffen, nicht aber Objekte vom Typ `Array` oder `Function`, für die die Methode `toString` bereits im JavaScript-Sprachkern überschrieben ist.

mittels des Attributs `constructor` als Mitglied der Klasse erkannt werden kann, als deren Prototyp er fungiert. Aufgrund der „Entstehungsgeschichte" des Prototyps würde dessen Attribut `constructor` ansonsten als Wert eine Referenz auf den Konstruktor `Auto` besitzen.

Klassenzugehörigkeiten lassen sich auch mit dem Operator `instanceof` überprüfen. Dabei werden Vererbungen berücksichtigt, allerdings nur wenn sie mittels Prototypen realisiert sind. Daher liefern alle drei Befehle

```
window.alert(einBestandsAuto instanceof BestandsAuto);
window.alert(einBestandsAuto instanceof Auto);
window.alert(einBestandsAuto instanceof Object);
```

die Bildschirmausgabe „true". Konkret liefert der Operator `instanceof` in einem Ausdruck `objekt instanceof Klasse` genau dann den Wert `true`, wenn die Instanz `objekt` von dem Objekt `Klasse.prototype` erbt, das heißt, wenn `Klasse.prototype` zur Prototypenkette von `objekt` gehört.

Im Vergleich zu den in den Kapiteln 16 und 17 gepriesenen Vorteilen, die eine fixierte Kapselung von Objekten bietet, stellt das Beispielprogramm einen klaren Rückschritt dar. Allerdings kann man auch gegenläufig argumentieren, dass die ungekapselte Realisierung von Objekten unter Verwendung von Prototypen eher dem Grundkonzept von JavaScript entspricht, während es sich beim Gebrauch von fixierten und vollständig gekapselten Klassen um ein Nachahmen von Eigenschaften anderer Programmiersprachen wie Java und C++ handelt.

Schön wäre es natürlich, wenn Prototyp-basierte Methoden und Kapselung miteinander verbunden werden könnten. Allerdings kann, wie wir schon gesehen haben, eine für einen Prototyp definierte Methode nicht auf eine lokal im Konstruktor definierte Variable zugreifen. Das schränkt im Fall einer strikt realisierten Kapselung die auf den Prototyp auslagerbaren Methoden stark ein. Selbst mit Zugriffsmethoden lassen sich beide Anforderungen nicht gleichzeitig erfüllen, da solche Methoden auch von außerhalb des Objekts, das heißt nicht nur aus den Prototyp-Methoden heraus, aufgerufen werden könnten.

Auch kann ein Prototyp als *ein* einzelnes Objekt in Bezug auf seine Attributwerte in der Regel nicht die notwendige Vielfalt widerspiegeln, die die Gesamtheit der „mit Erbschaften bedachten" Objekte aufweist. Das hat zur Konsequenz, dass die betreffenden Attributwerte des Prototyps in den Instanzen der Tochter-Klasse überschrieben werden müssen. Dazu müssen die Attribute aber selbst über `this` referenzierbar sein und können nicht durch Pendants in Form lokal deklarierter Variablen ersetzt werden.

Empfehlenswert erscheint der folgende Kompromiss zwischen Kapselung und Prototyp-Verwendung: Für häufig instanziierte und systemnahe Objekte, bei denen die benötigten Ressourcen für Laufzeit und Speicher eine große Rolle spielen, verwendet man Klassen mit geringer Kapselung und Prototyp-basierten Methoden. Anwendungsnahe oder nur selten instanziierte Klassen werden dagegen gut gekapselt.

Im letzten Beispielprogramm erfolgte die Vererbung ausgehend von einer frisch instanziierten `Auto`-Instanz an die Instanz `einBestandsAuto`. Wie in Kapitel 14 beschrieben muss dazu beim Objekt `einBestandsAuto` der Wert des internen Systemattributs `[[Prototype]]` gesetzt werden. Organisatorisch abgewickelt wurde dies im letzten Programm mit dem Konstruktor der Klasse `BestandsAuto`, das heißt konkret mit Hilfe von dessen Attribut `prototype`. Zu fragen bleibt, ob eine Vererbung auch ohne Konstruktor durchgeführt werden kann. Das ist in der Tat möglich. Dazu wird zu einem Objekt `proto` mit dem Aufruf

```
erbe=Object.create(proto);
```

eine Objektinstanz erzeugt, die `proto` als Prototyp besitzt. Die Methode `Object.create` entspricht funktional den folgenden Befehlen:

```
erbe=objectCreate(proto);
function objectCreate(proto)
{
    var F=function(){};
    F.prototype=proto;
    var ret=new F();
    return ret;
}
```

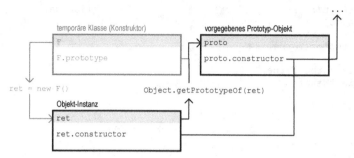

Bild 8   Zu einem vorgegebenen Objekt `proto` wird ein Objekt erzeugt, für den das vorgegebene Objekt `proto` als Prototyp fungiert.

Die Funktion `F` fungiert als temporärer Konstruktor. Wie in Bild 8 dargestellt dient dieser temporäre Konstruktor einzig dazu, bei der nachfolgend erzeugten Instanz, die wenig später den Rückgabewert bilden wird, die interne Eigenschaft `[[Prototype]]` zu setzen. In beiden Versionen erhält man übrigens bei einer Abfrage

```
window.alert(erbe.constructor==proto.constructor);
```

die Anzeige „true". Grund ist, dass das Attribut `constructor`, wie bereits in Fußnote 82 erwähnt, standardmäßig nicht initialisiert ist, so dass bei einem Lesezugriff auf das `constructor`-Attribut des Objekts `erbe` auf das gleichnamige Attribut des Prototyps `proto` zugegriffen wird.

Die Vererbung mit Hilfe von Prototypen, aber auch die Deklaration von Klassen an sich, kann seit ECMAScript 2015 syntaktisch deutlich übersichtlicher gestaltet werden. Möglich ist dies mit einem `class`-Befehl, der an andere Programmiersprachen erinnert, aber letztlich nichts bewirkt, was nicht auch mit den bereits beschriebenen JavaScript-Sprachelementen realisiert werden könnte. Dies hat insbesondere zur Folge, dass beide Arten, Objekte zu definieren, miteinander kombinierbar sind.

Standardmäßig beinhaltet eine `class`-Deklaration Beschreibungen der Objekt-Attribute, und zwar einschließlich ihrer Initialisierung durch den Konstruktor, sowie Implementierungen von Prototyp-Methoden. In der Regel sind also die Eigenschaften jeweils dem einzelnen Objekt zugeordnet, die Verhaltensweisen aber dem Prototyp und damit der Klasse:

```
"use strict";                              // (js/19a)
class Auto
{
  constructor(farbe, kW)
  {
    this.farbe=farbe;
    this.kW=kW;
  }
  zeigeFarbe()
  {
    window.alert("Die Farbe ist " + this.farbe);
  }
}

class BestandsAuto extends Auto
{
  constructor(farbe, kW, preis)
  {
    super(farbe, kW);
    this.preis=preis;
  }
  rabattiere(prozent)
  {
    this.preis=this.preis*(100-prozent)/100;
  }
}
var einBestandsAuto=new BestandsAuto("rot",90,25000);
einBestandsAuto.zeigeFarbe();              // zeigt "Die Farbe ist rot"
einBestandsAuto.rabattiere(10);
window.alert(einBestandsAuto.preis);  // zeigt "22500"
```

Funktional ist das aktuelle Beispiel js/19a äquivalent zum ersten Programm dieses Kapitels js/19. Im Gegensatz zu diesem Programm ist der aktuelle Quellcode js/19a allerdings fast selbsterklärend: Hinter dem Schlüsselwort class steht der jeweilige Bezeichner der Klasse, also Auto beziehungsweise BestandsAuto. Inhaltlich stehen die beiden Bezeichner wieder für den Konstruktor, was sich zum Beispiel mittels eines Vergleichs Auto===Auto.prototype.constructor, der den Wert true liefert, feststellen lässt. Im Block, der dem Bezeichner der Klasse folgt, befindet sich die Definition des jeweiligen Prototyps. Dabei wird der mit dem Schlüsselwort constructor gekennzeichnete Block beim Konstruktor-Aufruf ausgeführt, also insbesondere bei einer Instanziierung mittels new. Außerdem enthält im vorliegenden Beispiel jeder der beiden class-Blöcke noch die Definition einer Methode, die dem Prototypen zugeordnet ist. Diese beiden Methoden zeigeFarbe und rabattiere sind, wie bereits erwähnt, funktional identisch zum Beispiel js/19.

Dank der Vererbung, die mit der Befehlsergänzung `extends` `Auto` einge-
leitet wird, verfügt der Prototyp der Klasse `BestandsAuto` über zwei
Methoden, von denen die Methode `zeigeFarbe` ererbt wurde. Das
Schlüsselwort `super` dient zum Aufruf des Konstruktors der Vater-
Klasse. Übrigens leitet sich das Schlüsselwort `super` vom Begriff
superset für Obermenge ab.

Das Schlüsselwort `class` ermöglicht damit eine Verwendung von Prototypen, ohne dass diese explizit in Erscheinung treten. Außerdem erinnert
die Syntax stark an andere Programmiersprachen und ist daher sehr
suggestiv. Einschränkend gegenüber den bisher beschriebenen Verfahrensweisen ist, dass alle derart definierten Methoden dem Prototyp zugeordnet sind. Im Sinne einer klassenbezogenen Sichtweise ist dies natürlich sogar erwünscht, da dann der Bedarf nach einer nachträglichen
Überschreibung der Prototyp-Methoden durch Methoden, die den einzelnen Objektinstanzen zugeordnet sind, erst gar nicht entsteht. Aber natürlich bleibt diese Möglichkeit prinzipiell bestehen, und man kann nur dann
verstehen, was in diesem Fall passiert, wenn man die traditionelle Weise
kennt, wie Objekte in JavaScript definiert werden. Dazu gehört auch, dass
die ausschließliche Verwendung von Prototyp-Methoden keine nach
außen gekapselten Eigenschaften zulässt.

Das nächste Programm `js/19b` dient insbesondere zur Demonstration,
wie einfach und übersichtlich in einer `class`-Deklaration auch Getter-
und Setter-Zugriffsmethoden definiert werden können:

```
"use strict";                                    // (js/19b)
class Rechteck
{
  constructor(breite,hoehe,farbe)
  {
    this.breite=breite;
    this.hoehe=hoehe;
    this._farbe=farbe;
  }
  flaechenInfo()
  {
    return this.breite*this.hoehe + " (Rechteckfläche)";
  }
  get farbe()
  {
    return this._farbe;
  }
```

```
  set farbe(farbeNeu)
  {
    if (farbeNeu in {"schwarz":0,"gelb":0,"rot":0,"blau":0})
      this._farbe=farbeNeu;
  }
}

class Quadrat extends Rechteck
{
  constructor(seitenlaenge,farbe)
  {
    super(seitenlaenge,seitenlaenge,farbe);
  }
  static newEinheitsquadrat(farbe)
  {
    return new Quadrat(1,farbe);
  }
  flaechenInfo()
  {
    return parseFloat(super.flaechenInfo()) + " (Quadratfläche)";
  }
}
var einQuadrat=Quadrat.newEinheitsquadrat("rot");
einQuadrat.farbe="yellow";        // wird ignoriert
window.alert(einQuadrat.flaechenInfo() + ", " + einQuadrat.farbe);
                    //        "1 (Quadratfläche), rot"
```

In der zuerst definierten Klasse Rechteck finden wir zur Eigenschaft
farbe eine Getter- sowie eine Setter-Methode. Da eine Speicherung des
mit der Setter-Methode zugewiesenen Wertes in einer lokalen Variablen
nicht möglich ist, wird die Eigenschaft this._farbe zur eigentlichen
Speicherung verwendet, wobei der mit einem Unterstrich beginnende
Bezeichner – einer oft verwendeten, aber nicht unumstrittenen Namens-
konvention folgend – darauf hinweisen soll, dass ein direkter Zugriff von
außen eigentlich nicht erwünscht ist. Am Rande bleibt noch darauf hinzuweisen, dass der in-Operator zum Prüfen zulässiger Werte verwendet
wird. Beim Anlegen der Instanz findet die Prüfung auf zulässige Farben
allerdings nicht statt. Um dies zu erreichen, müsste der letzte Befehl des
Konstruktors in this.farbe=farbe; geändert werden, so dass die Setter-
Methode aufgerufen wird. Eine unzulässige Farbe im Konstruktoraufruf
führt dann dazu, dass der Initialwert undefined erhalten bleibt.

Im Fall einer mittels extends definierten Vererbung kann mit dem
Schlüsselwort super nicht nur der Konstruktor der Vater-Klasse aufgerufen werden. Möglich ist es auch, das Schlüsselwort super zur Referenzierung des Prototyps der Vater-Klasse zu verwenden, um derart auf dessen

Methoden zuzugreifen. Dies wird im Beispielprogramm mit dem Aufruf `super.flaechenInfo()` praktiziert.

Eine Methode, der das Schlüsselwort `static` vorangestellt ist, fungiert als Klassenmethode, das heißt sie ist ohne Instanz aufrufbar und ist daher insbesondere keiner Instanz zugeordnet, auf deren Eigenschaften sie mittels `this` zugreifen könnte. Im vorliegenden Fall wird damit die Methode `Quadrat.newEinheitsquadrat(farbe)` definiert, die als weiterer Konstruktor eingesetzt werden kann. Diese Möglichkeit ist von genereller Bedeutung, da sich auf diese Weise eine Einschränkung von JavaScript gegenüber anderen Programmiersprachen wie C++ und Java ausgleichen lässt, die standardmäßig die Möglichkeit bieten, mehrere Konstruktoren für eine Klasse zu deklarieren.

Auch in einer anderen Hinsicht nähert man sich mit der Verwendung des `class`-Befehls an andere Programmiersprachen an: Innerhalb des `class`-Blocks gilt stets der Striktmodus. Außerdem kann man auf solchermaßen definierte Klassen nur in einem nachfolgend ausgeführten Programmteil zugreifen.

Mit dem nächsten Beispiel `js/19c` wollen wir einen Ausblick auf weitere Neuerungen geben, die im Zuge der Spezifikation JavaScript 2015 in den JavaScript-Sprachstandard eingeflossen sind und eine stärkere Modularisierung erlauben:

```html
<html>
<head><title>Modul (js/19c)</title>
<meta http-equiv="content-type"
      content="text/html; charset=utf-8">
<script type="module" src="RechteckQuadrat.js"></script>

<script type="module">
import {Quadrat} from "./RechteckQuadrat.js";
window.alert("Das Inline-Modul wird ausgeführt ...");
var einQuadrat=Quadrat.newEinheitsquadrat("rot");
einQuadrat.farbe="yellow";          // wird ignoriert
window.alert(einQuadrat.flaechenInfo() + ", " + einQuadrat.farbe);
                        //        "1 (Quadratfläche), rot"
</script>

<script type="text/javascript">
window.alert("Normales Skript wird ausgeführt ...");
</script>

<script nomodule>
window.alert("Dieser Browser unterstützt keine Module!");
```

```
</script>
</head>
<body></body>
</html>
```

Zu ergänzen ist noch der Inhalt der referenzierten JavaScript-Datei
RechteckQuadrat.js:

```
export {Rechteck,Quadrat}
const symbolBreite=Symbol("breite");
const symbolHoehe=Symbol("hoehe");
const symbolFarbe=Symbol("farbe");

class Rechteck
{
  constructor(breite,hoehe,farbe)
  {
    this[symbolBreite]=breite;
    this[symbolHoehe]=hoehe;
    this[symbolFarbe]=farbe;
  }
  flaechenInfo()
  {
    return this[symbolBreite]*this[symbolHoehe] +
       " (Rechteckfläche)";
  }
  get farbe()
  {
    return this[symbolFarbe];
  }
  set farbe(farbeNeu)
  {
    if (farbeNeu in {"schwarz":0,"gelb":0,"rot":0,"blau":0})
      this[symbolFarbe]=farbeNeu;
  }
}

class Quadrat extends Rechteck     // unverändert gegenüber js/19b
{
  constructor(seitenlaenge,farbe)
  {
    super(seitenlaenge,seitenlaenge,farbe);
  }
  static newEinheitsquadrat(farbe)
  {
    return new Quadrat(1,farbe);
  }
  flaechenInfo()
  {
    return parseFloat(super.flaechenInfo()) + " (Quadratfläche)";
  }
}
window.alert("Die Klassendeklarationen wurden geladen");
```

Funktional sind die beiden Klassen Rechteck und Quadrat identisch zu den gleichlautenden Klassen des vorangegangenen Programms js/19b, wobei im Fall der Klasse Quadrat die Deklaration sogar unverändert ist. Es gibt allerdings zwei entscheidende Unterschiede, die inhaltlich voneinander unabhängig sind und daher auch einzeln umgesetzt werden könnten.

Der weniger wesentliche der beiden Unterschiede betrifft die Verschleierung der öffentlichen Attribute der Klasse Rechteck und damit mittelbar auch der Klasse Quadrat. Dazu werden drei sogenannte Symbole definiert. Bei solchen Symbolen handelt es sich um eine Art von eindeutiger Nummerierung, die aber einen völlig internen Charakter aufweist, das heißt, die generierten „Nummern" können nicht in einen nach außen erkennbaren Datentyp wie zum Beispiel Number oder String konvertiert werden. Für das Handling von solchen internen Nummern verfügt JavaScript über einen speziellen, primitiven Datentyp Symbol, dessen Werte beim typeof-Operator das Resultat "symbol" liefern. Außerdem gibt es, analog zu Number, Boolean und String, eine gleichnamige Funktion Symbol, die allerdings stets ohne den new-Operator aufgerufen wird und zudem auch nicht der Typkonvertierung dient. Der bei einem Aufruf der Symbol-Funktion optional mögliche Parameter hat nämlich de facto keine funktionale Bedeutung, sieht man einmal von den besseren Möglichkeiten des Debuggens ab. Die Zweckbestimmung von Symbol-Werten ergibt sich daraus, dass sie wie Strings zur Referenzierung eines Attributs von einem assoziativen Array verwendet werden können. Wird davon Gebrauch gemacht, kann auf die betreffenden Attributwerte nur dann zugegriffen werden, wenn die verwendeten Symbol-Werte bekannt sind.

Der zweite Unterschied zwischen den Beispielprogrammen js/19a und js/19b ist wesentlicher. Er betrifft den prinzipiellen Aufbau. Bereits auf den ersten Blick fällt auf, dass die beiden Klassendeklarationen in eine externe Datei ausgelagert wurden. Für sich allein ist das aber kaum bemerkenswert, zumal JavaScript-Programme ebenso wie CSS-Deklarationen eigentlich standardmäßig sowieso in separate Dateien ausgelagert werden sollten. Wirklich neu sind bisher nicht verwendete Attribute in drei der vier <script>-Tags, nämlich zweimal in Form von type="module" statt der üblichen, aber seit HTML5 nicht mehr notwendigen Angabe `type="text/javascript"` und einmal in Form des nicht durch eine Wertangabe spezifizierten Attributnamens `nomodule`, der die Abwärtskompatibilität zu vor 2018 veröffentlichten Browserversionen sicherstellt: Da solche Alt-Browser einerseits Skripte mit der Angabe `type="module"` ignorieren und andererseits bei Skripten die Angabe `nomodule` ignorieren, führen sie nur „normale" Skripte sowie mit dem Attribut `nomodule` gekennzeichnete Skripte aus: In diesem Fall können wir aus der Reihenfolge der zwei angezeigten Mitteilungsfenster ersehen, dass zunächst das „normale Skript" im HTML-Kopf, das eigentlich keine wirkliche Funktion hat, ausgeführt wird und dann das `nomodule`-Skript am Ende des HTML-Kopfes.

Aktuelle Browser ignorieren dagegen das Skript mit dem `nomodule`-Attribut. Dafür werden die beiden mit `type="module"` gekennzeichneten Skripte ausgeführt, aber erst nachdem die HTML-Seite vollständig geladen ist und dabei bereits „normale" Skripte ausgeführt wurden. Dass diese Chronologie tatsächlich so verläuft, erkennt man wieder an der Reihenfolge, in der die Mitteilungsfenster erscheinen. Übrigens laufen Skripte mit dem Attributwert `type="module"` wie die Körper von `class`-Deklarationen immer automatisch im Striktmodus.[99]

Der eigentliche Sinn von Modulen besteht darin, dass die globalen Gültigkeitsbereiche ihrer Variablen strikt voneinander getrennt sind, so dass jedes Modul über einen eigenen Namensraum verfügt. Überlappungen, die benötigt werden, müssen, ähnlich wie bei Unterprogrammen explizit deklariert werden, und zwar sowohl im zur Verfügung stellenden Modul mit einer `export`-Anweisung wie auch in jedem nutzenden Modul mit einer `import`-Anweisung. Natürlich ist es sinnvoll, die Überlappungen, soweit es geht, zu begrenzen. Im Beispielprogramm stellt das Modul `RechteckQuadrat.js`, dessen Referenzierung mit einer kompletten Pfadangabe `./RechteckQuadrat.js` erfolgen muss,[100] die Bezeichner

---

[99] Bei komplexen HTML-Seiten, bei denen zahlreiche Dateien und darunter insbesondere auch mehrere Skripte nachgeladen werden, sollte der Status des Ladens und Ausführens von Skripten zentral überwacht werden. Nur so können Fehlersituationen, die durch ein nicht mögliches Laden oder durch eine Skriptausführung in einer nicht erwarteten Reihenfolge verursacht werden, beherrscht werden.

[100] Die Pfadangabe muss im Fall einer absoluten Pfadangabe mit `http://` oder `https://` beginnen und mit `./` oder `../` im Fall einer relativen Pfadangabe. Über das `file`-Protokoll können keine Module ausgeführt werden, so dass das Beispiel

Quadrat und Rechteck zum Export zur Verfügung. Von diesem Angebot macht das Inline-Skript mittels der import-Anweisung nur in Bezug auf den Bezeichner Quadrat Gebrauch, so dass im Inline-Skript explizit weder auf die Klasse Rechteck noch auf die drei Symbolkonstanten symbolBreite, symbolHoehe und symbolFarbe zugegriffen werden kann.[101]

Für die export- und import-Anweisungen gibt es diverse Möglichkeiten. Bei unserem Überblick beschränken wir uns auf die wichtigsten Varianten. Beim Export kann das Schlüsselwort export direkt vor die Deklaration geschrieben werden, also zum Beispiel:

```
export var radius=1;
export const PI=3.14159;
export function umfang(r){return 2*PI*r;}
export class Kreis {...}
```

Ansonsten ist es zu empfehlen, die export- und import-Anweisungen direkt am Anfang eines Moduls zu platzieren, also zum Beispiel beim Export:

```
export {radius,PI,umfang,Kreis}
```

Eine ähnliche Syntax wird beim Import verwendet, wobei jedes zu importierende Modul zu mindestens einer Anweisung führt. Darin enthalten ist jeweils der Pfad, und zwar bei relativen Pfaden stets beginnend mit ./ oder ../ und damit insbesondere mit einem Punkt am Anfang:

```
import {radius,PI,umfang} from "../rund/Kreis.js";
import {Quadrat} from "./RechteckQuadrat.js";
```

---

js/19c auf jeden Fall von einem HTTP-Server geladen werden muss.

[101] Als Wermutstropfen muss allerdings angemerkt werden, dass die gewünschte Kapselung der Attributwerte nicht unüberwindlich ist. Wenn man am Ende des Inline-Skripts die Anweisung

```
window.alert(einQuadrat[Reflect.ownKeys(einQuadrat)[2]]);
```

einfügt, erhält man die Anzeige „rot" und damit einen Nachweis dafür, dass eine Kapselung der Attributwerte nicht gegeben ist. Dabei ist Reflect ein Standardobjekt des JavaScript-Sprachkerns. Seine Methoden dienen primär zur Analyse und Veränderung von Objekt-Eigenschaften und sind in anderen Fällen wie beispielsweise der Methode getPrototypeOf funktional fast oder völlig identisch zu namensgleichen Klassenmethoden von Object.

In großen Projekten sollte unbedingt eine Systematik in Bezug auf Module, ihre Dateinamen und ihre Inhalte eingehalten werden. Bewährt hat sich die Systematik, die in Java verpflichtend vorgegeben ist: Pro Modul ist´nur eine Klasse als öffentlich zu deklarieren, das heißt für den Export freizugeben. Als Dateiname sollte der Name der öffentlichen Klasse ergänzt um die Dateiendung .js gewählt werden. Im vorangehenden Beispiel js/19c müsste dazu das Modul RechteckQuadrat.js in zwei Module Rechteck.js und Quadrat.js zerlegt werden, wobei das Quadrat-Modul das Rechteck-Modul importiert.

Als letztes Beispiel js/19d zum Thema der effizienten Vererbung wollen wir uns eine Möglichkeit der Mehrfachvererbung auf Basis sogenannter **Mixins** ansehen, wobei die Implementierung darauf aufbaut, dass in JavaScript Funktionen wie Daten behandelt werden. Im Einzelnen:

- Auf den oft vorhandenen Bedarf, dass eine Klasse von mehr als einer Vater-Klasse Methoden erben soll, haben wir bereits im letzten Kapitel hingewiesen. Der Bedarf entsteht, wenn eine Klasse wie zum Beispiel BestandsAuto als Unterklasse von mehr als einer bereits existierenden Klasse aufgefasst werden kann, nämlich im Beispiel von Auto und BestandsArtikel.
- Dieser Anforderung nach Mehrfachvererbung entgegen steht, dass in JavaScript jede Objektinstanz auf genau einen Prototyp und damit genau eine nachfolgende, die Vererbung ermöglichende, Prototypenkette verweist.
- Unabhängig von solchen JavaScript-Spezifika bezeichnet man als Mixin ein Bündel von Funktionalitäten, das eine Klasse charakterisiert oder mit dem eine bestehende Klasse im Rahmen einer Modifikation erweitert werden kann.
- Modellierungen in Form von Mixins können in unterschiedlicher Weise für Klassen-Implemetierungen in JavaScript verwendet werden. Einerseits können Eigenschaften und Methoden mehrerer Mixin-Objekte in ein Zielobjekt kopiert werden,[102] um so ein Zielobjekt zu erhalten, das Erbe von all diesen Mixin-Objekten ist. Andererseits

---

[102] Dazu können einerseits Methoden verwendet werden, wie wir sie im Beispiel js/21a von Kapitel 21 kennen lernen werden. Möglich ist auch eine Verwendung der Standardmethode Object.assign(targetObject,...sourceObjects), mit der die Attributwerte und Methoden mehrerer Objekte in das Objekt targetObject kopiert werden können.

kann, wie wir gleich explizit an Hand eines Beispiels erläutern wollen, eine Klassendeklaration parametrisiert werden. Dies ist möglich, weil in JavaScript Klassen erstens durch Function-Objekte repräsentiert werden und zweitens Funktionen von Funktionen möglich sind.

Das Beispielprogramm:

```
"use strict";                              // (js/19d)
function AutoMixin(superclass)
{
   return (class extends superclass
   {
      constructor(farbe, kW, ...args)
      {
         super(...args);
         this._farbe="schwarz";
         this.farbe=farbe;
         this._kW=100;
         this.kW=kW;
      }
      get farbe()
      {
         return this._farbe;
      }
      set farbe(farbeNeu)
      {
         if (farbeNeu in {"schwarz":0,"gelb":0,"rot":0,"blau":0})
            this._farbe=farbeNeu;
      }
      get kW()
      {
         return this._kW;
      }
      set kW(kWNeu)
      {
         if (typeof kWNeu=="number")
            if (String(kWNeu) in {"70":0,"90":0,"100":0,"130":0})
               this._kW=kWNeu;
      }
   });
}
const Auto=AutoMixin(Object);

function BestandsArtikelMixin(superclass)
{
   return (class extends superclass
   {
      constructor(preis, ...args)
      {
         super(...args);
         this._preis=0;
```

```
    this.preis=preis;
  }
  get preis()
  {
    return this._preis;
  }
  set preis(preisNeu)
  {
    if (typeof preisNeu=="number")
      if (preisNeu>=0)
        this._preis=preisNeu;
  }
  rabattiere(prozent)
  {
    if (typeof prozent=="number")
      if((prozent>=0) && (prozent<=100))
        this.preis=this.preis*(100-prozent)/100;
  }
 });
}
const BestandsArtikel=BestandsArtikelMixin(Object);

const BestandsAuto=AutoMixin(BestandsArtikel);
    // daher Reihenfolge der Konstuktor-Parameter: farbe,kW,preis


var einAuto=new Auto("gelb",100);
window.alert(einAuto.farbe);                      // zeigt "gelb"
var einBestandsArtikel=new BestandsArtikel(10000);
window.alert(einBestandsArtikel.preis);           // zeigt "10000"
var einBestandsAuto=new BestandsAuto("rot",90,25000);
einBestandsAuto.farbe="-";                        // wird ignoriert
einBestandsAuto.preis=-1000;                      // wird ignoriert
einBestandsAuto.rabattiere(10);
window.alert(einBestandsAuto.farbe);              // zeigt "rot"
window.alert(einBestandsAuto.preis);              // zeigt "22500"
```

Nichts Neues im vorstehenden Beispielprogramm js/19d beinhalten die letzten zehn Code-Zeilen, in denen drei Objekte instanziiert werden und Ausgaben zur Kontrolle der aufgerufenen Methoden erfolgen. Auch die Inhalte der beiden Klassendeklarationsblöcke kombinieren Bekanntes, nämlich zu den Attributen Getter-Methoden und mit Parameterprüfungen ausgestattete Setter-Methoden. Dabei beginnen die Bezeichner der Attribute wieder mit einem Unterstrich, was deutlich machen soll, dass ein Direktzugriff auf sie unerwünscht ist. Absolut neu für uns sind die Zuweisungen, mit denen einem Konstantenbezeichner wie AutoMixin eine Klasse in Form einer anonymen Funktion mit dem Parameter superclass zugewiesen wird. Was dabei genau passiert, wird deutlicher,

wenn man sich anschaut, wie ein Deklarationskopf in der traditionellen
JavaScript-Syntax ohne class-Anweisung aussehen müsste, das heißt auf
Basis einer als Konstruktor zu nutzenden Funktion. Dieser Vergleich
zeigt nochmals, wie wichtig die traditionelle Syntax für JavaScript-
Konstruktoren ist, die zwar schwerfälliger, aber in Bezug auf ihre Funkti-
onalität deutlich suggestiver ausfällt:

```
function AutoMixin(superclass)
{
  return function(farbe,kW,...args)
  {
    superclass.call(this,...args);
    this._farbe="schwarz";
    ...                            // Rest wie in (js/19d)
  };
}
```

In den wenigen Zeilen von Programmcode wimmelt es geradezu von
Funktionen, nämlich drei an der Zahl: Die Funktion AutoMixin liefert als
Rückgabewert eine anonyme Funktion, die mindestens die Parameter
farbe und kW verarbeitet und bei Bedarf weitere Restparameter via
Spread-Operator 1:1 an die Funktion superclass weiterreicht. Ein Aufruf der Funktion AutoMixin ist damit nur dann sinnvoll, wenn für den
Parameter superclass eine als Konstruktor verwendbare Funktion
übergeben wird.[103] In diesem Fall wird die Oberklasse superclass um
die Funktionalität erweitert, die im Mixin der AutoMixin-Klasse gebün-
delt ist. Im einfachsten Fall wird die Oberklasse Object zur Klasse Auto
erweitert.

Werden die funktionalen Erweiterungen zu beiden im Programm enthaltenen Mixin-Klassen, nämlich AutoMixin und BestandsArtikelMixin,
nacheinander durchgeführt, erhält man eine Klasse, welche die Funktionalitäten beider Mixin-Klassen geerbt hat. Sofern man bei dieser zweifa-
chen Funktionserweiterung von der allumfassenden Klasse Object startet, ergibt sich mit AutoMixin(BestandsArtikelMixin(Object)) wie

---

[103] Die Funktion AutoMixin besitzt damit sowohl als Input wie auch als Output, das
heißt als Return-Wert, eine Funktion. Damit ist AutoMixin eine Funktion höherer
Ordnung im Sinne der sogenannten **funktionalen Programmierung**, die sich dadurch
auszeichnet, dass Funktionen wie Daten behandelt werden, ob als Grundlage von
Operatoren oder als In- und Output von Funktionen.

gewünscht die Klasse `BestandsAuto` als gemeinsame Unterklasse von `Auto` und `BestandsArtikel`.

Offenkundig ist der im Beispielprogramm `js/19d` beschrittene Weg der Mehrfachvererbung vor allem dann gangbar, wenn die beiden Funktionalitätserweiterungen keine Abhängigkeiten aufweisen, das heißt, wenn sich die Funktionalitäten der beiden Mixins und die Attribute, auf die sich diese Funktionalitäten beziehen, nicht überlappen. Technische Grundlage der Mehrfachvererbung sind aber nicht die Oberklassen `Auto` und `BestandsArtikel`, sondern die zugehörigen Mixin-Klassen `AutoMixin` und `BestandsArtikelMixin`, die in der Regel für den Vererbungsprozess erst zu konstruieren sind.

20 Wie man die Struktur eines Objekts analysiert

Schon zu Beginn von Kapitel 13 wurde in Bezug auf JavaScript-Objekte auf die unbegrenzte Dynamik hingewiesen: Während der Laufzeit können bei einem Objekt nicht nur die Werte der Attribute verändert werden, wie es auch in anderen klassenbasierten Programmiersprachen möglich ist. Darüber hinaus ist es sogar möglich, Attribute und Methoden zu ergänzen oder zu streichen. Insofern ist es oft erforderlich, die aktuelle Gestalt eines Objektes zu analysieren, beispielsweise wenn es als Parameter an eine Funktion übergeben wurde. Und natürlich ist es bei einer derart zu untersuchenden Variable sogar möglich, dass sie als Wert gar keine Objekt-Referenz enthält, sondern „nur" den Wert eines einfachen Datentyps.

In anderen Programmiersprachen, die klassenbasiert und typsicher sind wie Java und C++, ist eine solche Prüfmöglichkeit natürlich nicht notwendig – auch nicht zur Realisierung von Polymorphie.

Wir schauen uns zunächst eine Funktion an, die detailliertere Ergebnisse liefert als der typeof-Operator:

```
function typeOf(v)
{
  var ret=typeof(v);
  if (ret!="object")
    return ret;
  else if(v==null)
    return "null";
  else
    return Object.prototype.toString.call(v).slice(8,-1);
}
```

Die Funktion typeOf macht von der Methode toString Gebrauch, die für die Klasse Object auf ihrem Prototyp realisiert ist. Mit dem Aufruf der Methode call wird erreicht, dass zum Beispiel auch für ein Array v die originale und nicht die überschriebene Version der Methode toString aufgerufen wird. Mit der slice-Methode werden schließlich toString-Ergebnisse wie "[object Array]" weiterbearbeitet.

© Springer Fachmedien Wiesbaden GmbH, ein Teil von Springer Nature 2018
J. Bewersdorff, *Objektorientierte Programmierung mit JavaScript*,
https://doi.org/10.1007/978-3-658-21077-9_20

Mögliche Rückgabewerte der Funktion `typeOf` sind `"number"`, `"boolean"`, `"string"`, `"function"`, `"Number"`, `"Boolean"`, `"String"`, `"undefined"`, `"null"`, `"Array"`, `"RegExp"`, `"Date"` und `"Object"`. Bei Objekten, die Browser-Inhalte beschreiben wie `window` und `window.document`, sind außerdem noch Rückgabewerte wie zum Beispiel `"Window"` und `"HTMLDivElement"` möglich. Selbst definierte Klassen können auf diese Weise allerdings nicht erkannt werden, da sie unterschiedslos zum Rückgabewert `"Object"` führen. Für sie muss in einem zweiten Schritt der Attributwert `v.constructor` mit den diversen, im Programm vorkommenden Konstruktor-Funktionen verglichen werden. Oft kann stattdessen der `instanceof`-Operator verwendet werden. Dabei liefert der Ausdruck `v instanceof Klasse` genau dann den Wert `true`, wenn das Objekt `Klasse.prototype` zur Prototypenkette des Objekts `v` gehört.

Nicht immer ist es notwendig, die Klasse einer vorliegenden Objektinstanz `objekt` zu ermitteln – sofern sie überhaupt existiert. Soll beispielsweise bei einer vorliegenden Objektinstanz eine bestimmte Methode aufgerufen oder ein bestimmter Attributwert gelesen werden, dann reicht es zu wissen, dass es die betreffende Methode beziehungsweise das betreffende Attribut gibt. Konkret erfolgt die Prüfung, ob ein Objekt `objekt` ein Attribut besitzt, dessen Bezeichner dem String-Wert `"attributName"` entspricht, am einfachsten mit dem `in`-Operator:

```
if ("attributName" in objekt)
    window.alert("Attribut ist vorhanden");
```

Oft wird zur Prüfung eine andere Art der Abfrage verwendet, die aber nicht einschränkungslos empfohlen werden kann. Diese Form der Prüfung macht sich zunutze, dass ein nicht vorhandenes Attribut den Wert `undefined` liefert. Da aber der Wert `undefined` bei einer Konvertierung in einen booleschen Wert, wie er von einem `if`-Befehl erwartet wird, in `false` konvertiert wird, kann man diesen Sachverhalt wie folgt prüfen:

```
if (!objekt.attributName)
    alert("Attribut ist vorhanden");
```

Leider würde aber auf diesem Weg ein vorhandenes Attribut, das einen der Werte `0`, `NaN`, `""`, `false`, `null` oder `undefined` besitzt, nicht erkannt werden!

Eng verwandt mit dem `in`-Operator ist die `for-in`-Schleife, bei der es
sich um eine Variante der `for`-Schleife handelt und für die wir in Kapitel
17 bereits ein Beispiel kennen gelernt haben:

```
for (bezeichner in objekt)
  Befehl;      //(oder Befehlsblock)
```

Die Wirkung dieser Anweisung ist, dass der auf die Schleifenanweisung
folgende Befehl für alle Bezeichner wiederholt wird, die innerhalb des
Objekts `objekt` für ein Attribut oder eine Methode stehen. Ausgenommen sind die Attribute und Methoden, bei denen die Aufzählung mittels
der Methode `Object.defineProperty` ausgeschaltet wurde. Dabei erhält
die Variable `bezeichner` in jedem Durchlauf den entsprechenden Bezeichnernamen als String-Wert zugewiesen, so dass auf die entsprechende Eigenschaft oder Methode mit `objekt[bezeichner]` zugegriffen
werden kann.

In Bezug auf die `for-in`-Schleife wollen wir uns noch ein vollständiges
Beispielprogramm ansehen:

```
<html>
<head><title>Operator delete, for-in-Schleife (js/20)</title>
<script type="text/javascript">
"use strict";
function zeigeEigenschaften(objekt)
{
    var eigenschaftsName,txt="";
    for (eigenschaftsName in objekt)
        txt=txt+eigenschaftsName+"<br>";
    document.write(txt+"<br><br>");
}
</script>
</head>
<body>
<script type="text/javascript">
var meinAuto={farbe:"rot",kW:90};
meinAuto.zeigeFarbe=function()
        {window.alert("Die Farbe ist " + meinAuto.farbe);};
zeigeEigenschaften(meinAuto);
delete meinAuto.kW;
zeigeEigenschaften(meinAuto);
zeigeEigenschaften(window);
</script>
</body>
</html>
```

Im Kopf der HTML-Datei wird nur die Funktion `zeigeEigenschaften`
definiert. Dabei wird eine `for-in`-Schleife dazu verwendet, die Namen

aller Eigenschaften und Methoden eines als Parameter übergebenen Objekts `objekt` mittels der bereits in Kapitel 6 verwendeten `document.write`-Methode als Bestandteil des Seiteninhalts anzuzeigen. Das funktioniert deshalb, weil die dynamisch in Abhängigkeit des Programmverlaufs an `document.write` als Parameter übergebenen String-Werte so behandelt werden, als stünden sie statisch im HTML-Text.

Im Textkörper der HTML-Datei wird die Funktion `zeigeEigenschaften` dreimal aufgerufen: Zunächst für das Objekt `meinAuto` und dann nochmals für das nach der Löschung der Eigenschaft `kW` modifizierte Objekt. Die schließlich vom letzten Funktionsaufruf erzeugte Ausgabe zeigt, wie komplex das bereits mehrfach verwendete Standard-Objekt `window` ist. Allerdings hängt das produzierte Ergebnis teilweise vom Browser ab, da die Implementierungen des `window`-Objekts in den verschiedenen Browsern nicht völlig identisch sind und das Verhalten der `for-in`-Schleife in Bezug auf intern definierte Methoden wie `alert` und `prompt` uneinheitlich ist.

In diesem Zusammenhang ist anzumerken, dass die `for-in`-Schleife auch gut dazu verwendet werden kann, explizit angeführte Aufzählungen durchzuführen:

```
for (zeitraum in {"letztes Jahr":0,"letzter Monat":0,"gestern":0})
{
    txt=txt+zeitraum+"<br>";
    document.write(txt+"<br><br>");
}
```

Soll die Struktur einer vorgegebenen Objektinstanz hinsichtlich einer Vererbung genauer untersucht werden, dann kann das mit den beiden Methoden `hasOwnProperty` sowie `propertyIsEnumerable` geschehen:

```
window.alert(objekt.hasOwnPropertyName("zeigeFarbe"));
window.alert(objekt.propertyIsEnumerable("rabattiere"));
```

Mit der ersten Methode kann festgestellt werden, ob eine Eigenschaft zum Objekt selbst definiert und nicht „nur" geerbt wurde. Die zweite Methode liefert nur für eigene Eigenschaften, die bei einer Enumeration mit einer `for-in`-Schleife berücksichtigt werden, den Wert `true`. Geerbte Eigenschaften und solche, bei denen die Enumeration mittels `Object.defineProperty` ausgeschaltet wurde, werden also nicht in einer `for-in`-Schleife aufgezählt.

21 Objektinhalte kopieren

Beginnend mit Kapitel 12 wurde bereits mehrfach darauf hingewiesen, dass Objekte anders als Werte einfacher Datentypen nicht durch eine Zuweisung in eine andere Variable kopiert werden können. Grund ist, dass bei einem Versuch, ein Objekt mittels Zuweisung zu kopieren, nur dessen Referenz kopiert wird. Daher verfügt man nach dem Kopieren über zwei Variablen, deren Inhalte als Referenzen auf denselben, weiterhin nur einfach vorhandenen Objektinhalt verweisen.

Natürlich wäre es oft wünschenswert, wenn man ein Objekt mit allen seinen Daten genauso wie einen numerischen Wert einfach kopieren könnte. Die Schwierigkeit, dies in einer universellen Weise tun zu können, beruht auf der Vielfalt, mit der Objekte aufgebaut sein können: Einerseits kann der Wert eines Attributs einen einfachen Datentyp besitzen. Andererseits kann er selbst wieder auf ein Objekt verweisen, und zwar sowohl auf ein in JavaScript vorgegebenes Standardobjekt wie auch auf ein selbstdefiniertes Objekt. Letzteres kann sogar zu einer mehrstufigen Hierarchie von Unterobjekten führen, was zu einer Unterscheidung zwischen **flacher** und **tiefer Kopie** (*shallow and deep copy*) führt, je nachdem, wie tief die datenmäßige Kopie vollzogen werden soll. Schließlich nicht zu vergessen sind die internen Systemattribute sowie die Methoden, die in JavaScript als Attribute mit einem Wert des Typs Function realisiert sind. Diese Sachverhalte sind zu bedenken, bevor man einfach vom „Kopieren eines Objekts" spricht.

Aus den genannten Gründen ist es zu empfehlen, dass die Methoden zum Kopieren von Objekten konkreten Klassen zugeordnet werden, wobei durchaus universelle Ansätze zum Einsatz kommen können.

Das erste Verfahren, das hier vorgestellt wird, verwendet Methoden des Objekts JSON. Der etwas kryptische Bezeichner steht für **JavaScript Object Notation**. Ähnlich wie beim Objekt Math handelt es sich auch bei JSON trotz des Großbuchstabens am Anfang nicht um einen Konstruktor, sondern um ein global vordefiniertes Objekt. Im Vergleich zum Objekt Math sind die für JSON verfügbaren Methoden aber sehr überschaubar. Es

© Springer Fachmedien Wiesbaden GmbH, ein Teil von Springer Nature 2018
J. Bewersdorff, *Objektorientierte Programmierung mit JavaScript*,
https://doi.org/10.1007/978-3-658-21077-9_21

gibt nämlich nur zwei, die im folgenden Beispielprogramm beide verwendet werden:

- Mit der Methode `stringify` wird ein als Parameter übergebenes
  Objekt in einen String verwandelt, der das Objekt als Literal mit der in
  JavaScript dafür üblichen Syntax beschreibt – allerdings ohne die Methoden zu berücksichtigen. Man spricht in diesem Zusammenhang
  auch von einer **Serialisierung**, weil sich eine solche Konvertierung
  eines Objekts natürlich auch für eine Datenübertragung eignet. Dabei
  ist der Einsatz der 1999 standardisierten JSON-Syntax keineswegs auf
  JavaScript beschränkt.
- Die umgekehrte Umwandlung eines Literals in ein Objekt geschieht
  mit der Methode `parse`. Zwar könnte dafür, wie man es im folgenden
  Beispielprogramm sehen kann, auch die globale Methode `eval` verwendet werden. Allerdings könnte bei einem Skript, das in ein Internetdokument eingebettet ist, die sehr universelle `eval`-Funktion unter
  Umständen für einen Angriff zur Manipulation der Seitenfunktionali-
  tät verwendet werden, sofern der auszuwertende String zum Beispiel
  aus einer Formulareingabe oder einem Parameter einer aufgerufenen
  Internetadresse stammt.

Schauen wir uns nun an, wie man mit Hilfe der beiden Methoden
`stringify` und `parse` ein Objekt kopieren kann:

```
"use strict";                        // (js/21)
function Auto(farbe, kW, motortyp)
{
  this.farbe=farbe;
  this.motor={};
  this.motor.kW=kW;
  this.motor.typ=motortyp;
  this.zeigeFarbe=function()
      {window.alert("Die Farbe ist " + this.farbe);};
}
var einAuto, einAutoAsString, obj1, obj2;
einAuto=new Auto("rot",90,"Diesel");
einAutoAsString=JSON.stringify(einAuto);
obj1=JSON.parse(einAutoAsString);
eval("obj2="+einAutoAsString);
window.alert(einAutoAsString+"\n"+JSON.stringify(obj1)
      +"\n"+JSON.stringify(obj2));
```

Die Klasse `Auto` ist uns bestens vertraut. Allerdings wurde sie für das
aktuelle Beispielprogramm mit einem Unterobjekt `motor` ausgestattet, das
die beiden Attribute `kW` und `typ` zusammenfasst. Die am Ende erfolgende

Bildschirmausgabe dient zur Bestätigung, dass die drei Objekte `einAuto`, `obj1` und `obj2` zumindest in Bezug auf die Objekt-Daten inhaltsgleich sind. Alle drei Objekte werden nämlich in einen String konvertiert, dessen Inhalt dem Literal

```
{"farbe":"rot","motor":{"kW":90,"typ":"Diesel"}}
```

entspricht. Allerdings verfügen die beiden Objekte obj1 und obj2 nicht über die Methode `zeigeFarbe`, da nur die Daten des Objekts `einAuto` konvertiert wurden.[104]

Es bleibt noch anzumerken, dass die JSON-Schreibweise deutlich kompakter ist als die XML-Schreibweise, die ebenfalls – und zwar in unterschiedlicher Weise – zur Serialisierung von Objektdaten verwendet werden kann. Beispielsweise wäre die folgende XML-Serialisierung denkbar, wobei die Zeilenumbrüche sowie Einrückungen nur dazu dienen, die Lesbarkeit zu erleichtern:

```
<Auto>
    <farbe>rot</farbe>
    <motor>
        <kW>90</kW>
        <typ>Diesel</typ>
    </motor>
</Auto>
```

Ebenfalls noch anzumerken ist, dass ein Klonen eines Objekts auch ohne die JSON-Methoden möglich ist. Das nächste Beispiel demonstriert zwei Möglichkeiten:

```
"use strict";                           // (js/21a)
function Auto(farbe, kW, motortyp)
{
    this.farbe=farbe;
    this.motor={};
    this.motor.kW=kW;
    this.motor.typ=motortyp;
    this.zeigeFarbe=function()
        {window.alert("Die Farbe ist " + this.farbe);};
}
Auto.prototype.createCopy=function()
{
    var ret;
    ret=new Auto(this.farbe,this.motor.kW,this.motor.typ);
```

---

[104] Eine JSON-Konvertierung von Methoden in Form von JavaScript-Quellcode wäre zwar denkbar, aber bei der Übertragung an Programme, die in einer anderen Programmiersprache geschrieben sind, wenig sinnvoll.

```
   return ret;
}
Object.prototype.createClone=function()
{
   var att,ret;
   ret={};
   for (att in this)
   {
      if (typeof this[att]!="object")
         ret[att]=this[att];
      else if ("createClone" in this[att])
         ret[att]=this[att].createClone();
   }
   ret.constructor=this.constructor;
   return ret;
}
var einAuto,obj3, obj4;
einAuto=new Auto("rot",90,"Diesel");
obj3=einAuto.createCopy();
obj4=einAuto.createClone();
window.alert(JSON.stringify(einAuto)
           +"\n"+JSON.stringify(obj3)+"\n"+JSON.stringify(obj4));
```

Die erste Kopiermethode createCopy orientiert sich an der konkreten Implementierung der Klasse Auto. In ihrem Rumpf wird der Auto-Konstruktor mit den ausgelesenen Attributwerten aufgerufen. Dadurch verfügen die erzeugten Kopien auch über die Methoden, die für eine Instanz der Auto-Klasse üblich sind.

Deutlich universeller in ihrer Konzeption ist die zweite Methode createClone, die sich auf alle Objekte vererbt. Mit ihr werden auch Methoden kopiert. Rekursiv kopiert werden sogar Unterobjekte, sofern sie die Methode createClone von der Klasse Object geerbt haben. Nicht kopiert werden allerdings Feldinhalte eines Arrays.

Ob es in der Praxis Sinn macht, eine Standardklasse wie Object mit einer solchen Methode zu erweitern, muss allerdings sehr kritisch gesehen werden. Zu bedenken ist nämlich, was passiert, wenn zwei Programmteile mit unterschiedlichen Erweiterungen in eine Gesamtapplikation zusammengeführt werden. Methoden und Attribute von Standardobjekten sind nämlich ähnlich zu bewerten wie globale Variablen. Insofern erscheint es günstiger, selbst eine eigene Klasse CloneableObject zu designen.

22 Resümee über JavaScript-Objekte

Bevor wir uns nach dem Erörtern der eigentlichen JavaScript-Sprache dem Einsatz von JavaScript in HTML-Dokumenten zuwenden, soll es nicht versäumt werden, ein kurzes Resümee zu ziehen.

Zunächst ist hoffentlich deutlich geworden, dass JavaScript entgegen seinem gelegentlichen Ruf durchaus als ernstzunehmende Programmiersprache gelten kann. Insbesondere können in JavaScript-Programmen die grundlegenden Konzepte eines systematischen und professionellen Software-Engineerings berücksichtigt werden. Dies gilt, obwohl JavaScript anders als zum Beispiel Java weder klassenbasiert noch typsicher ist. Insofern kann man JavaScript in zweierlei Weise programmieren: „Quick and dirty", um zum Beispiel eine kurze Plausibilitätsprüfung der in ein Webformular eingegebenen Daten durchzuführen, oder systematisch unter Verwendung allgemein gültiger Designkonzepte für objektorientierte Programmierung. Dazu gehören im Wesentlichen

- das Geheimnisprinzip von Objekten,
- die Vererbung, insbesondere von Methoden, soweit sie nicht überschrieben werden, sowie
- der Polymorphismus.

Wir haben in Kapitel 19 erläutert, dass das erstgenannte Geheimnisprinzip in JavaScript nur unzureichend realisiert werden kann. Eine hundertprozentige Kapselung ist nur dann möglich, wenn Methoden nicht den Prototypen zugeordnet werden, wie es aber insbesondere bei einer Vererbung notwendig ist. Eine vollständige Kapselung ist bei Vererbung nur dann, allerdings mit hohem Aufwand, möglich, wenn von Modulen nur Wrapper-Versionen von Klassen exportiert werden, bei denen die Methoden per Delegation auf private Klassen zugreifen.

Immerhin erlaubt bereits der konsequente Einsatz von Getter- und Setter-Zugriffsmethoden ein hohes Maß an Datenkapselung. Dies dient zugleich der Abstraktion des Objekts, da nach außen nur die Objekt-Funktionalität im Rahmen der Methoden ersichtlich wird, während die Attribute als Bestandteil der Implementierung verborgen bleiben. Dabei gibt es in JavaScript unterschiedliche Möglichkeiten, die Attribute eines Objekts

© Springer Fachmedien Wiesbaden GmbH, ein Teil von Springer Nature 2018
J. Bewersdorff, *Objektorientierte Programmierung mit JavaScript*,
https://doi.org/10.1007/978-3-658-21077-9_22

weitgehend zu verbergen. Getter-Methoden können auch dazu verwendet werden, Attribute typsicher zu machen.

Klassen gab es lange Zeit nicht in JavaScript im Sinne eines Sprachelements. Aber auch ohne `class`-Anweisung waren Klassen selbstverständlich immer in JavaScript indirekt zu finden, nämlich als Abbild von Klassen, wie sie in der zu modellierenden Wirklichkeit existieren. Ohne `class`-Anweisung beinhaltet ein Konstruktor, bei dem es sich um eine normale Funktion handelt, eine vollständige Beschreibung des Bauplans und der Funktionalitäten der Objekte, die zu betreffenden Klassen gehören. Obwohl die Syntax beim Aufruf eines JavaScript-Konstruktors stark an andere Programmiersprachen, insbesondere Java, erinnert, ist die Funktionsweise eine ganz andere.

Mit der `class`-Anweisung hat JavaScript keine funktionale Erweiterung gefunden, wohl aber die Möglichkeit, häufig gebrauchte Funktionalitäten deutlich kürzer und übersichtlicher zu programmieren.

23 JavaScript im Browser

JavaScript hat seine Bedeutung als Programmiersprache fast ausschließlich dadurch erlangt, dass mit seiner Hilfe Internetseiten interaktiv gestaltet werden können. Auf diese Weise lassen sich insbesondere Inhalt und Aussehen einer aktuell angezeigten Internetseite ändern, ohne dass eine Kommunikation mit einem Internetserver stattfinden muss. Dabei kann die Interaktivität so ergonomisch und visuell ansprechend gestaltet werden, wie es zuvor nur mit lokal installierten Anwendungsprogrammen möglich war.

JavaScript bietet, sieht man einmal von sicherheitsbedingten Einschränkungen ab,[105] ein de facto vollständiges Interface für den Browser sowie für die aktuell darin angezeigten Inhalte. Im Detail handelt es sich um

- einen Schreib- und Lesezugriff auf die Eigenschaften des Browsers,
- einen Schreib- und Lesezugriff auf die Inhalte und Eigenschaften der aktuell im Browser angezeigten Internetdokumente und
- die Möglichkeit, für Ereignisse innerhalb des Browsers und der dort angezeigten Dokumente eine Verhaltensweise vorgeben zu können.

Da es sich beim Internet-Browser um einen Client handelt, der unter Verwendung des Protokolls HTTP von einem entsprechenden Server Dateien abruft und anzeigt, spricht man auch von einem clientseitigen JavaScript. Natürlich könnte JavaScript auch serverseitig eingesetzt werden, allerdings konnte es sich in diesem Bereich gegenüber anderen Skriptsprachen wie PHP, ASP.NET und Perl zur Generierung von Webdokumenten mit dynamischem Inhalt nicht durchsetzen.

Aufgrund der hohen Perfektion, die von einer professionell gestalteten Webseite verlangt wird, kommen heute meist komplette Bibliotheken von JavaScript-Funktionen zum Einsatz. Deren Funktionalität wird aber nur

---

[105] Aus Sicherheitsgründen kann das Skript einer Internetseite immer nur auf Inhalte und zugehörige Informationen zugreifen, die den gleichen Ursprung besitzen wie das HTML-Dokument, welches das betreffende Skript lädt. Man spricht von einer **Same-Origin-Policy** (SOP). Anzumerken bleibt, dass das Skript selbst durchaus von einem anderen Server geladen werden kann, eine Möglichkeit, die gerade beim Einsatz von JavaScript-Bibliotheken oft genutzt wird.

© Springer Fachmedien Wiesbaden GmbH, ein Teil von Springer Nature 2018
J. Bewersdorff, *Objektorientierte Programmierung mit JavaScript*,
https://doi.org/10.1007/978-3-658-21077-9_23

dann richtig verständlich, wenn man sich zuvor zumindest mit den wichtigsten Grundlagen des clientseitigen JavaScripts vertraut gemacht hat. Genau eine solche Darstellung der wesentlichen Grundlagen des clientseitigen JavaScripts wollen wir hier und in den nächsten Kapiteln geben.

In den bisherigen Kapiteln haben wir in Bezug auf das clientseitige JavaScript bereits das Objekt window, sein Unterobjekt window.document sowie insgesamt drei ihrer Methoden kennen gelernt. Es handelte sich um die Methoden

```
window.alert("Dies ist eine Bildschirmausgabe");
eingabe = window.prompt("Ihre Eingabe");
window.document.write("Dies ist ins Dokument eingefügter Text");
```

Es bleibt anzumerken, dass das Objekt window als **Globalobjekt** fungiert. Einerseits erscheinen globale Variablen als Eigenschaften des Globalobjekts. Andererseits kann die Referenz window bei dessen Attributen und Methoden weggelassen werden. Ob dies sinnvoll ist, steht auf einem anderen Blatt. Auf jeden Fall wird das Weglassen der Referenz window oft praktiziert und wurde auch in Bezug auf die Methode document.write in den bisherigen Beispielen so gehandhabt. Insofern sollte diese Verfahrensweise immer bedacht werden, wenn man sich mit dem Quellcode eines heruntergeladenen Skripts auseinandersetzt.

Das folgende HTML-Dokument vermittelt einen ersten Überblick über die gesamte Vielfalt, die die Objekte des clientseitigen JavaScripts bieten:

```
<html>
<head><title>Browser-Objekte (js/23)</title></head>
<body>
<table>
<script type="text/javascript">
"use strict";
var nurTest="globale Variable zum Test";
function druckeZeile(string1,string2)
{
   window.document.writeln("<tr><td>"+string1+"</td><td>"+string2
                +"</td></tr>");
}
function analysiereObjekt(objektName)
{
   var objekt, attribut, typ, wert;
   objekt=eval(objektName);
   druckeZeile("<b>Analyse des Objekts "+objektName+"</b>","");
   for (attribut in objekt)
   {
      wert=objekt[attribut];
```

```
      typ=typeof wert;
      if (wert==="")
         wert='""';
      if (typ=="function")
         wert="<i>Methode</i>";
      if (typ=="object")
         wert="<i>Unterobjekt</i>";
      druckeZeile (objektName+"."+attribut, wert);
   }
   druckeZeile(" ","");
}
analysiereObjekt("window");
analysiereObjekt("window.navigator");
analysiereObjekt("window.location");
analysiereObjekt("window.screen");
analysiereObjekt("window.document");
analysiereObjekt("window.history");
</script>
</table>
</body>
</html>
```

Das im HTML-Body enthaltene Skript generiert mit Hilfe der vielfach aufgerufenen Methode `window.document.write` einen dynamischen Seiteninhalt, der unter anderem vom Typ des aufrufenden Browsers, seiner aktuellen Gestalt wie zum Beispiel der Fenstergröße und der URL abhängt, von der die Datei geladen wurde. Je nach Browser und Einstellung kann es unter Umständen zu einer Sicherheitsabfrage oder sogar zu einem Abbruch aufgrund eines Security-Errors kommen – die diesbezüglich kritischste Analyse des Objekts `window.history` wurde daher am Ende platziert. Das in der Seite enthaltene Skript lädt daher zum Experimentieren ein!

Schauen wir uns an, was bei der Anzeige des HTML-Dokuments genau passiert: Innerhalb einer statisch im HTML-Body mit dem `<table>`-Tag angelegten Tabelle wird mit jedem Aufruf der Funktion `druckeZeile` eine zweispaltige Ausgabe einer Tabellenzeile generiert. Auf diese Weise werden mit der Funktion `analysiereObjekt` insgesamt sechs Objekte des clientseitigen JavaScripts untersucht. Dies geschieht mit den Mitteln, die wir bei selbstdefinierten JavaScript-Objekten bereits erörtert haben, nämlich mit einer `for-in`-Enumeration der Attribute. Dabei wird zu jedem Attribut, das bei der Enumeration berücksichtigt wird, der Attributname sowie der zugehörige Attributwert beziehungsweise einer der beiden Hinweise „Unterobjekt" oder „Methode" ausgegeben.

Die magere, aber sicher ausreichende Formatierung der Textausgabe geschieht mit Hilfe der beiden bereits bekannten HTML-Tags <i> und <b> für kursive beziehungsweise fette Schrift sowie durch die Tabelle. Dazu wird mit jedem HTML-Tag <tr> eine Zeile (*table row*) erzeugt und mit jedem HTML-Tag <td> eine Tabellenzelle (*table data*). Um in einer inhaltsleeren Zeile auch ohne Formatierung eine normale Höhe zu garantierten, erfolgt nach jeder Objektanalyse eine Ausgabe, die nur ein **geschütztes Leerzeichen** (*no break space*) enthält, für das in HTML die Zeichenfolge   steht. Generell kann in ähnlicher Weise jedes Sonderzeichen in HTML durch eine sogenannte **Entität** repräsentiert werden, zum Beispiel © für das Copyright-Zeichen © und £ für das Pfundzeichen £.

Übrigens sollte man sich durch den immensen Umfang der Textausgabe keinesfalls abschrecken lassen. Wichtig für den *ständigen* Gebrauch sind nur wenige der aufgelisteten Eigenschaften und Methoden. Dagegen wird man mit vielen Eigenschaften und Methoden nie in Berührung kommen. Und für den Rest, das heißt für die gelegentlich verwendeten Methoden und Attribute, muss man gegebenenfalls die entsprechenden Objektreferenzen zu Rate ziehen, was keinesfalls als ungewöhnlich eingestuft werden sollte. Schließlich nutzt man auch beim Verfassen eines deutschen oder fremdsprachigen Textes oft Hilfsmittel zum Prüfen der Rechtschreibung, Grammatik und Wortbedeutung.

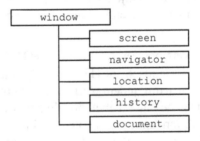

Bild 9   Das Objekt window mit Unterobjekten. Die beiden Objekte window und window.document werden im nächsten beziehungsweise übernächsten Kapitel erläutert. Die Beschreibung der anderen vier Objekte erfolgt im laufenden Kapitel.

Die im Beispielprogramm praktizierte Verfahrensweise könnte im Prinzip sogar zu einer Art Objektexploration erweitert werden, bei der die Unterobjekte ohne vorausgesetztes Vorwissen ergebnisoffenen erkundet werden. Allerdings sind die Objektverweise sehr vielfältig und erlauben manchmal sogar Rundwege. Insofern wurde das Wissen um die fünf Browser-nahen Objekte des clientseitigen JavaScripts bereits beim Konzept des Beispielprogrammes berücksichtigt. Die Hierarchie der sechs Objekte ist in Bild 9 dargestellt.

Eine sinnvolle Ergänzung des letzten Programms kann mit der in Kapitel 20 definierten Funktion `typeOf` erfolgen, die Objektbenennungen auf der Basis der `Object`-Methode `toString` ermittelt. Auf diese Weise ergeben sich bei den in Bild 6 dargestellten Objekten die Objekttypen `"Window"`, `"Screen"`, `"Navigator"`, `"Location"`, `"History"` und `"HTMLDocument"`. Demgemäß macht es Sinn, beispielsweise von `Window`-Objekten zu sprechen, auch wenn es keinen Konstruktor `Window` gibt.

Wir wollen im Rest des Kapitels die wichtigsten Eigenschaften und Methoden der vier in Bild 9 erstgenannten Unterobjekte erläutern. Die Objekte `window` und `window.document` werden wir in nachfolgenden Kapiteln erörtern.

- `window.screen`
  Das Objekt `window.screen` verfügt über mehrere schreibgeschützte Eigenschaften wie `width` und `height`, die Aufschluss über die Eigenschaften des Bildschirms geben. Auf dieser Basis können insbesondere, sofern gewünscht, Gestaltung und Größe des Browsers und der darin angezeigten Dokumente entsprechend angepasst werden. Die beiden genannten Eigenschaften `width` und `height` geben die Bildschirmgröße in Pixeln an. Bei den Eigenschaften `availWidth` und `availHeight` sind die dauerhaft durch Toolbars auf dem Desktop „verbrauchten" Pixel bereits abgezogen. Bei einem Windows-Betriebssystem reduziert sich die verfügbare Höhe `availHeight` gegenüber der Gesamthöhe `height` typischerweise um einen Wert von 44 Pixeln.

- `window.location.href`
  Es handelt sich um eine les- und schreibbare Eigenschaft, deren Inhalt die aktuelle URL wiedergibt. Zugriffe erfolgen über intern realisierte Getter- und Setter-Methoden, wobei ein Schreibzugriff eine Navigati-

on auslöst. Beispielsweise wird das aktuelle Dokument durch den Befehl

`window.location.href="http://www.w3.org";`

durch das unter der angegebenen Adresse abrufbare Dokument ersetzt.

- `window.location`

  Das Objekt `window.location` verfügt über weitere Eigenschaften, mit denen Teile der URL ausgelesen werden können. Dadurch lassen sich nachgelagerte String-Operationen zum Teil überflüssig machen.

  Mit `protocol` erhält man das aktuelle Protokollkürzel wie `"http:"`, `"https:"` oder `"file:"`.

  Mit der Eigenschaft `search` ermittelt man den Parameter, der in der aktuellen URL ab einem Fragezeichen steht und der in der Regel übergebene Formularparameter wiedergibt.

  Die Eigenschaft `hash` liefert den Parameter, der in einer URL ab einem Doppelkreuz (`"#"`, *number sign*) steht und in der Regel die Position innerhalb einer Webseite adressiert.

  Ebenfalls auslesbar sind eine gegebenenfalls zur URL gehörende Portnummer (Eigenschaft `port`), der Pfad (Eigenschaft `pathname`), der Host (Eigenschaft `host`) sowie der Hostname (Eigenschaft `hostname`), wobei Letzterer anders als der Host keinesfalls eine Portnummer beinhaltet. Beispielsweise würden auf einer Seite mit der URL `http://www.domain.de/verz/datei.htm` die Anweisungen

  `window.alert(window.location.hostname);`
  `window.alert(window.location.pathname);`

  die Bildschirmausgaben „www.domain.de" und „verz/datei.htm" liefern.

  Schließlich zu erwähnen ist noch die Methode

  `window.location.reload();`

  mit der die aktuelle URL nochmals geladen wird.

- `window.navigator`

  Das Objekt `window.navigator` verfügt über schreibgeschützte Eigenschaften, die Auskunft über den Typ und Version des Browsers sowie des Betriebssystems liefern. Die umfassendste Eigenschaft ist `userAgent`. So kann die Anweisung

  `window.alert(window.navigator.userAgent);`

  zum Beispiel die Bildschirmausgabe „Mozilla/5.0 (Windows NT 6.1; rv:27.0) Gecko/20100101 Firefox/27.0" liefern. Dieser Attributwert ist gleich dem String, den der Browser auch als Bestandteil seines HTTP-Befehls an den Server übermittelt.

Verwendet wird die Abfrage des `userAgent`-Attributwerts vor allem dann, wenn voneinander abweichende Implementierungen von JavaScript in den verschiedenen Browsern berücksichtigt werden müssen. Glücklicherweise sind die Unterschiede inzwischen weit geringer als früher. Bei den meisten Browsern, nämlich bei de facto allen außer dem „Microsoft Internet Explorer", wird das `navigator`-Unterobjekt auch dazu verwendet, den Umfang der installierten Plugins zu überprüfen. Solche Erweiterungen des Browsers erlauben die Wiedergabe von Datenformaten, die der Browser standardmäßig nicht verarbeiten kann wie zum Beispiel Sound- oder Videodateien. Abgesehen vom „Microsoft Internet Explorer" verfügen die Browser dazu über entsprechende Einträge im Array `navigator.plugins`.

- `window.history`

  Das Objekt `window.history` beinhaltet eine Liste der zuletzt besuchten Internetadressen, wie sie auch Grundlage der beiden Browserschaltflächen „Eine Seite zurück" (*back*) und „Eine Seite vor" (*forward*) ist. Natürlich sind die im Objekt vorhandenen Daten höchst sensibel und müssen gegen unautorisiertes Auslesen und Übertragen geschützt sein. Daher ist das Interface auch nur sehr rudimentär. Zunächst enthält die Eigenschaft `window.history.length` die Anzahl der gespeicherten History-Einträge. Die wichtigste Methode ist

  `window.history.back();`

  Ein Aufruf der `back`-Methode navigiert zur vorher besuchten Seite, als wäre der Back-Button des Browser geklickt worden.

24 Das Browserfenster als Objekt

Im letzten Kapitel haben wir das Objekt `window`, das dem Browserfenster entspricht, zu dem das betreffende Skript gehört, in den Erläuterungen so weit wie möglich ausgeklammert. Die Lücken gilt es nun zu schließen: Zu den äußerlich sichtbaren Eigenschaften eines Browserfensters, die sich in Eigenschaften des `Window`-Objekts widerspiegeln, gehören insbesondere die Größe des Fensters und sein Erscheinungsbild, das unter anderem die vorhandenen Bedien- und Anzeigeelemente umfasst. In der Regel fungiert ein Browserfenster als Container für die Anzeige einer einzelnen HTML-Datei. Für Fälle, in denen mit Hilfe von sogenannten **Frames** (*Rahmen*) mehrere HTML-Dateien dem Benutzer als eine Gesamtseite präsentiert werden, besitzt das `Window`-Objekt auch Eigenschaften, welche die Hierarchie der Frames charakterisieren.

Wir schauen uns zunächst eine Beispieldatei an. Um deren volle Funktionalität zu sehen, muss beim verwendeten Browser unter Umständen die Erzeugung eines Pop-up-Fensters autorisiert werden. Damit wird zugleich deutlich, dass es im Beispiel auch um die Funktionalitäten von JavaScript geht, die von einigen Webdesignern missbraucht werden, wenn zum Zwecke eines aggressiven Marketings immer wieder neue Fenster geöffnet werden.

```
<html>
<head><title>2 Iframes und ein Popup-Fenster (js/24)</title>
<script type="text/javascript">
"use strict";
var popup;
function start()
{
  window.setTimeout(change,4000,"http://www.galois-theorie.de",
              "erste Navigation");
  window.setTimeout("openWindow()",8000);
}
function writeInWindow(win,bodyText,onloadScript)
{
  if (onloadScript==undefined)
    onloadScript="";
  var txt="<html><head></head><body onload='"+onloadScript+"'>"+
        bodyText+"</body></html>";
  win.document.open();
  win.document.write(txt);
```

© Springer Fachmedien Wiesbaden GmbH, ein Teil von Springer Nature 2018
J. Bewersdorff, *Objektorientierte Programmierung mit JavaScript*,
https://doi.org/10.1007/978-3-658-21077-9_24

```
  win.document.close();
}
function change(hrefLinks, txtRechts)
{
  window.frames.links.location.href=hrefLinks;
  writeInWindow(window.frames.rechts,txtRechts);
}
function openWindow()
{
  popup=window.open("","neu",
                  "top=10,left=10,width=500,height=650");
  writeInWindow(popup,"","window.opener.hello()");
}
function hello()
{
  popup.location.href="http://www.google.de";
  writeInWindow(window.frames.rechts,"Hello!");
}
</script>
</head>
<body onload="start()">
<iframe name="links" style="width:650px;height:400px"
        src="http://www.bewersdorff-online.de"></iframe>
<iframe name="rechts" style="width:150px;height:400px"></iframe>
</body>
</html>
```

Funktional mag das Beispiel nicht besonders sinnvoll sein, aber darum geht es uns ja auch nicht.

Zunächst gilt es festzuhalten, dass es drei verschiedene Möglichkeiten gibt, um mit einem Browser zur gleichen Zeit mehr als eine HTML-Datei anzuzeigen:

- Sowohl mit JavaScript als auch beim Anklicken eines Hyperlinks durch den Nutzer mit der rechten Maustaste kann ein neues Fenster geöffnet werden, dessen Inhalt allerdings unter Umständen im Browser als **Tab**, das heißt im bestehenden Fenster mit einer neuen **Registerkarte**, dargestellt wird.
  Im Beispiel wird mit der Methode `window.open` ein neues Fenster geöffnet.

- Außerdem kann innerhalb des angezeigten Webdokuments, ähnlich wie bei der Anzeige eines Videostreams, ein rechteckiger Bereich dazu verwendet werden, ein weiteres Webdokument anzuzeigen. Diese Möglichkeit wird **Iframe** (*inline frame*) genannt. Iframes werden mit dem HTML-Tag `<iframe>` definiert.
  Das Beispiel enthält zwei solche Iframes.

- Schließlich kann innerhalb eines sogenannten Framesets mit den HTML-Tags `<frameset>` und `<frame>` eine Rahmenaufteilung erzeugt werden. In den so definierten Rahmen lassen sich dann separate HTML-Dateien anzeigen, wobei die Navigation zu weiteren Webdokumenten in den verschiedenen Rahmen unabhängig voneinander erfolgen kann. Framesets sind in den aktuellen HTML-Spezifikationen nicht mehr enthalten. Aus historischen Gründen können sie allerdings auch weiterhin verwendet werden. Früher dienten solche Framesets zum Beispiel dazu, im linken oder oberen Bereich des Browserfensters eine HTML-Seite mit einem Navigationsmenü darzustellen.

Schauen wir uns nun die HTML-Datei `js/24` im Detail an. Zunächst werden die Skript-Befehle im Head-Bereich ausgeführt, wobei die Anweisungen praktisch alle einen rein deklaratorischen Charakter besitzen. Das heißt, außer diversen Initialisierungen lösen die Anweisungen keine direkte Aktion aus.

Nach den Initialisierungen im Skript des HTML-Kopfes wird der im Body-Bereich codierte Inhalt angezeigt. Dabei handelt es sich um zwei Iframes. Die Größe von jedem der beiden Iframes wird durch ein `style`-Attribut definiert. Um die beiden Iframes innerhalb von JavaScript ansprechen zu können, besitzen sie beide ein `name`-Attribut. Die zugehörigen Attributwerte sind `links` und `rechts`. Das `src`-Attribut kennen wir schon vom Image-Tag. Es referenziert – absolut oder relativ – auf eine Internetadresse, deren Inhalt dann innerhalb des Iframes angezeigt wird. Weil das `src`-Attribut nur für den ersten Rahmen definiert wird, bleibt der zweite Rahmen zunächst leer.

Nachdem der im Body-Bereich codierte Inhalt geladen ist, wird das für dieses Ereignis vorgesehene Unterprogramm `start` aufgerufen. Dort wird die `setTimeout`-Methode des Objekts `window` zweimal aufgerufen. Diese Methode erlaubt den zeitverzögerten Aufruf einer Funktion oder auch von beliebigem JavaScript-Code, wobei jeweils der zweite Parameter die Verzögerung in Millisekunden angibt. Die im Beispiel erste Verwendung der `setTimeout`-Methode macht von der zuerst genannten Möglichkeit Gebrauch, das heißt vom Aufruf einer Funktion. Dabei wird mit einer Verzögerung von vier Sekunden die Funktion `change` aufgerufen, und zwar mit den Parametern, die hinter der Verzögerungszeit aufgelistet sind. Statt eines Funktionsobjekts kann man aber auch die „klassi-

sche" Version des setTimeout-Aufrufs verwenden, bei dem als erster
Parameter ein String – im Beispiel ist es "openWindow()" – übergeben
wird, der dann wie bei einem Aufruf der eval-Funktion als JavaScript-
Code ausgewertet wird.

Insgesamt kommt es damit zu den beiden nachfolgenden Funktionsaufrufen, die vier beziehungsweise acht Sekunden nach dem Laden der Seite
aufgerufen werden:

```
change("http://www.galois-theorie.de","erste Navigation");
openWindow();
```

Die beiden Aufrufe lösen die folgenden Aktionen aus:

- Der erste Aufruf navigiert den linken Iframe zur übergebenen Internetadresse. Stattdessen könnte auch fast jede andere Adresse stehen,
  nämlich jede, die kein sogenanntes **Framebreaker**-Skript enthält, die
  eine Anzeige des eigenen Inhalts im Gesamtfenster erzwingt.[106] Außerdem erfolgt die Ausgabe des Textes „erste Navigation" im rechten
  Iframe.
- Der zweite Aufruf öffnet ein neues Fenster ohne sichtbaren Inhalt. Im
  Dokument einzig enthalten ist ein Skript.

Die Details der beiden beschrieben Aktionen erfolgen in den zeitversetzt
aufgerufenen Funktionen change und openWindow.

Im Detail passiert Folgendes:

Mit der Zuweisung window.frames.links.location.href=... wird
dem linken Iframe eine neue Internetadresse zugewiesen. Das location-
Unterobjekt kennen wir bereits aus dem letzten Kapitel. Dieses Objekt
tritt grundsätzlich nur als Unterobjekt eines Window-Objekts auf. Von
denen treten im Beispiel allerdings vier auf, nämlich das originäre Fenster, das zur Adresse der Beispieldatei navigiert wird, die zwei Iframes
sowie das Pop-up-Fenster. Dabei bezieht sich der JavaScript-Code je-

---

[106] Generell ist das als **Framing** oder **Embedded Content** bezeichnete Einbinden von
fremden Inhalten in die eigene Webpräsenz ohne Genehmigung zumindest fragwür-
dig, wenn nicht sogar urheberrechtlich verboten. Will man verhindern, dass so etwas
mit der eigenen Seite passiert, kann man sogenannte Framebreaker einsetzen, die gelegentlich auch als **Framekiller** oder **Framebuster** bezeichnet werden. Dabei handelt
es sich um Skripte, die feststellen, ob die betreffende Seite in einem Frame angezeigt
wird und dann gegebenenfalls den Seiteninhalt im Gesamtfenster darstellen. Wir werden ein Beispiel dafür im Verlauf dieses Kapitels kennen lernen.

weils auf das Fenster, in dem er abläuft. Das heißt konkret, dass das als Globalobjekt fungierende Objekt `window` in allen vier Kontexten eine unterschiedliche Bedeutung hat. Um aus einem Fenster auf andere zuzugreifen, bietet das Objekt `window` diverse Eigenschaften:

- `window.parent`
  Bei `window.parent` handelt sich um eine Referenz auf dasjenige `Window`-Objekt, das dem aktuellen Fenster, egal ob Iframe oder Frame innerhalb eines Framesets, unmittelbar übergeordnet ist. Gibt es kein solches Fenster, verweist die Referenz auf sich selbst.

- `window.top`
  Das Objekt `window.top` ist das maximal umfassende `Window`-Objekt, welches das aktuelle Fenster `window` enthält – das kann auch das betreffende Fenster selbst sein.

- `window.opener`
  Das Objekt `window.opener` verweist auf das `Window`-Objekt, durch das mittels JavaScript das aktuelle `window` geöffnet wurde. Gibt es kein solches Fenster, so ist der Attributwert gleich `null`.

- `window.frames`
  Das Objekt `window.frames` ist ein Objekt, dessen Attribute den Namen der Teilframes der nächstniedrigeren Ebene entsprechen. Das Objekt kann aber auch wie ein Array behandelt werden, das heißt, neben einem Attribut `length` gibt es Möglichkeit, die Attributwerte als Array-Einträge zu lesen: Im Beispiel können daher nicht nur die Ausdrücke `window.frames.links` und `window.frames.rechts` zum Zugriff auf die beiden Iframes verwendet werden, sondern ebenfalls die beiden Array-Ausrücke `window.frames[0]` und `window.frames[1]`.
  Wie die Objektreferenz `window` dient der Attributname `frames` nur der Übersichtlichkeit, da beide auf dasselbe Objekt verweisen. Daher kann der Attributname `frames` wie auch die Objektreferenz `window` weggelassen werden – nicht aber beide gleichzeitig. Beispielsweise sind `top.location.href` und `window[1].location.href` zulässige und sinnvolle Ausdrücke.

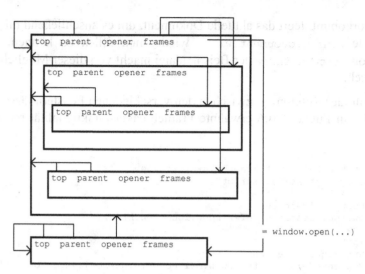

Bild 10   Fünf Fenster und die ihnen zugeordneten `Window`-Objekte. Deren Attribute `top`, `parent`, `opener` und `frames` stellen die Beziehung untereinander her. Bei nicht vorhandenen `opener`-Referenzen (`null`) und leeren `frames`-Listen sind keine Pfeile eingezeichnet.

In Bild 10 dargestellt sind die gegenseitigen Referenzen zwischen den fünf Fenstern, darunter drei Iframes. Diese Referenzen finden Verwendung beim Zugriff auf beliebige Objektattribute in anderen Fenstern. Dazu gehören auch die globalen Variablen in den Skripten der diversen Fenster, die wie schon erläutert den Attributen des `window`-Objekts entsprechen, sowie die globalen Funktionen, die Methoden des `window`-Objekts entsprechen. Daher funktioniert zum Beispiel innerhalb des Popup-Fensters der Aufruf `window.opener.hello()`.

Die Namen der Fenster werden durch das `name`-Attribut festgelegt, entweder durch einen Schreibzugriff auf den Wert des Attributs oder im HTML-Text innerhalb des betreffenden Iframe-Tags. Bei einem Pop-up-Fenster kann der Name auch als zweiter Parameter der `window`-Methode `open` definiert werden. Diese Methode, die als Rückgabewert eine Referenz auf das neue Fenster liefert, darf übrigens keinesfalls mit der gleichnamigen Methode des Objekts `window.document` verwechselt werden. Die `open`-Methode des `document`-Objekts, die ebenfalls in der Beispieldatei vorkommt, leert das aktuelle Dokument, um es anschließend mit der Methode `window.document.write` wieder neu füllen zu können. Die Funktion `writeInWindow` der Beispieldatei macht von dieser Möglichkeit Gebrauch.

Mit Hilfe der Referenzen zwischen den verschiedenen Fenstern lässt sich auch die in Fußnote 106 erwähnte Framebreaker-Funktionalität realisieren:

```
<html>
<head><title>Seite mit Framebreaker</title>
<script type="text/javascript">
"use strict";
if (window.top!=window)
    window.top.location.href=window.location.href;
</script>
<noscript>
<meta http-equiv="Refresh"
        content="0;url=http://www.meinedomain.de/no-javascript.htm">
</noscript>
</head>
<body>
...
</body>
</html>
```

Mit der Abfrage des Framebreakers `window.top!=window` wird geprüft, ob das aktuelle Fenster ein übergeordnetes Fenster besitzt. Wenn ja, wird dort die Internetadresse des aktuellen Fensters geladen.

Um zu verhindern, dass die Seite in einem Iframe angezeigt werden kann, wenn im Browser JavaScript deaktiviert wurde, lässt sich das HTML-Tag `<noscript>` verwenden. Der solchermaßen zwischen Start- und End-Tag eingeklammerte Inhalt wird nur dann aktiviert, wenn es zu keiner Skriptausführung im Browser kommt. Im Beispiel wird dann zu einer Fehlerseite navigiert, so dass der Originalinhalt der Seite nicht in einem Iframe angezeigt werden kann.[107]

---

[107] Eine weitere, noch nicht gänzlich standardisierte Möglichkeit, die Anzeige einer Seite als Iframe zu verhindern, besteht darin, im sogenannten HTTP-Response-Header, welcher der Übertragung des eigentlichen HTML-Quellcodes vorangeht, das folgende Kommando zu ergänzen:
```
X-Frame-Options: deny
```
Soll nur die Anzeige der Seite in Iframes fremder Domains unterbunden werden, so muss man dafür den Attributwert `deny` durch `sameorigin` ersetzen. Wozu HTTP-Response-Header generell dienen und wie man sie konfigurieren kann, werden wir in

Wir beschließen den Überblick über die Objekte vom Typ Window mit einer Zusammenstellung von weiteren wichtigen Attributen und Methoden:

- `window.innerHeight, window.innerWidth`
  Mit diesen beiden schreibgeschützten Eigenschaften können die in Pixeln gemessenen Ausmaße des Anzeigebereichs für das aktuelle Dokument ausgelesen werden.

- `window.outerHeight, window.outerWidth`
  Mit diesen beiden schreibgeschützten Eigenschaften können die äußeren Maße des Fensters ausgelesen werden.

- `window.screenX, window.screenY`
  Mit diesen beiden schreibgeschützten Eigenschaften können die Koordinaten der oberen linken Ecke des betreffenden Fensters gelesen werden.

- `window.alert(msg)`
  Diese Methode zur Anzeige eines Mitteilungsfensters haben wir schon vielfach verwendet.

- `window.prompt(msg)`
  Öffnet ein Fenster für eine Texteingabe, deren Vorgabewert optional mit einem zweiten Parameter gesetzt werden kann. Wird der „Abbruch"-Button gedrückt, liefert die Methode die `null`-Referenz als Rückgabewert.

- `window.confirm(msg)`
  Es öffnet sich ein Fenster mit der Meldung `msg`, bei der es sich sinnvollerweise um eine Frage handelt. Außerdem angezeigt werden zwei Buttons mit der Beschriftung „OK" und „Abbrechen". Wird „OK" gedrückt, erfolgt die Rückgabe des Wertes `true`, nach „Abbruch" wird der Wert `false` zurückgegeben.

- `window.print(msg)`
  Diese Methode löst einen Druckvorgang für das aktuelle Dokument aus, als wäre innerhalb des Browsers der Druckbutton gedrückt oder der Druckbefehl des Menüs ausgewählt worden.

den Kapiteln 30 und 32 näher erläutern.

- `window.focus()`
  Der Eingabefokus wird dem betreffenden Fenster zugeordnet. Dadurch werden Tastatureingaben diesem Fenster zugewiesen.

- `window.close()`
  Das betreffende Fenster wird geschlossen. Allerdings wird dies nur zugelassen, wenn das betreffende Fenster per JavaScript geöffnet wurde.

- `window.open(url,name,settings)`
  In einem Fenster mit dem Namen `name` wird eine Navigation zur Internetadresse `url` durchgeführt. Existiert ein solches Fenster noch nicht, wird ein neues Pop-up-Fenster geöffnet, wobei der Rückgabewert eine Referenz auf das entsprechende `Window`-Objekt liefert. Mit dem String-Wert `settings`, der zum Beispiel das Format `"left=150,top=50,width=800,height=600"` aufweisen kann, können Größe und Position des Fensters vorgegeben werden, wobei dies ohne Wirkung bleibt, falls der Browser eine neue Registerkarte anlegt.

- `window.setInterval(f,takt,arg1,arg2,...)`
  Die Methode `setInterval` funktioniert ähnlich wie die bereits im Beispiel verwendete Methode `setTimeout`. Insbesondere identisch ist die Struktur der Parameter, wobei auch im Fall der Methode `setTimeout` alternativ zu einem Funktionsobjekt `f` die klassische Version eines Stringparameters mit einem JavaScript-Befehl verwendet werden kann. Unterschiedlich ist nur, dass die inklusive der Parameter `arg1`, `arg2`, ... übergebene Funktion `f` nicht nur einmalig aufgerufen wird, sondern wiederholt mit einer regelmäßigen Taktung von `takt` Millisekunden. Um diesen Prozess irgendwann mal stoppen zu können, kann man den Rückgabewert, bei dem es sich um eine Zahl handelt, verwenden. Diese sogenannte **Handle**-Nummer kann später in einem Aufruf der `window`-Methode `clearInterval(handleNr)` verwendet werden, um den Wiederholungsprozess zu stoppen. Es bleibt anzumerken, dass es auch für die Methode `setTimeout` eine entsprechende Abbruchmethode `clearTimeout(handleNr)` gibt.

25 Das Dokumentenobjekt

Von den in Bild 9 dargestellten Objekten wurde einzig das Dokumentenobjekt `window.document` bisher noch nicht näher erläutert. Das Dokumentenobjekt spiegelt den Inhalt einer HTML-Datei wider, die im Browserfenster zum Objekt `window` angezeigt wird. Dabei findet die verschachtelte Struktur der HTML-Tags seine Entsprechung in einer Hierarchie von Unterobjekten, deren Attribute die Textinhalte sowie die Layout-Eigenschaften des Dokuments beinhalten. Die beteiligten Objekte bieten sowohl einen Lesezugriff auf die vom Browser gelesene HTML-Struktur samt Inhalten und Attributen als auch einen Schreibzugriff zur dynamischen Änderung der Inhalte, Attributwerte wie auch der HTML-Struktur selbst.

Aufgrund der Vielfalt der unterschiedlichen Elemente, die eine HTML-Seite beinhalten kann, ist die Struktur der beteiligten Objekte in ihrer Gesamtheit äußerst komplex, zumal neben dem relativ homogenen **Document Object Model** (DOM) einige „historische Altlasten" aus den Anfangsjahren von HTML und JavaScript weiterhin existieren, um eine Abwärtskompatibilität zu gewährleisten.

Anzumerken bleibt, dass das DOM-Modell nicht nur in JavaScript verwendet wird. Auch Browser selbst und HTML-Editoren verwenden es zur Bearbeitung von HTML-Dokumenten. Aus diesem Grund gibt es Implementierungen der DOM-Klassen auch in anderen Programmiersprachen wie C++.

Aufgrund der Komplexität der DOM-Thematik sind die folgenden Erläuterungen als grober Überblick zu verstehen. Erläutert werden die wesentlichen Techniken, wie mit JavaScript auf die Inhalte eines Dokuments zugegriffen werden kann.

Wir beginnen die Erläuterung des Dokumentobjekts mit einer Beispieldatei, welche die Werte von vier Grundeigenschaften des Dokumentenobjekts anzeigt:

```
<html>
<head><title>Das Objekt window.document</title>
<meta http-equiv="content-type"
```

© Springer Fachmedien Wiesbaden GmbH, ein Teil von Springer Nature 2018
J. Bewersdorff, *Objektorientierte Programmierung mit JavaScript*,
https://doi.org/10.1007/978-3-658-21077-9_25

```
       content="text/html; charset=ISO-8859-1">
</head>
<body>
<pre><script type="text/javascript">
var doc=window.document;
doc.writeln("Titel:          "+doc.title);
doc.writeln("Referrer:       "+doc.referrer);
doc.writeln("Letzte Änderung: "+doc.lastModified);
doc.writeln("URL:            "+doc.URL);
doc.writeln();
doc.writeln('<a href="' +window.location.pathname+ '">Hier
klicken!</a>');
</script></pre>
</body>
</html>
```

Zunächst wird der Variablen `doc` als Wert die Referenz auf das Objekt `window.document` zugewiesen, damit die nachfolgenden Befehle in ihrer Notation verkürzt werden können. Die Textausgaben erfolgen diesmal nicht mit der uns schon bekannten Methode `document.write` sondern mit der nahezu identisch wirkenden Methode `document.writeln`, die sich von der erstgenannten Methode nur darin unterscheidet, dass sie nach der Ausgabe im HTML-Quelltext noch einen Zeilenumbruch einfügt, der allerdings *normalerweise* im Browser gar nicht dargestellt wird. Damit solche Zeilenumbrüche und sämtliche Leerzeichen im angezeigten Layout erkennbar werden, wird im Beispiel das Tag `<pre>` (*preformatted*) verwendet. Auf diese Weise wird die simple Art der Formatierung gewährleistet, die statt einer Tabelle für das Beispiel gewählt wurde.

Folgende vier `document`-Eigenschaften werden angezeigt:

- `document.title`

  Mit diesem Attribut kann der im HTML-Kopf mit dem `<title>`-Tag eingeschlossene Titel gelesen werden.

- `document.referrer`

  Diese Eigenschaft gibt die zuletzt besuchte Adresse an, sofern die aktuelle Seite von dort über einen Link, ein Skript oder einen Iframe erreicht wurde. Ansonsten besitzt die Eigenschaft den Wert `null`. Dieser vergleichsweise geringe Eingriff in den Datenschutz des Nutzers korrespondiert mit der Tatsache, dass ein Browser bei einer HTTP-Anfrage die entsprechenden Angaben auch direkt an den Server übermittelt. Aufgrund dieser Übermittlung ist es einem Website-

Betreiber[108] zum Beispiel möglich, aus seinem **Server-Log**[109] zu erkennen, welche Suchmaschinen zu Seitenabrufen geführt haben.[110] Allerdings können Browser so konfiguriert oder mit Zusatzprogrammen funktional erweitert werden, dass sie keine Referrer-Daten[111] verraten – weder in JavaScript noch im HTTP-Abruf.

Wird eine Datei ohne HTTP-Server lokal im Browser geöffnet, wird der Attributwert `document.referrer` generell nicht gesetzt. Deshalb muss, um mit der Beispieldatei einen Referrer angezeigt zu bekommen, die Datei von einem HTTP-Server abgerufen werden, zum Beispiel über die Internetadresse

`http://www.bewersdorff-online.de/js/25`

Klickt man innerhalb der von dieser Adresse geladenen Seite auf den Text „Hier klicken", dann wird die Seite erneut geladen, nun aber mit der Anzeige eines Referrers, bei dem es sich um die Internetadresse der Seite selbst handelt.

- `document.lastModified`
  Mit diesem Attribut kann das Datum der letzten Änderung, das im Dateisystem gespeichert ist, abgerufen werden.

- `document.URL`
  Mit diesem Attribut kann die Internetadresse des aktuellen Dokuments ausgelesen werden. Die in der Beispieldatei ohne weitere Prüfung erfolgende Anzeige der Internetadresse ist übrigens nicht ungefährlich. Der Grund ist, dass die im Browser angezeigte Internetadresse keinesfalls so eindeutig ist, wie es auf den ersten Blick erscheint. So kann

---

[108] Als **Website** werden alle Webseiten einer Domain bezeichnet.

[109] Beim Server-Log handelt es sich um eine Textdatei, in der das die HTTP-Serverfunktionalität abwickelnde Programm wie zum Beispiel **Apache** jeden Abruf einer Datei mit einer Textzeile dokumentiert. Dabei erstreckt sich diese Protokollierung nicht nur auf die *explizit* vom Benutzer abgerufenen Dateien, sondern auch zum Beispiel auf Bilddateien, die in einem abgerufenen HTML-Dokument referenziert sind. Pro Dateiabruf erfasst werden Zeit, Dateinamen, abrufende IP-Nummer, Browserkennung, Referrer und der Status, ob der Abruf erfolgreich war.

[110] Anders als früher werden allerdings die Suchworte verschleiert, auch wenn sie als Parameter in der Internetadresse der aufrufenden Seite enthalten sind. Statt `https://www.google.de/search?q=wort1+wort2` findet man also nur `https://www.google.de` als Referrer im Log.

[111] Im Zusammenhang mit dem Protokoll HTTP hat sich aufgrund eines Schreibfehlers die falsche Schreibweise *referer* etabliert.

beim Abruf einer Datei deren Internetadresse in der Regel auch mit Suchparametern ergänzt werden, das heißt, man ruft beispielsweise die Internetadresse `http://...dateiname.htm?xyz` auf. Die ungefilterte Anzeige der gesamten Internetadresse einschließlich des vom Nutzer frei wählbaren Suchparameters `?xyz` kann gefährliche Angriffe auf die Funktionalität der Webseite ermöglichen – übrigens auch im Beispiel des ungeprüft angezeigten Referrers. Wir werden dazu an späterer Stelle ein Beispiel geben.

Wir wenden uns nun einem weiteren Beispiel zu, anhand dessen wir eine wesentliche DOM-Technik erläutern, mit der die Anzeige des Webdokuments in einem beliebigen Teil geändert werden kann.

```
<html>
<head><title>Uhr (js/25a)</title>
<script type="text/javascript">
"use strict";
function start()
{
    window.setInterval(ticker,1000);
    ticker();
}
function ticker()
{
    var jetzt=new Date();
    var uhr=asString2(jetzt.getHours())+":"+
        asString2(jetzt.getMinutes())+":"+
        asString2(jetzt.getSeconds());
    window.document.getElementById("divUhr").innerHTML=uhr;
}
function asString2(zahlBis99)
{
    var ret=String(zahlBis99);
    if (ret.length<2)
        ret="0"+ret;
    return ret;
}
</script>
</head>
<body onload="start()">
<div id="divUhr"
    style="position:absolute;width:700px;height:170px;
        left:50%;margin-left:-350px;top:50%;margin-top:-85px;
        font-size:130px;font-family:sans-serif;
        font-weight:bold;color:#FFFFFF;
        background-color:#000000;text-align:center;
        vertical-align:middle;padding-top:13px;
        padding-bottom:0px;"></div>
</body></html>
```

Der `body`-Bereich des HTML-Dokuments besteht aus einem einzigen **Block** – die zugehörige Tag-Kennung `div` steht für *division*. Im statischen HTML-Teil sind für diesen Block keine Inhalte sondern nur diverse Formatangaben im `style`-Attribut definiert: Die CSS-Attributnamen für Breite, Höhe, Schriftart, Schriftgröße, die Schrift- und Hintergrundfarbe kennen wir bereits aus Kapitel 5. Neu für uns sind die CSS-Attribute `"position:absolute; left:50%; margin-left:-350px; top:50%; margin-top:-85px"`, die eine Zentrierung innerhalb der Dokumentanzeige bewirken: Da sich die beiden Attribute `left` und `top` auf die obere linke Ecke des definierten Bereichs beziehen, verwendet man zur Zentrierung einen kleinen Trick. Dazu wird mit der Maßzahl `50%` eine zentrierte Position von links und oben definiert, für die jeweils ein negativer Außenrand definiert wird, der horizontal der halben Blockbreite von 700 Pixeln und vertikal der halben Blockhöhe von 170 Pixeln entspricht.

Die horizontale und vertikale Textausrichtung `"text-align:center; vertical-align:middle;"` wird mit den beiden Angaben `"padding-top:13px; padding-bottom:0px;"` in der Höhe noch leicht korrigiert, da die für die Darstellung der Uhrzeit benötigten Zeichen allesamt keine Unterlänge aufweisen.[112]

Außer dem `style`-Attribut verfügt das `<div>`-Tag noch über ein der eindeutigen Identifikation dienendes Attribut `id`. Dazu ist es notwendig, dass jeder `id`-Attributwert im gesamten Dokument nur einmal vorkommt. Die Funktion des `id`-Attributs ist ähnlich wie die des `name`-Attributs, das wir für Window-Objekte kennen gelernt haben. Die Unterschiede sind wohl am ehesten historisch zu erklären: Das `name`-Attribut hat auch in einem reinen HTML-Dokument ohne JavaScript seine Berechtigung. Beispielsweise werden mit den `name`-Attributwerten Window-Objekte adressiert, etwa im `target`-Attribut einer Linkdefinition auf Basis eines

---

[112] Wie bereits in Fußnote 26 angemerkt, werden CSS-Attribute normalerweise in den HTML-Kopf, dort eingeklammert durch ein `<style>`-Tag-Paar, oder sogar in separate Dateien ausgelagert. Im letzten Fall, der sich insbesondere dann empfiehlt, wenn mehrere Dateien übereinstimmend formatiert werden sollen, erfolgt der Verweis mit einem im Kopf positionierten `<link>`-Tag. Wir werden in Kapitel 26 ein Beispiel mit zentralen Formatangaben in einem `<style>`-Tag erörtern.
Werden außer den Formatangaben auch die Skripte ausgelagert, erhält man insgesamt eine vollständige Trennung von Inhalt, Formatierung und Funktionalität.

<a>-Tags. Auch die Übertragung der Eingaben innerhalb eines HTML-Formulars geschieht auf Basis der name-Attributwerte.

Mit dem Laden des body-Bereichs wird die Funktion start aufgerufen. Mit der Methode window.setInterval, die bereits im letzten Kapitel erörtertet wurde, wird eine im 1-Sekunden-Takt erfolgende Anzeige der aktuellen Zeit gestartet, die in der Funktion ticker erfolgt. Damit die erste Anzeige der Uhrzeit nicht erst eine Sekunde nach dem Laden erfolgt, wird die Funktion ticker einmalig auch direkt aufgerufen.

Die Datumsklasse Date

Eine Instanz der Klasse Date steht für eine Zeitangabe und umfasst Datum sowie Uhrzeit. Ein solches Objekt bietet damit eine ähnliche Funktionalität, wie man es von einer entsprechend formatierten Zelle in einem Tabellenkalkulationsprogramm wie Excel her kennt. Meist wird mit dem Konstruktoraufruf new Date() eine der aktuellen Zeit entsprechende Instanz erzeugt. Der Konstruktoraufruf kann aber auch in der Form new Date(jahr,monat,tag,std,min,sec,ms) dazu verwendet werden, eine Date-Instanz zu erzeugen, die mit einem beliebig vorgegebenen Zeitpunkt korrespondiert – dabei sind mindestens zwei Parameter notwendig, die restlichen sind optional. Zu beachten ist, dass beim Parameter monat der Wert 0 dem Monat Januar und der Wert 11 dem Dezember entspricht.

Die wichtigsten Methoden eines Date-Objekts erlauben Lesezugriffe auf die einzelnen Bestandteile der Objektdaten: getFullYear() für die Jahreszahl, getMonth() für die Monatszahl von 0 (Januar) bis 11 (Dezember), getDate() für den Kalendertag zwischen 1 und 31, getDay() für den Wochentag im Format 0 (Sonntag) bis 6 (Samstag) und für die Uhrzeit getHours(), getMinutes(), getSeconds() sowie getMilliseconds(). Schließlich kann mit getTime() die Zahl der seit dem 1. Januar 1970, 0:00 Uhr verstrichenen Millisekunden ermittelt werden, wobei Zeitpunkte vor dem genannten Datum negative Werte liefern. Die letztgenannten Werte eignen sich insbesondere dazu, die zwischen zwei Zeitpunkten verstrichene Zeit einfach zu berechnen, beispielsweise mit dem Ausdruck

```
(date1.getTime() - date2.getTime())/1000/60/60/24
```

für die Anzahl der vergangenen Tage. Auch umgekehrt lässt sich mit einem Konstruktoraufruf, der nur einen Parameter enthält, wie zum Beispiel

```
new Date(aDate.getTime() + daysAfter*24*60*60*1000)
```

ein Date-Objekt erzeugen, bei dem seit der Zeit aDate insgesamt daysAfter Tage verstrichenen sind.

Zu ergänzen bleibt noch, dass es sich beim Konstruktor Date natürlich wie bei jedem anderem Konstruktor um eine Funktion handelt, die man auch ganz normal ohne new aufrufen kann. Man erhält dann unabhängig von gegebenenfalls übergebenen Parametern ein der aktuellen Zeit entsprechendes Date-Objekt, wie man es auch mit dem Ausdruck new Date() erhält.

Die Funktion ticker liest die aktuelle Uhrzeit, formatiert sie und zeigt sie schließlich an. Dazu wird mit jedem Aufruf zunächst ein Objekt der Date-Klasse instanziiert. Obwohl die Klasse Date zum JavaScript-Sprachkern gehört, wurde sie bisher noch nicht näher erörtert – ein entsprechender Überblick ist im Kasten nachgetragen. Die eigentliche Anzeige des der aktuellen Uhrzeit entsprechenden Strings uhr erfolgt mit dem Zuweisungsbefehl

```
window.document.getElementById("divUhr").innerHTML=uhr;
```

Dabei liefert die Methode getElementById eine Referenz auf ein JavaScript-Objekt vom Typ HTMLDivElement, das zum div-Block korrespondiert, der die Uhrzeit enthält. Die Eigenschaft innerHTML entspricht dem gesamten HTML-Text, der durch das <div>-Tag-Paar eingeklammert ist – gegebenenfalls einschließlich weiterer HTML-Tags.

Die Methode getElementById stellt die einfachste Methode dar, auf ein HTML-Element zuzugreifen. Dabei hängen die Attribute des erzeugten Objekts vom Typ des HTML-Elements ab, wobei deren JavaScript-Bezeichnungen und Werte sowie Unterobjekte in weitgehender Analogie zur HTML-Spezifikation erfolgen. Innerhalb JavaScript gibt es daher eine zu den HTML-Tags korrespondierende Menge von Objektklassen wie HTMLDivElement (zum Tag <div>), HTMLParagraphElement (zum Tag <p>), HTMLTableElement (zum Tag <table>), HTMLScriptElement (zum Tag <script>) und so weiter. Die *allen* diesen Objektklassen gemeinsamen Methoden und Attribute wie innerHTML, id und tagName, die Gegenstand späterer Erläuterungen sein werden, fasst man üblicherweise zu einer abstrakten Objektklasse zusammen, die mit HTMLElement oder auch einfach Element bezeichnet wird.[113]

Wir schauen uns dazu eine weitere Beispieldatei an, bei der einige CSS-Attributwerte mittels eines Klicks verändert werden können:

```
<html>
<head><title>CSS im DOM-Interface von JavaScript (js/25b)</title>
<meta http-equiv="content-type"
      content="text/html; charset=ISO-8859-1">
<script type="text/javascript">
"use strict";
function printDOMLink(id,attribute,value)
{
   var cmd="window.document.getElementById(\""+id+"\")."
      +attribute+"=\""+value+"\"";
   window.document.writeln("<a href='javascript:void("+cmd+")' "
      +">"+cmd+";</a><br>");
}
function printDOMLinks(id,attribute,value1,value2)
{
   printDOMLink(id,attribute,value1);
   printDOMLink(id,attribute,value2);
   window.document.writeln();
}
</script>
</head>
<body>
<div id="spalte1" style="width:660px">
<p id="absatz1">Der hier erfolgende Anzeige eines Texts ist
nachträglich in Inhalt und Format veränderbar. Dazu verwendet wird
das <i id="i1">DOM-Modell</i> von JavaScript. Die Befehle sind
nachfolgend aufgeführt und können durch einen Klick in beliebiger
Reihenfolge ausgeführt werden.</p>
<p id="absatz2" style="font-weight:bold">Probieren geht über
Studieren!</p>
</div><br>
```

[113] Es handelt sich um ein sogenanntes **Interface**, für das einige objektorientierte Programmiersprachen ohne echte Mehrfachvererbung wie zum Beispiel Java sogar ein syntaktisches Konstrukt bieten.
Zur abstrakten Klasse HTMLElement gehört noch die Klasse HTMLCollection, die aus Array-ähnlichen Objekten besteht, wobei die Array-Inhalte jeweils Objekte der Klasse HTMLElement sind. Zur Klasse HTMLElement werden wir noch eine abstrakte Oberklasse Node kennen lernen einschließlich der dazugehörenden Klasse NodeList, die aus Array-ähnlichen Objekten besteht, deren Inhalte Objekte der Klasse Node sind.

```
<div><pre style="font-size:9pt;line-height:1">
<script type="text/javascript">
printDOMLinks("absatz1","style.width","500px","660px");
printDOMLinks("absatz1","style.fontSize","14pt","12pt");
printDOMLinks("absatz1","style.fontFamily","sans-serif","serif");
printDOMLinks("absatz1","style.color","red","#000000");
printDOMLinks("absatz1","style.fontStyle","italic","normal");
printDOMLinks("absatz1","style.fontVariant","small-caps","normal");
printDOMLinks("absatz1","style.font",
              "italic small-caps bold 14pt sans-serif",
              "normal normal normal 12pt serif");
printDOMLinks("i1","style.fontWeight","bold","normal");
printDOMLinks("absatz2","style.backgroundColor","rgb(255,255,0)",
              "white");
printDOMLinks("absatz2","innerHTML","Blabla",
              "Probieren geht über Studieren!");
</script></pre></div>
</body>
</html>
```

Das angezeigte Dokument besteht im ersten Teil aus etwas Text, dessen zwei Absätze in einem `div`-Block positioniert sind. In einem nachfolgenden Block wird per JavaScript eine Liste von Links erzeugt. Dabei handelt es sich bei dem verlinkten Text jeweils um einen JavaScript-Zuweisungsbefehl, der bei einem Klick ausgeführt wird. Jeder Link wird durch einen Aufruf der Funktion `printDOMLink` generiert und besitzt die folgende Form:

```
<a href='javascript:void(zuweisung)'>zuweisung;</a>
```

In genereller Hinsicht ist zu solchen HTML-Links zunächst anzumerken, dass es sich bei einer dort verlinkten Adresse, die durch den Wert des Attributs `href` vorgegeben wird, auch um eine JavaScript-Anweisung handeln kann, die bei einem Klick ausgeführt wird. So würde ein Klick auf den Link

```
<a href='javascript:window.alert("Hi");'>Hier klicken</a>
```

die Bildschirmmeldung „Hi" auslösen. Beim Link

```
<a href='javascript:x=5;'>Hier klicken</a>
```

würde bei einem Klick zwar die Zuweisung erfolgen, anschließend aber auch eine neue Seite angezeigt werden, die nur die Zahl 5 zeigt. Grund ist, dass ein Zuweisungsbefehl in JavaScript immer auch als Ausdruck fungiert und daher einen Rückgabewert liefert, bei dem es sich konkret um den zugewiesenen Wert handelt. Dieser Rückgabewert, der bei einem `javascript`-Link auf einer neuen Seite angezeigt würde, kann mit dem `void`-Operator zum Wert `undefined` annulliert werden. Der `void`-Operator gehört zum Sprachkern von JavaScript. Da es aber nur selten einen Bedarf gibt, ihn einzusetzen, wurde er bisher noch nicht erläutert.

Die als Links aktivierbaren Zuweisungsbefehle nutzen alle die Methode `getElementById`, wobei in den meisten Fällen das Unterobjekt, das dem Attribut `style` entspricht, modifiziert wird. Seine Attribute kennen wir bereits zum Teil aus den CSS-Beispielen. Allerdings müssen bei den Bezeichnungen die bei den CSS-Attributen üblichen Bindestriche durch die Höckerschreibweise ersetzt werden, da Bindestriche in JavaScript als Minus-Operator interpretiert werden. Beispielsweise entspricht dem CSS-Attribut `font-weight`, das insbesondere die Werte `"bold"` und `"normal"` annehmen kann, dem Attribut `fontWeight` des JavaScript-Unterobjekts `style`:

```
window.document.getElementById("i1").style.fontWeight="bold";
```

Wie man sieht, erfolgen die Wertzuweisungen als Strings. Das gilt auch für Angaben zur Positionierung, bei denen die Einheit nicht fehlen darf:

```
window.document.getElementById("absatz1").style.width="500px";
```

Wie in CSS-Attributen von HTML-Elementen können auch in JavaScript die Attributwerte in unterschiedlicher Weise zugewiesen werden. Zum Beispiel kann für die Farbe Gelb einer der drei Werte `"yellow"`, `"#FFFF00"` oder `"rgb(255,255,0)"` dem betreffenden Attribut zugewiesen werden. Größenangaben können in unterschiedlichen Einheiten gemacht werden, insbesondere in Pixeln (px), Punkt (pt) und Prozent (%). Dabei werden die Werte intern zusammen mit der Maßeinheit gespeichert.

Das Auslesen eines aktuell in der Darstellung des Browsers verwendeten CSS-Attributwerts ist übrigens schwieriger. Das liegt daran, dass der aktuell zur Anzeige verwendete Attributwert auch abgeleitet sein kann – aus übergeordneten HTML-Elementen, durch CSS-Klassen und durch den im Browser eingestellten Standard, beispielsweise in Bezug auf die Schriftfarbe schwarz für Text und blau für Hyperlinks. Insofern liefert der Ausdruck

```
window.document.getElementById("spalte1").style.fontSize
```

oft kein befriedigendes und oft sogar gar kein Resultat. Zum Auslesen besser geeignet ist die Methode getComputedStyle des Window-Objekts:

```
absatz1=window.document.getElementById("absatz1");
window.alert(window.getComputedStyle(absatz1).fontSize);
```

Derart ausgelesene Größen werden generell in der Maßeinheit von Pixeln angegeben. Beispielsweise erfolgt nach einer Zuweisung einer Schriftgröße von 14pt die Ausgabe „18.6667px". Dabei kann der numerische Wert 18.6667 am einfachsten mit der globalen Funktion parseFloat extrahiert werden. Allerdings kann die Methode getComputedStyle statt einer numerischen Angabe auch den Wert "auto" liefern. Dies geschieht dann, wenn explizite Formatangaben nicht in einem Maße gemacht wurden, das eine *eindeutige* Berechnung des betreffenden Wertes erlaubt.

26 En-Bloc-Zugriff auf HTML-Elemente

Mit der Methode `getElementById` des Objekts `window.document` haben wir im letzten Kapitel eine Möglichkeit kennen gelernt, mit der auf den Inhalt und die Attribute eines beliebigen HTML-Elements lesend und schreibend zugegriffen werden kann.

Oft ist es notwendig, nicht nur auf ein einzelnes HTML-Element zugreifen zu können. Beispielsweise könnte es gewünscht sein, alle oder zumindest mehrere `<h2>`-Überschriften mit einer roten Schriftfarbe zu versehen. Mit der Methode `getElementById` wäre dies sehr kompliziert und würde auch überhaupt nur dann funktionieren, wenn bereits in der HTML-Datei entsprechende Werte für das `id`-Attribut gesetzt sind. Besser geeignet für einen solchen En-Bloc-Zugriff ist der Methodenaufruf

```
window.document.getElementsByTagName("h2");
```

Diese Methode `getElementsByTagName` liefert als Rückgabewert kein einzelnes HTML-Element, sondern ein Objekt, dessen Klasse je nach Browser als `HTMLCollection` beziehungsweise als `NodeList` bezeichnet wird – erkennbar im Rahmen einer Konvertierung eines solchen Objekts mit der `Object`-Methode `toString`. Trotz des uneinheitlichen Namens ist die Verwendung der Objekte bei den verschiedenen Browsern standardisiert: Es handelt sich jeweils um ein Array-ähnliches Objekt, dessen Inhalte Objekte sind, welche die HTML-Elemente widerspiegeln. Das heißt, es gibt zunächst eine Eigenschaft `length` und darüber hinaus auf jeden einzelnen Inhalt einen Lesezugriff, der mittels des in eckige Klammern notierten Index erfolgt. Dabei verhält sich jede einzelne dieser Objektreferenzen so, als wäre sie mit der Methode `getElementById` erzeugt worden. Bei einem Lesezugriff zu einem Index, der mindestens so groß ist wie der `length`-Attributwert, erhält man den Wert `null`.

Wir schauen uns zu den En-Bloc-Zugriffen auf HTML-Elemente ein Beispiel an, das uns wieder einmal dazu dienen wird, en passant einige weitere Dinge über HTML und JavaScript zu erläutern:

© Springer Fachmedien Wiesbaden GmbH, ein Teil von Springer Nature 2018
J. Bewersdorff, *Objektorientierte Programmierung mit JavaScript*,
https://doi.org/10.1007/978-3-658-21077-9_26

```html
<html>
<head><title>En-bloc-Zugriffe auf HTML-Elemente (js/26)</title>
<meta http-equiv="content-type"
      content="text/html; charset=ISO-8859-1">
<script type="text/javascript">
"use strict";
function start()
{
  window.setTimeout(change,2500);
}
function change()
{
  var elemColl,linkColl,linkColl1,elem,i,txt;
  elem=window.document.getElementsByTagName("table")[0];
  elem.style.backgroundColor="#CCCCCC";

  linkColl=window.document.getElementsByTagName("a");
  linkColl1=window.document.querySelectorAll("a");

  elemColl=window.document.getElementsByTagName("th");
  for (i=0;i<=elemColl.length-1;i++)
  {
    elem=elemColl[i];
    elem.style.color="#FFFFFF";
    elem.style.backgroundColor="#000000";
    elem.style.textAlign="left";
  }
  elemColl=window.document.getElementsByTagName("td");
  for (i=0;i<=elemColl.length-1;i++)
  {
    elem=elemColl[i];
    txt=elem.innerHTML;
    if (txt.indexOf("www.")>=0)
      elem.innerHTML='<a href="http://'+txt+'">'+txt+'</a>';
  }
  for (i=0;i<=window.document.images.length-1;i++)
  {
    elem=window.document.images[i];
    elem.src=window.document.getElementsByTagName("a")[i].href
             +"favicon.ico";
    elem.style.visibility="visible";
  }

  elem=window.document.getElementById("output");
  elem.innerHTML=window.document.images[0].src
       +"<br>"
       +window.document.getElementsByClassName("icon")[1].src
       +"<br>"
       +window.document.getElementsByTagName("img").item(2).src
       +"<br>"
       +"Linkanzahl: "+linkColl.length+", "+linkColl1.length;
}
</script>
```

```
<style type="text/css">
body      {font-family:sans-serif}
.icon     {visibility:hidden;height:16px;width:16px}
#tabelle1 {background-color:#EEEEEE}
</style>
</head>
<body onload="start()">
<table id="tabelle1">
  <tr>
    <th>Zeitung</th>
    <th>Icon</th>
    <th>Link</th>
  </tr>
  <tr>
    <td>Frankfurter Allgemeine</td>
    <td><img class="icon" alt="FAZ"></td>
    <td>www.faz.net</td>
  </tr>
  <tr>
    <td>Die Welt</td>
    <td><img class="icon" alt="Welt"></td>
    <td>www.welt.de</td>
  </tr>
  <tr>
    <td>Süddeutsche Zeitung</td>
    <td><img class="icon" alt="SZ"></td>
    <td>www.sueddeutsche.de</td>
  </tr>
</table>
<p id="output"></p>
</body>
</html>
```

Öffnet man die HTML-Datei in einem Browser, so erscheint zunächst eine Tabelle, die im Wesentlichen mit den bereits in Kapitel 23 erläuterten HTML-Tags `<table>`, `<tr>` und `<td>` definiert ist. Von den drei Tabellenspalten ist die mittlere Spalte zunächst leer. Außerdem fungiert die obere Zeile der insgesamt vier Zeilen als Kopfzeile. Dazu sind die entsprechenden Tabelleninhalte mit dem Tag `<th>` (*table head*) statt `<td>` gekennzeichnet. Rein äußerlich erkennt man diesen Unterschied daran, dass die Inhalte der Kopfzeile zentriert dargestellt sind.

Die drei mit dem `<img>`-Tag eingebundenen Graphiken enthalten keinen Inhalt, da keinem der zugehörigen `src`-Attribute ein Wert für eine URL einer Bilddatei zugewiesen wurde. Dafür enthalten die `<img>`-Tags jeweils eine Wertzuweisung für das Attribut `class`. Wie bereits in Fußnote 26 erwähnt, können mit einem Klassennamen CSS-Attribute zentral definiert werden, wie man es von Textverarbeitungsprogrammen her

kennt, wenn dort Formatvorlagen wie zum Beispiel „Standard", „Fußnote" oder „Überschrift 1" definiert werden. Im vorliegenden Fall geschieht
die Formatdefinition im HTML-Kopf innerhalb des `<style>`-Elements,
dessen `type`-Attribut den Mime-Type `"text/css"` angibt. Dort können
sowohl Tagnamen wie `body`, aber auch Bezeichnern von Klassen wie
`icon` und `id`-Attributwerten wie `tabelle1` Formatdefinitionen zugeordnet werden. Dabei werden die beiden letztgenannten Möglichkeiten durch
einen vorangestellten Punkt beziehungsweise durch ein vorangestelltes
Doppelkreuz kenntlich gemacht:

```
body     {font-family:sans-serif}
.icon    {visibility:hidden;height:16px;width:16px}
#tabelle1 {background-color:#EEEEEE}
```

Jede Zuweisung eines Satzes von Formatdefinitionen wird als **CSS-Regel**
bezeichnet. Eine solche CSS-Regel besteht zunächst aus einem sogenannten **Selektor** oder einer Liste von durch Leerzeichen voneinander getrennten Selektoren. Es folgt dann eine durch geschweifte Klammern
zusammengehaltene **Deklaration**, bei der es sich wieder um eine Liste
handeln kann, deren Elemente durch Semikolon getrennt sind – so wie
wir es bereits von den `style`-Attributwerten her kennen. So ist die erste
CSS-Regel

```
body     {font-family:sans-serif}
```

äquivalent zum Inline-Style

```
<body style="font-family:sans-serif">
```

Die Deklaration `"visibility:hidden"` dient, wie man es bereits vermu-
tet, zur Ausblendung eines HTML-Elements. Der CSS-Attributwert
`"visible"` führt umgekehrt dazu, dass das betreffende Element wieder
sichtbar wird.

Wie bereits in Fußnote 26 erwähnt, werden die CSS-Regeln, die ja in der
Regel einheitlich für die Dateien einer Internetpräsenz gelten, meist wie
Skripte in externe Dateien ausgelagert. Dazu dient das `<link>`-Tag. Im
konkreten Fall könnte das durch eine Anweisung im HTML-Kopf

```
<link rel="stylesheet" type="text/css" href="formate.css">
```

geschehen, wobei die Datei „formate.css" dann aus den drei oben angeführten CSS-Regeln besteht. Änderungen im Layout, etwa die Schrift-

größe betreffend, können dann für alle Dateien, die dieses Tag beinhalten, zentral durchgeführt werden.

Solche CSS-Dateien können auch abhängig von den Eigenschaften eines Anzeigegerätes definiert werden. Dies ist besonders wichtig bei eigenständigen Formaten für Druckversionen oder auch für mobile Endgeräte. Im letztgenannten Fall wird meist aufgrund der Größe, aber auch aufgrund der unterschiedlichen Bedienung mittels Touchscreen, im Sinne eines sogenannten **responsiven Webdesigns** ein speziell dafür designtes Erscheinungsbild definiert:

```
<link rel="stylesheet" type="text/css" href="mobile.css"
             media="screen and (max-width:600px)">
```

Sobald die HTML-Datei `js/26` fertig geladen ist, wird die Funktion `start` aufgerufen, die wiederum 2,5 Sekunden später die Funktion `change` aufruft. Dort werden nun einige Änderungen der Formatierung und des Inhalts vorgenommen, wobei unterschiedliche Arten des Zugriffs auf die verschiedenen HTML-Elemente verwendet werden:

- Mit `window.document.getElementsByTagName("table")[0]` erhält man einen Zugriff auf das erste und einzige Tabellenobjekt des HTML-Dokuments. Konkret wird die Hintergrundfarbe dieser Tabelle auf den Wert `"#CCCCCC"` abgedunkelt.

- Mit `window.document.getElementsByTagName("th")` wird anschließend ein Array erzeugt. Dessen Inhalte sind Objekte, die sämtlichen Table-Header-Elementen entsprechen, und zwar in der Reihenfolge des Auftretens innerhalb des HTML-Quelltexts. Nacheinander wird der Text drei betreffenden Zellen jeweils links ausgerichtet und in weißer Farbe auf schwarzem Hintergrund dargestellt.

- Das mit `window.document.getElementsByTagName("td")` erzeugte Array wird dazu verwendet, die Tabellenzellen zu durchsuchen. Dabei werden die Inhalte, die den Substring `"www."` enthalten, in Hypertext-Links transformiert.

- Mit `window.document.getElementsByTagName("img")` kann man ein Array von Objekten erzeugen, die allen `<img>`-Elementen entsprechen. Aus historischen Gründen gibt es unter anderem für Bilder, Links, Skripte und Formulare spezielle, heute eigentlich entbehrliche Unterobjekte des `document`-Objekts, bei denen es sich um Arrays der betreffenden Elemente handelt. Im Beispielprogramm wird daher „zur

Abwechslung" das `document.images`-Objekt verwendet, auf dessen Basis dann mit einer `for`-Schleife jedem Image-Element eine URL zugewiesen wird. Es handelt sich jeweils um die Icon-Datei, die bei einem Browser üblicherweise im Eingabefeld passend zur aktuellen Domain angezeigt wird.

Die im Beispiel vorgenommene Zuweisung funktioniert nur, weil solche Arrays immer von „oben nach unten" durchnummeriert sind. Das hat zur Folge, dass im Array der Image-Elemente einerseits und im Array der Link-Elemente andererseits die Einträge zum gleichen Index jeweils miteinander korrespondieren. Die gewählte Realisierung ist allerdings alles andere als robust. Wird zum Beispiel vor der Tabelle ein weiteres `<img>`-Element eingefügt, dann stimmt die im Skript verwendete Zuordnung der Icons zu den Internetadressen nicht mehr.

- Die abschließende Textausgabe in einem dafür im HTML-Code vorbereiteten `<p>`-Element nutzt bewusst drei verschiedene Arten, die Internetadressen der drei Graphiken zu lesen. Für uns neu ist die Methode `window.document.getElementsByClassName("icon")`, die ein Array mit allen HTML-Elementen zum Klassennamen `"icon"` erzeugt. Ebenfalls neu ist die Schreibweise `item(2)` statt `[2]`, um auf das dritte Element des Arrays zuzugreifen. Diese Möglichkeit wird hier nur der Vollständigkeit halber erwähnt, weil sie in JavaScript gegenüber der Klammerschreibweise schlicht unpraktisch ist. Man sollte allerdings bedenken, dass das hier beschriebene DOM-Interface auch in anderen Programmiersprachen vorliegt, deren Syntaxen nicht die Flexibilität von JavaScript besitzen und daher auf solche Alternativkonstruktionen angewiesen sind.

- In der abschließenden Textausgabe wird auch die Zahl der Einträge der beiden Arrays `linkColl` und `linkColl1` ausgegeben. Die erste Ausgabe „3" überrascht im ersten Moment, da das Array `linkColl` zu einem Zeitpunkt erstellt wurde, als noch kein Link-Tag erzeugt worden war. Dies ist aber ein Irrtum! Ein Array, das mit einer der `getElement(s)`-Methoden erzeugt wird, ist nämlich immer aktuell, das heißt sein Umfang und seine Inhalte ändern sich, sobald sich die HTML-Elemente ändern. Das ist auch der Grund dafür, dass im Array kein Element gelöscht, ergänzt oder gegen ein anderes ausgetauscht werden kann. Diesbezüglich ist die zuvor beschriebene `item`-Schreibweise übrigens weniger verwirrend.

- Soll ein „Schnappschuss" (*snapshot*) eines Dokumentenzustandes erstellt werden, der sich nachträglich nicht mehr verändert, dann kann die Methode `querySelectorAll` verwendet werden. Als Parameter ist ein beliebiger CSS-Selektor erlaubt, also beispielsweise auch `"#tabelle1"` oder `".icon"`. Dass sich die selektierten HTML-Elemente bei dieser Abfrage tatsächlich nicht mehr nachträglich ändern, wird durch die letzte Bildschirmausgabe `linkColl1.length` dokumentiert.

  Es bleibt anzumerken, dass in der verbreiteten JavaScript-Bibliothek **jQuery** die als Kernbestandteil fungierende Funktion `$` sämtliche Funktionalitäten der Methode `querySelectorAll` beinhaltet.

Zu ergänzen bleibt noch ein Hinweis auf eine Methode, die eine Selektion nach vergebenen `name`-Attributen erlaubt:

- Mit `window.document.getElementsByName("form1")` wird ein Array-ähnliches Objekt erzeugt, das alle `HTMLElement`-Objekte mit dem Namen `"form1"` enthält. Es bleibt allerdings anzumerken, dass das `name`-Attribut zu Lasten des `id`-Attributs zunehmend an Bedeutung verliert. So soll es seit dem HTML5-Standard zum Beispiel nicht mehr in `<img>`- oder `<a>`-Tags verwendet werden. Weiterhin wichtig bleiben `name`-Attribute aber in HTML-Formularen und Iframes.

27 Die Hierarchie der HTML-Elemente

Wie bereits in Kapitel 5 erwähnt, müssen die Tags eines HTML-Dokuments immer sauber geschachtelt sein. Davon betroffen sind natürlich nur Tags, die anders als zum Beispiel `<img>`, `<meta>` und `<br>` eines End-Tags bedürfen: Bei einem solchen Tag-Paar wie zum Beispiel `<a></a>` darf es nie vorkommen, dass nur ein einzelnes Tag des Tag-Paares im inneren Bereich eines anderen Tag-Paares vorkommt. Mit anderen Worten: Es gilt das Last-In-First-Out-Prinzip (LIFO), das wir bereits beim Stack kennen gelernt haben.

Aufgrund dieser sauberen Schachtelung kann man sich die Tags eines HTML-Dokuments graphisch als Baum vorstellen, wobei das `<html>`-Tag-Paar als Stamm fungiert und die von einem Tag-Paar eingeschlossenen Tags jeweils einer Verästlung entsprechen. Ein Beispiel zeigt Bild 11.

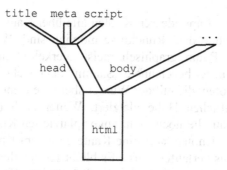

Bild 11   Die Schachtelung eines HTML-Dokuments erinnert an die Verästelungen eines Baums

Allerdings hat sich eine geringfügig andere Terminologie eingebürgert, die sich an der mathematischen **Graphentheorie** orientiert: Gegenstand der Graphentheorie sind sogenannte Graphen. Ein solcher Graph besteht einerseits aus einer Menge von Punkten, **Knoten** genannt, und einer Menge von **Kanten**, bei denen es sich jeweils um eine Verbindungslinie zwischen zwei Knoten handelt. Auch wenn man bei einem Graphen

© Springer Fachmedien Wiesbaden GmbH, ein Teil von Springer Nature 2018
J. Bewersdorff, *Objektorientierte Programmierung mit JavaScript*,
https://doi.org/10.1007/978-3-658-21077-9_27

immer eine geometrische Darstellung vor Augen hat, ist diese eigentlich unnötig und in Bezug auf geometrische Details, das heißt Positionierung der Punkte und Länge der Verbindungslinien, sogar völlig unerheblich. Das heißt, formal wird ein Graph charakterisiert durch die Menge der Knoten, die Menge der Kanten und die zu jeder Kante erfolgende Angabe darüber, welche beiden Knoten diese Kante verbindet.

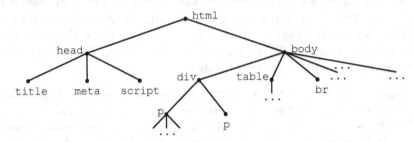

Bild 12   Das Prinzip der Schachtelung eines HTML-Dokuments als Baum im Sinne der Graphentheorie

Ein **Baum** ist ein Graph, dessen Knoten alle über Kanten zusammenhängen, allerdings ohne dass Rundkurse möglich sind. Wie in Bild 12 zu sehen, wird ein Baum graphisch meist „verkehrt" herum dargestellt, wobei der als **Wurzel** bezeichnete „Stamm" oben steht. Darunter werden zunächst alle Knoten, die mit der Wurzel über eine Kante verbunden sind, auf einer einheitlichen Höhe platziert. Weiter nach unten werden so Niveau für Niveau alle noch nicht zuvor platzierten Knoten positioniert, wobei von einem Knoten stets eine Kante zu einem Knoten des darüber liegenden Niveaus verlaufen muss. Es bleibt festzuhalten, dass durch die Fixierung eines Knotens als Wurzel *implizit* für jede Kante eine Richtung festgelegt wird, die bei Darstellung eines Baums mit oben positionierter Wurzel von oben nach unten verläuft.

Graphen eignen sich vielfältig zur Darstellung von **Relationen**, also Beziehungen, zwischen Objekten, ganz besonders in der Informatik. Beispiele sind die Liniennetzpläne von Nahverkehrssystemen, die unter Ausblendung von Entfernungsrelationen insbesondere dazu dienen, die Umsteigemöglichkeiten zwischen den verschiedenen Linien darzustellen. Speziell Bäume finden Anwendung bei der Darstellung hierarchischer Beziehungen. Beispielsweise entspricht ein Dateisystem, das aus Ver-

zeichnissen („Ordnern") und Dateien („Dokumenten") besteht, in seiner
Hierarchie einem Baum. Sehr bekannt ist auch das Anwendungsbeispiel
eines Stammbaums, das auch die Begriffsbildung motiviert hat, etwa
wenn man in Bezug auf einen bestimmten Knoten von seinem **Elternknoten**, von seinen **Kindknoten** beziehungsweise **Kindern** sowie von
seinen **Geschwisterknoten** spricht. Ein Baum eignet sich ebenfalls dazu,
bei einer formalen Sprache den syntaktischen Aufbau eines Wortes[114]
darzustellen, also zum Beispiel den Aufbau eines HTML-Dokuments. Ein
sehr einfaches Beispiel eines solchen Baums zeigt Bild 12.

Der in Bild 12 in seinem oberen Teil dargestellte Baum entspricht dem
HTML-Dokument, das wir als nächstes Beispiel erörtern wollen. Das
nach dem Laden dieses HTML-Dokuments gestartete Skript generiert
eine graphische Darstellung des Baums zur eigenen HTML-Struktur,
wenn auch in einer graphisch etwas gedrängten Form. Dabei werden die
Kanten mit Hilfe von Unicode-Zeichen dargestellt, mit denen ansonsten
meist Rahmen zusammengesetzt werden. Zur besseren Lesbarkeit des
Quellcodes sind die vier verwendeten Sonderzeichen im Sinne einer
Konstantendefinition jeweils mit einer Teilmenge der vier Himmelsrich-
tungen bezeichnet. Beispielsweise steht `linesWE` für einen waagrechten
Strich, der von „West" nach „Ost" (*east*) führt.

```
<html>
<head><title>Knotenstruktur eines HTML-Dokuments (js/27)</title>
<meta http-equiv="content-type"
      content="text/html; charset=ISO-8859-1">
<script type="text/javascript">
"use strict";
var linesNS="&#9475;", linesNES="&#9507;";
var linesNE="&#9495;",linesWE="&#9473;";
function showTree()
{
  var html,output;
  html=window.document.getElementsByTagName("html")[0];
  output=window.document.getElementById("output");
  output.innerHTML=treeAsString(html,"").toLowerCase();
}
function treeAsString(aHTMLElement,paths)
{
  var i,ret,pathsNext;
  ret=aHTMLElement.tagName+"<br>";
  for (i=0;i<=aHTMLElement.children.length-1;i++)
  {
```

---

[114] Gemeint ist ein Wort im Sinne der Terminologie formaler Sprachen (siehe S. 66).

```
    if (i<aHTMLElement.children.length-1)
    {
      pathsNext=paths+linesNS+"    ";
      ret+=paths+linesNES;
    }
    else
    {
      pathsNext=paths+"    ";
      ret+=paths+linesNE;
    }
    ret+=linesWE+linesWE+linesWE;
    ret+=treeAsString(aHTMLElement.children[i],pathsNext);
  }
  return ret;
}
</script>
</head>
<body onload="showTree()">
<div style="width:360px">
<p><span style="color:#AA0000">D</span>ieses Dokument eignet sich
dazu, die <i><u>hierarchische</u> Struktur</i> eines
<a href="http://de.wikipedia.org/wiki/Html">HTML<img
src="http://de.wikipedia.org/favicon.ico"
style="height:12px;width:12px;vertical-align:top"></a>-Dokuments
zu zeigen.</p>
<p>Dazu wird der Textkörper durch eine einfache Darstellung der
Hierarchie der HTML-Tags ergänzt.</p>
</div>
<table>
<tr><td>11</td><td>12</td><td>13</td></tr>
<tr><td>21</td><td>22</td><td>23</td></tr>
</table>
<br><hr><br>
<!-- Es folgt die Anzeige der Knotenstruktur -->
<pre id="output"></pre>
</body>
</html>
```

Übrigens kann bei dem Beispiel der Inhalt des HTML-Dokuments beliebig variiert werden, abgesehen vom Skript und dem zur Ausgabe dienen-
den Bereich, der am Ende des HTML-Textkörpers mit einem <pre>-Tag-
Paar eingeklammert ist.

Zugriffe auf HTML-Elemente finden an drei Stellen statt:

- Die Methode getElementById("output") dient zum Zugriff auf das
  durch die <pre>-Tags abgegrenzte HTML-Element, innerhalb dessen
  die präformatierte Ausgabe des Baum-Diagramms stattfindet.

- Mit der Methode `getElementsByTagName("html")[0]` wird eine Referenz auf die Wurzel des HTML-Dokuments hergestellt, von der ausgehend die rekursive Analyse der Baumstruktur erfolgt.
- Die eigentliche Rekursion geschieht mit Hilfe der Eigenschaft `children`. Diese Eigenschaft ermöglicht einen Zugriff auf HTML-Elemente, der sich grundlegend von den bisher verwendeten Zugriffsmechanismen unterscheidet. Verwendet wird nämlich keine Methode oder Eigenschaft des `document`-Objekts sondern eine Eigenschaft eines HTML-Element-Objekts. Dies ist immer dann notwendig, wenn man ausgehend von einem HTML-Element, auf das aktuell zugegriffen wird, auf ein anderes HTML-Element zugreifen möchte, dessen Knoten im zugehörigen Baum benachbart ist zum Knoten des aktuellen HTML-Elements.

Die Eigenschaft `children` des HTML-Element-Objekts `aHTMLElement` liefert ein nur lesbares Array-artiges Objekt, mit dessen Hilfe der Funktionsaufruf `treeAsString(aHTMLElement,paths)` rekursiv abgewickelt wird. Dabei enthält der String-Parameter `paths` die Zeichen, die bei der graphischen Darstellung auf der linken Seite der aktuellen Zeile die nach unten laufenden Kanten verlängern.

Ein weiteres Attribut der HTML-Element-Objekte, das im Beispiel verwendet wird, ist `tagName`. Diese Eigenschaft liefert jeweils die Namen der Tags in Großbuchstaben, also zum Beispiel `"HR"` bei dem eine horizontale Linie generierenden Tag `<hr>`. Aufgrund dieser Großschreibweise wird der von der Funktion `treeAsString` erzeugte String in der Funktion `showTree` mit der Methode `toLowerCase` in Kleinbuchstaben konvertiert und erst dann auf dem Bildschirm ausgegeben.

Es bleibt noch anzumerken, dass sich die beiden Eigenschaften `children` und `tagName` als Eigenschaften der abstrakten Objektklasse `HTMLElement` auffassen lassen.

Das nächste Beispiel `js/27a` trägt dem Umstand Rechnung, dass die rein auf HTML-Tags bezogene Hierarchie eines HTML-Dokuments nicht die einzig denkbare ist. Bild 13 zeigt am Beispiel des HTML-Quelltextes

```
<span style="color:#AA0000">Text, teilweise <b>fett</b>.</span>
```

eine modifizierte Bildung einer Hierarchie, die neben HTML-Elementen noch sogenannte Textknoten enthält. Dabei zeichnet sich ein Textknoten dadurch aus, dass der dem Wert des Attributs `innerHTML` entsprechende Inhalt keine weiteren HTML-Tags enthält.

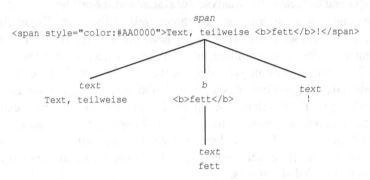

Bild 13 HTML-Hierarchie mit Textknoten

Übrigens reicht bereits ein einzelnes Whitespace-Zeichen wie ein Zeilenumbruch, um einen Textknoten zu erzeugen. Auch für diese zweite Hierarchie gibt es im clientseitigen JavaScript Objekte, die die Struktur widerspiegeln. Die abstrakte Objektklasse, die alle betroffenen Objektklassen umfasst, heißt `Node`, also Knoten. Diese abstrakte Klasse `Node` enthält als Unterklasse die abstrakte Klasse `HTMLElement`, die wir schon kennen gelernt haben, und darüber hinaus noch weitere Knoten, darunter insbesondere die Klasse der Textknoten. Damit erbt jedes `HTMLElement`-Objekt alle Eigenschaften und Methoden der `Node`-Klasse, von denen wir gleich einige kennen lernen werden.

Wir sehen uns zunächst ein JavaScript-Programm an, das im letzten Beispiel anstelle des dort im Kopf platzierten Skripts treten kann. Bei einer solchen Ersetzung ist es nämlich gewährleistet, dass die Funktion `showTree` mit dem `onload`-Ereignis des `body`-Elements ausgeführt wird und dass für die Bildschirmausgabe ein `<pre>`-Tag mit dem `id`-Attributwert `"output"` vorhanden ist:

```
"use strict";                          // (js/27a)
var textContent=new Array();
function showText(textNr)
{
   window.alert(textContent[textNr]);
}
var linesNS="&#9475;", linesNES="&#9507;";
var linesNE="&#9495;",linesWE="&#9473;";
```

```
function showTree()
{
  var html,output;
  html=window.document.getElementsByTagName("html")[0];
  output=window.document.getElementById("output");
  output.innerHTML=treeAsString(html,"");
}
function treeAsString(aNode,paths)
{
  var i,ret,pathsNext,aNode,url;
  if (aNode.nodeName=="#text" || aNode.nodeName=="#comment")
  {
    textContent.push(aNode.nodeValue);
    url="javascript:showText("+(textContent.length-1)+")";
    ret='<a href="'+url+'">'+aNode.nodeName+'</a>';
    ret+=' ('+typeOf(aNode)+')<br>';
  }
  else
    ret=aNode.nodeName.toLowerCase()+" ("+typeOf(aNode)+")<br>";
  for (i=0;i<=aNode.childNodes.length-1;i++)
  {
    if (i<aNode.childNodes.length-1)
    {
      pathsNext=paths+linesNS+"   ";
      ret+=paths+linesNES;
    }
    else
    {
      pathsNext=paths+"   ";
      ret+=paths+linesNE;
    }
    ret+=linesWE+linesWE+linesWE;
    ret+=treeAsString(aNode.childNodes[i],pathsNext);
  }
  return ret;
}

function typeOf(v)
{
  var ret=typeof(v);
  if (ret!="object")
    return ret;
  else if(v==null)
    return "null";
  else
    return Object.prototype.toString.call(v).slice(8,-1);
}
```

Mit diesem Skript js/27a wird, wie schon beim vorangegangenen Beispiel zuvor, rekursiv eine graphisch einfache Baumdarstellung der Knotenhierarchie des HTML-Dokuments generiert. Gegenüber dem vorher-

gehenden Beispiel `js/27` ist aber nicht nur die Menge der Knoten vergrößert worden: Einerseits wird mit der Funktion `typeOf`, die wir bereits zu Beginn von Kapitel 20 als Beispiel erörtert haben, der Bezeichner der jeweiligen Klasse ermittelt, womit am besten ein Eindruck von der Vielfalt der DOM-spezifischen JavaScript-Klassen wie beispielsweise `HTMLHtmlElement`, `HTMLHeadElement`, `HTMLTitleElement`, `Text`, `HTMLMetaElement` und `HTMLScriptElement` vermittelt wird. Andererseits sind die hinzugekommenen Textknoten in der graphischen Darstellung als Links gestaltet, mit denen der jeweilige Textinhalt angezeigt werden kann. Dazu werden die Textinhalte im Verlauf der rekursiven Analyse in ein globales Array `textContent` gespeichert.

Die Rekursion in der Funktion `treeAsString` geschieht mit Hilfe des Attributs `childNodes`. Der Wert dieses Attributs ist bei einem Knoten gleich einem Array-artigen Objekt, dessen Inhalte die Kindknoten widerspiegeln: Neben HTML-Elementen handelt es sich insbesondere um Textknoten. Der jeweilige Typ kann mit dem Attribut `nodeName` bestimmt werden. Dessen Wert ist für Objekte der abstrakten Unterklasse `HTMLElement` identisch zum Wert des Attributs `tagName`. Für Textknoten ist der Attributwert gleich `"#text"` und für Kommentarknoten gleich `"#comment"`.

Neben den zwei Ansätzen einer Knotenhierarchie, die mit den beiden vorangegangenen Beispielen `js/27` und `js/27a` graphisch dargestellt wurden, ist noch eine dritte Art einer Hierarchiebildung sinnvoll. Diese dritte Hierarchie entsteht, wenn man auch die Attribute eines HTML-Elements als eigenständige Knoten auffasst. Tatsächlich ist die abstrakte `Node`-Objektklasse so angelegt, dass sie neben HTML-Elementen, Textknoten, Kommentarknoten auch noch `HTMLDocument`-Objekte sowie Attributknoten umfasst. Der jeweilige Untertyp lässt sich mit dem für alle Objekte der `Node`-Klasse verfügbaren Attribut `nodeType` feststellen: HTML-Element-Knoten liefern den Wert 1, Attributknoten den Wert 2, Textknoten den Wert 3, Kommentarknoten den Wert 8 und das `window.document`-Objekt den Wert 9.

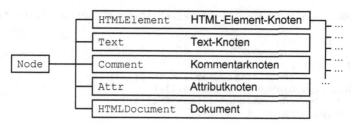

Bild 14   Die abstrakte Objektklasse Node und ihre Unterklassen. Dabei zerfällt die abstrakte Unterklasse HTMLElement in diverse Unterklassen, die den verschiedenen HTML-Elementen entsprechen. Bei der Skript-gesteuerten Veränderung von HTML-Inhalten spielen insbesondere die Attribute und Methoden der abstrakten Klassen Node und HTMLElement eine wichtige Rolle.

Dass die Attributknoten in der vom letzten Beispiel js/27a erzeugten Graphik nicht dargestellt sind, liegt nur daran, dass sie *nicht* im Array-ähnlichen Objekt des Attributs childNodes berücksichtigt werden. Stattdessen können die Attribute aus einem Array-ähnlichen Objekt ersehen werden, das unter dem Attributbezeichner attributes abrufbar ist. Modifiziert man im letzten Beispiel die Funktion treeAsString, lässt sich die Rekursion über beide Arten von Kindknoten durchführen:

```
function showTree()                    // (js/27b)
{
    var html,output,txt;
    html=window.document.getElementsByTagName("html")[0];
    output=window.document.getElementById("output");
    txt="<html>\n"+html.innerHTML+"\n</html>";
    txt=txt.replace(/</g,"&lt;").replace(/>/g,"&gt;");
    output.innerHTML=treeAsString(html,"")+"<br><br>"+txt;
}
function treeAsString(aNode,paths)
{
    var i,ret,pathsNext,aNode,url,childs;
    if (aNode.nodeType==2 || aNode.nodeType==3 || aNode.nodeType==8)
    {
        // Attribut-, Text- und Kommentar-Knoten:
        textContent.push(aNode.nodeValue);
        url="javascript:showText("+(textContent.length-1)+")";
        ret='<a href="'+url+'">'+aNode.nodeName+'</a>';
        ret+=' ('+typeOf(aNode)+')<br>';
    }
    else
```

```
ret=aNode.nodeName.toLowerCase()+" ("+typeOf(aNode)+")<br>";

childs=[];
if (aNode.nodeType==1)
    // für HTML-Elemente:
    for (i=0;i<=aNode.attributes.length-1;i++)
        childs.push(aNode.attributes[i]);
for (i=0;i<=aNode.childNodes.length-1;i++)
    childs.push(aNode.childNodes[i]);

for (i=0;i<=childs.length-1;i++)
{
    if (i<childs.length-1)
    {
        pathsNext=paths+linesNS+"    ";
        ret+=paths+linesNES;
    }
    else
    {
        pathsNext=paths+"    ";
        ret+=paths+linesNE;
    }
    ret+=linesWE+linesWE+linesWE;
    ret+=treeAsString(childs[i],pathsNext);
}
return ret;
}
```

Gegenüber dem Beispiel js/27a haben sich nur drei Dinge geändert: Erstens sind bei der Abrufmöglichkeit der Textinhalte durch einen anklickbaren Link neben Text- und Kommentarknoten nun auch Attributknoten berücksichtigt. Zweitens verläuft die Rekursion bei HTML-Elementen zunächst über die Attribute und erst dann – wie für die anderen Knotentypen auch – über die Kindknoten des Array-ähnlichen Attributs childNodes. Schließlich wurde, quasi als Zugabe, in der Funktion showTree noch eine Anzeige des HTML-Quelltextes ergänzt. Dazu wird die innerHTML-Eigenschaft des <html>-Tags ausgewertet, wobei die korrekte Anzeige auf einer Unterdrückung der HTML-Funktionalität beruht. Dazu werden die spitzen Klammern durch die Entitäten "<" (*less than*) und ">" (*greater than*) ersetzt.

Insgesamt liefert das Beispiel js/27b eine nun vollständige Darstellung des Inhalts einer HTML-Datei.

Zur Bearbeitung der Inhalte, die den Attributknoten entsprechen, stehen innerhalb des DOM-Interfaces von JavaScript verschiedene Methoden zur Verfügung, die so universell sind, dass sie auch für Browser-

proprietäre oder zukünftige HTML-Erweiterungen und darüber hinaus
sogar für andere XML-Grammatiken geeignet sind. Wir sehen uns dazu
ein Beispiel js/27c an, bei dem innerhalb von einem <div>-Element
dem Attribut unsinnsattribut der Wert "unsinnswert" zugewiesen
wird. Selbst dieses Attribut kann mit JavaScript bearbeitet werden:

```
<html>
<head><title>Nicht HTML-konforme Attribute   (js/27c)</title>
<meta http-equiv="content-type"
      content="text/html; charset=ISO-8859-1">
<script type="text/javascript">
"use strict";
function start()
{
  var i,txt,div1=window.document.getElementById("div1");
  txt="Objekt-Eigenschaft: "+div1.unsinnsattribut+"<br>"
    +"getAttribute-Wert: "+div1.getAttribute("unsinnsattribut")
    +"<br><br>";
  for (i=0;i<=div1.attributes.length-1;i++)
    txt+=div1.attributes[i].name+": "
        +div1.attributes[i].value+"<br>";
  div1.innerHTML=txt;
}
</script>
</head>
<body onload="start()">
<div id="div1" style="font-family:sans-serif"
     unsinnsattribut="unsinnswert"></div>
</body>
</html>
```

Außer der gerade im Beispiel verwendeten Methode getAttribut besitzt
die abstrakte HTMLElement-Klasse noch die Methode setAttribut zum
überschreibenden oder erstmaligem Setzen eines Attributwerts. Dabei
wird mit dem Methodenaufruf setAttribut(attName,attValue) das
Attribut attName gesetzt. Darüber hinaus kann mit dem Methodenaufruf
removeAttribut(attName) das Attribut attName gelöscht werden. Alle
Attribute eines HTML-Elementes können, wie auch im Beispiel zu sehen,
mit der Eigenschaft attributes ermittelt werden. Bei dem Wert handelt
es sich um ein Array-artiges Objekt, dessen Inhalte insbesondere die
Eigenschaften name und value besitzen.

Allerdings sind die gerade beschriebenen Methoden im praktischen
Einsatz meist entbehrlich, da der Zugriff auf die Attribute eines HTML-
Elements in der Regel in einer der Schreibweise div1.style entspre-
chenden Form erfolgt. Attributnamen, die − wenig sinnvoll − mit in

JavaScript üblichen Bezeichnern wie `children` kollidieren, könnten so aber nicht berücksichtigt werden.

28 Wie man die HTML-Struktur verändert

Im Beispielprogramm `js/26` des vorletzten Kapitels wurden neue HTML-Elemente wie beispielsweise die drei Hyperlinks durch Änderung der `innerHTML`-Eigenschaft des übergeordneten HTML-Elements erzeugt. Diese Technik, bei welcher der Attributwert der Eigenschaft `innerHTML` ausgehend vom ursprünglichen Wert um HTML-Tags ergänzt wird, kann im Extremfall sogar dazu verwendet werden, den gesamten Textkörper eines HTML-Dokuments auszutauschen:

```
<html>
<head><title>Austausch des gesamten Textkörpers  (js/28)</title>
<meta http-equiv="content-type"
      content="text/html; charset=ISO-8859-1">
<script type="text/javascript">
"use strict";
function start()
{
  window.document.getElementsByTagName("body")[0].innerHTML=
            "<p>Dies ist ein dynamisch<br>erzeugter Text.</p>";
}
</script>
</head>
<body onload="start()">
</body>
</html>
```

Aufgrund der bereits in den letzten Kapiteln gemachten Erfahrungen bedarf dieses Beispiel eigentlich keiner Erläuterung mehr.

Die Technik, dynamische Änderungen des HTML-Inhalts mittels der Eigenschaft `innerHTML` durchzuführen, ist sehr universell einsetzbar. Wenn notwendig, kann sogar ein ansonsten wirkungsloses `<span>`-Tag eigens für diesen Zweck an der gewünschten Stelle vorgesehen werden.

Allerdings kann dieses Verfahren, einen HTML-Knoten zu erzeugen, sehr unbequem und unübersichtlich werden. Das trifft insbesondere dann zu, wenn ein Knoten auf Basis der Inhalte „benachbarter" Knoten, ob Eltern, Kinder oder Geschwister, erzeugt oder geändert werden soll. Bereits in Kapitel 26 haben wir beim Beispiel `js/26` darauf aufmerksam gemacht, dass der dort gewählte Ansatz, innerhalb der Tabellenzeilen Änderungen vorzunehmen, nicht robust ist und damit eigentlich nicht den

© Springer Fachmedien Wiesbaden GmbH, ein Teil von Springer Nature 2018
J. Bewersdorff, *Objektorientierte Programmierung mit JavaScript*,
https://doi.org/10.1007/978-3-658-21077-9_28

Anforderungen entspricht, denen eine qualitativ gute Programmierung unterliegt. Wir wollen uns daher ansehen, wie die betreffenden Funktionalitäten robuster realisiert werden können. Das heißt konkret, dass das Skript auch dann noch wunschgemäß funktioniert, wenn vor der Tabelle ein Bild oder ein Link eingefügt wird und dadurch die synchrone Nummerierung der Bild- und Link-Elemente zerstört wird.

```html
<html>
<head><title>Erzeugung von HTML-Elementen (js/28a)</title>
<meta http-equiv="content-type"
      content="text/html; charset=ISO-8859-1">
<script type="text/javascript">
"use strict";
function start()
{
  window.setTimeout(change,2500);
}
function change()
{
  var elemColl,elem,elemNext,i,txt;
  elemColl=window.document.getElementsByTagName("td");
  for (i=0;i<=elemColl.length-1;i++)
  {
    elem=elemColl[i];
    txt=elem.innerHTML;
    if (txt.indexOf("www.")>=0)
      elem.innerHTML='<a href="http://'+txt+'">'+txt+'</a>';
  }

  elemColl=window.document.getElementsByTagName("img");
  for (i=0;i<=elemColl.length-1;i++)
  {
    elem=elemColl[i];
    if (elem.parentNode.tagName=="TD")
    {
      elemNext=elem.parentNode.nextElementSibling.children[0];
      elem.src=elemNext.href+"favicon.ico";
      elem.style.visibility="visible";
    }
  }

  elem=window.document.createElement("p");
  elem.id="output";
  elem.innerHTML="Text eines dynamisch erzeugten Knotens";
  window.document.getElementsByTagName("body")[0].
                                        appendChild(elem);
}
</script>
<style type="text/css">
body     {font-family:sans-serif}
.icon    {visibility:hidden;height:16px;width:16px}
```

```
#tabelle1 {background-color:#EEEEEE}
</style>
</head>
<body onload="start()">
<table id="tabelle1">
 <tr>
  <th>Zeitung</th>
  <th>Icon</th>
  <th>Link</th>
 </tr>
 <tr>
  <td>Frankfurter Allgemeine</td>
  <td><img class="icon" alt="FAZ"></td>
  <td>www.faz.net</td>
 </tr>
 <tr>
  <td>Die Welt</td>
  <td><img class="icon" alt="Welt"></td>
  <td>www.welt.de</td>
 </tr>
 <tr>
  <td>Süddeutsche Zeitung</td>
  <td><img class="icon" alt="SZ"></td>
  <td>www.sueddeutsche.de</td>
 </tr>
</table>
</body>
</html>
```

Der Textkörper ist gegenüber der Version js/26 aus Kapitel 26 kaum verändert. Es fehlt lediglich am Ende das `<p>`-Element mit dem id-Attributwert `"output"`, das stattdessen nun innerhalb des Skripts dynamisch erzeugt wird.

Zunächst erläutern wir die Attribute, die es gestatten, von einem HTML-Element zu einem benachbarten HTML-Element zu navigieren. Neben dem Array-ähnlichen Objekt `children`, das die HTML-Element-Kinder enthält, handelt es sich um die folgenden Attribute:

- `elem.parentNode`
  Diese Eigenschaft liefert den Elternknoten zu einem beliebigen `Node`-Objekt `elem`, bei dem es sich insbesondere auch um ein `HTMLElement`-Objekt handeln kann.

- `elem.nextElementSibling`
  Diese Eigenschaft verweist auf den nächsten Geschwisterknoten im Baum der HTML-Elemente. Es wurde bereits darauf hingewiesen, dass sich die Aufzählung innerhalb des Array-ähnlichen Objekts

`elem.parent.children` an der Reihenfolge im HTML-Quelltext orientiert. Im Fall, dass die Identität `elem==elem.parent.children[i]` erfüllt ist, liefert der Attributwert `elem.nextElementSibling` eine Referenz auf den Array-Eintrag `elem.parent.children[i+1]`. Sollte dabei mit dem Index `i+1` die Array-Obergrenze bereits überschritten sein, sind beide Werte gleich `null`.

- `elem.previousElementSibling`
  Diese Eigenschaft verweist analog zum gerade erläuterten Attribut `nextElementSibling` auf den vorausgehenden Geschwisterknoten im HTML-Elemente-Baum. Handelt es sich um den ersten Knoten, ergibt sich der Attributwert `null`.

- `elem.childElementCount`
  Diese Eigenschaft liefert den Wert `elem.children.length`.

- `elem.firstElementChild` und `elem.lastElementChild`
  Diese beiden Eigenschaften verweisen auf das erste und das letzte HTML-Element-Kind im Array-ähnlichen Objekt `elem.children`. Konkret handelt es sich um die beiden Objekte `elem.children[0]` und `elem.children[elem.childElementCount-1]`. Ist `elem` ein HTML-Element ohne HTML-Element-Kinder, liefern beide Attribute den Wert `null`.

Mit diesen Erläuterungen wird klar, warum man im Beispiel `js/28` mit der Anweisung

```
elemNext=elem.parentNode.nextElementSibling.children[0];
```

von einem Bild, das in einer Tabellenzelle positioniert ist, über die Tabellenreihe, die als `parentNode` fungiert, zur nächsten Tabellenzelle gelangt. Dort angelangt wird dann die URL des an dieser Stelle bereits im ersten Teil der Funktion `change` positionierten Link-Elements gelesen. Die zugrunde liegende Navigation im Baum der HTML-Elemente erfolgt natürlich komplett auf der Ebene der korrespondierenden JavaScript-Objekte.

Bei den eben beschriebenen Attributen, die eine Navigation im HTML-Elemente-Baum ermöglichen, handelt es sich mit Ausnahme von `parentNode` ausnahmslos um Attribute, die für alle Objekte der abstrakten Klasse `HTMLElement` definiert sind. Es bleibt anzumerken, dass es entsprechende Attribute auch für alle Objekte der abstrakten Oberklasse `Node` gibt, die dann alle Kind- und Geschwisterknoten der `Node`-Klasse berücksichtigen: Neben dem bereits verwendeten Attribut `childNodes` handelt es sich um die Attribute `nextSibling`, `previousSibling`, `firstChild` und `lastChild`.

Am Ende des Skripts wird das HTML-Element

```
<p id="output"></p>
```

erzeugt. Dies geschieht mit den vier Befehlen

```
elem=window.document.createElement("p");
elem.id="output";
elem.innerHTML="Text eines dynamisch erzeugten Knotens";
window.document.getElementsByTagName("body")[0].appendChild(elem);
```

Zunächst wird ein Objekt erzeugt, wobei die Methode `createElement` als Konstruktor fungiert und die `HTMLElement`-Unterklasse durch den Parameter `"p"` vorgegeben wird. Dieses Konzept ist so universell, dass im Fall einer zukünftigen HTML-Spracherweiterung keine neuen Konstruktoren definiert werden müssen. Es reicht, die Funktionalität der bereits heute vorhandenen Methode `createElement` zu erweitern. Außerdem bleibt festzuhalten, dass mit der Erzeugung einer Instanz eines Objekts der Klasse `HTMLParagraphElement` noch keine Anzeige im Browser ausgelöst wird – eigentlich selbstverständlich, da ja noch keine Eingliederung in den HTML-Elemente-Baum vorgenommen wurde.

Nachdem dem erzeugten `HTMLParagraphElement`-Objekt ein `id`-Attributwert und ein Textinhalt zugeordnet wurde, wird das Objekt schließlich mit der Methode `appendChild` in den HTML-Elemente-Baum eingebunden, und zwar am Ende des – in diesem Fall zuvor leeren – `children`-Arrays. Erst nun erfolgt die Anzeige im Browser.

Neben der `appendChild`-Methode besitzen `HTMLElement`-Objekte `node` insbesondere noch die folgenden Methoden, die eine Veränderung der HTML-Baumstruktur erlauben:

- `node.removeChild(child)`
  Diese Eigenschaft löscht beim Knoten `node` das Kind `child`. Handelt es sich bei `child` um kein Kind des Knotens `node`, dann kommt es zu einem Laufzeitfehler.

- `node.insertBefore(child,childOld)`
  Ähnlich wie bei der Methode `appendChild` wird der Knoten `child` in den HTML-Elemente-Baum eingebunden, und zwar diesmal vor dem bereits vorhandenen Kind-Knoten `childOld` im `children`-Array.

- `node.replaceChild(child,childOld)`
  Der Knoten `child` wird in den HTML-Elemente-Baum eingebunden, und zwar diesmal als Ersatz des bereits vorhandenen Kind-Knotens `childOld` im `children`-Array.

Zu den letztgenannten Methoden wollen wir uns noch ein kurzes Beispiel ansehen, bei dem eine nummerierte Liste (*ordered list*), die in HTML mit `<ol>`-Tags[115] realisiert werden kann, schrittweise verändert wird. In jedem Schritt wird dabei jeweils ein mit `<li>`-Tags ausgezeichneter Listeneintrag (*list item*) eingefügt, ersetzt beziehungsweise gelöscht:

```
<html>
<head>
<title>Einfügen, Streichen und Ersetzen von HTML-Elementen (js/28b)
</title>
<script type="text/javascript">
"use strict";
var ol1;
function start()
{
  ol1=window.document.getElementById("nummListe1");
  window.setTimeout(change1,2000);
}
function change1()
{
  var liNeu=window.document.createElement("li");
  liNeu.innerHTML="Eintrag 2,5";
  ol1.insertBefore(liNeu,ol1.children[2]);
  window.setTimeout(change2,1500);
}
function change2()
{
  var liNeu=window.document.createElement("li");
  liNeu.innerHTML="Eintrag 4";
  ol1.appendChild(liNeu);
  window.setTimeout(change3,1500);
}
function change3()
{
  ol1.removeChild(ol1.children[2]);
```

---

[115] Entsprechend kann mit `<ul>`-Tags eine unsortierte Liste (*unordered list*) erzeugt werden.

```
  window.setTimeout(change4,1500);
}
function change4()
{
  ol1.removeChild(ol1.children[5]);     // Laufzeitfehler!
}
</script>
</head>
<body onload="start()">
<ol id="nummListe1">
<li>Eintrag 1</li>
<li>Eintrag 2</li>
<li>Eintrag 3</li>
</ol>
</body>
</html>
```

29 Von der Wiege bis zur Bahre: HTML-Formulare

Die Gelegenheiten, innerhalb einer Internetseite persönliche Daten einzutragen, sind zahlreich. Ist man bereits beim Anbieter der Seite registriert, reicht für eine Anmeldung meist die Eingabe einer Nutzerkennung, bei der es sich in der Regel um eine Email-Adresse, ein frei wählbares Pseudonym oder eine Kundennummer handelt, und die Eingabe des zugehörigen Passworts. Weiterhin einzugeben ist natürlich der eigentliche Inhalt, wobei es sich je nach dem Kontext beispielswiese um einen Leserbrief, eine Reklamation, eine Reservierung oder eine Bestellung handeln kann.

In all diesen Fällen kommen HTML-Formulare zum Einsatz.

Allgemein dienen HTML-Formulare zur Eingabe von Zeichen oder zur Auswahl von Optionen, um dann diese Eingaben mit dem Browser zum jeweiligen Server zu übertragen. Aus rein visueller Sicht kann bei einem HTML-Formular der sichtbare Inhalt der betreffenden Internetseite teilweise vom Nutzer gestaltet werden. Mit JavaScript hat dies zunächst gar nichts zu tun, wohl aber mit Interaktion, die in diesem Fall rein auf HTML-Ebene ermöglicht wird. Wir erinnern in diesem Zusammenhang daran, dass auch Navigation, die durch das Anklicken eines Links ausgelöst wird, eine Interaktion bietet, die ausschließlich auf HTML-Basis beruht.

Wir schauen uns als Beispiel eine Seite an, die tatsächlich kein JavaScript enthält:

```
<html>
<head><title>Eingabe-Formular (js/29)</title>
<meta http-equiv="content-type"
      content="text/html; charset=ISO-8859-1">
</head>
<body>
Hier können Sie uns eine Nachricht zusenden.<br><br>
<b>Betreff:</b>
<form name="eingabe" method="get" action="antwort.htm">
<input type="text" name="subject" value="" size="100"><br><br>
<b>Ihre Mitteilung:</b><br>
<textarea name="msg" cols="80" rows="12"></textarea><br><br>
<input type="reset" value="Gesamten Text löschen">
```

© Springer Fachmedien Wiesbaden GmbH, ein Teil von Springer Nature 2018
J. Bewersdorff, *Objektorientierte Programmierung mit JavaScript*,
https://doi.org/10.1007/978-3-658-21077-9_29

```
       
<input type="submit" value="Mitteilung abschicken">
</form>
</body>
</html>
```

Die von dem vorstehenden HTML-Text generierte Ansicht enthält zwei Texteingabefelder und darunter zwei Buttons. Die betreffenden vier HTML-Tags sind im HTML-Quelltext mit einem `<form>`-Tag-Paar zu einer funktionalen Einheit zusammengeklammert. Die Attribute im `<form>`-Start-Tag geben insbesondere an, in welcher Weise die Daten zum Server übertragen werden. Im Detail dazu unten mehr.

Das mehrzeilige Texteingabefeld wird durch ein `<textarea>`-Tag-Paar definiert. Das Erscheinungsbild und die Funktionalität der drei anderen Formularelemente sind jeweils in einem `<input>`-Tag definiert, wobei die Funktionalität durch das `type`-Attribut bestimmt wird:

- Die Attributzuweisung `type="text"` führt zu einem einzeiligen Texteingabefeld. Übrigens würde auch der Attributwert `"password"` zu einem einzeiligen Texteingabefeld führen, wobei dann die eingegebenen Zeichen nur in Form von einheitlichen Platzhalterzeichen wie Sternchen oder fetten Punkten angezeigt werden.

- Mit den `type`-Attributwerten `"reset"` und `"submit"`, aber auch mit dem Wert `"button"`, werden Schaltflächen (*buttons*) erzeugt. Dabei werden in den ersten beiden Fällen, die im Beispiel verwendet sind, funktional besondere Buttons erzeugt: Beim Klicken auf einen Reset-Button werden die Inhalte der Eingabefelder des entsprechenden Formulars auf ihre initialen Werte gesetzt, was im konkreten Fall des Beispiels `js/29` eine Löschung der Eingaben bedeutet. Beim Klicken auf einen Submit-Button werden die Formulardaten an den Server übertragen.

Der eigentliche Textinhalt wird bei einem `<input>`-Tag durch den Wert des Attributs `value` bestimmt. Dagegen erfolgt beim `<textarea>`-Tag die Charakterisierung des Textinhalts im Sinne des HTML-Standards, das heißt mittels Einklammerung durch das Tag-Paar und in JavaScript mit dem Attribut `innerHTML`.

Der Modus, wie die eingegebenen Daten zum Server übertragen werden, wird mit dem `method`-Attribut im `<form>`-Tag gesteuert. Dabei gibt es zwei mögliche Werte, nämlich `"get"` und `"post"`. Der im Beispiel zugewiesene Wert "get" bewirkt, dass die Internetadresse, zu der mit der Übertragung navigiert wird, mit Parametern ausgestattet ist, welche die übertragenen Daten wiedergeben. Dabei kann diese Zieladresse mit dem action-Attribut analog zum href-Attribut eines Link-Tags <a> absolut (action="http://..." ") oder wie im Beispiel relativ zur Internetadresse der aktuellen Seite action="antwort.htm" angegeben werden. Im Beispiel führt damit ein Klick auf den Submit-Button – oder die Betätigung der Return-Taste im einzeiligen Eingabefeld – zu einer Navigation zur relativen Internetadresse

```
antwort.htm?subject=Text1&msg=Text2
```

Zu konkret dieser Internetadresse erfolgt eine Navigation, wenn die beiden Textfelder des Formulars die Werte „Text1" und „Text2" aufweisen. Die Teilstrings "subject=" und "msg=" erklären sich durch die Werte der name-Attribute der beiden HTML-Tags. Da nicht alle Zeichen in Internetadressen zulässig sind und einige Zeichen wie zum Beispiel Punkt, Schrägstrich und Fragezeichen besondere Bedeutungen haben, werden Escape-Sequenzen[116] gebildet, wenn solchermaßen „kritische" Zeichen in den Eingabefeldern vorkommen. Konkret wird bei Internetadressen eine Escape-Sequenz durch ein Prozentzeichen eingeleitet, wobei ASCII-Zeichen durch ihre in Hexadezimalschreibweise notierte ASCII-Nummer codiert werden. Beispielsweise steht „%3F" für das Zeichen mit der ASCII-Nummer $3 \times 16 + 15 = 63$, das ist ein Fragezeichen „?".[117]

Das Versenden eines Formularinhalts an eine Internetadresse macht eigentlich nur dann Sinn, wenn der übertragene Inhalt auf dem Server aktiv ausgewertet wird. In der Regel erfolgt dies durch ein auf dem Server laufendes Programm beziehungsweise ein dort ausgeführtes

---

[116] Siehe Fußnote 59 (Seite 89).

[117] Die Codierung der Formulardaten lässt sich mit dem enctype-Attribut im <form>-Tag steuern. Standard, der nicht explizit angegeben werden muss, ist der Wert "application/x-www-form-urlencoded". Möglich sind auch die beiden Werte "text/plain" und "multipart/form-data", deren Verwendung aber nur beim Wert "post" des method-Attributs im <form>-Tag Sinn macht. Der letzte Wert kommt insbesondere beim Hochladen einer Datei zum Einsatz, was mit type="file" im <form>-Tag möglich ist. Dabei wird die Datei mit einem entsprechenden Standarddialog des Betriebssystems ausgewählt.
Das <input type="file">-Tag wird im Detail in Kapitel 35 erörtert.

Skript, das die übertragenen Formulardaten als Input erhält.[118] Damit
Leser(innen) dieses Buchs die Funktionalität auch ohne einen derart
ausgestatteten HTTP-Server oder sogar lokal ganz ohne HTTP-Server
ausprobieren können, wurde für das Beispiel eine statische Datei
antwort.htm konzipiert, die den Input mittels JavaScript auswertet:[119]

```
<html>
<head><title>Bestätigung Ihrer Mitteilung</title>
<meta http-equiv="content-type"
         content="text/html; charset=ISO-8859-1">
<script type="text/javascript">
"use strict";
function content()
{
  var par,ret;
  par=window.location.search;
  if (par.length<1)
    return "";
  par=par.split("&");
  if (par.length<1)
    return "";
  else if (par[0].substr(0,9)!="?subject=")
    return "";
  else if (par[1].substr(0,4)!="msg=")
    return "";
  ret ="<b>Vielen Dank für Ihre Mitteilung!</b><br><br>";
  ret+="<b>Betreff:</b><br><pre>";
  ret+=decodeURIComponent(par[0].substring(9).replace(/\+/g," "));
  ret+="</pre><br><br><b>Mitteilung:</b><br><pre>";
  ret+=decodeURIComponent(par[1].substring(4).replace(/\+/g," "));
  ret+="</pre><br><br>";
  ret+="<i>Wir werden uns in Kürze bei Ihnen melden ...</i>";
  return ret;
}
</script>
</head>
<body onload="start()">
<script type="text/javascript">
window.document.writeln(content());
```

---

[118] Skripte können dazu die übertragenen Parameter über spezielle globale Variable
abrufen. Beispielsweise in PHP stehen dazu assoziative Arrays zur Verfügung, so dass
im Fall des Beispiel-Formulars die Werte $_GET["subject"] und $_GET["msg"]
zu lesen wären beziehungsweise entsprechend $_POST[...] im Fall des Attribut-
werts method="post".

[119] Unter   http://www.bewersdorff-online.de/js/29/antwort.htm   ist   ein
Download der Datei möglich. Bei einem Submit des zuvor beschriebenen HTML-
Formulars http://www.bewersdorff-online.de/js/29/ wird die Datei auto-
matisch geladen.

```
</script>
</body>
</html>
```

Das in dieser HTML-Datei enthaltene Skript wertet von der Adresse, unter der die Datei abgerufen wird, den `search`-Anteil aus, das heißt den mit einem Fragezeichen beginnenden Parameterbereich. Sofern sich darin zwei Parameterwerte zu den Bezeichnern `subject` und `msg` lokalisieren lassen, findet eine Textausgabe statt. Das ist insbesondere dann der Fall, wenn die Seite durch ein Submit des vorangehend beschriebenen HTML-Formulars aufgerufen wird. Dabei findet die Decodierung der Escape-Sequenzen mit der globalen JavaScript-Funktion `decodeURIComponent` statt – lediglich die durch Pluszeichen ersetzten Leerzeichen sind *zuvor* zurückzutransformieren. Außerdem erfolgt die betreffende Textausgabe innerhalb von zwei `<pre>`-Tag-Paaren, damit die Zeilenumbrüche korrekt wiedergegeben werden.

Es wurde bereits in Kapitel 25 angemerkt, dass die ungefilterte Ausgabe der Texteingabe eines Nutzers sehr gefährlich ist, weil es dadurch unter Umständen möglich wird, JavaScript-Code von außen in eine Seite einzuschleusen. Nähere Erläuterung dazu findet man im Kasten *Cross-Site-Scripting*.

Cross-Site-Scripting

Bei **Cross-Site-Scripting**, in dessen englischer Abkürzung **XSS** der Buchstabe „X" das Wort *cross* symbolisiert, handelt es sich um einen Angriff, bei dem Sicherheitslücken dazu ausgenutzt werden, Code von außen in einen als vertrauenswürdig angesehenen Bereich einzuschleusen. Das typische „Einfallstor" entsteht, wenn – wie im Beispiel – die Eingabe eines Benutzers ohne Verifikation und Filterung als Teil einer Internetseite dargestellt, egal ob mittels clientseitigem JavaScript oder durch ein serverseitiges Skript wie beispielsweise einem in PHP realisiertem Skript. Konkret kann man im erörterten HTML-Formular beispielsweise die folgende Texteingabe machen:

```
<script type="text/javascript"
src="http://www.galois-theorie.de/js/injection.js">
</script>
```

Mit dieser Eingabe wird das von einer fremden Domain geladene Skript `injection.js` Bestandteil der Internetseite `antwort.htm` und der dazugehörigen Domain. Gemäß der Same-Origin-Policy kann damit das Skript auf alle Inhalte zugreifen, die aktuell in Fenstern, die über `window`-Attribute referenzierbar sind, angezeigt werden und von der gleichen Domain wie `antwort.htm` geladen wurden.

Zwar ist das Skript `injection.js`, auch wenn es eine Angst einflößende Mitteilung auf dem Bildschirm anzeigt, völlig harmlos, aber das müsste keinesfalls so sein! Denkbar wäre zum Beispiel, dass das injizierte Skript einen Login-Dialog, der auf der angegriffenen Website an anderer Stelle vorhanden ist, startet – in einem neuen Fenster oder in einem Iframe. Durch den erlaubten Zugriff im Rahmen der Same-Origin-Policy könnten auf diese Weise Passwörter durch das injizierte Skript ermittelt und mit Hilfe von parametrisierten Seitenaufrufen an andere Server übertragen werden. Auf diesem Wege ausgespäht werden können auch sogenannte Cookies, die Gegenstand des nächsten Kapitels sein werden und bei denen es sich um Statusdaten handelt, die eine abgerufene Internetseite mit Hilfe des Browsers für spätere Abrufe von Seiten derselben Domain lokal speichern kann.

Damit die mit einer Skript-Injektion manipulierte Seite genügend oft aufgerufen wird, werden Links auf eine solche Seite üblicherweise mit **Phishing-Mails** (mutmaßlich eine Kurzform für *password harvesting fishing*), Blog-Einträgen und über entsprechend gepuschte Trefferlisten von Suchmaschinen genügend weit verbreitet.

Natürlich ist die Beschreibung solcher Möglichkeiten keinesfalls als Aufforderung zu verstehen, sie in die Tat umzusetzen, zumal sehr schnell die Grenze der Strafbarkeit überschritten wird. Vielmehr soll hier dafür sensibilisiert werden, Angriffsszenarien von Anfang an genügend ernst zu nehmen. Nicht alles, was auf den ersten Blick völlig harmlos erscheint, ist auch tatsächlich harmlos.

JavaScript kann bei Formularen dazu verwendet werden, wenn die Plausibilität von Eingaben geprüft werden soll, ohne dass dazu die Daten zum Server übertragen werden müssen: Wurde bei jedem der nicht optionalen Eingabefelder eine Eingabe gemacht? Ist die eingegebene Email-Adresse formal korrekt aufgebaut? Stimmen die beiden Eingaben überein, die im Rahmen der Registrierung in Bezug auf das ausgewählte Passwort zu machen sind? *Nicht* zum Einsatz kommt JavaScript bei einem Passwortcheck eines Login-Vorgangs, da diese Überprüfung allein auf Seiten des Clients nicht manipulationssicher abgewickelt werden könnte.

Wie die Inhalte von HTML-Formularen mit JavaScript gelesen und geändert werden können, wollen wir uns im nächsten Beispiel ansehen. Um auch dieses Beispiel so einfach wie möglich zu halten, sehen wir in diesem Beispiel von einer Übertragung zu einem Server ganz ab. Es bleibt anzumerken, dass das Beispiel rein zur Demonstration von Lese- und Schreibvorgängen auf Formularinhalte dient, ansonsten aber in zweierlei Weise keinesfalls vorbildlich ist: Einerseits ist bei diesem Beispiel aufgrund der ungefilterten Verarbeitung der Nutzereingabe mit der `eval`-Funktion wieder die Gefahr eines Cross-Site-Scriptings gegeben. Andererseits findet ein **Polling**, das heißt ein regelmäßig wiederholtes Prüfen der Formularinhalte statt. Alternativ dazu werden wir in Kapitel 31 eine wesentlich elegantere, **Ereignis-gesteuerte** Technik kennen lernen, dies professionell zu tun:

```
<html>
<head><title>Eingabe-Formular (js/29a)</title>
<meta http-equiv="content-type"
      content="text/html; charset=ISO-8859-1">
<script type="text/javascript">
"use strict";
var equFlag=false;        // kennzeichnet Eingabe, die "=" enthält
function start()
{
   window.setInterval(check,10)
}
function elemId(id)
{
   return window.document.getElementById(id);
}
function check()
{
   var txt;
   txt=elemId("ausdruck").value;
   if (!equFlag && txt.indexOf("=")>=0)
   {
      elemId("errmsg").innerHTML="";
      try
      {
         txt=txt.substr(0,txt.indexOf("="));
         elemId("ausdruck").value=txt+"="+eval(txt);
```

```
    elemId("errmsg").innerHTML="";
    }
    catch(err)
    {
      elemId("errmsg").innerHTML=err.message;
    }
  }
  txt=elemId("ausdruck").value;
  equFlag=(txt.indexOf("=")>=0);
}
</script>
</head>
<body onload="start()">
<b>Geben Sie einen arithmetischen Ausdruck ein, der mit „=‟
abgeschlossen ist:</b><br><br>
<form name="rechner">
<input type="text" id="ausdruck" size="85"><br><br>
<span id="errmsg"></span><br><br>
<input type="reset" value="Eingabe löschen">
</form>
</body>
</html>
```

Die Funktion `elemId` dient ausschließlich dazu, DOM-Zugriffe in ihrer Notation zu verkürzen, um so eine bessere Übersichtlichkeit zu erreichen. Die im Polling-Verfahren alle 10 Millisekunden aufgerufene Funktion `check` prüft den aktuellen Inhalt des Texteingabefelds mit dem `id`-Atrributwert `"ausdruck"`. Dabei wird zunächst mit Hilfe des Flags `equFlag` geprüft, ob seit dem letzten `check`-Aufruf ein erstes Gleichheitszeichen im Eingabefeld hinzugekommen ist. Falls dies der Fall ist, wird der Text vor dem ersten Gleichheitszeichen als Ausdruck ausgewertet. Sofern eine solche Auswertung wie bei einem syntaktisch korrekt gebildeten Rechenausdruck der Form `"2+3*5"` möglich ist, wird das Ergebnis hinter das erste Gleichheitszeichen angehängt, ansonsten wird eine Fehlermeldung eingeblendet.

Die im Programm verwendeten Methoden `substr`, `indexOf` und `setInterval`, die Funktion `eval` sowie der `try-catch`-Befehl wurden bereits erläutert.

Mit dem Reset-Button kann die bisher vorgenommene Texteingabe gelöscht werden. Ein Submit-Button ist nicht vorhanden, da keine Übertragung an einen Server vorgesehen ist.

30 Cookies: manchmal schwer verdaulich

Mit dem ersten Beispielprogramm von Kapitel 25 wurden einige Grund-eigenschaften eines HTML-Dokuments auf dem Bildschirm angezeigt, wozu die entsprechenden Attribute des document-Objekts title, referrer, lastModified und URL ausgelesen wurden. Eigentlich hätte man in diesem Zusammenhang noch ein weiteres Attribut ergänzen können, nämlich cookie. Allerdings ist das Verhalten dieses Attributs deutlich komplexer, was der Grund dafür ist, ihm ein eigenes Kapitel zu widmen.

Bei der Erörterung des document-Attributs referrer wurde bereits darauf hingewiesen, dass es sich bei dieser Funktionalität um einen dosierten Eingriff in den Datenschutz des im Internet Surfenden handelt. Dabei gibt der Internet-Surfer dem Betreiber einer Website preis, über welchen Link er zu der gerade abgerufenen Seite gekommen ist. Selbst das Deaktivieren von JavaScript im Browser würde dies nicht verhindern, da der Referrer als Bestandteil des Hypertext-Transferprotokolls HTTP vom Browser beim Abruf einer Webseite an den Server übermittelt wird – zumindest dann, wenn der Browser standardmäßig konfiguriert ist.

Auch das cookie-Attribut des document-Objekts eröffnet nur einen per JavaScript möglichen Zugriff auf ein Konzept, das bereits auf Basis des Hypertext-Transferprotokolls HTTP in den verschiedenen Browsern weitgehend einheitlich implementiert ist und auch ohne JavaScript nutz-bar ist. Wieder handelt es sich um einen kontrollieren Eingriff in den Datenschutz des Nutzers, der allerdings weitaus drastischere Konsequen-zen haben kann als die Übermittlung des Referrers. Bei Cookies handelt es sich nämlich um Statusdaten, die ein Website-Betreiber zusammen mit einer abgerufenen Datei an den abrufenden Browser übermitteln kann, der sie intern speichert und bei erneuten Anfragen wieder zum Server übermittelt.

Wir wollen zunächst kurz erläutern, was der Grund für dieses Konzept ist: Die wesentliche Funktionalität des Hypertext-Transferprotokolls ist die Möglichkeit, eine Datei durch den als Client fungierenden Browser von einem Server wie zum Beispiel einem Apache-Webserver-Programm

© Springer Fachmedien Wiesbaden GmbH, ein Teil von Springer Nature 2018
J. Bewersdorff, *Objektorientierte Programmierung mit JavaScript*,
https://doi.org/10.1007/978-3-658-21077-9_30

abzurufen. Dabei ist im Prinzip jeder Dateiabruf ein völlig isolierter Vorgang ohne Bezug auf gegebenenfalls vorher erfolgte Abrufe. Das heißt, der Server „sieht" zwar, von woher die Daten abgerufen werden, und zwar in Form der **IP-Nummer**, die in der Regel das lokale Netz des abrufenden Clients über den als **Gateway** fungierenden **Router** zumindest temporär eindeutig charakterisiert. Ohne Zusatzmaßnahmen „sieht" der Server aber nicht, ob zeitlich hintereinander liegende Dateiabrufe vom selben Rechner stammen und somit mutmaßlich dem gleichen Nutzer zugeordnet werden können. In der Praxis, beispielsweise beim Füllen eines Warenkorbs während eines Bestellvorgangs in einem Webshop, ist aber auf der Serverseite die Erkennung der als **Session** bezeichneten Sequenz von Datenübertragungen eines einzelnen Nutzers unerlässlich. Dies gilt insbesondere auch in demjenigen Fall, in dem Funktionalitäten einer Website nur nach einer anfänglichen Authentifizierung zugänglich sind.

HTTP und Cookies

Das Kürzel **HTTP**, bestens bekannt von der Anzeige der mit einem Browser aufgerufenen Internetadresse „http://..." beziehungsweise „https://..." bei verschlüsselt übertragenem Seiteninhalt, steht für **Hypertext Transfer Protocol**, mehr oder minder eingedeutscht auch Hypertext-Übertragungsprotokoll oder Hypertext-Transferprotokoll. Dabei bezeichnet der Begriff **Protokoll** in der Telekommunikation allgemein eine zum Zweck der Koordination getroffene Vereinbarung über die bei einer Datenübertragung einzuhaltenden Regeln, die sich sowohl auf die Syntax der übertragenen Texte wie auch auf den Ablauf – etwa in Bezug auf Unterbrechungen und Reaktionen auf empfangene Daten – beziehen können. Speziell das Hypertext-Transferprotokoll wurde zusammen mit der HTML-Sprachdefinition 1989 bei CERN von Roy Fielding, Tim Berners-Lee und weiteren Kollegen ersonnen. Dabei besitzt HTTP mit anderen Internetprotokollen einen gemeinsamen Kern, der die Grundfunktionen des paketorientierten Datentransports inklusive der Vermittlung, das heißt des Adress-gesteuerten **Routings**, umfasst:[120] Neben HTTP und der ver-

---

[120] Natürlich sind solche gemeinsamen Kerne die Folge einer bewusst vorgenommenen Konzeption. Dazu werden in der Netzwerktechnik die Protokollvereinbarungen übli-

schlüsselten Version **HTTPS** („S" steht für *secure*) sind weitere Beispiele für solche Internetprotokolle **FTP** (*File Transfer Protocol*) zum Übertragen von Dateien, **DNS** (*Domain Name System*) zur Auflösung eines Domainnamens in eine IP-Nummer sowie die Protokolle zur Kommunikation zwischen Email-Client und -Server **IMAP** (*Internet Message Access Protocol*), **SMTP** (*Simple Mail Transfer Protocol*) und **POP** (*Post Office Protocol*).

Ohne hier auf Details eingehen zu wollen, ist es doch sinnvoll, sich einmal den wesentlichen Inhalt einer typischen HTTP-Anfrage anzuschauen. Diese Anfrage umfasst zunächst das eigentliche Kommando – meistens handelt es sich um GET –, die Internetadresse der gewünschten Datei sowie eine Versionskennung des verwendeten Protokolls. Es folgen ergänzende Angaben, die jeweils durch Zeilenumbrüche voneinander abgetrennt sind:[121]

```
GET http://www.bewersdorff-online.de/js/23/ HTTP/1.1
HOST: bewersdorff-online.de
User-Agent: User-Agent:Mozilla/5.0 (Windows NT 6.1; ...
...
```

Gegebenenfalls folgen weitere Angaben über die akzeptierten Datenformate, Browser-Cache-abhängige Bedingungen für ein erneutes Laden (If-None-Match: ..., If-Modified-Since: ...), den Referrer (in der *falschen* Schreibweise Referer: http://...) und so weiter.

---

cherweise in Bezug auf die diversen funktionalen Bereiche zergliedert, beispielsweise betreffend Vermittlung, Transport und Interpretation der Daten. In dem meist dafür verwendeten **OSI-Modell** (*Open Systems Interconnection Model*) zur Beschreibung einer Netzwerkkommunikation werden bis zu sieben sogenannte Schichten unterschieden, die funktional aufeinander aufbauen. Die oberste Schicht betrifft die Applikations-abhängige Interpretation der übertragenen Daten. Im Fall der genannten Internetprotokolle handelt es sich bei zwei der unteren Schichten um **TCP** (*Transmission Control Protocol*) auf der Transportschicht und darunter um **IP** (*Internet Protocol*) auf der Vermittlungsschicht. Häufig wird die Zusammenfassung dieser beiden Schichten kurz als **TCP/IP** bezeichnet.

[121] Man nennt die Gesamtheit dieser Zeilen auch HTTP-Request-Header. Die Bezeichnung *Header* für dem Kommando nachgelagerte Angaben resultiert daraus, dass beim HTTP-Kommando POST danach noch die zu übertragenden Daten folgen, zum Beispiel in Form einer hochzuladenden Datei.

Die Antwort auf einen solchen HTTP-GET-Befehl enthält die gewünschte HTML-, Bild-, Skript- oder anderweitig typisierte Datei, wobei
ein Header, der HTTP-Response-Header, vorgeschaltet wird, der beispielsweise die folgenden Angaben umfasst:

```
HTTP/1.1 200 OK
Server:Apache
Last-Modified:Sat, 25 May 2013 16:53:14 GMT
Keep-Alive:timeout=2, max=200
Etag:"38047931-404-4dd8dc05d18c7"
Date:Sun, 25 Aug 2013 10:45:49 GMT
Content-Type:text/html
Content-Length:1028
Connection:Keep-Alive
Accept-Ranges:bytes
```

Enthalten im Header ist zunächst der Status-Code 200, der dafür
steht, dass die angeforderte Datei vorhanden ist. Außerdem werden
für die Datei Typ, Größe, Erstellungsdatum und eine Signatur übertragen. Bei der Signatur handelt es sich um eine Art „Quersumme",
deren Berechnungs-Algorithmus so designt ist, dass unterschiedliche
Dateien nur rein zufällig und das sehr selten übereinstimmende Sig-
naturen erzeugen. Diese Signatur erlaubt daher einen Vergleich mit
einer im Browser-Cache bereits vorhandenen Dateiversion, deren
Signatur dazu im Request-Header des GET-Kommandos zum Parameter If-None-Match übertragen werden kann.

Das eigentliche Hypertext-Transferprotokoll ist **zustandslos**, das
heißt, jede einzelne Übertragung einer Nachricht wie insbesondere
der Abruf einer Datei mit Hilfe des entsprechenden GET-
Kommandos ist von den vorhergehenden Übertragungen völlig
unabhängig. Allerdings kann das Protokoll in einer Art und Weise
genutzt werden, die es ermöglicht, die Sequenz der Seitenabrufe eines
einzelnen Nutzers zu einer sogenannten **Session** oder **Sitzung**
zusammenzufassen, die auf der Seite des Servers als solche erkennbar
ist und entsprechend – etwa nach einer anfänglichen Authentifizierung – behandelt wird. Dazu werden innerhalb einer Session entsprechende Kenndaten in einer für den Nutzer in der Regel nicht
sichtbaren Weise in die übertragenen Daten eingebaut.

Eine Möglichkeit dafür sind die sogenannten **Cookies**. Beispielsweise könnte im beispielhaft angeführten Header der HTTP-Antwort die folgende Zeile vorhanden sein:

```
Set-Cookie: SessionId=h45c8a8xcps23u123a41x94524; path=/
```

Vom Browser wird diese Zeile als Kommando interpretiert, zugehörig zum betreffenden Domainnamen sowie dem Attribut `SessionId` den übermittelten Wert "h45...24" zu speichern und für nachfolgende HTTP-Anfragen an diese Domain – egal ob in Form von GET, POST oder sonst etwas – den Wert wieder zu übermitteln, und zwar im Format

```
Cookie: SessionId=h45c8a8xcps23u123a41x94524
```

Beim Kommando, ein Cookie zu setzen, definiert die Wertzuweisung `path=/` des Cookie-Attributs `path` den Gültigkeitsbereich innerhalb des Dateisystems des Servers. Analog kann auch eine zeitliche Gültigkeit definiert werden, und zwar mit dem Cookie-Attribut `expires` in der Form

```
Set-Cookie: ...; expires=Tue, 10 Jan 2012 21:37:22 GMT
```

Zwar gilt für Cookies wie bei Skriptzugriffen auf andere Dokumente eine Same-Origin-Policy. Das heißt, nur ein Server der Domain, zu der ein Cookie gesetzt wurde, kann es auch lesen. In der Praxis ist es aber einem Server-Betreiber möglich, diese Einschränkung zum Zwecke der Erforschung beziehungsweise Ausspähung des Domain-übergreifenden Nutzerverhaltens teilweise zu umgehen. Dazu binden die Verantwortlichen verschiedener Domains Inhalte einer gemeinsamen Domain, meist betrieben von einem auf solche Marketing-Tätigkeiten spezialisierten Dienstleister, in ihre Seite ein. Möglich sind zum Beispiel Werbebanner, Empfehlungsbuttons sozialer Netzwerke oder unsichtbare Ein-Pixel-Graphiken. Die dieser gemeinsamen Domain zugeordneten **Third-Party-Cookies** bilden dann zum Beispiel die Basis dafür, Ihnen als surfendem Nutzer – quasi zur „Erinnerung" – beim Besuch eines News-Portals eine Werbung für ein Buch einzublenden, über das Sie sich ein paar Tagen zuvor im Webshop eines Buchversenders informiert haben.

Um Sequenzen genügend zeitnah aufeinanderfolgender Dateiabrufe eines Nutzers auf dem Server erkennen zu können, wird dort zunächst eine sogenannte **Session-Id** vergeben. Auf unterschiedlichem Weg wird dann dafür gesorgt, dass die weiteren Dateiabrufe diese Session-Id enthalten. Für die Details der Realisierung bestehen im Wesentlichen drei unterschiedliche Möglichkeiten:

- Einerseits kann die Session-Id durch Server-Skripte in sämtliche Website-internen Links, die in der abgerufenen Seite enthalten sind, integriert werden. Damit wird erreicht, dass auch die nächste und in Folge alle weiteren Internetadressen dieser Website diese Session-Id enthalten, sofern die Navigation innerhalb der Website über Links oder das Hochladen von Formulardaten geschieht. Konkret geschieht dies in Form von Internetadressen, die um Suchparameter erweitert werden wie zum Beispiel

  `http://...dateiname.htm?sessid=A34C224X45TKY8D5LL3G3`
- Ähnlich funktioniert die Übertragung der Session-Id in als `value`-Attributwert versteckten Formularfeldern, die man mit Hilfe von `input`-Elementen mit dem `type`-Attributwert `"hidden"` realisiert. Erfolgt die Navigation zu weiteren Seiten jeweils über einen Submit-Button eines Formulars mit dem `method`-Attributwert `"post"`, wird die Session-Id noch nicht einmal auf dem Screen des Nutzers sichtbar. Damit ist der Nutzer vor einer Ausspähung seiner Session-Id durch visuelle Bildschirmausspähung, nachträgliche History-Analyse oder, sofern vorhanden, beim Klicken auf einen externen Link geschützt.
- Die dritte Möglichkeit stellen Cookies dar. Dabei wird die Session-Id im Cookie-Bereich des Browsers gespeichert und mit jedem Dateiabruf an den Server übertragen. Die Übertragung erfolgt unsichtbar für den Nutzer im Header-Bereich der HTML-Befehle wie GET und POST (siehe Kasten *HTTP und Cookies*).

Wie bereits zu Beginn des Kapitels erwähnt, ermöglicht das `cookie`-Attribut des `document`-Objekts einen JavaScript-Zugriff auf die für diese Datei aktuell gültigen Cookies. Das heißt, Cookies, die für diesen Pfad der Domain gelten, können gelesen, gesetzt, geändert und gelöscht werden. Rein syntaktisch handelt es sich bei `cookie` um ein einzelnes Attribut des `document`-Objekts, dessen Wert vom Typ String ist. Allerdings wird die Eigenschaft `cookie` intern *nicht* wie eine simple Variable mit

Werten vom Typ String behandelt. Stattdessen wirkt eine Wertzuweisung der Form

```
window.doucment.cookie=
    "name=val; path=/; expires=Tue, 10 Jan 2012 21:37:22 GMT";
```

analog zum Cookie-Setz-Kommando innerhalb des Headers in einer HTTP-Antwort

```
Set-Cookie: name=val; path=/; expires=Tue, 10 Jan 2012 21:37:22 GMT
```

Das heißt, mit jedem der beiden Kommandos wird zu den gegebenenfalls bereits gesetzten Cookies ein neues Cookie definiert, wobei dem Attribut `name` der Wert `"val"` zugewiesen wird – dabei wird, sofern vorhanden, ein zu diesem Attribut bereits vorhandener Wert überschrieben. Außerdem kann sowohl ein Ablaufdatum als auch ein Gültigkeitsbereich innerhalb des Dateisystems definiert werden, wobei das Cookie für alle Dateien gültig ist, deren Pfadangaben entsprechend beginnen. Insbesondere im Fall von `path=/` gilt ein Cookie also für alle Dateien der Domain.

Bei einem Lesezugriff auf das Attribut `window.doucment.cookie` erhält man einen String, der eine mit Semikolon getrennte Liste aller Cookies enthält, die zeitlich noch nicht abgelaufen und für die betreffende Datei gültig sind. Beispielsweise führt der Befehl

```
window.alert(window.document.cookie);
```

zu einer Anzeige der Form „name=val; name1=val1".

Insgesamt eröffnen Cookies damit die Möglichkeit, übergreifend für alle Dateien im betreffenden Verzeichnisbereich Variablen definieren zu können, deren Werte während der definierten Gültigkeitsdauer erhalten bleiben.

Natürlich wollen wir uns die Funktionalität der Cookies wieder an einem vollständigen Beispiel ansehen. Dazu werden in der nachfolgenden HTML-Datei zwei verschiedene Cookie-Attribute generiert und gelesen, wobei das Handling des Zugriffs mit Hilfe eines sehr universell nutzbaren Objekts `Cookies` geschieht. Konkret werden diese zwei Cookies dazu verwendet, dynamisch eine Begrüßung des Nutzers in Abhängigkeit seiner vorangegangenen Zugriffe auf die Datei zu erzeugen:

```
<html>
<head><title>Cookies (js/30)</title>
<meta http-equiv="content-type"
```

```
       content="text/html; charset=ISO-8859-1">
<script type="text/javascript">
"use strict";
var Cookies;
if (typeof Cookies=="undefined")
  Cookies={};
Cookies.setCookie=function(cookieId,cookieValue,daysToExpire)
{
   var date=new Date(),expires="";
   if (typeof daysToExpire!="undefined")
   {
      date.setTime(date.getTime()+(daysToExpire*24*60*60*1000));
      expires = "; expires="+date.toGMTString();
   }
   document.cookie=cookieId+"="+cookieValue+expires+"; path=/";
}


Cookies.getCookie=function(cookieId)
{
   var i,cParts,cookieIdEq = cookieId+"=";
   var cParts = document.cookie.split(';');
   for(i=0;i<cParts.length;i++)
   {
      while (cParts[i].charAt(0)==' ')
        cParts[i]=cParts[i].substring(1,cParts[i].length);
      if (cParts[i].indexOf(cookieIdEq)==0)
        return cParts[i].substring(cookieIdEq.length);
   }
   return "";
}


Cookies.deleteCookie=function(cookieId)
{
   Cookies.setCookie(cookieId,"",-1);
}


Cookies.deleteAllCookies=function()
{
   var i,cParts;
   var cParts = document.cookie.split(';');
   for(i=0;i<cParts.length;i++)
   {
      while (cParts[i].charAt(0)==' ')
        cParts[i]=cParts[i].substring(1,cParts[i].length);
   }
   for(i=0;i<cParts.length;i++)
     Cookies.deleteCookie(cParts[i]);
}


Cookies.asString=function()
{
   return window.document.cookie;
}
```

```
function start()
{
  var visits,diff;
  var p1=window.document.getElementById("p1");
  visits=Number(Cookies.getCookie("visits"));
  if (isNaN(visits) || (visits==0))
  {
    visits=1;
    p1.innerHTML="Schön, Sie auf dieser Seite erstmals "+
                 "begrüßen zu dürfen";
  }
  else
  {
    visits++;
    diff=Number(new Date().getTime());
    diff=diff-Number(Cookies.getCookie("lastVisit"));
    diff=Math.round(diff/1000);
    diff=(diff==1?"einer weiteren Sekunde ":
                  "weiteren "+diff+" Sekunden ");
    diff="Schön, Sie nach nur "+diff;
    p1.innerHTML=diff+" ein "+visits+". Mal begrüßen zu dürfen";
  }
  Cookies.setCookie("visits",String(visits),1/24/60);
  Cookies.setCookie("lastVisit",
                    String((new Date()).getTime()),1/24/60);
}
</script>
</head>
<body onload="start()">
<p id="p1"></p>
<p><a href="javascript:window.alert(Cookies.asString())">
Alle Cookies anzeigen</a>. 
<a href="javascript:Cookies.deleteAllCookies()">
Alle Cookies löschen</a>. 
<a href="javascript:window.location.reload()">Datei neu laden.</a>
</p>
</body>
</html>
```

Das Objekt `Cookies` beinhaltet keine Daten, so dass es wie die beiden zum JavaScript-Sprachkern gehörenden Objekte `Math` und `JSON` im Sinne eines Namensraumes nur als Container für eine Bibliothek von Methoden fungiert. Konkret beinhaltet `Cookies` insgesamt vier Zugriffsmethoden für Cookies. Der Vorteil gegenüber der Definition von vier einzelnen Funktionen besteht einzig darin, dass der Vorrat nutzbarer Bezeichner im globalen Namensraum nur um den Bezeichner `Cookies` verringert wird. Die anfängliche Abfrage verhindert, dass bei einer Verwendung des

Codes innerhalb eines größeren Projekts eine bereits vorher andernorts definierte Variable mit dem Namen `Cookies` überschrieben wird.

Mit der Methode `Cookies.getCookie("visits")` wird das Cookie zum Bezeichner `"visits"` gelesen. Im Fall, dass der Nutzer bereits zuvor auf die Beispieldatei zugegriffen hat, enthält das Cookie die Zahl der Zugriffe. Diese Zugriffsanzahl wird anschließend um 1 erhöht, um schließlich den so aktualisierten Wert mittels

```
myCookies.setCookie("visits",String(visits),1/24/60);
```

für eine Dauer von einer Minute zu speichern. Die atypisch kurze Gültigkeitsdauer von einer Minute, entsprechend 1/24/60 Tagen, wurde für das Beispiel deshalb gewählt, damit man etwas einfacher experimentieren kann, wie sich der Begrüßungstext bei einem Reload der Datei verhält. Die drei Links am Ende des Dokuments dienen dazu, den Komfort bei solchen Experimenten zu erhöhen.

Im Beispiel wird zusätzlich noch die Zeit eines Zugriffs abgespeichert, die ebenfalls in den generierten Begrüßungstext einfließt.

Wie bereits erwähnt, kann das Objekt `Cookies` ganz allgemein als relativ komfortables Zugriffs-Interface für Cookies verwendet werden. Sollte ein zu speichernder Cookie-Wert Sonderzeichen wie Semikolon, Komma, Leer- oder Steuerzeichen enthalten, kann dieser Wert mit der globalen Funktion `encodeURIComponent` transformiert und mit der bereits im letzten Kapitel verwendeten Funktion `decodeURIComponent` wieder rücktransformiert werden.

31 Mit Events zur Interaktion

Nur ein sehr kleiner Teil der Programme kommt ohne jede Interaktion mit dem Benutzer aus – dazu gehören zum Beispiel die Programme, die beim Start eines Computers automatisch starten, dabei die Hardware prüfen und nach Updates suchen. Da JavaScript insbesondere die Möglichkeit bietet, eine vom Browser angezeigte Seite dynamisch zu ändern, ist es mehr als naheliegend, dass das Potenzial dieser spezifischen Funktionalität erst dann richtig ausgeschöpft wird, wenn die dynamischen Änderungen unmittelbar durch äußere Ereignisse wie Benutzereingaben ausgelöst werden. Hinsichtlich dieser Thematik wurde bereits darauf hingewiesen, dass selbst das statische, JavaScript-lose HTML solche Interaktionsmöglichkeiten in rudimentärer Form bietet, nämlich beim Klicken auf Hyperlinks, beim Ausfüllen von Formularelementen und bei der anschließenden Übermittlung der Formularinhalte. Über diese Möglichkeiten hinaus haben wir bereits weitere, mit JavaScript realisierbare Interaktionen kennen gelernt, auch wenn der Level der Interaktion dort sehr beschränkt ist:

- Die Benutzer-Eingaben, die mit den Methoden `window.confirm` und `window.prompt` möglich sind.
- Links mit `href`-Attributwerten, die das Protokoll `javascript:` verwenden, das heißt JavaScript-Anweisungen enthalten.
- Mittels der Methode `window.setInterval` gepollte, das heißt regelmäßig überprüfte Eingaben in Formularfeldern.
- Der Start von JavaScript-Anweisungen, die dem `onload`-Attribut im `<body>`-Tag zugewiesen sind und dadurch nach dem Laden der Seite ausgeführt werden.

In Bezug auf das Polling von Formularinhalten hatten wir bereits in Kapitel 29 darauf hingewiesen, dass diese Art der Programmierung wenig günstig ist. Besser geeignet sind Konstruktionen, welche die in der Aufzählung letztgenannte Möglichkeit verallgemeinern. Diese Möglichkeiten wollen wir nun erörtern. Konkret werden wir sehen, dass den HTML-Elementen **Events**, das heißt **Ereignisse**, zugeordnet sind, die vom Benutzer zum Beispiel mit einem Mausklick oder auch automatisch, etwa über den Ladevorgang einer Datei, ausgelöst werden. Wie im Beispiel

© Springer Fachmedien Wiesbaden GmbH, ein Teil von Springer Nature 2018
J. Bewersdorff, *Objektorientierte Programmierung mit JavaScript*,
https://doi.org/10.1007/978-3-658-21077-9_31

des `<body>`-Tags und seines `onload`-Attributs findet die Implementierung der Ereignisse klassisch über die Zuweisung von Attributwerten statt, und zwar im HTML-Quelltext oder aber im JavaScript-Programm.

Leider ist dieses Thema der Ereignissteuerung mit JavaScript in seinen Details viel zu umfangreich, als dass es hier vollständig behandelt werden könnte. Wir beschränken uns daher auf die grundlegenden Prinzipien, die wir wieder an Hand von Beispielen verdeutlichen. Erörtern wollen wir vor allem drei grundlegende Themenbereiche, welche die folgenden Fragen beantworten werden:

- Wie kann für ein Ereignis eine Funktionalität definiert werden? Das heißt, in welcher Weise ist der Programmcode, der eine gewünschte Funktionalität realisiert, in das Internetdokument einzufügen?

- Wie kann im diesbezüglichen Programmcode auf dasjenige HTML-Element zugegriffen werden, auf das sich das Ereignis bezieht? Dies ist beispielsweise dann wichtig, wenn der angeklickte Bereich geändert und inhaltsmäßig ausgewertet werden soll.

- Wie kann auf Parameter, die das ausgelöste Ereignis gegebenenfalls näher charakterisieren wie zum Beispiel die Koordinaten eines Mausklicks, zugegriffen werden?

Wir beginnen mit der Beantwortung der ersten Frage: Jedes Ereignis besitzt einen mit dem Präfix `"on"` beginnenden und stets vollständig klein geschriebenen Bezeichner, das heißt es wird *keine* Höckerschreibweise verwendet. Außerdem ist ein Ereignis in der Regel einem HTML-Element beziehungsweise dem dazu korrespondierenden JavaScript-Objekt zugeordnet. Beispiele sind das bereits verwendete Ereignis `onload`, aber auch `onclick` und `onsubmit`. Soll dem entsprechenden Ereignis, das heißt zum Beispiel einem Mausklick auf das betreffende HTML-Element, eine Funktionalität zugeordnet werden, dann gibt es dazu drei mögliche Wege:

- Zuweisung von JavaScript-Code im HTML-Quelltext:
  Dem `onclick`-Attribut des entsprechenden HTML-Tags wird der entsprechende JavaScript-Code zugewiesen. Solche HTML-Attribute, die eine Verbindung zu JavaScript oder einer anderen Skriptsprache herstellen, nennt man **Event-Handler** oder einfach nur **Handler**. Der Nachteil dieser Verfahrensweise, die wir in den bisherigen Beispielen oft in Bezug auf das `onload`-Attribut im `<body>`-Tag verwendet ha-

ben, ist, dass der JavaScript-Code nicht vollkommen vom HTML-Quelltext getrennt werden kann.

- Zuweisung einer Funktion im JavaScript-Code:
  Dem Attribut `onclick` des zugeordneten JavaScript-Objekts wird eine Funktion, eine sogenannte Handler-Funktion, zugewiesen.
- Registrierung von gegebenenfalls mehreren Funktionen im JavaScript-Code:
  Die Konfigurierung der Ereignis-Steuerung erfolgt mit dafür vorgesehenen Methoden des zugeordneten JavaScript-Objekts. Speziell die Methode `addEventListener` dient zur sogenannten **Registrierung** einer Funktion als Handler, wobei es durchaus möglich ist, mehrere solche Registrierungen für einen Event vorzunehmen.

Dass es unterschiedliche Möglichkeiten gibt, Event-Funktionalitäten zu programmieren, hat wieder mit den historischen Pfaden zu tun, auf denen JavaScript entwickelt wurde – die Reihenfolge der gerade gemachten Aufzählung orientierte sich an der Chronologie der Entwicklung. Dabei hat es lange Zeit deutliche Unterschiede zwischen den verschiedenen Browsern in Bezug auf die Details der Event-Implementierung gegeben.

Wir wollen uns zunächst ein Beispiel ansehen, in dem alle drei Arten der Ereignis-Steuerung vorkommen:

```
<html>
<head><title>Ereignisse (js/31)</title>
<meta http-equiv="content-type"
      content="text/html; charset=ISO-8859-1">
<script type="text/javascript">
"use strict";
function f() {window.alert("f")}
function g() {window.alert("g")}
function elemId(id)
{
    return window.document.getElementById(id);
}
function start()
{
  elemId("div2").onclick=f;
  elemId("div3").onclick=f;
  elemId("div3").onclick=g;
  elemId("div4").addEventListener("click",f,false);
  elemId("div4").addEventListener("click",
                function(){window.setTimeout(g,2500);},false);
}
window.onload=start;
</script>
```

```
</head>
<body>
<div id="div1" onclick="f();g()">div1: <u>Starte f(); g()</u></div>
<div id="div2">div2:
        <u>Starte f()</u></div>
<div id="div3" onclick="f()">div3:
        <u>Starte g() (nicht f()!) und ...</u></div>
<div id="div4">div4: <u>Starte f(); g()</u></div>
<div id="div5" onclick='elemId("div2").onclick()'>div5: <u>Starte
f()</u></div>
<div id="div6"
     onclick='elemId("div3").addEventListener("click",f,false);
              elemId("div3").addEventListener("click",g,false);
              window.alert("div3-Handler wurde modifiziert");'>
     div6: <u>Ergänze div3-onclick-Handler</u></div>
</body>
</html>
```

Die beiden Funktionen f und g dienen als „Spielmaterial", um die konfigurierten Ereignis-Steuerungen testen zu können. Die Funktion elemId hat wieder nur den Zweck, Schreibweisen zu verkürzen.

Der einzige JavaScript-Befehl, der im Kopfteil bereits beim Laden des Internetdokuments ausgeführt wird, ist window.onload=start; und hat die gleiche Funktion wie das bisher in Beispielen verwendete body-Tag <body onload="start()">. Dabei sind drei Dinge hervorzuheben:

- Erstens muss das onload-Attribut des window-Objekts und *nicht* das ebenfalls existierende onload-Attribut des window.document-Objekts verwendet werden.
- Zweitens ist zu beachten, dass nicht ein JavaScript-Befehl in Form eines String-Wertes zugewiesen wird, sondern eine Referenz auf ein Funktionsobjekt, das damit aus syntaktischer Sicht zur Methode des Objekts window wird. Insbesondere kann diese Methode mit der Anweisung window.onload(); explizit aufgerufen werden. Im Fall eines der anderen Event-Handlers wird dies an späterer Stelle des Beispiels tatsächlich praktiziert.
- Drittens wird es bei einer konsequenten Anwendung dieser Verfahrensweise möglich, die komplette Trennung von JavaScript-Code und HTML-Quelltext durchzuführen. Gerade in großen und sicherheitsrelevanten Projekten sollte dieses Ziel unbedingt erreicht werden.

Hinter jeder der sechs vom Browser angezeigten Textzeilen verbirgt sich ein <div>-Bereich, dessen onclick-Ereignis jeweils eine Funktionalität zugeordnet ist. Übrigens generiert der Browser anders als bei einem <a>-

Tag von sich aus keine Unterstreichung des anklickbaren Textes. Für den hinteren Teil der Zeilen wurde dies allerdings explizit mit <u>-Tags zur Verdeutlichung nachgeholt. Unterschiedlich zu einem richtigen Link bleibt jedoch das Verhalten des Maus-Pointers.

Schauen wir uns nun im Detail an, was bei den sechs vom Browser angezeigten Zeilen passiert:

- Die in den beiden ersten Zeilen verwendeten Möglichkeiten haben wir bereits in Bezug auf das onload-Ereignis des <body>-Tags und des window-Objekts kennen gelernt.
- Im Fall der dritten Zeile zum id-Attributwert "div3" wird deutlich, dass eine im HTML-Bereich vorgenommene Ereignis-Steuerung überschrieben wird, wenn mittels JavaScript dem betreffenden onclick-Attribut eine Funktion zugewiesen wird.
- Zur vierten Zeile erfolgt die Ereignis-Steuerung mit der Methode addEventListener. Dabei ist zu beachten, dass der Bezeichner des Event-Typs ohne das Präfix "on" verwendet werden muss.
  Der Vorteil dieses Verfahrens ist, dass mehrere Methoden dem betreffenden Ereignis zugeordnet werden können. Dies ist wichtig, wenn mit weitgehend voneinander unabhängigen Programmteilen einem HTML-Element Verhaltensweisen zugewiesen werden sollen, vor allem dann, wenn dies teilweise nur vorübergehend geschehen soll.
  Beim zweiten Aufruf der Methode addEventListener wird eine Funktion mit Parameter aufgerufen. Dazu wird ein entsprechend definiertes Funktionsliteral für den Aufruf verwendet.
- Die fünfte Zeile dient als Beispiel für die bereits angekündigte Möglichkeit, einen per HTML- oder JavaScript-Attributwert-Zuweisung definierten Ereignis-Handler als Methode aufzurufen.
- Mit einem Mausklick auf die sechste Zeile kann der Event-Handler zur dritten Zeile modifiziert werden. Dabei wird einerseits ersichtlich, dass die addEventListener-Methode keinen Einfluss auf die Ereignis-Steuerung hat, die per HTML- oder JavaScript-Attributwert-Zuweisung vorgenommen wurde. Außerdem kann eine Funktion immer nur einmal in die Funktionsliste eingetragen werden, die mit der addEventListener-Methode erzeugt wird.

Es bleibt anzumerken, dass bei der Methode addEventListener der dritte Parameter ein boolescher Wert ist. Er gibt an, in welcher Reihenfolge der betreffende Event bei Elementen ausgelöst wird, die in einer Hierarchie ineinander enthalten sind – damit ist der Wert des dritten Parameters meist ohne Belang. Außerdem besitzt jedes JavaScript-Objekt, das über die Methode `addEventListener` verfügt,[122] ebenso über die Methode `removeEventListener`, mit der eine zuvor als Handler konfigurierte Funktion wieder aus der Liste gestrichen werden kann.

Anhand eines weiteren Beispiels wollen wir die beiden bisher noch offen gebliebenen Fragen beantworten. Das heißt, das Beispiel wird insbesondere deutlich machen, wie in einem Event-Handler auf das HTML-Objekt, das dem Event zugrunde liegt, zugegriffen werden kann und wie die Eigenschaften des Events, wie zum Beispiel die Koordinaten der Maus zum Zeitpunkt des Klicks, ermittelt werden können:

```
<html>
<head><title>Event-Exploration (js/31a)</title>
<meta http-equiv="content-type"
      content="text/html; charset=ISO-8859-1">
<script type="text/javascript">
"use strict";
function elemId(id)
{
  return window.document.getElementById(id);
}

function debugEvents(eventTarget)
{
  var attributName,typ,i;
  for (attributName in eventTarget)
    if (attributName.substr(0,2)=="on")
    {
      typ=typeof eventTarget[attributName];
      if (typ!="number" && typ!="string" && typ!="boolean")
        eventTarget.addEventListener(attributName.substr(2),
                                     showEventData,false);
    }
  for (i=1;i<arguments.length;i++)
    eventTarget.addEventListener(arguments[i],showEventData,false);
}

function eventAsString(event)
{
  var attributName,typ,first=true,wert,ret;
  ret= "ElementId="+event.target.id+" "+event.target.toString();
  ret+=", EventType="+event.type;
```

---

[122] Solche Event-fähigen Objekte werden zu einer abstrakten Klasse `EventTarget` zusammengefasst.

```
    ret+=" "+event.toString()+",";
    ret+=" CurrentElementId="+event.currentTarget.id;
    ret+=" "+event.currentTarget.toString()+": {";
    for (attributName in event)
    {
      typ=typeof event[attributName];
      if ("number,string,boolean,null,undefined".indexOf(typ)>=0)
      {
        wert=event[attributName];
        if (typeof wert=="string")
          wert="\""+wert+"\"";
        ret+=(first?"":", ")+"\""+attributName+"\":"+wert;
        first=false;
      }
    }
    ret=ret+"}";
    return ret;
}

function showEventData(event)
{
  if (event.type=="mousemove" && event.target.id=="divEingabe")
    elemId("mouseDataDivEingabe").innerHTML=eventAsString(event);
  else if (event.type=="mousemove" && event.target.id=="eingabe")
    elemId("mouseDataEingabe").innerHTML=eventAsString(event);
  else if (event.type!="mousemove")
    elemId("eventData").innerHTML=eventAsString(event)+
                       "<br><br>"+elemId("eventData").innerHTML;
}

function start()
{
  debugEvents(elemId("eingabe"),"click","mousemove","mousedown",
                                "mouseup","mouseover","keydown",
                                "mouseenter","mouseleave",
                                "keyup","keypress");
  debugEvents(elemId("divEingabe"),"mousemove");
}
window.onload=start;
</script>
</head>
<body>
<div id="divEingabe"
     style="position:absolute;left:0px;top:10px;
            height:40px;width:400px;background-color:#BBBBBB">
<input id="eingabe" type="text" value="" size="20"
       style="position:absolute;left:10px;top:10px;height:20px">
</div>
<div style="position:absolute;left:0px;top:50px;margin:5px">
<p id="mouseDataDivEingabe"></p><hr>
<p id="mouseDataEingabe"></p><hr>
<p id="eventData"></p>
</div>
```

```
</body>
</html>
```

Im HTML-Bereich des Beispiels finden wir ein Texteingabefeld, das in einem grau eingefärbten Block steht, der im HTML-Quellcode mit einem `<div>`-Tag erzeugt wird. Die HTML-Elemente dahinter sind zunächst alle ohne textuellem Inhalt, wobei die drei dort vorhandenen, mit dem `<p>`-Tag definierten Abschnitte die dynamische Anzeige von Event-Daten ermöglichen.

Im JavaScript-Bereich kennen wir die eine Verkürzung der Schreibweise erlaubende Funktion `elemId` bereits aus den vorangegangenen Beispielen. Mit der Funktion `debugEvents` kann für unsere Demonstrationszwecke die Funktion `showEventData` für alle Events, die zu einem als Parameter übergebenen Objekt `eventTarget` ausgelöst werden können, als – gegebenenfalls zusätzlicher – Handler registriert werden. Leider ist diese Möglichkeit etwas vom eingesetzten Browser abhängig, da die zu Beginn des `debugEvents`-Funktionskörpers durchgeführte Enumeration der Event-Attribute nicht in allen Browsern funktioniert.[123] In diesem Fall erfolgt die Registrierung nur für diejenigen Events, deren Bezeichner explizit als Parameter übergeben werden. Diese Liste kann natürlich bei Bedarf erweitert werden.

Der zweimalige Aufruf der Funktion `debugEvents` erfolgt in der Funktion `start`, die bei Abschluss des Ladevorgangs gestartet wird. Dabei wird je nach Browser für alle beziehungsweise für die als Parameter angeführten Events die Funktion `showEventData` als Handler-Funktion registriert. Ohne weitere Aktion des Benutzers ist damit das Skript zunächst einmal fertig.

Das Skript „erwacht", sobald ein Ereignis, zu dem ein Handler registriert wurde, ausgelöst wird. Bevor Sie dies selbst durch eine Bewegung der Maus in den Bereich links oben ganz praktisch ausprobieren und dabei mit einer Vielzahl von Daten überschüttet werden, sollten Sie sich unbedingt noch etwas den Quellcode anschauen, um zu verstehen, was durch Ihre Mausbewegung ausgelöst wird: Ruft ein Ereignis die Funktion `showEventData` auf, tut diese Funktion genau das, was ihr Bezeichner

---

[123] Bei selbstdefinierten Objekten haben wir ein solches Verhalten in Bezug auf Attribute bereits in Kapitel 17 im Rahmen der Beschreibung des Eigenschaftsdeskriptors `enumerable` kennen gelernt.

verspricht, nämlich die Anzeige der Details des aktuell ausgelösten Events. Dazu genutzt wird ein Objekt einer abstrakten Klasse Event, auf das als erstem Parameter des aufgerufenen Event-Handlers zugegriffen werden kann. In unserem Beispiel handelt es sich konkret um den Parameter event der Funktion showEvent. Die Attribute dieses Event-Parameters, aber auch der Name seiner Unterklasse, der bei einer Konvertierung in einen String ersichtlich wird, geben Aufschluss, über das, was passiert. Mit Hilfe der Funktion eventAsString erfolgt daher eine komplette Anzeige der Event-Daten. Dabei werden, sobald die Maus über das Texteingabefeld oder den einfassenden Block bewegt wird, die zugehörigen Daten des Events "onmousemove" in die ersten beiden <p>-Abschnitte im *überschreibenden* Modus aktualisiert. Die Daten zu anderen Events werden bei ihrem Eintritt *zu Beginn* des dritten <p>-Abschnitts *eingefügt*.

Um zumindest eine kleinen Eindruck vom Umfang der in JavaScript implementierten Events zu erhalten, sollte man den Mauszeiger über den grauen Block ins Texteingabefeld ziehen, dort mit den verfügbaren Maustasten klicken, mindestens ein Tastaturzeichen eingeben, und dann den Mauszeiger wieder zur Bildschirmmitte bewegen, um sich schließlich mittels Scrollen die erzeugten Daten anzusehen. So erkennt man die Vielfalt der zu diesem Vorgang vom Browser im Prinzip abrufbaren Daten, egal ob das Herunterdrücken oder Loslassen von Maus- und Keyboard-Tasten oder das Bewegen der Maus betreffend, und zwar jeweils auch in Bezug auf die betroffenen HTML-Elemente.

Da die Gesamtheit der auf dem Bildschirm ausgegebenen Daten wie zum Beispiel

ElementId=divEingabe [object HTMLDivElement], EventType= mousemove [object MouseEvent], CurrentElementId=divEingabe [object HTMLDivElement]: {"screenX":273, "screenY":146, ...

sehr verwirren kann, beschränken wir uns bei der Erläuterung auf die wichtigsten Angaben:

- target
  Das Attribut event.target eines Events event liefert einen Verweis auf dasjenige Objekt, bei dem das Ereignis ausgelöst wurde. Beispielsweise kann es sich um das HTML-Element handeln, auf das ge-

klickt wurde, das vom Mauszeiger erreicht oder verlassen wurde. Vom Beispielprogramm angezeigt wird der `id`-Attributwert des betreffenden `target`-Objekts zum Beispiel in der Form „ElementId=divEingabe".

- `type`
Der Wert des Attributs `event.type` eines Events `event` enthält den Typ des Events als String, also Werte wie `"mousemove"` oder `"click"`. Das Programm generiert Anzeigen wie „EventType=mousemove".

- `toString`
Beim Aufruf `event.toString()` der von der Klasse `Object` geerbten Methode `toString` erhält man einen Rückgabewert, der den Bezeichner der Klasse wie zum Beispiel `"KeyboardEvent"` oder `"MouseEvent"` enthält.

- `currentTarget`
Das Attribut `event.currentTarget` eines Events `event` liefert einen Verweis auf das Objekt, dessen Event-Handler gerade abgearbeitet wird. Klickt man beispielsweise auf das Texteingabefeld, so wird erst die Event-Handler-Funktion zum Klick auf das Texteingabefeld und dann die Event-Handler-Funktion zum Klick auf den umgebenden Block aufgerufen. Während der Wert des Attributs `event.target` beide Male eine Referenz auf das Texteingabefeld enthält, kann mit dem Wert des Attributs `event.currentTarget` das HTML-Element, dessen Event-Handler gerade bearbeitet wird, bestimmt werden. Vom Beispielprogramm angezeigt wird jeweils der `id`-Attributwert des `currentTarget`-Objekts in der Form „CurrentElementId=eingabe".

- `screenX, screenY, ...`
Die restlichen Attribute werden mit ihren Werten im JSON-Format angezeigt. Dabei berücksichtigt werden alle enumerierbaren Attribute, deren Werte vom Typ Number, Boolean oder String sind. Darunter befinden sich auch viele Konstanten, deren Bezeichner an der kompletten Großschreibung erkennbar sind.

Wie gewünscht eignet sich das Beispiel `js/31a` hervorragend dazu, das Prinzip der Event-Steuerung zu studieren und die dabei für die verschiedenen Events generierten Daten zu analysieren – inklusive der im Detail bestehenden Unterschiede zwischen den verschiedenen Browsern. In

Bezug auf eine vollständige Erläuterung der Event-Daten muss aber auf systematische Dokumentationen des HTML- und JavaScript-Sprachumfangs verwiesen werden.

Wer experimentierten will, dem sei empfohlen, in der Funktion start die Befehle debugEvents(window) und debugEvents(window.document) zu ergänzen. Bei Browsern, die eine automatische Enumeration der Events zulassen, werden auf diesem Weg ohne ergänzende Maßnahmen weitere Events wie onresize des Fensters erkennbar.

Es steht noch ein Nachtrag zum Beispiel js/29a aus. Mit diesem Programm wurde eine Texteingabe rechnerisch ausgewertet, sobald ein Gleichheitszeichen eingegeben wurde. Wir hatten bei der Erläuterung des Beispiels eine „elegantere" Lösung angekündigt, die ohne Polling, das heißt periodische Abfrage des Eingabefeldes, auskommt. Geändert werden muss lediglich die Funktion start, die man wie folgt realisieren kann – das komplette Beispiel kann unter dem Pfad js/31b abgerufen werden:

```
function start()
{
    elemId("ausdruck").addEventListener("keyup",check);   // (js/31b)
}
```

Die Prüfung in der Funktion check, ob ein erstes Gleichheitszeichen eingegeben wurde, erfolgt nun nicht mehr alle 10 Millisekunden, sondern immer dann, wenn eine Taste *losgelassen* wird. Die Auswahl des richtigen Ereignisses ist übrigens gar nicht so einfach. Auf den ersten Blick ebenfalls geeignet erscheinen neben "onkeyup" ebenso "onkeydown", "onkeypress" und "onchange". Dabei werden die beiden erstgenannten Ereignisse für unsere Zwecke zu früh ausgelöst, wenn das aktuelle Zeichen noch nicht in das Textfeld eingetragen ist. Umgekehrt wird das letztgenannte Ereignis "onchange" in der Regel viel zu spät wirksam, weil es erst ausgelöst wird, wenn der Fokus das Eingabefeld verlässt, das heißt, wenn zum Beispiel woanders hingeklickt wird.

Wir wollen uns noch ein weiteres Beispiel ansehen, das nochmals die unterschiedlichen Möglichkeiten der Event-Steuerung gegenüberstellt, und zwar insbesondere auch speziell in dem Fall, in dem es darum geht, eine ohne JavaScript verfügbare **Standardaktion**, beispielsweise die Navigation beim Klicken auf einen Link oder das Übertragen von Formu-

lardaten beim Klicken auf einen Submit-Button,[124] JavaScript-mäßig zu
kontrollieren:

```html
<html>
<head><title>
Events: Inline mit this, Standardaktion (js/31c)</title>
<meta http-equiv="content-type"
      content="text/html; charset=ISO-8859-1">
<style type="text/css">
.bild      {border:0px;width:200;height:280}
</style>
<script type="text/javascript">
"use strict";
function elemId(id)
{
    return window.document.getElementById(id);
}

function bestaetigeBildansichtOL()
{
    return window.confirm("Anzeige in Originalgröße?");
}

function bestaetigeBildansichtOR(bildRef)
{
    if (window.confirm("Anzeige in Originalgröße?"))
        window.location.href=bildRef.src;
}

function bestaetigeBildansichtUL(event)
{
    if (!window.confirm("Anzeige in Originalgröße?"))
        event.preventDefault();
}

function bestaetigeBildansichtUR()
{
    if (window.confirm("Anzeige in Originalgröße?"))
        window.location.href=this.src;
}

function start()
{
    elemId("aUL").addEventListener("click",bestaetigeBildansichtUL);
    elemId("imgUR").onclick=bestaetigeBildansichtUR;
}
window.onload=start;
```

---

[124] Dazu wird in der Regel zum onsubmit-Event des <form>-Tags eine Funktion als
Handler registriert, in der die Benutzereingaben im Formular auf Plausibilität und im
Hinblick auf den geforderten Mindestumfang geprüft werden.

```
</script>
</head>
<body style="text-align:center">
<h3>Bitte klicken Sie auf ein Bildviertel, um es zu
vergrößern:</h3>
<a onclick="return bestaetigeBildansichtOL();"
   href="glb-ol.png">
<img src="glb-ol.png" class="bild"></a><img
   src="glb-or.png" class="bild"
   onclick="bestaetigeBildansichtOR(this);"><br>
<a id="aUL" href="glb-ul.png">
<img src="glb-ul.png" class="bild"></a><img
   id="imgUR" src="glb-ur.png" class="bild">
</body>
</html>
```

Der HTML-Bereich des Beispiels sorgt dafür, dass ein aus vier gleich großen Teilbildern bestehendes Gesamtbild angezeigt wird. Um Lücken zwischen den oben beziehungsweise unten nebeneinander stehenden Teilbildern zu vermeiden, dürfen im HTML-Quelltext *zwischen* den betreffenden Tags keine Leerzeichen oder Zeilenumbrüche vorhanden sein, was den Quelltext etwas unübersichtlich macht.

Die vier Teilbereiche und ihre Bestandteile sind einheitlich mit Kürzeln „ol", „or", „ul" und „ur" für „oben-links", „oben-rechts", „unten-links" und „unten-rechts" bezeichnet.

Mittels einer im HTML-Kopf definierten Klasse `bild` werden die vier Teilbilder zunächst verkleinert angezeigt.

Jedes der vier Teilbilder besitzt die Funktionalität, dass bei einem Klick darauf eine Bestätigungsfrage erscheint, ob dieses Teilbild vergrößert angezeigt werden soll. Abhängig von der Antwort erfolgt dann gegebenenfalls die Anzeige des angeklickten Teilbildes in Originalgröße.

Zur Demonstration werden vier verschiedene Möglichkeiten verwendet, die beschriebene Funktionalität zu realisieren. Dabei sind oben klassische Wege der Implementierung gewählt. Auf der linken Seite findet man Realisierungen, bei denen jeweils die Standardaktion eines mit einem <a>-Tag realisierten Links mittels JavaScript kontrolliert wird:

- Oben-links ist das Teilbild als Link ausgelegt, dessen Zieladresse die Bilddatei ist. Um die Link-Funktionalität JavaScript-mäßig steuern zu können, wird im Link-Tag <a> dem `onclick`-Attribut der JavaScript-Code `"return bestaetigeBildansichtOL();"` zugewiesen. Dabei steuert der hinter dem Schlüsselwort `return` stehende Rückgabewert, der selbst als Rückgabewert des nachstehenden Funktionsaufrufs `bestaetigeBildansichtOL()` ermittelt wird, ob der Link ausgeführt wird.

- Oben-rechts wird dem `onclick`-Attribut des Image-Tags `<img>` der JavaScript-Code `"bestaetigeBildansichtOR(this);"` zugewiesen. Bis auf das in der Anweisung enthaltene Schlüsselwort `this` kennen wir diese Verfahrensweise bereits von Beispiel `js/6` aus Kapitel 6. Der Parameter `this`, der allgemein in als Event-Handler fungierenden HTML-Attributen das JavaScript-Objekt zum betreffenden HTML-Element referenziert, macht es im speziellen Fall möglich, in der aufgerufenen Funktion auf das `src`-Attribut des Bildes zuzugreifen.

- Unten-links wird für den das Teilbild einschließenden Link zum `onclick`-Event-Handler in der Funktion `start` eine Funktion registriert. Diese Möglichkeit kennen wir bereits. Neu für uns ist es, beim Anklicken des Links innerhalb der dazu registrierten Funktion die HTML-mäßige Standardaktion der Navigation mit Hilfe des Methodenaufrufs `event.preventDefault()` gegebenenfalls zu unterdrücken.

- Unten-rechts wird für das Teilbild in der Funktion `start` zum `onclick`-Event-Handler eine Funktion registriert. Auch diese Möglichkeit kennen wir bereits. Neu, wenn auch nicht überraschend, ist für uns der Gebrauch des Schlüsselwortes `this` in einer solchen Funktion. Da es sich um einen Methodenaufruf handelt, referenziert `this` auf das JavaScript-Objekt zum Bild-Tag. Statt `this.src` hätte man aber auch `event.target.src` verwenden können.

Wir wollen damit unseren kurzen Überblick auf die Prinzipien der Ereignis-Steuerung mit JavaScript beenden. Im nächsten Kapitel werden wir uns noch ganz speziellen Ereignissen widmen, die das Nachladen von Teilinformation innerhalb einer Internetseite betreffen.

Interrupts, Event-Steuerung

Am Ende von Kapitel 3 wurde bereits darauf hingewiesen, dass die Sandbox des Browsers als einfacher virtueller Computer aufgefasst werden kann. Konkret sind dazu die Low-Level-Eigenschaften einer Computer-Hardware, die mit hohem Aufwand über viele Zwischen-

stufen letztlich die Grundlage einer komfortablen Hochsprachenpro-
grammierung ermöglichen, mit den Mitteln der Hochsprache zu simulieren: Als Speicher fungiert ein Array mit ganzzahligen Inhalten
(*integers*), die Register werden von weiteren Variablen mit ganzzahligen Werten simuliert, und die Interpretation des aktuellen Maschinenbefehls wird durch arithmetische und boolesche Operationen abgewickelt. Auch die Events spielen eine Rolle, obwohl sie die
entsprechenden Low-Level-Eigenschaften der sogenannten **Interrupts** nur unvollkommen nachbilden können: Solche Interrupts dienen auf Prozessorebene dazu, die Ein- und Ausgänge der angeschlos-
senen Peripherie-Hardware zu kontrollieren. Um den dafür notwendigen, engen zeitlichen Anforderungen entsprechen zu können, wird
die normale Programmausführung unterbrochen, sobald der Prozessor
ein entsprechendes Signal erhält. In der Regel wird dann ein kurzes
Unterprogramm gestartet, bei dem zum Beispiel ein von der Peripherie empfangenes Zeichen zunächst in ein Register und dann in den
Speicher geschrieben wird – anschließend wird die normale Programmausführung an der unterbrochenen Stelle fortgesetzt. Interrupts
werden *umgehend*, das heißt nach der vollständigen Ausführung des
aktuellen Maschinenbefehls im Prozessor ausgeführt. Allerdings gibt
es auf dem Niveau der Maschinensprache Mechanismen, solche Interrupts kurzzeitig zu sperren, um funktionale Kollisionen verschiedener
Prozesse, etwa beim schreibenden Zugriff auf gemeinsam genutzte
Speicherzellen, zu vermeiden. Zu lange Interruptsperren müssen aber
vermieden werden, weil sie die einwandfreie Funktionalität der Peri-
pheriesteuerung und damit des Gesamtsystems gefährden.

Die gegebenen Erläuterungen über Interrupts machen deutlich, dass
es viele Gemeinsamkeiten zu Handler-Funktionen gibt, die für Events
registriert werden. Damit erkennen wir – wie schon bei Speicherzellen, Registern und Maschinenbefehlen – ein weitgehendes Analogon
zu Interrupts im High-Level-Bereich höherer Programmiersprachen.
Die Analogie zwischen Events und Interrupts gilt auch für die auslö-
senden Ereignisse, bei denen es zwischen Events und Interrupts große
Überschneidungen gibt, insbesondere bei Tastatur und Maus. Im Unterschied zu Interrupts kann eine Handler-Funktion aber nur dann
gestartet werden, wenn gerade kein anderer Programmcode ausgeführt wird. Aus diesem Grund sollte auch eine Handler-Funktion

grundsätzlich schnell ausgeführt werden, um nicht andere Handler zu blockieren. Und der Extremfall einer Verzögerung in Form einer zeitgesteuerten „Warteschleife" hat in einem JavaScript-Programm generell nichts zu suchen, da während deren Ausführung der Benutzer ohne ersichtlichen Grund keine Aktion machen kann[125] – allerdings werden die in dieser Zeit auflaufenden Ereignisse gespeichert. Zur Verdeutlichung schauen wir uns ein diesbezügliches Beispiel an, das uns zugleich dazu dient, auf das `<button>`-Tag hinzuweisen. Vergleichbar dem `<textarea>`-Tag, das wir bereits als flexibler einsetzbare Version eines Texteingabefeldes kennengelernt haben, bildet das immer im Paar zu verwendende `<button>`-Tag eine flexible Alternative zum klassischen Tag `<input type="button">`:

```
<html>
<html>
<head><title>Warteschleifen (js/31d)</title>
<meta http-equiv="content-type"
      content="text/html; charset=ISO-8859-1">
<script type="text/javascript">
"use strict";
function wait()
{
  var t=new Date().getTime()
  while (new Date().getTime()-t<3000);
}
function incCounter(id)
{
  var ref=window.document.getElementById(id);
  ref.innerHTML=Number(ref.innerHTML)+1;
}
window.setInterval(incCounter,100,"ticker");
</script>
</head>
```

---

[125] Der JavaScript-Bereich eines „Browserbereichs", in der Regel nach außen durch ein Tab charakterisiert, besitzt standardmäßig nur einen **Thread**, das heißt **Ausführungsstrang**. Es gibt also nur einen Befehlszeiger, der auf die Stelle des Programms verweist, die gerade ausgeführt wird. Dem gegenüber steht ein sogenannter **Multithreading**-Prozess, bei dem auf einen Datenbereich durch mehrere Befehlsstränge parallel zugegriffen wird. Eine andere Form der Nebenläufigkeit für Programmabläufe ist der **Multitask**-Betrieb, wie ihn Betriebssysteme ermöglichen. Dort besitzt jeder einzelne Prozess (*task*) einen eigenen Adressraum, das heißt Speicherbereich – nur für die Kommunikation zwischen den Prozessen gibt es einen gemeinsamen Speicherbereich, der vom Betriebssystem verwaltet wird.
Wie Multithreading in JavaScript realisierbar ist, werden wir in Kapitel 33 kennenlernen.

```
<body style="text-align:center">
<br>
100ms-Ticker: <span id="ticker">0</span>
   
Klicks:<span id="clicks">0</span> 
<button style="width:180px;height:25px"
        onclick="incCounter('clicks');">Klicks ++</button>
   
<button style="width:180px;height:25px"
        onclick="wait()">3-sec-Warteschleife</button>
   
<button style="width:180px;height:25px" onclick=
        "window.alert('Warte auf OK')">Warte auf OK</button>
</body>
</html>
```

Um die Wirkung von Blockierungen bei der Programmausführung selbst erfahren zu können, enthält das Skript zwei Zähler, wovon der erste Zähler im 100-ms-Takt voranschreitet und der zweite Zähler beim Klick auf den entsprechenden Button. Mit zwei weiteren Buttons können Blockierungen durch eine dreisekündige Warteschleife sowie durch einen sogenannten **modalen Dialog** ausgelöst werden, der bis zu seiner Beantwortung anderweitige Aktionen des Benutzers in diesem Browserbereich, in der Regel handelt es sich dabei um die betreffende Registerkarte (im Englischen *tab* für *tabbed document*) des Browsers, verhindert.[126] Im Rahmen einiger Experimente sollte man sich unbedingt anschauen, wie sich das System während einer Blockierung in Bezug auf den Timer und den Klick auf einen weiteren Button verhält.

Anzumerken bleibt, dass modale Dialoge anders als zeitgesteuerte Warteschleifen im wohlüberlegten Rahmen durchaus ihre Berechtigung haben.

Bereits die erste Version der wenig später JavaScript genannten Programmiersprache, welche die Firma *Netscape* 1995 für ihren Browser vorstellte, bot die Möglichkeit, mit Event-Handlern wie dem `onclick`-Attribut für diverse HTML-Tags Ereignis-Steuerungen zu realisieren. Ein Vorbild dafür war die 1991 von der Firma Microsoft vorgestellte Programmiersprache **Visual Basic**. Diese Programmiersprache, die mit einer kompletten Entwicklungsumgebung bestehend

---

[126] Ein weiteres Beispiel `js/31e` lädt das Beispiel `js/31d` in zwei Iframes und ermöglicht Experimente, wie Blockierungen in einem Tab wirken.

aus Editor, Compiler, komfortablem Debugger und einer Art Graphik-Editor für Windows-Bedienoberflächen ausgeliefert wurde, erlaubte es erstmals, Windows-Programme für die damals aktuelle Version Window 3.0 relativ übersichtlich zu erstellen. Zuvor konnten solche Programme de facto nur in C, der Sprache des damaligen Windows-API, geschrieben werden. Allerdings war dabei die Verwaltung von Objekten der Bedienoberfläche und ihrer Events sowie die Möglichkeit, Kombinationen aus solchen Objekten und Events sogenannte **Callback**-Funktionen zuzuweisen, wenig komfortabel und übersichtlich.

Dagegen eröffnete Visual Basic erstmals ein deutlich einfacheres Konzept: Für jedes Ereignis, das zu einem beliebigen Element der graphischen Oberfläche eintreten kann, wird ein zunächst leeres Unterprogramm vorgegeben, das bei Bedarf mit „Leben", das heißt mit einer durch Programmcode charakterisierten Funktionalität, gefüllt werden kann.

32 Portionsweises Nachladen mit Ajax

Häufig entsteht beim Webdesign der Wunsch, nur Teilbereiche einer Seite neu zu laden. Man denke beispielsweise an eine Diaschau, bei der eine Sequenz von Bildern nacheinander präsentiert werden soll: Anzuzeigen ist jeweils ein einzelnes Bild, das dafür aktuell geladen wird. Natürlich könnte man für jedes Bild eine eigene HTML-Seite erstellen – in der Regel dynamisch auf dem Server –, und dann jeweils die gesamte Seite neu laden. Allerdings würde dies unter Umständen zu einem wenig schönen Neuaufbau der als „Bilderrahmen" fungierenden Internetseite führen.

Eine Diaschau, die ohne komplettes Nachladen einer Seite auskommt, lässt sich problemlos mit dem DOM-Interface von JavaScript realisieren, und zwar auf Wegen, die uns in den vergangenen Kapiteln vertraut geworden sind:

```
<html>
<head><title>Nachladen eines Bildes (js/32)</title>
<meta http-equiv="content-type"
      content="text/html; charset=ISO-8859-1">
<style type="text/css">
button    {position:absolute;top:10px;height:36px;width:130px;
           font-family:sans-serif;font-size:20px;}
</style>
<script type="text/javascript">
"use strict";
var imgSrc=[];
imgSrc.push("glueck-logik-bluff.png");
imgSrc.push("algebra-fuer-einsteiger.png");
imgSrc.push("statistik.png");
var imgIndex;                          // aktuell angezeigtes Bild

function loadImage(event)
{
  writeStatus("lade Bild ...");
  if (typeof event=="undefined")
    imgIndex=0;
  else if (event.target.id=="prev")
    imgIndex=(imgIndex>0?imgIndex-1:imgSrc.length-1);
  else if (event.target.id=="next")
    imgIndex=(imgIndex<imgSrc.length-1?imgIndex+1:0);
  window.document.getElementById("img1").src=imgSrc[imgIndex];
}
```

© Springer Fachmedien Wiesbaden GmbH, ein Teil von Springer Nature 2018
J. Bewersdorff, *Objektorientierte Programmierung mit JavaScript*,
https://doi.org/10.1007/978-3-658-21077-9_32

```
function writeStatus(status)
{
  window.document.getElementById("status").innerHTML=status;
}

function clearStatus()
{
  writeStatus(" ");
}

function start()
{
  var i,buttonList=window.document.getElementsByTagName("button");
  for (i=0;i<buttonList.length;i++)
    buttonList[i].addEventListener("click",loadImage);
  window.document.getElementById("img1").onload=clearStatus;
  loadImage();
}
window.onload=start;
</script>
</head>
<body>
<div style="position:absolute;left:0px;top:55px;width:100%;text-
align:center">
<p id="status" style="font-family:sans-serif"> </p>
<img id="img1">
</div>
<button id="prev" style="right:52%">Zurück</button>
<button id="next" style="left:52%">Weiter</button>
</body>
</html>
```

Beim Start sieht man zwei Buttons zur Steuerung der Diaschau und ein
mit dem Funktionsaufruf `loadImage()` geladenes Bild. Direkt über dem
Bild ist noch eine Statuszeile platziert, in der nur während des Ladevorgangs Text eingeblendet wird.

Die Dateien der in der Diaschau zu zeigenden Bilder werden bei der
Initialisierung des Skripts in ein globales Array `imgSrc` geladen. Die
ebenfalls globale Variable `imgIndex` charakterisiert das aktuell angezeigte Bild, wobei dazu der Wert einfach als Index innerhalb des Arrays
`imgSrc` interpretiert wird.

Die zum Klick auf einen Button als Handler registrierte Funktion
`loadImage` aktualisiert, sofern sie als Handler aufgerufen wird, den
`imgIndex`-Wert. Darüber hinaus wird generell, auch bei einem direkten
Aufruf der `loadImage`-Funktion, dem `src`-Attribut des HTML-Bild-

Elements die URL des anzuzeigenden Bildes zugewiesen. Schließlich wird in die Statuszeile der Text „Bild lädt ..." geschrieben. Dieser Text ist aber nur kurz zu sehen, nämlich für die Ladezeit des Bildes. Dabei geschieht das Ausblenden des Textes dadurch, dass für das onload-Ereignis des HTML-Bild-Elements direkt nach dem Ladevorgang der Seite in der Funktion start ein Handler registriert wurde, der den Textinhalt der Statuszeile löscht.

Ähnliche Verfahrensweisen, das heißt per Skript ausgelöste HTTP-Zugriffe, lassen sich für alle HTML-Elemente durchführen, die über ein src-Attribut verfügen. Neben Bildern sind dies insbesondere Iframes und Skripte. Beide HTML-Elemente können dazu genutzt werden, wenn in einer vom Browser angezeigten Internetseite Daten nachgeladen werden sollen, die für die in der Seite enthaltenen Skripte inhaltlich interpretierbar sind. Eine solche Notwendigkeit entsteht unter anderem dann, wenn man Benutzer-individuelle Daten in die aktuell angezeigte Internetseite einblenden möchte, beispielsweise, wenn bei einer Suchmaschine abhängig von bereits teilweise erfolgten Eingaben Suchvorschläge angezeigt werden sollen. In einem weit höheren Maße ist eine solche „häppchenweise" Kommunikation erforderlich, wenn eine typische Desktop-Applikation wie ein Email-Client als Web-Applikation mit HTML und JavaScript nachgebildet wird.

Am ältesten, da bereits mit frühen Versionen von JavaScript möglich, ist der Ansatz, einen versteckten Frame mit einem darin enthaltenen Skript zu laden. Dabei spielt es keine Rolle, ob das Skript darin statisch enthalten ist oder mittels src-Attribut extern geladen wird. Bei dieser Variante kann die Adresse des nachgeladenen Inhalts bei Bedarf sogar mit der document.write-Methode dynamisch gesetzt werden, so dass insbesondere Parameter in der Adresse möglich werden. Die höchste Flexibilität bieten nachgeladene Skripte. In diesem Fall kann nämlich auf die nachgeladenen Informationen selbst dann zugegriffen werden, wenn das Skript von einer anderen Domain geladen wird – anders als beim *Lesen* eines Iframe-Inhalts gilt für die *Ausführung* eines Skripts eben nicht die Sicherheitseinschränkung der Same-Origin-Policy.

Als Beispiel schauen wir uns die Erweiterung des letzten Beispiels an, bei der es nun möglich ist, eine neue Diaschau zu laden, ohne dass dazu auf eine neue Internetseite navigiert werden muss:

```
<html>
<head><title>Nachladen einer Diaschau (js/32a)</title>
<meta http-equiv="content-type"
      content="text/html; charset=ISO-8859-1">
<style type="text/css">
button   {position:absolute;top:10px;height:36px;width:130px;
          font-family:sans-serif;font-size:20px;}
</style>
<script type="text/javascript">
"use strict";
var imgSrc=[];
imgSrc.push("glueck-logik-bluff.png");
imgSrc.push("algebra-fuer-einsteiger.png");
imgSrc.push("statistik.png");
var imgIndex;                                // aktuell angezeigtes Bild

function loadImage(event)
{
  writeStatus("lade Bild ...");
  if (typeof event=="undefined")
    imgIndex=0;
  else if (event.target.id=="prev")
    imgIndex=(imgIndex>0?imgIndex-1:imgSrc.length-1);
  else if (event.target.id=="next")
    imgIndex=(imgIndex<imgSrc.length-1?imgIndex+1:0);
  window.document.getElementById("img1").src=imgSrc[imgIndex];
}

function loadSlideShow()
{
  loadScript("slidelist.js",onloadSlideShow);
}

function onloadSlideShow()
{
  window.document.getElementById("loadNew").style.visibility=
  "hidden";
  loadImage();
}

function loadScript(url, onloadHandler)
{
    var head=window.document.getElementsByTagName("head")[0];
    var script=document.createElement("script");
    script.src=url;
    script.type="text/javascript";
    if (typeof onloadHandler=="function")
      script.onload=onloadHandler;
    head.appendChild(script);
}

function writeStatus(status)
{
```

```
  window.document.getElementById("status").innerHTML=status;
}

function clearStatus()
{
  writeStatus(" ");
}

function start()
{
  var i,buttonList=window.document.getElementsByTagName("button");
  for (i=0;i<buttonList.length;i++)
    buttonList[i].addEventListener("click",loadImage);
  window.document.getElementById("img1").onload=clearStatus;
  loadImage();
}
window.onload=start;
</script>
</head>
<body>
<div style="position:absolute;left:0px;top:50px;width:100%;text-
align:center">
<p id="status" style="font-family:sans-serif"> </p>
<img id="img1">
<p id="loadNew"><a href="javascript:loadSlideShow()">Lade
neue Diaschau</a><p>
</div>
<button id="prev" style="right:52%">Zurück</button>
<button id="next" style="left:52%">Weiter</button>
</body>
</html>
```

Gegenüber dem vorangegangenen Beispiel js/32 nur geringfügig geändert wurde der HTML-Bereich, der nun einen Link zum Laden einer neuen Diaschau enthält. Die dabei aufgerufene Funktion loadSlideShow enthält als wesentlichen Bestandteil den Funktionsaufruf

```
loadScript("slidelist.js",onloadSlideShow);
```

Die sehr universell nutzbare Funktion loadScript(url,onloadHandler) ist das eigentlich Neue. Wie der Bezeichner vermuten lässt, wird ein Skript geladen. Dabei gibt der erste Parameter url die absolute oder relative Internetadresse an, unter der die Skriptdatei geladen werden soll. Der zweite Parameter ist optional. Mit ihm kann gegebenenfalls eine Funktion als Handler für das Ereignis registriert werden, das beim Abschluss des erfolgreichen Ladevorgangs ausgelöst wird. Die weiteren Anweisungen, mit denen ein Skript geladen und in die DOM-Struktur eingebunden wird, unterscheiden sich nur wenig von den Anweisungen, mit denen das Entsprechende für ein Bild durchgeführt wird. Die Einbindung des geladenen Skripts in die DOM-Struktur hat zur Folge, dass das Skript sofort nach dem Laden ausgeführt wird. Diese Tatsache bildet den eigentlichen Kern der erzielten Dynamik, da auf diesem Weg die Werte von Variablen, aber auch die Definitionen von Funktionen – in JavaScript eigentlich auch Variablenwerte –, überschrieben werden können.

Im konkreten Fall des Beispiels wird mit der Funktion `loadScript` die Skriptdatei `slidelist.js` geladen und anschließend die Funktion `onloadSlideShow` aufgerufen. Dort wird zunächst der angeklickte Link ausgeblendet. Außerdem wird das erste Bild der nachgeladenen Diaschau angezeigt. Der Wechsel der Bilderserie findet bei der Ausführung des neu geladenen Skripts statt, wobei dem Array der anzuzeigenden Bilder neue Werte zugewiesen werden:

```
imgSrc=[];
imgSrc.push("luck-logic-white-lies.jpg");
imgSrc.push("galois-theory-for-beginners.png");
```

Ist es geplant, auf einem solchen Weg sehr oft neue Daten zu laden, sollte man die Funktion `loadScript` so modifizieren, dass nicht jeweils ein neuer DOM-Knoten entsteht. Dazu kann die in Kapitel 28 erläuterte Methode `node.replaceChild(child,childOld)` verwendet werden. Noch einfacher ist es, analog zum auszutauschenden Bild vorzugehen. Dazu wird im HTML-Code ein `<script>`-Tag mit einem `id`-Attribut aber ohne Code angelegt, um dann dessen `src`-Attribut mittels JavaScript-Zugriff zu ändern. Unabhängig von der Position des Skripts im HTML-Dokument werden die Anweisungen des Skripts sofort nach dem Laden ausgeführt. Die Änderungen gegenüber dem letzten Beispiel `js/32a` sehen wie folgt aus:

```
<script id="scriptInit" type="text/javascript"></script>
<script type="text/javascript">
"use strict";
var imgSrc=[];
imgSrc.push("glueck-logik-bluff.png");
...
function loadScript(url, onloadHandler)        // (js/32b)
{
    var scriptInit=window.document.getElementById("scriptInit");
    scriptInit.src=url;
    if (typeof onloadHandler=="function")
        scriptInit.onload=onloadHandler;
}
```

Übrigens hätte für den `onload`-Event des Skripts explizit gar keine Funktion registriert werden müssen. Möglich wäre es auch gewesen, die Funktion `onloadSlideShow`, mit der das erste Bild der nachgeladenen Serie angezeigt wird, in das nachgeladene Skript zu integrieren. Wichtig ist aber, dass die Funktionalität, die durch das Skript bewirkt werden soll, ursächlich an das Ereignis, dass der Ladevorgang des Skripts abgeschlossen ist, gekoppelt wird. Dagegen wäre es zum Beispiel sehr unzweckmäßig, das Bild mittels eines `window.setTimout`-Aufrufs nach einer festgelegten Zeit zu aktualisieren, die so großzügig bemessen wird, dass man davon ausgehen kann, dass bis dahin der Ladevorgang abgeschlossen ist. Einerseits würde dadurch in der überwiegenden Zahl der Fälle eine zu lange Wartezeit bis zur Anzeige des ersten Bildes der nachgeladenen Bildschau entstehen. Andererseits wäre es trotzdem nicht ausgeschlossen, dass es im Einzelfall aufgrund einer ungeplant langen Ladezeit zu einer Fehlfunktion kommen würde, bei welcher der Link „Lade neue Diaschau" ohne erfolgreichen Wechsel zur nächsten Diaschau ausgeblendet würde.

Die Überlegungen zeigen, dass alle Ereignisse, ob durch Eingriff des Benutzers, durch Ladevorgänge oder zeitgesteuert, programmtechnisch in wohldurchdachter Weise mit Aktionen gekoppelt werden müssen: Was passiert zum Beispiel, wenn man während des Ladevorgangs ein zweites Mal auf den Link „Lade neue Diaschau" klickt? Wünschenswert ist auch, dass eingeleitete Aktionen, die aufgrund einer Serverstörung nicht zum Tragen kommen, in geregelter Weise abgebrochen werden können.

Ein weiterer Nachteil, Daten in einer Internetseite durch das Nachladen eines Skripts zu aktualisieren, besteht darin, dass die solchermaßen transportierten Daten grundsätzlich in JavaScript-Anweisungen „verpackt" werden müssen – man spricht in solchen Zusammenhängen tatsächlich von einem Wrapper.[127] Außerdem ist es für viele Anwendungen

---

[127] Eine oft angewandte Technik wird als **JSONP** bezeichnet, als *JSON with padding*. Der Begriffsbestandteil *padding* (Füllung) bezieht sich darauf, dass bei dieser Verfahrensweise mit dem geladenen Skript ein einzelnes JSON-Literal gelesen wird, das dazu als Parameter in einen Funktionsaufruf eingepackt wird. Beispielsweise könnte das Skript aus dem Funktionsaufruf
`parseDataUpdate(["datei1.jpg","datei2.jpg"]);`
bestehen. Natürlich muss die aufgerufene Funktion bereits vorher definiert sein. Eine hohe Flexibilität lässt sich bei einem JSONP-Aufruf mit einem parametrisierten Ser-

wünschenswert, im Fall, dass der Ladevorgang nicht ordnungsgemäß durchgeführt werden kann, nähere Informationen zu den Ursachen zu erhalten – eine Funktionalität, die das Protokoll HTTP zwar durchaus bietet, die aber bei den bisherigen Konstruktionen nicht zugänglich wurde.

Aus den genannten Gründen implementierte die Firma Microsoft kurz vor der Jahrtausendwende ein entsprechendes Objekt XMLHTTP, das von allen Windows-Programmen und damit insbesondere vom Microsoft-Browser *Internet Explorer* genutzt werden kann. Auf dieser Basis wurde es unter Wahrung der Same-Origin-Policy möglich, Inhalte beliebiger Textdateien per HTTP zu laden und dann deren Inhalte in einem Skript zu verarbeiten. Der Namensbestandteil XML deutet darauf hin, dass man wohl primär an XML-formatierte Dateien dachte, entsprechend einem Hype, der damals in Bezug auf dieses Datenformat gerade begann. Da Microsoft für seine XMLHTTP-Implementierung seine proprietäre Komponententechnologie ActiveX verwendet hatte, mussten die anderen Browserhersteller andere Wege gehen. Auf diese Weise bildete sich bis etwa 2005 ein einheitlicher Standard für eine JavaScript-Klasse XMLHttpRequest, dem sich schließlich 2007 auch Microsoft anschloss. Aufgrund ihres langen Bezeichnernamens wird die Klasse XMLHttpRequest manchmal kurz als **XHR** bezeichnet.

Wir schauen uns zunächst an, wie das bereits auf zwei Wegen in den Beispielen js/31a und js/31b realisierte Nachladen einer Diaschau auch mit Hilfe einer Instanz der JavaScript-Klasse XMLHttpRequest realisiert werden kann. Nachfolgend die notwendigen Modifikationen:

```
function loadSlideShow()                      // (js/31c)
{
   loadFile("slidelist.txt",onloadSlideShow);
}

function loadFile(url, onloadHandler)
{
   var aXMLHttpReq=new XMLHttpRequest();
```

ver-Skript erreichen, bei der sowohl die aufgerufene JavaScript-Funktion wie auch der symbolische Bezeichner der angeforderten Daten variabel sind. Das könnte dann zum Beispiel folgendermaßen aussehen:
```
scriptInit.src=
"http://xyz.de/path/js.php?jsonp=parseDataUpdate&attName=files";
```

```
aXMLHttpReq.onreadystatechange=function()
{
    if (aXMLHttpReq.readyState==4 && aXMLHttpReq.status==200)
    onloadHandler(aXMLHttpReq.responseText);
}
aXMLHttpReq.open("GET",url,true);
aXMLHttpReq.send(null);
}

function onloadSlideShow(fileList)
{
    window.document.getElementById("loadNew").style.visibility=
    "hidden";
    imgSrc=JSON.parse(fileList);
    loadImage();
}
```

Zu ergänzen bleibt, dass die gelesene Textdatei slidelist.txt aus dem
im JSON-Format notierten Array-Inhalt besteht, welcher nach einer
Konvertierung mit der uns schon bekannten Methode parse der Variablen imgSrc zugewiesen wird:

```
["luck-logic-white-lies.jpg", "galois-theory-for-beginners.png"]
```

Es muss zunächst angemerkt werden, dass dieses Beispiel anderes als die
bisherigen Beispiele des Kapitels nicht lokal mit dem "file:"-Protokoll
funktioniert.[128] Das heißt, es wird ein HTTP-Server benötigt, der natürlich auch lokal auf demselben Computer installiert sein kann wie der
verwendete Browser.[129] Neu für uns – und auf den ersten Blick sicher
erklärungsbedürftig – ist die Realisierung der Funktion loadSlideShow.
Deren gesamte Funktionalität beruht auf der Klasse XMLHttpRequest,
von der zu Beginn der Funktion eine Instanz aXMLHttpReq erzeugt wird.

Die Konfigurierung und Steuerung des XMLHttpRequest-Objekts
aXMLHttpReq ist allerdings nicht ganz einfach. Zunächst wird der Aufruf

---

[128] Dies geschieht, um den Nutzer vor einer Ausspähung zu schützen. Andernfalls könnte
nämlich im Fall, dass der Nutzer eine entsprechend vorbereitete HTML-Datei mit
dem Browser lokal auf seinem Rechner speichert, ein Spähangriff möglich werden,
sobald der Nutzer die gespeicherte Datei in seinem Browser aufruft. Diese Datei
könnte nun eine lokale Datei lesen und dann in Form eines Parameters einer Internetadresse, zu der navigiert wird, zu einem externen Sever übertragen.

[129] Neben den „richtigen" HTTP-Server-Programmen wie Apache, die auf mannigfache
Weise konfigurierbar sind, gibt es zum Ausprobieren auch vom Umfang sehr schlanke
Server-Programme. Ein Beispiel ist der HTTP-Server HFS, der unter Windows läuft
und nicht installiert werden muss.

des Handlers `onloadHandler`, der für den Abschluss des Ladenvorgangs vorgesehen ist, realisiert:

- Dazu wird einerseits beim `XMLHttpRequest`-Objekt, das bei jedem Statuswechsel einen `onreadystatechange`-Event auslöst, der Aufruf der Funktion `onloadHandler` auf das Erreichen desjenigen Status beschränkt, der dem erfolgreichen Laden entspricht. Charakterisiert wird dieser Status durch den Objektzustand, bei dem die beiden Attribute `readyState` und `status` die Werte `4` beziehungsweise `200` besitzen.

- Andererseits wird der Wert des Attributs `responseText` als Parameter an die für den Abschluss des Ladevorgangs vorgesehene Funktion `onloadHandler` weitergereicht.

Die beiden im weiteren Verlauf der Funktion aufgerufenen Methoden sind `open` und `send`:

- `open`
  Innerhalb des Methodenaufrufs `x.open(method,url,mode)` zu einem `XMLHttpRequest`-Objekt `x` wird mit Werten wie `"GET"`, `"POST"` oder `"HEAD"` für den Parameter `method` zunächst das eigentliche HTTP-Kommando bestimmt – im Fall von `"HEAD"` wird nur der HTTP-Header geladen. Der Parameter `url` konfiguriert die zu ladende Internetadresse. Der dritte Parameter `mode` steuert, ob der Programmablauf ohne Warten auf die angeforderte Antwort weiterlaufen soll. Damit entspricht der Parameterwert `true` dem eindeutig zu favorisierenden Modus, der die anderweitige Programmausführung nicht blockiert. Übrigens hat dieser **asynchrone** Kommunikationsmodus der Technik 2005 ihren Namen beschert: **Ajax** steht für *Asynchronous JavaScript and XML*.

- `send`
  Mit dem Methodenaufruf `x.send()` oder `x.send(data)` zu einem `XMLHttpRequest`-Objekt `x` wird das zuvor mit `open` konfigurierte HTTP-Kommando losgeschickt. Beim GET-Kommando geschieht dies parameterlos. Bei einem POST-Kommando enthält der Parameter `data` die an den Server gesendeten Daten. Dabei kann es sich zum Beispiel um URL-konform codierte Formulardaten handeln.

Weitere Details werden am besten an Hand eines weiteren Beispiels deutlich. Dabei fordert die Internetseite per HTTP-Request ihre eigene Datei an, um dann sowohl den dabei gelesenen HTTP-Header als auch ein Log auszugeben, das sämtliche mit Hilfe des onreadystatechange-Events nachvollziehbaren Zustandsänderungen beinhaltet:

```html
<html>
<head><title>HTTP-GET-Kommando mit Ajax-Log (js/32d)</title>
<meta http-equiv="content-type"
      content="text/html; charset=ISO-8859-1">
<style type="text/css">
table {border-spacing:14px 0px}
td    {text-align:center}
</style>
<script type="text/javascript">
"use strict";
function start()
{
  var aHttpReq=new XMLHttpRequest();
  aHttpReq.onreadystatechange=function()
  {
    elemId("log").innerHTML+="<tr><td>"+time()+"</td>"+
            attValTd("readyState")+attValTd("status")+
            attValTd("statusText")+attValTd("responseText")+
            attValTd("headers")+"</tr>";
    if (aHttpReq.readyState==4 && aHttpReq.status==200)
      elemId("output").innerHTML=aHttpReq.getAllResponseHeaders();
  }
  aHttpReq.onreadystatechange();
  aHttpReq.open("GET",window.document.URL,true);
  aHttpReq.send(null);
  function elemId(id)
  {
    return window.document.getElementById(id);
  }

  function attValTd(attName)
  {
    var txt="";
    try
    {
      if (attName=="headers")
        txt=String(aXMLHttpReq.getAllResponseHeaders());
      else
        txt=String(aXMLHttpReq[attName]);
    }
    catch(error)
    {
    }
    if (txt.length>21)
      txt=txt.substr(0,20)+"... ("+txt.length+")";
    txt=txt.replace(/</g,"&lt;").replace(/>/g,"&gt;");
    return "<td>"+txt+"</td>";
  }
```

```
function time()
{
  var d=new Date(),ret=[],i;
  ret[3]=d.getMilliseconds();
  while (String(ret[3]).length<3)
    ret[3]="0"+ret[3];
  ret[2]=d.getSeconds();
  ret[1]=d.getMinutes();
  ret[0]=d.getHours();
  for (i=2;i>=0;i--)
  {
    if (String(ret[i]).length<2)
      ret[i]="0"+ret[i];
    ret[3]=ret[i]+(i==2?".":":")+ret[3];
  }
  return ret[3];
}
}
window.onload=start;
</script>
</head>
<body>
<pre id="output"></pre>
<pre><br><br>
<table id="log">
<tr><th>Zeit</th><th>readyState</th><th>status</th>
<th>statusText</th><th>reponseText</th><th><i>headers</i></th></tr>
</table></pre>
</body></html>
```

Neben der bereits in mehreren Beispielen verwendeten Funktion elemId
zur Abkürzung von Schreibweisen gibt es zwei weitere, lokale Hilfsfunk-
tionen: Die Funktion attValTd formatiert die Bildschirmausgabe, und
zwar jeweils die Anzeige von einem Attributwert des lokal deklarierten
XMLHttpRequest-Objekts innerhalb einer Tabellenzelle. Dabei berücksichtigt wird auch die Konvertierung von HTML-Tags in eine Form, die
im Webdokument angezeigt werden kann. Die zweite Funktion time
formatiert die aktuelle Uhrzeit millisekundengenau. Die entsprechenden
Rückgabewerte werden zur Protokollierung der Zeiten verwendet, zu
denen ein Zustandswechsel stattgefunden hat.

Angezeigt werden vom XMLHttpRequest-Objekt die Werte der Attribute
readyState, status, statusText und reponseText sowie der Rückgabewert des Methodenaufrufs getAllResponseHeaders(). Diese Werte
haben die folgende Bedeutung:

- readyState

  Der Attributwert x.readyState eines XMLHttpRequest-Objekts x besitzt einen Ganzzahlwert von 0 bis 4, wobei je nach Browser nicht alle
  Zwischenwerte angenommen werden. Vor dem Aufruf der open-
  Methode ist der Wert 0. Speziell im Beispiel wird dieser Wert nur
  aufgrund des expliziten Aufrufs der für das onreadystatechange-
  Ereignis registrierten Funktion angezeigt. Nach dem Aufruf der Methode open, aber vor dem Aufruf von send ist der Wert 1. Der Wert 2
  signalisiert, dass der Header empfangen wurde. Der Wert 3 wird während des Empfangs des Nachrichtenkörpers (*message body*) gesetzt.
  Beim Wert 4 ist der Empfang abgeschlossen.

- status und statusText

  Die beiden Attributwerte x.status und x.statusText eines
  XMLHttpRequest-Objekts x geben den Status der HTTP-Kommuni-
  kation wieder. Insbesondere ergeben sich die Werte 200 beziehungsweise "OK", wenn eine auf dem Server vorhandene Datei geladen
  wurde. Hingegen charakterisiert das aus den beiden Werten 404 und
  "Not Found" bestehende Paar den Fall einer auf dem Server nicht
  vorhandenen Datei.

- responseText

  Der Attributwert x.responseText eines XMLHttpRequest-Objekts x
  enthält den gelesenen HTTP-Nachrichtenkörper und damit in der Regel die Information, die verarbeitet werden soll – sofern es sich beim
  Request um eine Leseoperation handelt.

- getAllResponseHeaders

  Bei einem XMLHttpRequest-Objekt x erhält man beim Methodenaufruf x.getAllResponseHeaders() als Rückgabewert den gesamten
  Header der HTTP-Antwort mit Ausnahme der Set-Cookie-Zeilen.

Eine Formalie bleibt noch nachzutragen. Warum „überlebt" das lokal
deklarierte Objekt aXMLHttpReq überhaupt die Vollendung der Abarbeitung des Funktionsaufrufs start()? Normalerweise müsste die Lebensdauer der Variablen aXMLHttpReq mit Beendigung des Funktionsaufrufs
enden. Das Objekt würde dann der Garbage Collection zum Opfer fallen
und damit für die Event-Verarbeitung nicht mehr zur Verfügung stehen,
aber das wäre natürlich nicht sinnvoll. Und so gilt für noch *nicht* termi-
nierte XMLHttpRequest-Objekte eine vorübergehende Ausnahme in
Bezug auf die automatische Garbage Collection.

Wir sehen wieder bewusst davon ab, alle Attribute und Methoden eines
XMLHttpRequest-Objekts zu beschreiben. Wesentlich, wenn auch bisher
noch nicht verwendet, sind die folgenden:

- abort

  Mit dem Methodenaufruf x.abort() zu einem XMLHttpRequest-
  Objekt x kann das aktuelle Kommando abgebrochen werden. Insbesondere kann mit der abort-Methode auch ein Timeout realisiert werden, für das neuere Implementierungen der XMLHttpRequest-Klasse
  sogar ein spezielles timeout-Attribut besitzen.

- setRequestHeader

  Mit dem Methodenaufruf x.setRequestHeader(header,value) zu
  einem XMLHttpRequest-Objekt x kann, bevor die send-Methode aufgerufen wird, der Header des HTTP-Kommandos ergänzt werden. Allerdings sind nicht alle Bestandteile zulässig. Gebraucht wird die Methode insbesondere für POST-Kommandos.

In Bezug auf die abort-Methode empfiehlt es sich, mit dem letzten
Beispiel etwas zu experimentieren. In diesem Sinne kann man etwa die
anonyme Funktion, die bei einem Statuswechsel des XMLHttpRequest-
Objekts aufgerufen wird, folgendermaßen modifizieren. Damit wird
erreicht, dass die Anfrage nach dem Laden des Response-Headers abgebrochen wird, was durch die vom Beispielprogramm generierte Bildschirmausgabe bestens dokumentiert wird:

```
aHttpReq.onreadystatechange=function()        // (js/32e)
{
       elemId("log").innerHTML+="<tr><td>"+time()+"</td>"+
       attValTd("readyState")+attValTd("status")+
       attValTd("statusText")+attValTd("responseText")+
       attValTd("headers")+"</tr>";
  if (aHttpReq.readyState==2)
    aHttpReq.abort();
  if (aHttpReq.readyState==4 && aHttpReq.status==200)
    elemId("output").innerHTML=
       aHttpReq.getAllResponseHeaders();
}
```

Ein geskripteter HTTP-Zugriff, egal ob mit Hilfe einer nachgeladenen
Skriptdatei oder eines XMLHttpRequest-Objekts, ist eigentlich nur dann
sinnvoll, wenn damit auf dynamische Server-Inhalte zugegriffen wird –
andernfalls könnte der gelesene Inhalt auch direkt in die aufgerufene
Internetseite integriert werden. Wenn trotzdem in den bisherigen Beispie-

len dieses Kapitels stets auf statische Server-Inhalte zugegriffen wurde, dann diente das insbesondere dem Zweck, die technischen Voraussetzungen für ein Ausprobieren der Beispiele so gering wie möglich zu halten. Wir wollen uns als letztes Ajax-Beispiel eine Lösung anschauen, bei der ein Passwort über den Server einer fremden Domain geprüft wird. Wir schauen uns zunächst den HTML-Quellcode an. Der einzige Account, mit dem ein Login erfolgreich möglich ist, lautet übrigens „max@moritz.de" mit dem Passwort „Bolte":

```html
<html>
<head><title>Ajax mit HTTP-POST-Kommando (js/32f)</title>
<meta http-equiv="content-type"
    content="text/html; charset=ISO-8859-1">
<script type="text/javascript">
"use strict";
function elemName(id)
{
  return window.document.getElementsByName(id)[0];
}

function encodedParameter(name)
{
  return name+"="+encodeURI(elemName(name).value);
}

function start()
{
  elemName("login").addEventListener("submit",sendFormData);
}

function sendFormData(event)
{
  var parameters;
  parameters=encodedParameter("Email")+
        "&"+encodedParameter("password");
  var aHttpReq=new XMLHttpRequest();
  aHttpReq.onreadystatechange=function()
  {
    if (aHttpReq.readyState==4 && aHttpReq.status==200)
      window.document.getElementById("response").innerHTML=
                        aHttpReq.responseText;
  }
  aHttpReq.open("POST",elemName("login").action,true);
  aHttpReq.setRequestHeader("Content-type",
                    "application/x-www-form-urlencoded");
  aHttpReq.setRequestHeader("Content-length", parameters.length);
  aHttpReq.setRequestHeader("Connection", "close");
  aHttpReq.send(parameters);
  event.preventDefault();
```

```
}
window.onload=start;
</script>
</head>
<body>
<form name="login" action="http://www.domainxy.de/path/check.php">
<table>
<tr>
<td>Email:</td>
<td><input name="Email" id="Email" type="text" size="40"></td>
</tr>
<tr>
<td>Passwort:</td>
<td><input name="password" id="password"
          type="password" size="40"></td>
</tr>
</table>
<input type="submit" size="22" value="Login">
<p id="response"></p>
</body></html>
```

Zum HTML-Bereich ist zunächst anzumerken, dass man dort ein Beispiel für ein Passwort-Eingabefeld `<input name="password" ...>` finden kann, das bereits in Kapitel 29 kurz erwähnt wurde. Das Formular ermöglicht die Eingabe einer Emailadresse und eines Passworts sowie die Übermittlung an ein prüfendes Serverskript, dessen (fiktive) Internetadresse als `action`-Attributwert des `<form>`-Tags angegeben ist. Wie in Kapitel 29 erläutert, ist dafür eigentlich kein JavaScript und schon gar kein Ajax notwendig: Tatsächlich könnte das Skript ganz aus der Internetseite entfernt werden, und trotzdem würde eine Verifikation des Logins stattfinden, sofern im `<form>`-Tag die Methode `method="post"` ergänzt wird. Das entsprechend modifizierte Beispiel findet man unter dem Pfad `js/32g`.

Allerdings funktionieren die beiden Versionen unterschiedlich: Ohne JavaScript wird eine neue Seite geladen. Hingegen wird bei der Ajax-Version das Ergebnis des Login-Prozesses unterhalb des Formulars eingeblendet.

Bei der hier abgedruckten Ajax-Version wird nach dem Laden der Seite in der dann aufgerufenen Funktion `start` zum `onsubmit`-Ereignis des Formulars die Funktion `sendFormData` registriert. Da am Ende von deren Funktionskörper die Standardaktion mit der Methode `preventDefault()` gecancelt wird, muss im `<form>`-Tag keine Methode angegeben werden – standardmäßig wird der Wert `"get"` verwendet. Im Prinzip ebenso entbehrlich wäre die Angabe eines Wertes für das Attribut `action`, allerdings wird im Skript auf den im Tag zugewiesenen Wert zugegriffen.

In der Funktion `sendFormData` wird zunächst der mittels eines `XMLHttpRequest`-Objekts abzusetzende HTTP-Request konfiguriert. Als Methode wird dabei POST festgelegt. Es folgen drei Request-Header-Attributwerte, deren konkrete Form sich auf Basis der HTTP-Syntax ergibt:

- Der Wert `"application/x-www-form-urlencoded"` zum Attribut `"Content-type"` spezifiziert die Zeichencodierung. Festgelegt wird die für die Übertragung von Formulardaten übliche Codierung, die dann zu Beginn der Funktion `sendFormData` bei der Generierung des String-Wertes für die Variable `parameters` explizit durchgeführt wird. Diese Codierung ist bei Ajax keineswegs zwangsläufig, ermöglicht es aber, beim Server zur Auswertung diejenigen Mechanismen zu verwenden, mit denen normalerweise übertragene Formulardaten ausgewertet werden.

- Der Wert zum Attribut `"Content-length"` definiert die Länge der im Anschluss an den Request-Header übertragenen Daten.

- Mit dem Wert `"close"` zum Attribut `"Connection"` wird festgelegt, dass die Verbindung nach dem Empfang der Antwort beendet wird.

Schließlich werden mit der `send`-Methode des `XMLHttpRequest`-Objekts noch die eigentlichen Formulardaten angefügt, die den HTTP-Request-Body bilden, bevor dann im direkten Anschluss der gesamte Request versendet wird.

Auch wenn hier bewusst nicht näher auf die alternativen Möglichkeiten eingegangen wurde, einen HTTP-Request-Header anzulegen, so dürfte das Beispiel `js/32f` doch genügend deutlich machen, wie bei einem Ajax-POST-Request vorzugehen ist. Übrigens wäre im vorliegenden Fall der Einsatz eines GET-Kommandos nicht weniger geeignet gewesen, weil die angeforderte Internetadresse, welche die Parameter enthält, nicht auf dem Bildschirm erscheint.[130]

Noch zu erläutern ist, wie auf dem Server die Korrektheit des übermittelten Passworts geprüft werden kann. Für die im Beispiel referenzierte

---

[130] Auf jeden Fall ist die Handhabung eines GET-Requests etwas einfacher. Siehe dazu das Beispiel `js/32h`.

PHP-Datei `check.php` wählen wir eine in Bezug auf den Umfang mini-
male Realisierung, die allerdings in verschiedener Hinsicht vollkommen
unrealistisch ist:[131]

```php
<?php
header('Access-Control-Allow-Origin: *');
if (strtolower($_POST['Email'])=='max@moritz.de' &&
    $_POST['password']=='Bolte')
  echo 'Login erfolgreich';
else
  echo 'Login fehlgeschlagen';
?>
```

Allgemein erlaubt es die Programmiersprache PHP, dynamische Inhalte
für die Antwort auf eine HTTP-Anfrage zu generieren, meist eingebettet
in HTML-Quelltext. Die betreffenden Passagen beginnen mit `<?php` und
enden mit `?>`, ganz ähnlich wie wir es von dem `<script>`-Tag-Paar her
kennen, allerdings mit dem gravierenden Unterschied, dass die PHP-Teile
als Programm bereits ausgeführt sind, wenn der Quelltext der angeforderten Internetseite den Server verlässt. Damit ist es bei PHP, anders als bei
JavaScript, nicht möglich, den Quelltext des Skripts im Browser zu lesen.

Im aktuellen Beispiel wird für die Antwort nur reiner Text erzeugt, und
zwar inhaltlich davon abhängig, ob die per POST übermittelten Parameter als korrekte Autorisierung eingestuft werden. Dazu werden, mit ganz
ähnlichen Befehlen wie in JavaScript, die übertragenen Parameter als
Bestandteile des assoziativen Arrays `$_POST` geprüft. Abhängig vom
Prüfergebnis wird dann ein Antworttext „Login erfolgreich" beziehungsweise „Login fehlgeschlagen" erzeugt, wozu der PHP-Befehl `echo` verwendet wird, der dem JavaScript-Befehl `window.document.writeln`
entspricht. Der Kommandobezeichner `echo` hat übrigens schon eine lange
Tradition, nämlich bei der Kommandozeileneingabe bei Betriebssystemen wie DOS und Unix, so dass er sogar schon „von Opa vor dem
Krieg" verwendet wurde – gemeint ist natürlich der Browserkrieg.

---

[131] Natürlich werden Account-Daten in der Regel nicht im PHP-Quellcode gespeichert
sondern verschlüsselt in einer Datenbank. Außerdem sollte die Übertragung HTTPS-
verschlüsselt erfolgen, damit ein sogenannter **Man-in-the-middle-Angriff** verhindert
wird, bei dem die Kommunikation auf dem Übertragungsweg mitgehört wird.
Schließlich sollte verhindert werden, dass das Skript mit kürzesten Zeitabständen
beliebig oft zum Ausprobieren von Login-Daten aufgerufen werden kann, da
andernfalls sogenannte **Brute-Force-Attacken** möglich werden.

Vor dem Response-Body, der bei einer HTML-Datei mit dem Tag `<html>` beginnt, können mit PHP auch Header-Attribute gesetzt werden. Im vorliegenden Fall wird ein Cross-Site-Scripting von allen anderen Domains erlaubt. Nur dank dieser Freigabe kann der Zugriff auf dieses Skript unter Verwendung eines `XMLHttpRequest`-Objekts von einer anderen Domain stattfinden. Das im Beispiel vorhandene Header-Attribut ist ein Beispiel für ein bei aktuellen Browsern ausgefeilt steuerbares **Cross Origin Resource Sharing** (CORS).

Solche Cross-Origin-Konfigurationen erlauben einerseits Flexibilität, ohne zugleich an anderen Stellen Sicherheitslücken im Hinblick auf Cross-Site-Scripting aufzureißen. Es verbleiben aber die XSS-Angriffsmöglichkeiten, die sich durch Injektion eines JavaScript-Programms in einem serverseitig ausgewerteten Formular ergeben: Bedenkt zum Beispiel ein PHP-Programmierer bei der Realisierung einer Suchanfrage, was bei der Auswertung des zugrunde liegenden HTML-Formulars passieren kann? Wird bedacht, dass bei einer Suchantwort mit der Überschrift „Ihre Suchanfrage nach dem Begriff XY führte zu den folgenden Treffern" der enthaltene Suchbegriff „XY" auch `<script>`-Tags enthalten kann? Was damit passiert haben wir bereits in Kapitel 29 erörtert!

In Bezug auf die letztgenannte Gefahr wurden zwischenzeitlich Spezifikationen erstellt, mit denen in Bezug auf Skript-Injektion „gefährliche" JavaScript- und HTML-Konstrukte durch zusätzliche Response-Header-Konfigurationen *optional* gebannt werden können. Dazu gehören in erster Linie:

- Die Ausführung von String-Werten als JavaScript-Code mit Hilfe der `eval`-Funktion sowie des analog verwendbaren Modus der Methoden `window.setTimeout` und `window.setInterval`.
- JavaScript-Code, der im HTML-Code eingebettet ist oder der von nicht vertrauenswürdigen Domains geladen wird. Die erste Anforderung macht es erforderlich, dass insbesondere auf Inline-Code innerhalb von HTML-Tags verzichtet wird.

Abwärtskompatibilität ist dabei voll gewährleistet, da einerseits die neuen Response-Header-Konfigurationen nicht verwendet werden müssen und ältere Browser sie einfach ignorieren.

33 Multithreading mit JavaScript

Im Rahmen der Erläuterungen, die wir im vorletzten Kapitel über ereignisgesteuerte Programmierung von JavaScript gegeben haben, wurde darauf hingewiesen, dass eine Warteschleife in einem JavaScript-Programm eigentlich nichts zu suchen hat. Andernfalls würden nämlich während des Verharrens in einer Warteschleife alle Bedienmöglichkeiten innerhalb der betreffenden Internetseite blockiert. Aus dem gleichen Grund wurde im letzten Kapitel bei einer Ajax-Kommunikation dem asynchronen Modus der klare Vorzug gegeben.

Um zeitweise Blockierungen der Bedienelemente zu vermeiden, sollte insbesondere ein Event generell als Handler nur einen Programmteil starten, der nach einer unmerklich kurzen Zeit abgearbeitet ist. Eine lange mathematische Berechnung ist damit eigentlich ausgeschlossen, es sei denn, man zerlegt sie in genügend viele kleine Teile, von denen jeder Teil eine Millisekunde nach dem Ende des vorhergehenden Teils gestartet wird, in der Regel mit einem `window.setTimeout`-Aufruf.[132] Leider wird die Programmierung eines mathematischen Algorithmus durch eine solche Zerlegung deutlich unübersichtlicher. Abhilfe schaffen Objekte der Klasse `Worker`, die es erlauben, die Grenze des Single-Threading eines JavaScript-Programmes in einem bestimmten Rahmen zu überwinden. Damit werden auch langwierige Berechnungen und sogar synchrone Wartevorgänge möglich, ohne dass es zu einer Blockierung von Events kommt.

Bevor wir ein Beispiel für die Verwendung eines `Worker`-Objekts erläutern, wollen wir uns eine Event-blockierende Realisierung der gleichen Aufgabenstellung ohne `Worker`-Objekt ansehen. Das Beispielprogramm dient zur Berechnung sogenannter Primzahlzwillinge. Dabei handelt es sich um Primzahlenpaare, deren Differenz gleich 2 ist.[133] Die Überprü-

---

[132] In der bereits erwähnten Programmiersprache Visual Basic gibt es stattdessen einen speziellen Befehl, der die Handler der aufgelaufenen Ereignisse startet. In den ersten Versionen von Visual Basic handelte es sich um den Unterprogrammaufruf `DoEvents()`. Später wurde er durch einen Methodenaufruf ersetzt.

[133] Mathematiker vermuten, dass es unendlich viele Primzahlzwillinge gibt. Ein Beweis

© Springer Fachmedien Wiesbaden GmbH, ein Teil von Springer Nature 2018
J. Bewersdorff, *Objektorientierte Programmierung mit JavaScript*,
https://doi.org/10.1007/978-3-658-21077-9_33

fungen, die im Programm vorgenommen werden, insbesondere im Unterprogramm `isPrime`, sind laufzeitmäßig alles andere als optimal. Das soll uns aber nicht stören, weil wir für unsere Demonstrationszwecke sowieso eher an langen Rechenzeiten interessiert sind:

```html
<html>
<head><title>Berechnung von Primzahl-Zwillingen (js/33)</title>
<meta http-equiv="content-type"
      content="text/html; charset=ISO-8859-1">
<script type="text/javascript" src="twin-primes.js"></script>
<script type="text/javascript">
"use strict";

function start()
{
  window.setInterval(ticker,10);

window.setTimeout(printTwinPrimeList,1000,10000000000,10000030000);
}

function ticker()
{
  var d=new Date();
  d=String(d)+"-"+d.getMilliseconds();
  window.document.getElementById("time").innerHTML=d;
}

function printTwinPrimeList(min,max)
{
  window.document.getElementById("output").innerHTML=
                            twinPrimeList(min,max);
}

window.onload=start;
</script>
</head>
<body>
<p id="time"></p>
<p id="output"></p>
</body>
</html>
```

Das Programm zeigt einerseits alle 10 Millisekunden die aktuelle Zeit an, so dass Blockierungen sichtbar werden. Eine solche Blockierung tritt tatsächlich eine Sekunde nach dem `onload`-Event der Seite auf, weil dann die eigentliche Berechnung startet. Als Ergebnis der Berechnung ergibt sich ein String, der die gewünschte Liste enthält und mit der Funktion

---

für diese Vermutung wurde aber noch nicht gefunden.

printTwinPrimeList zur Anzeige gebracht wird. Die Funktionen, welche die eigentlichen Berechnungen durchführen, sind in einer eigenständigen Datei twin-primes.js zusammengefasst:

```
"use strict";
function twinPrimeList(min,max)              // zu js/33
{
  var i,k,ret;
  if (min<=3 && max>=3)
    ret="3,5; ";
  else
    ret="";
  for (i=Math.ceil((min+1)/6);i<=Math.floor((max+1)/6);i++)
  {
    k=6*i-1;
    ret=ret+(isTwinPrime(k)?k+","+(k+2)+"; ":"");
  }
  return ret;
}

function isTwinPrime(n)           // n ist Ganzahl
{
  return isPrime(n) && isPrime(n+2);
}

function isPrime(n)               // n ist Ganzahl
{
  var i;
  if (n<2)
    return false;
  for (i=2;i<=Math.floor(Math.sqrt(n));i++)
    if (n%i==0)
      return false;
  return true;
}
```

Die Funktion isPrime überprüft auf elementare, dafür aber rechenzeitmäßig keinesfalls optimale Weise, ob die als Parameter übergebene Zahl n prim ist. Dazu werden alle möglichen Werte i für einen kleinsten Teiler einfach durchprobiert. Die Eigenschaft, ob eine Zahl n mit n+2 einen Primzahlzwilling bildet, wird mit dem Funktionsaufruf isTwinPrime(n) überprüft. Abgesehen vom Zwillingspaar 3, 5 sind alle Primzahlzwillinge von der Form $6i - 1$ und $6i + 1$. Die Liste in Form eines String-Wertes wird von der Funktion twinPrimeList generiert.

Startet das Programm, läuft zunächst die Anzeige der aktuellen Uhrzeit los, um dann nach einer Sekunde für eine längere Zeit stehen zu bleiben, bis schließlich irgendwann die Berechnung fertig ist – erkennbar an der angezeigten Liste von Primzahlzwillingen. Die Zeit, die die Berechnung benötigt, hängt natürlich vom Browser und vor allem von der verwendeten Hardware ab. Anpassungen sind durch Veränderung der Parameter min und max möglich, welche die Unter- und Obergrenze der zu erzeugenden Liste vorgeben. Dauert die Berechnung aufgrund der vorgegebenen Parameter zu lange, zeigt der Browser nach einer bestimmten Zeit eine Warnung an, die ungefähr den folgenden Inhalt hat: „Ein Skript auf dieser Seite ist eventuell beschäftigt oder es antwortet nicht mehr. Sie können das Skript jetzt stoppen oder fortsetzen, um zu sehen, ob das Skript fertig wird."

Wir schauen uns nun eine alternative Version des Programms an, bei der die Berechnung mit Hilfe eines Worker-Objekts nebenläufig, das heißt in einem eigenen Thread, stattfindet – äußerlich erkennbar an der nun unterbrechungsfrei durchlaufenden Zeitanzeige. Die Verteilung der dem Browser insgesamt zur Verfügung stehenden Rechenzeit auf die beiden Threads regelt der Browser automatisch.

Gegenüber dem letzten Programm werden nur drei Punkte verändert. Erstens entfällt im HTML-Kopf das Laden der externen JavaScript-Datei twin-primes.js, deren Inhalt nun auf gänzlich anderem Weg zur Ausführung gelangt. Zweitens wird die Funktion printTwinPrimeList modifiziert:

```
function printTwinPrimeList(min,max)        // (js/33a)
{
  var aWorker=new Worker("twin-primes-interface.js");
  aWorker.onmessage=function(event)
  {
    window.document.getElementById("output").innerHTML=
                          event.data;
  }
  aWorker.postMessage({"min":min,"max":max});
}
```

In der modifizierten Version der Funktion wird zunächst ein Objekt der Klasse Worker instanziiert, dessen Lebensdauer – ganz analog zu einem XMLHttpRequest-Objekt – über das Unterprogramm, in dem es lokal deklariert ist, so lange hinausreicht, wie noch Events eintreten können. Die Eigenschaften der Instanz werden primär durch eine im Konstruktoraufruf referenzierte, externe JavaScript-Datei charakterisiert. Diese Datei

„twin-primes-interface.js", bei deren Inhalt es sich um die dritte und letzte Modifikation gegenüber dem letzten Beispiel js/33 handelt, enthält den folgenden Code:

```
"use strict";
onmessage=function(event)          // zu (js/33a)
{
    postMessage(twinPrimeList(event.data.min,event.data.max));
}
importScripts("twin-primes.js");
```

Mit den drei beschriebenen Änderungen wird insgesamt erreicht, dass die beiden Code-Teile scheinbar parallel ausgeführt werden. Damit die a priori nicht feststehende zeitliche Abfolge, in der die Befehle des einen Code-Teils im Vergleich zur den Befehlen des anderen Code-Teils ausgeführt werden, nicht zu unvorhergesehenen Kollisionen führt, ist eine gegenseitige Beeinflussung der beiden Programmstränge nur über klar definierte Kommunikationswege möglich – im gewissen Sinn durchaus vergleichbar mit einem Browser-Skript, das über ein XMLHttpRequest-Objekt mit einem Skript auf einem HTTP-Server kommuniziert. Insbesondere gibt es keine Variablen, auf die *beide* Programmstränge zugreifen könnten, das heißt, die beiden Ausführungskontexte sind völlig getrennt. Das betrifft auch die Inhalte des DOM-Interfaces, auf die nur der **Hauptstrang** (*main thread*), auch **Hauptthread** genannt, zugreifen kann.

Für die Kommunikation in die beiden Richtungen steht jeweils eine postMessage-Methode zur Verfügung, die als Parameter jeden JSON-serialisierbaren Wert verarbeiten kann. Auf der Gegenseite ausgewertet werden die Nachrichten jeweils durch eine Funktion, die für den onmessage-Event als Handler registriert ist. Auf der Seite des Hauptthreads sind Sendemethode und Event dem Worker-Objekt zugeordnet, auf der Seite des **Nebenthreads** dem dortigen Global-Objekt, weswegen die Methoden postMessage und importScripts sowie das Event-Handler-Attribut onmessage im Code als globale Funktionen beziehungsweise als globale Variable erscheinen. Möglich gewesen wäre auch die Nutzung der Referenz self.[134]

---

[134] Es handelt sich um ein WorkerGlobalScope-Objekt. Gegenüber dem fiktiven Global-Objekt des JavaScript-Sprachkerns verfügt ein solches Objekt einerseits über die spezifischen, bereits erwähnten Methoden postMessage und importScripts

Der Programmablauf im Nebenthread kann problemlos synchron konzipiert werden. So kann, anders als im Hauptthread, im Nebenthread sogar selbst die Kommunikation zum HTTP-Server mit Hilfe eines XMLHttpRequest-Objekts im synchronen Modus erfolgen. Und auch das für die Standardfunktion importScripts implementierte Verhalten macht von dieser Option Gebrauch: Zuerst wird das als Parameter angegebene Skript – es könnten ebenso mehrere Skripte sein – geladen und ausgeführt. Erst danach werden weitere Anweisungen ausgeführt. Im Beispiel js/33a bewirkt dieses Verhalten, dass vor der ersten Ausführung des onmessage-Event-Handlers die Funktionen, die in der Datei twin-primes.js enthalten sind, bereits deklariert sind.

Werden für die im Nebenthread ablaufende Berechnung keine Anfangsparameter benötigt, kann dort sogar auf den onmessage-Handler verzichtet werden. In diesem Fall ist es möglich, dass der Code linear von oben nach unten ausgeführt wird.

Da ein lokal instanziiertes Objekt der Worker-Klasse nicht wie ein normales Objekt beim Abschluss der Funktion der Garbage Collection zugeführt wird, bedarf es spezieller Funktionen, um zunächst die Kommunikation zu beenden. Dies kann von beiden Seiten geschehen, nämlich im Hauptthread mit dem Methodenaufruf aWorker.terminate() und im Nebenthread mit der dort globalen Funktion close(). Im zweitgenannten Fall ist es empfehlenswert, vor der Terminierung noch eine entsprechende Ankündigungsmittteilung an den Hauptthread zu senden. Dies wird auch im abschließenden Beispiel zur Thread-Thematik praktiziert, das unter dem Pfad js/32b abrufbar ist. Bei diesem Beispiel wird im Nebenthread direkt mit der Berechnung der Primzahlzwillinge in einem bestimmten Intervall begonnen – ohne, dass zuvor eine Meldung übertragen wird. Die bei der Berechnung gefundenen Paare werden bei dieser Version direkt zum Hauptthread übertragen und dort alle Sekunden in der Anzeige nachgetragen. Am Ende terminiert sich der Thread selbst mit close().

---

sowie über das Event-Handler-Attribut onmessage. Andererseits beinhaltet das Objekt ausgewählte Teile des window-Interfaces. Konkret handelt es sich bei Letzterem um abgespeckte Varianten der navigator- und location-Objekte, die Lesezugriffe auf einige Attribute erlauben, sowie die Methoden setTimeout, setInterval, clearInterval und clearTimeout.

34 Moderne Cookie-Alternativen

In Kapitel 30 haben wir die Funktionalität und Anwendungen von Cookies erörtert: Cookies bieten auf Basis des Protokolls HTTP eine Möglichkeit, serverseitig die Dateiabrufe *einer* Session und – wenn gewünscht – darüber hinaus *eines* Nutzers als solche erkennen zu können. Dies geschieht in Form eines kleinen Speicherbereichs, den der Browser für jede Domain zur Verfügung stellt. Aus Sicht des Betreibers einer Website gibt es allerdings, abgesehen von den bereits erwähnten Restriktionen der auch für Cookies geltenden Same-Origin-Policy und deren teilweiser Überwindung mit Hilfe von Third-Party-Cookies, zwei Nachteile:

- Einerseits ist der für Cookies zur Verfügung stehende Speicherbereich beschränkt.
- Andererseits können Browser so konfiguriert werden, dass sie Cookies von bestimmten oder allen Domains nicht akzeptieren oder zumindest regelmäßig löschen.

Wir wollen nun eine in den aktuellen Browsern einheitlich implementierte Möglichkeit vorstellen, mit der das erstgenannte Problem gelöst werden kann. Es handelt sich um zwei Unterobjekte des clientseitigen Globalobjekts window, nämlich localStorage und sessionStorage. Bei beiden Objekten, deren Gesamtheit auch als **Web Storage** bezeichnet wird, handelt es sich jeweils um ein assoziatives Array, das für alle Internetseiten der gleichen Herkunft – im Wesentlichen charakterisiert durch die Kombination aus Hostname und Protokoll (http oder https) – zugänglich ist. Dabei ist die Lebensdauer der Einträge beim Unterobjekt sessionStorage beschränkt, nämlich auf den Zeitraum, den das betreffende Browserfenster geöffnet ist. Auch können andere Browserfenster, selbst wenn sie die gleiche Internetseite geladen haben, nicht auf den sessionStorage-Inhalt der ursprünglichen Seite zugreifen. Anders als beim sessionStorage-Objekt unterliegt die Lebensdauer der Daten im localStorage-Objekt keinerlei Beschränkung, das heißt, die Einträge existieren bis zu ihrer gezielten Löschung.

Jeder Inhalt, den eines der beiden Storage-Objekte enthält, ist wie bei einem assoziativen Array einem String-Wert zugeordnet – analog zum

© Springer Fachmedien Wiesbaden GmbH, ein Teil von Springer Nature 2018
J. Bewersdorff, *Objektorientierte Programmierung mit JavaScript*,
https://doi.org/10.1007/978-3-658-21077-9_34

numerischen Index der Inhalte eines Arrays. Das heißt, der Inhalt des Storage-Objekts besteht aus einer Menge von Attributnamen und ihnen zugeordneten Werten.

Bei der Beschreibung der Methoden eines Storage-Objekts ist es üblich, den jeweiligen Attribut*namen* als *Wert* einer Variablen `key` aufzufassen. Grund ist, dass es sich bei Storage-Objekten um **persistente**, das heißt langlebige, Objekte handelt. Daher bietet es sich an, eine an **Datenbanken** orientierte Terminologie zu verwenden. Demgemäß spricht man von einer Menge von **Datensätzen** oder **Relationen**, von denen jeder einem **Schlüssel** zugeordnet ist, der ihn eindeutig charakterisiert. Jeder Datensatz entspricht einem Objekt mit zwei Attributen, nämlich dem Schlüssel (*key*) und dem eigentlichen Dateninhalt (*item*). Dabei gehört zu jedem Attributnamen des assoziativen Arrays genau ein Datensatz. Außerdem fungiert der ursprüngliche Attributname innerhalb des Datensatzes als Wert des Schlüsselattributs, während der ursprüngliche Attributwert gleich dem Wert des Datenattributs ist. Unter Nutzung dieser Sichtweise beziehen sich die Methoden des Datenzugriffs auf den jeweiligen Wert `key` des Schlüsselattributs und den dazu gespeicherten Datenwert `data`:

- `getItem(key)`
  Der Methodenaufruf `s.getItem(key)` zu einem Storage-Objekt s liefert als Rückgabewert den zum String-Wert `key` gespeicherten Dateninhalt. Ist kein Eintrag zum String-Wert `key` gespeichert, ist der Rückgabewert gleich `null`.
- `setItem(key,data)`
  Mit dem Methodenaufruf `s.setItem(key,data)` zu einem Storage-Objekt s wird zum String-Wert `key` der Dateninhalt `data` gespeichert.
- `removeItem(key)`
  Mit dem Methodenaufruf `s.removeItem(key)` zu einem Storage-Objekt s wird, sofern vorhanden, der zum String-Wert `key` gespeicherte Dateninhalt gelöscht.
- `clear()`
  Mit dem Methodenaufruf `s.clear()` zu einem Storage-Objekt s wird der gesamte Inhalt gelöscht.
- `length`
  Das Attribut `s.length` eines Storage-Objekts s enthält die Anzahl der gespeicherten Einträge.
- `key(n)`

Der Methodenaufruf `s.key(n)` zu einem Storage-Objekt `s` liefert den
n-ten Schlüssel. Ist Wert `n` gleich dem Attributwert `s.length` oder sogar noch größer, wird der Wert `null` geliefert.

Eine Aufzählung aller Inhalte eines Storage-Objekts `s` ist mit einer `for-in`-Schleife in der Form `for (key in s) {...}` möglich. Das folgende
Beispiel für eine Verwendung des `window.localStorage`-Objekts macht
von dieser Enumeration Gebrauch. Das Beispiel funktioniert übrigens
auch lokal, das heißt ohne HTTP-Server:

```html
<html>
<head><title>Telefonverzeichnis mit localStorage (js/34)</title>
<meta http-equiv="content-type"
      content="text/html; charset=ISO-8859-1">
<style type="text/css">
body {font-family:sans-serif}
button {position:absolute;width:160px;height:30px}
div {position:absolute;top:50px}
input {width:260px;height:30px}
td {width:200px}
</style>
<script type="text/javascript">
"use strict";
function elemId(id)
{
   return window.document.getElementById(id);
}

function showItems()
{
   var key,txt="",t1;
   for (key in localStorage)
   {
      t1="<a href=\"javascript:showEditItemForm('"+key+"')\" >";
      txt+="<tr><td>"+t1+key+"</a></td><td>";
      txt+=localStorage.getItem(key)+"</td></tr>";
   }
   elemId("tableItems").innerHTML=txt;
   elemId("divEditItem").style.visibility="hidden";
   elemId("divItems").style.visibility="visible";
   elemId("neuerEintrag").disabled=false;
}

function showEditItemForm(name)
{
   elemId("neuerEintrag").disabled=true;
   if (name.length>0)
   {
      elemId("name").value=name;
      elemId("tel").value=localStorage.getItem(name);
```

```
  }
  else
  {
    elemId("name").value="";
    elemId("tel").value="";
  }
  elemId("divEditItem").style.visibility="visible";
  elemId("divItems").style.visibility="hidden";
}

function setItem()
{
  var name=elemId("name").value;
  var tel=elemId("tel").value;
  if (name=="")
  {
    window.alert("Es muss ein Name angegeben werden!");
    return;
  }
  if (tel.length>0)
    window.localStorage.setItem(name,tel);
  else
    window.localStorage.removeItem(name);
  showItems();
}

window.onload=showItems
</script>
</head>
<body>
<button id="neuerEintrag" onclick="showEditItemForm('')"
        style="left:10px">Neuer Eintrag</button>
<div id="divEditItem">
  <table>
    <tr><td>Name:</td><td><input id="name"></td></tr>
    <tr><td>Tel.nr:</td><td><input id="tel"></td></tr>
  </table><br>
  <button style="left:0px"
          onclick="setItem()">OK</button>
  <button style="left:180px"
          onclick="showItems()">Abbrechen</button>
</div>
<div id="divItems">
  <table id="tableItems"></table>
</div>
</body>
</html>
```

Mit dem vorstehenden HTML-Dokument kann ein Telefonverzeichnis unter Nutzung des `window.localStorage`-Objekts erstellt werden, auch wenn Layout und Funktionalität mehr als simpel sind. Zum Einsatz kommen die oben beschriebenen Methoden `getItem`, `setItem` und `removeItem` sowie die `for-in`-Enumeration, so dass die Funktionsweise eigentlich kaum noch einer Erläuterung bedarf. Trotzdem ein kurzer Überblick:

Unter dem Button mit der Beschriftung „Neuer Eintrag" wird je nach Zustand der Bedienoberfläche entweder ein Block mit dem `id`-Attributwert `"divItems"` oder ein Block mit dem `id`-Attributwert `"divEditItem"` angezeigt. Dabei besteht der erstgenannte Block aus einer Tabelle zur unsortierten Anzeige aller Verzeichniseinträge. Hingegen enthält der alternativ angezeigte Block ein Formular, mit dem ein bereits vorhandener Eintrag editiert oder gelöscht beziehungsweise ein neuer Eintrag erstellt werden kann. Während der Anzeige des Formulars ist der obere Button „Neuer Eintrag" deaktiviert, wozu dessen `disabled`-Attribut den Wert `true` zugewiesen bekommt.

Die Anzeige des Verzeichnisinhalts erfolgt mittels des Funktionsaufrufs `showItems()`. Dabei wird für jeden Eintrag eine Tabellenzeile erstellt, bei welcher der links stehende Name als Link ausgebildet ist. Wird der Name angeklickt, kann der betreffende Eintrag editiert werden, was durch den Funktionsaufruf `showEditItemForm(name)` eingeleitet wird. Zum Löschen des Eintrags muss eine leere Eingabe bei der Telefonnummer gemacht werden.

Der eingegebene Name fungiert jeweils als Schlüssel. Bei der dazu eingegebenen Telefonnummer kann es sich, da keinerlei Überprüfung der Eingabe stattfindet, um einen beliebigen Eintrag handeln. Eine richtig formatierte Telefonnummer wie zum Beispiel +49/6431/957493 wird beim Aufruf im Browser eines Smartphones in der Regel sogar automatisch als Link interpretiert und dargestellt, so dass beim Anklicken die betreffende Nummer im Telefon angewählt wird.

In genereller Hinsicht ist allerdings noch anzumerken, dass die Inhalte des Storage-Objekts nicht zwangsläufig einer einzelnen HTML-Seite exklusiv zur Verfügung stehen. Sollte noch ein weiteres HTML-Dokument, das aus Sicht des Browsers die gleiche Herkunft aufweist, ebenfalls das `window.localStorage`-Objekt nutzen, so greifen beide Dokumente auf die gleichen Storage-Daten zu. Die verschiedenen Nutzungen müssen daher aufeinander abgestimmt werden. Das kann etwa dadurch geschehen, dass man die Schlüssel des Telefonverzeichnisses vor der Speicherung in ein spezielles internes Format wie zum Beispiel "`name(tel)=Klaus Meyer`" transformiert. Schlüssel für andere Anwendungen müssen so gestaltet sein, dass es bei den internen Schlüsseln aller Anwendungen zu keinerlei Überschneidung kommt. Und natürlich muss bei jedem Schreib- oder Lesezugriff die Transformation des eigentlichen Inhalts in die interne Form beziehungsweise zurück durchgeführt werden. Schließlich sollte in solchen Fällen die `clear`-Methode eigentlich gar nicht verwendet werden.

Es bleiben noch zwei wesentliche Unterschiede zwischen Cookies und den Web-Storage-Inhalten herauszustellen: Cookies funktionieren primär auf der Ebene des Protokolls HTTP, wozu sie in jedem betroffenen Request übertragen werden. Die Verwendung der Cookies in JavaScript ist wichtig aber sekundär. Dagegen „leben" die Web-Storage-Inhalte ausschließlich im Kontext der JavaScript-Programme.

Fingerprinting im Browser

Angesichts der hohen ökonomischen Bedeutung des Internets wird es immer wichtiger, die Möglichkeiten zu optimieren, mit denen Marketingmaßnahmen zielgerichtet platziert werden können. Als Nutzer des Internets merken wir diese Maßnahmen indirekt, wenn wir beim Besuch eines Online-Shops mit Empfehlungen empfangen werden, deren Auswahl in einer inhaltlichen Verbindung mit vorangegangenen Produktrecherchen steht. Gleiches gilt für Werbeeinblendungen, die offensichtlich individuell auf uns abgestimmt sind. Nicht zu vergessen sind schließlich Suchmaschinenergebnisse, die auf den lokalen Standort abgestimmt sind und darüber hinaus gegebenenfalls sogar auf unsere Allgemeininteressen, soweit sie in vorangegangenen Suchanfragen deutlich gewordenen sind.

Grundlage solcher Maßnahmen ist ein auf den einzelnen Nutzer bezogenes **Tracking**. Aus technischen Gründen bezieht sich die dabei verfolgte Spur allerdings in der Regel weniger auf eine Person als auf einen Computer und den darauf verwendeten Browser, wohl wissend, dass eine Person in der Regel mehr als einen Computer zum Internetzugang nutzt und häufig auch mehrere Personen auf einem einzelnen Computer „surfen".

Anders als bei der Zuordnung von HTTP-Requests einer Session, die innerhalb eines Bestellvorgangs erfolgen, muss das Nutzer-bezogene Tracking zur Marketingoptimierung keine hundertprozentige Sicherheit bieten. Zu diesem Zweck werden, um für den Fall einer Cookie-Löschung vorbereitet zu sein, begleitende Maßnahmen ergriffen, die man als **Fingerprinting** bezeichnet. Ziel ist es, einem „Nutzer" – charakterisiert durch einen Browser samt dem Computer, auf dem er installiert ist – einen digitalen Fingerabdruck zuzuweisen. Bei der Generierung des Fingerprints spielt JavaScript eine entscheidende Rolle. Im Detail werden mit Hilfe eines Skripts Eigenschaften des verwendeten Browsers ermittelt und dann mit einem Ajax-Request an den entsprechenden Server übermittelt. Dort können diese Daten mit weiteren Daten kombiniert werden wie zum Beispiel der IP-Nummer, von welcher der Aufruf erfolgte und die oft Hinweise auf den ungefähren Ort gibt, und Daten des HTTP-Headers. Dabei kann die Auswertung der Einzeldaten so erfolgen, dass eine Art „Abstand" zu den anderen Fingerprint-Kennungen minimiert wird, um auch einzelne Änderungen bei den ermittelten Daten berücksichtigen zu können.

Wir wollen hier nur eine kurze Aufzählung geben, welche serverseitig zugänglichen Informationen für ein Fingerprinting eingesetzt werden können:

* Primäres Mittel zum Fingerprinting sind natürlich Cookies, Web Storage und Flash-Cookies. Letzteres sind die Pendants der Cookies im Flash-Player-Plug-In eines Browsers. Werden mit einer dieser drei Techniken eindeutige Kennungen im Browser gespeichert, ist eine zweifelsfrei eindeutige Identifizierung möglich.

* Eine eindeutige Identifizierung ist ebenso möglich mit Hilfe des ETag-Attributs im HTTP-Header. Dieses Attribut ist uns bereits en passant in Kapitel 30 beim Überblick über das Protokoll HTTP begegnet und dient eigentlich dazu, mehrmalige Übertragungen von ein und derselben Datei vermeiden zu können.[135] Für ein Fin-

---

[135] Dazu sendet der Server eine angeforderte Datei stets zusammen mit einer Prüfsumme oder Versionskennung als ETag-Attributwert im HTTP-Header. Da der Browser jede empfange Datei samt zugehörigem ETag-Wert in seinem Cache speichert, kann er bei einer nochmaligen Anforderung einer Datei den gespeicherten ETag-Wert wieder im HTTP-Header an den Server schicken, diesmal als Wert des Attributs If-None-Match. Dies ermöglicht dem Server gegebenenfalls mit dem HTTP-Antwortcode 304

gerprinting nimmt man eine im Prinzip überflüssige Datei wie eine transparente Graphik und schickt an jeden Nutzer, der die Datei erstmals, das heißt ohne `If-None-Match`-Attribut anfordert, einen individuellen `ETag`-Wert. Sofern beim nächsten Besuch die betreffende Datei noch im Cache des Browsers gespeichert ist, übermittelt der Browser zusammen mit dem GET-Befehl den individuellen `ETag`-Wert als `If-None-Match`-Attribut.

- Bei den nicht eindeutigen Fingerprinting-Charakteristiken zu nennen sind zunächst die Attribute des `screen`-Objekts, deren Werte wir bereits im Beispiel `js/23` auf dem Bildschirm zur Anzeige gebracht haben: Neben der Farbtiefe handelt es sich um die in Pixeln gemessene Breite und Höhe der eingestellten Bildschirmauflösung, und zwar einerseits komplett und anderseits abzüglich nicht verfügbarer Teile wie der Taskbar.

- Ebenfalls nur wenig Differenzierung ermöglichen die unmittelbaren Attribute des `navigator`-Objekts, die wir auch bereits im Beispiel `js/23` kennen gelernt haben. Sie geben Aufschluss über Betriebssystem, Sprachversion des Browsers und den Browser an sich. Dabei eignet sich die Versionsnummer des Browsers aufgrund der automatischen Updates heute kaum noch als ein Charakteristikum, das mittelfristig als konstant angenommen werden kann, wohl aber in der Regel als aufsteigend.

- Unter den wenig differenzierenden Merkmalen zu erwähnen bleibt noch die im Computer eingestellte Zeitzone. Dieser Wert in Minuten kann mit dem Aufruf `new Date().getTimezoneOffset()` ermittelt werden.

- Eine deutlich tiefergehende Differenzierung erlauben Unterobjekte des `navigator`-Objekts, und zwar insbesondere bei Desktop-Computern, soweit es sich beim Browser nicht um den Internet Explorer handelt. Bei diesen Unterobjekten handelt es sich um die beiden Array-ähnlichen Objekte `navigator.plugins` und `navigator.mimetypes`, die in der Regel einen hohen Grad an Individualität aufweisen. Konkret enthalten diese Objekte Informationen über die installierten Plug-Ins inklusive der Versionsnummer

---

zu antworten für „not modified" und demgemäß den Inhalt nicht nochmals zu schicken.

sowie um die von den Plug-Ins angezeigten Dateitypen. Neben den typischen Plug-Ins zur Wiedergabe multimedialer Inhalte installieren auch einige Programme wie Microsoft Office Plug-Ins. Die Reihenfolge der Plug-Ins im Array entsprach ursprünglich der Reihenfolge der Installation, wird aber zur Erschwerung eines Fingerprintings manchmal auch zufällig ausgegeben.

- Ebenfalls recht individuell, vor allem wiederum bei Desktop-Computern, ist die Menge der installierten Schriften. Grund ist, dass einige Applikationen bestimmte Schriften installieren. Allerdings kann die Gesamtheit der Schriften nur mit Hilfe von Java oder Flash ausgelesen werden. Mit JavaScript kann aber mit hoher Sicherheit festgestellt werden, ob eine vorgegebene Schrift installiert ist. Dazu wird ein Text mit zwei `style`-Attributen formatiert, einmal in einer Standardschrift wie `sans-serif` und einmal in der zu prüfenden Schrift mit der gewählten Standardschrift als Ersatzschrift. Ergibt sich dann beim Vergleich der `offsetHeight`-Attribute bei beiden Formatierungen oder auch der beiden `offsetWidth`-Attribute eine Abweichung, dann ist nicht beides Mal die Standardschrift zur Anzeige gelangt. Das heißt, die zu prüfende Schrift ist installiert oder zumindest vom Browser durch eine ähnliche Schrift ersetzt worden. Geht man von einer Liste der 100 oder gar der 200 verbreitetsten Schriften aus,[136] kann mit solchen Prüfungen ein Fingerprint der installierten Schriften erstellt werden.[137]

- Schließlich sind per JavaScript noch Einstellungen des verwendeten Computers auslesbar, die sich auf die farbliche Darstellung der Bedienelemente beziehen wie zum Beispiel Desktop-Hintergrund, Farbe der Titelleiste eines Fensters oder Buttons. Dies ist möglich, weil mit CSS-Attributzuweisungen neben numerischen Angaben wie `"rgb(255,255,0)"` oder`"#FFFF00"` auch symbolische Anga-

---

[136] Eine solche Liste lässt sich auf einem HTTP-Server empirisch durch Auslesen der Schriften mit Hilfe des im zugreifenden Browser installierten Flash-Plug-Ins erstellen.

[137] Selbst die Tatsache, dass die beschriebene Methode der Erkennung nicht hundertprozentig funktioniert und insbesondere bei unterschiedlichen Browsern auf dem gleichen Computer leicht unterschiedliche Ergebnisse liefert, mindert nicht Qualität des Fingerprints. Dafür entscheidend ist nur die Reproduzierbarkeit des Ergebnisses, dessen Wertebereich abhängig vom konkreten Browser und dem zugehörigen Computer möglichst groß sein sollte.

ben möglich sind, und zwar neben universell konstanten Werten wie `"yellow"` auch in der relativen Form wie `"background"` für den eingestellten Desktop-Hintergrund. Werden solchermaßen einem HTML-Element `elem` zugewiesene Style-Attributwerte anschließend mit der Methode `window.getComputedStyle(elem)` ausgelesen, erhält man die RGB-Werte der entsprechenden Einstellungen.

Da ein Programm, das die hier erwähnten Fingerprint-Daten ermittelt, nur wenig neue Erkenntnisse in Bezug auf JavaScript enthält, wird hier auf die Wiedergabe verzichtet. Ein Download ist über den Pfad `js/34a` möglich. Die angezeigten Daten sind auch als Desillusionierung für diejenigen gedacht, die glauben, im „Privat"- beziehungsweise „Inkognito"-Modus eines Browsers, in dem keine Cookies oder andere Daten dauerhaft gespeichert werden, vom Website-Betreiber nicht wiedererkannt werden zu können.

35 Das Lesen lokaler Dateien

Auch wenn ein Browser als Sandbox fungiert, aus der heraus per Skript nicht auf das Dateisystem des Computers zugegriffen werden kann, so kennen wir doch eine strikt limitierte Ausnahme. Wer lokale Bilddateien zur Bestellung von Papierabzügen oder zur Präsentation in einem Online-Fotoalbum hochlädt, tut dies meist mit einem Webbrowser. Gleiches gilt für das Hochladen eines Email-Anhangs, wenn man das Email mit einem Webmail-Zugang verfasst.

Bei dem HTML-Element, das solche Funktionalitäten ermöglicht, handelt es sich um das `<input type="file">`-Element, das wir bereits in Fußnote 117 in Kapitel 29 kurz erwähnt haben. Als Bestandteil eines HTML-Formulars gibt es diese Schnittstelle zum Dateisystem schon seit den Anfangstagen von HTML: Klickt man auf den betreffenden Button, öffnet sich der normale Standarddialog des Betriebssystems zur Datei-auswahl. Die so gewählte Datei wird dann, sobald das `onsubmit`-Event des Formulars eintritt, per POST-Request an den im `action`-Attribut des `<form>`-Tags konfigurierten HTTP-Server gesendet. Neueren Datums ist dagegen die Variante, bei der im geöffneten Standarddialog auch mehrere Dateien ausgewählt werden können, und die Möglichkeit, den Inhalt der ausgewählten Datei direkt per Skript verarbeiten zu können.

Wir schauen uns zunächst wieder ein Beispiel an:

```
<html>
<head><title>Filehandling mit JavaScript(js/35)</title>
<meta http-equiv="content-type"
      content="text/html; charset=ISO-8859-1">
<style type="text/css">
table {border-collapse:collapse}
td    {border-width:thin;border-style:solid;
       border-color:#999999;padding:3px}
thead {text-align:center;background-color:#CCCCCC}
</style>
<script type="text/javascript">
"use strict";
var DOC=window.document;
var files;

function handleFileSelect(event)
{
```

© Springer Fachmedien Wiesbaden GmbH, ein Teil von Springer Nature 2018
J. Bewersdorff, *Objektorientierte Programmierung mit JavaScript*,
https://doi.org/10.1007/978-3-658-21077-9_35

```
    var i,file,txt,row,name,mainType;
    files=event.target.files;
    txt="<thead>"+td("Dateiname")+td("Dateityp")+td("Bytes")+
                td("zuletzt geändert")+"</thead>";
    for (i=0;i<files.length;i++)
    {
      file=files[i];
      name=encodeURI(file.name);
      mainType=file.type.substr(0,file.type.indexOf("/"));
      if ((mainType=="text") || (mainType=="image"))
        name='<a href="javascript:showFile('+i+');">'+name+'</a>';
      row=td(name)+td(file.type)+td(file.size)+
          td(file.lastModifiedDate.toLocaleDateString());
      txt+="<tr>"+row+"</tr>";
    }
    DOC.getElementById("fileList").innerHTML=txt;
}

function td(txt)
{
  return "<td>"+txt+"</td>";
}

function showFile(i)
{
  var file=files[i];
  var mainType=file.type.substr(0,file.type.indexOf("/"));
  var reader=new FileReader();
  if (mainType=="text")
  {
    reader.readAsText(file);
    reader.onload=function()
    {
      var txt=reader.result;
      txt=txt.replace(/</g,"&lt;").replace(/>/g,"&gt;");
      DOC.getElementById("fileContent").innerHTML=txt;
    }
  }
  else if (mainType=="image")
  {
    reader.readAsDataURL(file);
    reader.onload=function()
    {
      var txt='<img src="'+reader.result+'">';
      DOC.getElementById("fileContent").innerHTML=txt;
    }
  }
  reader.onerror=function(error)
  {
    window.alert(error.message);
  }
}
```

```
function start()
{
  DOC.getElementById('selectedFiles').
     addEventListener('change',handleFileSelect);
}
window.onload=start;
</script>
</head>
<body>
<div style="top:30px;left:10px;right:10px;position:absolute">
<button onclick="DOC.getElementById('selectedFiles').click()"
        style="background-color:#4444FF;color:#FFFFFF;
               width:190px;height:55px;border-radius:5px;
               font-weight:bold;font-size:14px;">
Eine oder mehrere<br>Dateien auswählen</button>
<input type="file" id="selectedFiles" style="display:none"
       multiple><br><br>
<table id="fileList"></table><br><br>
<pre id="fileContent"></pre>
</div>
</body>
</html>
```

Damit die Funktionalität des HTML-Teils einfacher zu verstehen ist, sollte man zunächst einmal die Formatierung `style="display:none"` des `<input type="file">`-Elements streichen. Dadurch wird dieses funktional wichtige, aber in seinem Erscheinungsbild leider nur unzureichend veränderbare HTML-Element sichtbar: Es handelt sich um einen Button, dessen Beschriftung fest durch den Browser und seine Sprachversion vorgegeben ist: „Durchsuchen …", meist ergänzt durch einen zunächst danebenstehenden Hinweis „Keine Datei ausgewählt". Klickt man auf diesen Button, öffnet sich der Standarddialog des Betriebssystems zur Dateiauswahl. Dort können, sofern man nicht abbricht, ein oder auch mehrere Dateien ausgewählt werden, wobei Letzteres nur dann möglich ist, wenn das Attribut `multiple` im HTML-Element gesetzt ist.

Anders als der graue „Durchsuchen …"-Button ist der blaue Button ein ganz normaler Button, dessen Beschriftung und Formatierung beliebig gestaltet werden kann – im vorliegenden Fall mit einem Zeilenumbruch. Selbst eine Graphik könnte in den Bereich, der von dem `<button>`-Tag-Paar eingeschlossen ist, integriert werden. Mit der wenig eleganten, aber kurzen Inline-Zuweisung des `onclick`-Attributs im `<button>`-Tag wird der Klick vom blauen Button auf den ausgeblendeten Standardbutton zur Dateiauswahl umgeleitet.

Schauen wir uns nun die Funktionalität der Seite im Detail an: Beim Klick auf den blauen Button wird zunächst der Dialog für eine Dateiauswahl geöffnet. Nach der Auswahl von mindestens einer Datei wird unterhalb des blauen Buttons eine Tabelle der ausgewählten Dateien angezeigt. Aufgeführt sind Dateiname, Dateityp, Dateigröße in Bytes und das Datum der letzten Änderung. Außerdem wird bei einer Bilddatei oder einer aus reinem Text bestehenden Datei, zu Letzterem zählt auch eine HTML-Datei, der Dateiname als Link ausgeführt. Klickt man einen solchen Link an, wird unterhalb der Tabelle der Inhalt der betreffenden Datei angezeigt.

Die Skriptausführung beginnt mit dem `<input type="file">`-Element, dessen `onchange`-Event zum Auslesen seines `files`-Attributs führt. Dabei handelt es sich um ein Array-ähnliches Objekt der Klasse `FileList`, dessen Einträge Objekte der Klasse `File` sind. Solche Objekte können im Browser nur auf diese Weise und nicht etwa mit einem Konstruktor instanziiert werden. Das `files`-Attribut ist schreibgeschützt, da andernfalls das lokale Dateisystem ausgespäht werden könnte.

In den HTML-Anfangsjahren bestand das HTML-Element zur Dateiauswahl aus einer Kombination von einem Button und einem schreibgeschütztem Texteingabefeld, in welchem der Name der mit dem Standarddialog ausgewählten Datei eingetragen wurde. Aus dieser Zeit existiert noch das schreibgeschützte `value`-Attribut, dessen Wert mit dem Wert des Attributs `files[0].name` übereinstimmt. Der Wert des `value`-Attributs wird von einigen Browsern – nun ohne Texteingabefeld – nach Abschluss der Dateiauswahl rechts neben dem „Durchsuchen …"-Button angezeigt.

Jedes Objekt der Klasse `File` verfügt über schreibgeschützte Attribute `name`, `size`, `type` sowie `lastModifiedDate`. Im Beispielprogramm wird mit den betreffenden Attributwerten eine Tabelle erzeugt, wobei im Fall des Attributs `lastModifiedDate` eine auf den Tag bezogene Formatierung erfolgt.

Bei Dateien des Typs `"text/plain"`, `"text/html"`, `"image/jpeg"`, `"image/png"` oder eines anderen `"text/..."`- beziehungsweise `"image/..."`-Typs wird der Dateiname als Link ausgelegt. Dabei wird beim Anklicken des Links jeweils die Funktion `showFile(i)` zum zugehörigen Indexwert i gestartet. Das eigentliche Lesen der Datei geschieht mit einer eigens dazu erzeugten FileReader-Instanz reader und dem dazugehörigen Methodenaufruf reader.readAsText(file) für Textdateien beziehungsweise reader.readAsDataURL(file) für Bilddateien. Außerdem müssen bei der FileReader-Instanz reader für die Events onerror und vor allem onload Handler registriert werden. Dabei erlaubt der letztgenannte Event das asynchrone Lesen des betreffenden Dateiinhalts, wozu auf den Attributwert reader.result zugegriffen wird. Den prinzipiellen Ablauf der Verfahrensweise kennen wir bereits von den XMLHttpRequest-Objekten.

Die Anzeige der Dateiinhalte muss bei Texten die Ersetzung der spitzen Klammern berücksichtigen, damit diese im HTML-Textkörper nicht als Tag-Bestandteil interpretiert werden können. Bei Bildern erfolgt die Anzeige dadurch, dass die Methode reader.readAsDataURL(file) den gelesenen Inhalt in eine sogenannte **Data-URL** transformiert, die vom Browser als eine Internet*adresse* interpretiert wird. Dazu wird der Dateiinhalt auf Basis der sogenannten **Base64-Codierung** ausschließlich durch lesbare Zeichen wie zum Beispiel

```
"data:image/png;base64,iVBORw0KGgoAAAANSUhEUgAAAyIAA..."
```

dargestellt. Diese Pseudo-Internetadresse wird dann dem src-Attribut eines <img>-Tags zugewiesen.

Die Erläuterung des Beispiels js/31a ist damit abgeschlossen.

Bekanntlich kann im Dateimanager eines Betriebssystems mit **Drag and Drop** sehr schnell eine Datei-Operation wie Verschieben, Löschen oder Kopieren gestartet werden. Es wäre daher wünschenswert, mit dieser Verfahrensweise, die sich zum Starten der genannten Methoden des Dateisystem-Objekts bewährt hat, auch im Browser bei der Auswahl einer Datei verwenden zu können. Das heißt, wir suchen nach einer Möglichkeit, ein Datei-Icon von einem Dateimanager-Fenster auf ein im Browser dargestelltes HTML-Element ziehen zu können, um auf diese Weise ein Skript für die ausgewählte Datei starten zu können.

In dieser Hinsicht ist es zunächst bemerkenswert, dass einige Browser beim <input type="file">-Element eine Drag-and-Drop-Funktionalität unterstützen. Da diese Möglichkeit aber nicht einheitlich besteht und wir auf dieses nur mangelhaft gestaltbare HTML-Element verzichten wollen,

werden wir uns nun in einem weiteren Beispiel eine maßgeschneiderte
Drag-and-Drop-Lösung anschauen:

```html
<html>
<head><title>Drag-and-Drop-Filehandling (js/35a)</title>
<meta http-equiv="content-type"
      content="text/html; charset=ISO-8859-1">
<style type="text/css">
table {border-collapse:collapse}
td {border-width:thin;border-style:solid;
    border-color:#999999;padding:3px;}
</style>
<script type="text/javascript">
"use strict";
var DOC=window.document;
var files;

function handleFileSelect(event)
{
 var i,file,mainType,txt,row;
 event.stopPropagation();
 event.preventDefault();
 files=event.dataTransfer.files;
 txt="<thead>"+td("Dateiname")+td("Dateityp")+td("Bytes")+
              td("zuletzt geändert")+"</thead>";
  for (i=0;i<files.length;i++)
  {
    file=files[i];
    name=encodeURI(file.name);
    mainType=file.type.substr(0,file.type.indexOf("/"));
    if ((mainType=="text") || (mainType=="image"))
      name='<a href="javascript:showFile('+i+');">'+name+'</a>';
    row=td(name)+td(file.type)+td(file.size)+
        td(file.lastModifiedDate.toLocaleDateString());
    txt+="<tr>"+row+"</tr>";
  }
  DOC.getElementById("fileList").innerHTML=txt;
}

function td(txt)
{
  return "<td>"+txt+"</td>";
}

function showFile(i)
{
  var file=files[i];
  var reader=new FileReader();
  reader.readAsDataURL(file);
  reader.onload=function()
  {
    window.frames.iframe1.location.href=reader.result;
```

```
}
reader.onerror=function(error)
{
    window.alert(error.message);
}
DOC.getElementsByName("iframe1")[0].style.visibility="visible";
}

function handleDragOver(event)
{
    event.stopPropagation();
    event.preventDefault();
    event.dataTransfer.dropEffect="copy";
}

function start()
{
    var dropZone=DOC.getElementById("dropZone");
    dropZone.addEventListener("dragover",handleDragOver,false);
    dropZone.addEventListener("drop",handleFileSelect,false);
}
window.onload=start;
</script>
</head>
<body>
<table style="width:290px;height:95px;background-color:#CCCCCC;
               padding:4px;text-align:center;vertical-align:middle;
               font-size:16px;"
        id="dropZone">
<tr><td>
Dateien per <i>Drag and drop</i>aus dem Dateimanager hier hinziehen
</td></tr></table><br><br>
<table id="fileList"></table>
<iframe name="iframe1"

style="left:0px;width:100%;height:1200px;visibility:hidden">
</iframe>
</body>
</html>
```

Der HTML-Teil der Beispieldatei js/35a ist schnell erklärt: Die graue Fläche, deren Funktionalität eines Drag-and-Drop-Ziels durch ihre Beschriftung kenntlich wird, ist HTML-mäßig als 1×1-Tabelle realisiert. Der Grund für diese Konstruktion ist, dass ein <div>-Tag, an das man beim HTML-Design vielleicht zunächst denken würde, keine vertikale Zentrierung des Texts zulässt. Der 1×1-Tabelle als Drag-and-Drop-Ziel folgt eine „richtige" Tabelle, die wie im vorangegangenen Beispiel js/35a zur formatierten Ausgabe der Dateiliste verwendet wird. Neu ist der abschließende Iframe, den wir für die Anzeige der Dateiinhalte einsetzen. Letzteres hat zur Konsequenz, dass bei einer HTML-Datei nun nicht mehr der Quellcode, sondern die vom Browser generierte Ansicht angezeigt wird.

Wir kommen nun zur Erläuterung des JavaScript-Teils: In der Funktion start werden zwei Event-Handler registriert, mit denen die gewünschte Funktionalität herbeigeführt wird. Dabei sollen wie im letzten Beispiel die ausgewählten Dateien in einer Liste dargestellt werden, und zwar wieder als Links, sofern sie im Browser angezeigt werden können. Um dies mit Drag and Drop zu erreichen, muss zunächst die normale Drag-and-Drop-Funktionalität unterbunden werden. Diese Funktionalität würde nämlich ansonsten den Inhalt der Datei, deren Symbol vom Dateimanager auf ein Browserfenster gezogen und dort fallengelassen wird, im Browser anzeigen.

Bei den beiden Events, für die Event-Handler registriert sind, handelt es sich um den ondragover-Event, der beim Erreichen des Drag-and-Drop-Ziels ausgelöst wird, und den ondrop-Event, der durch das „Fallenlassen" des bewegten Objekts ausgelöst wird. Für beide Events werden jeweils die beiden Methoden preventDefault() und stopPropagation() aufgerufen, die das Standardverhalten des Drag-and-Drop-Prozesses, das heißt die Anzeige der entsprechenden Datei, verhindern, und zwar auch in Bezug auf das übergeordnete document-Objekt.

Die den beiden Events zugeordneten Objekte, auf die in den beiden Event-Handlern jeweils über den Parameter event zugegriffen wird, gehören zur Klasse DragEvent. Neben Attributen, die wir bereits in Beispiel js/31a bei „normalen" Maus-Events kennen gelernt haben, besitzen Drag-and-Drop-Events zusätzlich insbesondere das schreibgeschützte Attribut dataTransfer, bei dem es sich um ein Objekt der Klasse DataTransfer handelt.

Im Beispiel werden nur zwei Attribute des dataTransfer-Unterobjekts verwendet, nämlich dropEffect und files. Während das Array-ähnliche Unterobjekt files, das zur Klasse FileList gehört, das Ziel unserer Bemühungen ist, steuert das Attribut dropEffect die Wirkung des Drag-and-Drop-Effekts. Die erlaubten Werte sind "none", "copy", "move" und "link", deren Bedeutung uns von den Operationen im Dateimanager geläufig ist, wo es beim Drag and Drop zwischen zwei Fenstern mit

Ordnerinhalten je nach Kontext in Bezug auf die selektierten Dateien zu einem Kopieren, Verschieben oder zur Erzeugung von Links kommt. Die im Beispielprogramm vorgenommene Zuweisung ist eigentlich entbehrlich und dient nur der Sicherheit und Transparenz.

Ein Drag-and-Drop-Ablauf ist nicht nur für ein Bildschirmelement möglich, dessen Ursprung im Dateimanager und damit außerhalb des Browsers liegt. Auch ein HTML-Element einer vom Browser angezeigten Internetseite kann innerhalb der Internetseite mittels festgehaltener Maustaste gezogen und dann auf ein anderes HTML-Element dieser Seite abgelegt werden – ganz so, wie man es zum Beispiel vom graphischen Interface eines Betriebssystems oder der WYSIWYG-Oberfläche eines Text- oder Layout-Editors her kennt. Dabei wird das angefasste Objekt beim Verschieben in Form einer halbtransparenten Kopie als Maus-Pointer angezeigt, um den Nutzer zu signalisieren, dass er das zum bewegten Symbol gehörende Objekt transportiert. Die Steuerung eines solchen Ablaufs einschließlich solcher Animationen bedarf allerdings einer sehr komplexen Objektmodellierung, auf deren Darstellung wir daher hier verzichten.

Natürlich ist es nicht schwer, die beiden Arten der Dateiauswahl, das heißt Standarddialog zur Dateiauswahl einerseits und Drag and Drop andererseits, zu kombinieren. Das entsprechend modifizierte Beispiel kann unter dem Pfad `js/35b` geladen werden. Dort wird zu Beginn der als Event-Handler aufgerufenen Funktion `handleFileSelect` je nach Typ des Events die ausgewählte Liste von Dateien ermittelt.

Wir wollen uns abschließend noch mit `Blob`-Objekten beschäftigen, die eine Oberklasse zur Klasse `File` bilden und deren Instanzen anders als `File`-Objekte auch mit einem Konstruktor erzeugt werden können. Der Name **Blob** leitet sich von der Bezeichnung *Binary Large Object* ab. Ein `Blob`-Objekt dient zur internen Zwischenspeicherung binärer Daten, die aus verschiedenen Quellen stammen können und nach einer gegebenenfalls vorgenommenen Bearbeitung weitertransportiert werden. Beispielsweise können die Daten aus einer lokalen Datei stammen oder per HTTP von einem Server geladen worden sein. Möglich ist aber auch, dass die Daten aus Tastatureingaben generiert wurden oder sogar durch Kombination verschiedener Daten aus unterschiedlichen Quellen entstanden sind.

Ziele für solche Daten können insbesondere das User-Interface in Form des Bildschirms oder ein HTTP-Server sein.

Ein `Blob`-Objekt besitzt eine Typ-Angabe, die angibt, wie der Inhalt zu interpretieren ist. Der Typ eines `Blob`-Objekts ist über die schreibgeschützte Eigenschaft `type` abrufbar, deren Wert den betreffenden MIME-Type angibt. MIME-Types spielen im Internet eine ähnliche Rolle wie Datei-Endungen im Windows-Betriebssystem.

In einem engen Zusammenhang zu `Blob`-Objekten stehen die Objekte der Klasse `ArrayBuffer`. Bei ihnen handelt es sich um „Daten pur", das heißt sie besitzen keinen zum Dateninhalt gehörenden Typ. Dafür kann der binäre Inhalt eines `ArrayBuffer`-Objekts komfortabel bearbeitet werden. Außerdem gibt es Methoden, um aus einem `ArrayBuffer`-Objekt ein `Blob`-Objekt zu erzeugen und umgekehrt.

Das Beispiel, das wir uns zu dieser Thematik ansehen wollen, zeigt farbige Bilder, die von einem Server geladen werden, in schwarz-weiß an. Dabei ist für uns der Weg wichtiger als das Ziel, da die Schwarz-Weiß-Anzeige von Bildern mit CSS-Filtern einfach realisiert werden könnte. Demgegenüber werden wir uns sogar auf Dateien des Typs Bitmap (BMP) – und diesbezüglich auf das verbreiteteste Unterformat – beschränken, die aufgrund einer fehlenden Datenkompression normalerweise im Internet eher weniger verwendet werden. Grund für die Beschränkung ist die relativ übersichtliche innere Struktur der Bitmap-Dateien: Jeder Bildpunkt entspricht 3 Bytes, die mit Werten von 0 bis 255 die RGB-Farbanteile von Rot, Grün und Blau angeben. Dazu kommen noch 54 Bytes für Kopfdaten am Beginn der Datei, in denen insbesondere der Dateityp sowie Breite und Höhe, gemessen in Pixeln, codiert sind. Die Farbangaben für die Pixel stehen in der Datei zeilenweise von unten nach oben, wobei die Daten jeder Zeile mit bis zu drei Null-Bytes aufgefüllt werden, so dass die Gesamtzahl der Bytes pro Zeile stets durch 4 teilbar ist.

Schauen wir uns das Beispielprogramm einmal an:

```
<html>
<head><title>Blob (js/35c)</title>
<meta http-equiv="content-type"
      content="text/html; charset=utf-8">
<script type="text/javascript">
"use strict";
```

```
function elemId(id)
{
  return window.document.getElementById(id);
}

function loadXHR(url,loadedHandler,type,par)
{
  //type:  z.B. "blob", "arraybuffer", "text"/"" (default)
  var aXMLHttpReq = new XMLHttpRequest();
  aXMLHttpReq.open("GET",url);
  aXMLHttpReq.responseType=type;
  if (type=="text")
    aXMLHttpReq.setRequestHeader("Charset", "utf-8");
  aXMLHttpReq.onload=function()
  {
    loadedHandler(aXMLHttpReq.response,par);
  }
  aXMLHttpReq.send(null);
}

function readBlob(aBlob,readHandler,type,par)
{
  //type:  "dataurl", "arraybuffer", "text"
  var reader=new FileReader();
  if (type=="dataurl")
    reader.readAsDataURL(aBlob);
  else if (type=="text")
    reader.readAsText(aBlob);
  else if (type=="arraybuffer")
    reader.readAsArrayBuffer(aBlob);
  else
    window.alert("Unzulässiger Parameter");
  reader.onload=function()
  {
    readHandler(reader.result,par);
  }
  reader.onerror=function(error)
  {
   window.alert(error.message);
  }
}

function showBlobAsImage(aBlob,elem)
{
  readBlob(aBlob,function(bin){elem.src=bin;},"dataurl");
}

function blobBmpBW(aArrayBuffer)
{
  var col,row,k,bw,width=0,height=0,bytesPerRow;
  var aDataView=new DataView(aArrayBuffer);
  for (k=0;k<=3;k++)
  {
```

```
    width=width*256+aDataView.getUint8(21-k);
    height=height*256+aDataView.getUint8(25-k);
  }
  bytesPerRow=3*width+width%4;
  for (row=0;row<height;row++)
    for (col=0;col<width;col++)
    {
      bw=0;
      for (k=0;k<=2;k++)
        bw+=aDataView.getUint8(54+row*bytesPerRow+3*col+k);
      bw=Math.round(bw/3);
      for (k=0;k<=2;k++)
        aDataView.setUint8(54+row*bytesPerRow+3*col+k,bw);
    }
  return new Blob([aArrayBuffer],{type:"image/bmp"});
}

function showArrayBufferAsBW(aArrayBuffer,elem)
{
  showBlobAsImage(blobBmpBW(aArrayBuffer),elem);
}

function start()
{
  var i;
  loadXHR("cover1.bmp",
          function(aBlob,par)
          {
            showBlobAsImage(aBlob,elemId("bild0"));
            readBlob(aBlob,showArrayBufferAsBW,"arraybuffer",par);
          },
          "blob",elemId("bild1"));

  for (i=2;i<=5;i++)
    loadXHR("cover"+i+".bmp",
            function(aArrayBuffer,par)
            {
              showArrayBufferAsBW(aArrayBuffer,par);
            },
            "arraybuffer",elemId("bild"+i));

  loadXHR("info.txt",
          function(txt)
          {
            elemId("text").innerHTML=txt;
          },
          "text");
}
window.onload=start;
</script>
</head>
<body>
<img id="bild0"> <img id="bild1"> <img id="bild2">
```

```
<img id="bild3"> <img id="bild4"> <img id="bild5">
<div id="text"
      style="position:absolute;bottom:35px;width:100%;
             text-align:center;font-family:sans-serif">
</div>
</body>
</html>
```

Die ersten drei Funktionen stellen Grundfunktionalitäten zur Verfügung, die im weiteren Verlauf des Beispielprogramms mehrfach gebraucht werden, aber auch darüber hinaus relativ universell nutzbar sind:

- Die schon mehrfach verwendete Funktion elemId verkürzt die Schreibweise beim DOM-Zugriff.

- Der Funktionsaufruf loadXHR(url,loadedHandler,type,par) wickelt einen einzelnen Ajax-Zugriff asynchron ab. Die interne Abwicklung geschieht über den onload-Event, der gegenüber dem in Kapitel 32 verwendeten Ansatz etwas einfacher zu handhaben ist. Tritt das Event ein, wird die dafür per Parameter übergebene Funktion loadedHandler aufgerufen, und zwar mit zwei Parametern, nämlich mit dem unter der Internetadresse url abgerufenen Inhalt vom Typ type und einem gegebenenfalls ergänzten Parameter par.
Der Typ der mittels Ajax per HTTP abgerufenen Daten wird durch den String-Wert type vorgegeben. Neben dem Wert "text" sind insbesondere noch die Werte "blob" und "arraybuffer" möglich, die dazu führen, dass auf Basis des gelesenen Inhalts ein Objekt der Klasse Blob beziehungsweise ArrayBuffer erzeugt wird.

- Ähnlich funktioniert der zum Lesen eines Blobs dienende Funktionsaufruf readBlob(aBlob,readHandler,type,par), der die asynchrone Verfahrensweise verallgemeinert, die wir vom Lesen einer Datei zu Beginn dieses Kapitels kennen gelernt haben. Dabei wird der Inhalt des Blobs beziehungsweise der Datei gelesen, um dann den gelesenen Inhalt in einen String oder in ein Objekt vom Typ Blob beziehungsweise ArrayBuffer zu konvertieren. Nachdem dies geschehen ist, wird die als Parameter übergebene Funktion readHandler aufgerufen, und zwar mit zwei Parametern, nämlich mit dem gelesenen Inhalt und einem gegebenenfalls ergänzten Parameter par.

Am einfachsten kann die Methode loadXHR zum Lesen eines Textes eingesetzt werden, wie dies innerhalb des Beispiels mit dem letzten Befehl der Funktion start geschieht.

Auch die Anzeige eines Blobs als Bild ist auf Basis der geschaffenen Grundlagen jetzt ganz einfach. Man braucht sich dazu nur die Implementierung der Funktion `showBlobAsImage(aBlob,elem)` anzuschauen. Dort wird der anzuzeigende Blob als Data-URL gelesen, und dann dem `src`-Attribut des als Parameter übergebenen HTML-Image-Elements `elem` zugewiesen. Dank der gerade beschriebenen Vorbereitungen geht dies mit einer einzigen Anweisung:

```
readBlob(aBlob,function(bin){elem.src=bin;},"dataurl");
```

Die eigentliche Schwarz-Weiß-Konvertierung wird für ein `ArrayBuffer`-Objekt `aArrayBuffer` in der Funktion `blobBmpBW(aArrayBuffer)` vorgenommen. Dort werden zunächst aus den Kopfdaten der Datei Bildbreite und Bildhöhe, jeweils gemessen in Pixeln, ermittelt. Nachdem die interne Datenbreite einer Bildzeile bestimmt und der Variablen `bytesPerRow` zugewiesen worden ist, wird pixelweise der jeweilige Grauton als Durchschnitt der drei RGB-Farbwerte des Farbbildes berechnet. Sind alle Pixel bearbeitet, wird schließlich am Ende der Funktion ein Bitmap-Blob erzeugt.

Auch wenn es der Klassenname `ArrayBuffer` suggeriert, so ist ein Objekt dieser Klasse *kein* Array, jedenfalls in syntaktischer Hinsicht – in logischer Weise natürlich schon: Zugriffe auf die Inhalte eines `ArrayBuffer`-Objekts erfolgen nicht über eckige Klammern, sondern über ganz spezielle Methoden eines eigens zu diesem Zweck angelegten `DataView`-Objekts. Dabei können unterschiedliche Interpretationen des binären Inhalts zugrunde gelegt werden. Konkret werden entweder einzelne Bytes oder Wörter aus 2 oder 4 Bytes als vorzeichenlose oder vorzeichenbehaftete Zahl interpretiert. Speziell im Beispiel werden die beiden Getter-Setter-Methodenaufrufe `getUint8(i)` und `setUint8(i,val)` für den Lese- beziehungsweise Schreibzugriff auf das `i`-te Byte verwendet, so dass jedes Byte als Ganzzahl zwischen 0 und 255 interpretiert wird.

Mit dieser Byte-weisen Konvertierung einer Datei erreicht JavaScript eine Funktionalität, wie man sie sonst nur von vollwertigen Programmiersprachen wie C, C++ und Java her kennt. Dafür notwendig ist allerdings ein Bruch mit der klassischen Sichtweise von JavaScript, gemäß der die interne Codierung eines Wertes normalerweise keine Rolle spielt.

Im Beispiel noch zu erläutern bleibt der Konstruktoraufruf

```
new Blob([aArrayBuffer],{type:"image/bmp"});
```

Der zweite Parameter definiert mit Hilfe eines Objekt-Literals ein sogenanntes `BlobPropertyBag`-Objekt, das MIME-Types und gegebenenfalls
noch die Größe des Blobs angibt. Beim ersten Parameter dürften auf den
ersten Blick die eckigen Array-Klammern überraschen, zumal die Variable `aArrayBuffer` ein `ArrayBuffer`-Objekt ist. Grund für die eckigen
Klammern ist, dass der erste Parameter auch ein Zusammensetzen verschiedener Werte erlaubt. Beispielsweise erzeugt der Konstruktoraufruf

```
aBlob=new Blob([1,"2",3,"456789"],{type:"text/plain"});
```

eine `Blob`-Instanz mit dem Inhalt `"123456789"`. Ein kurzes Beispiel, das
diese Anweisung enthält, kann unter dem Pfad `js/35d` geladen werden.

Anzumerken bleibt, dass es beim Beispiel zum Pfad `js/35c` statt der
Getter-Setter-Methoden alternativ möglich ist, das `ArrayBuffer`-Objekt
zunächst in ein typisiertes Array zu konvertieren. Dann können die Änderungen über normale Index-basierte Array-Zugriffe erfolgen. Die Funktion `blobBmpBW` erhält dadurch gegenüber der Version des Beispielprogramms `js/35c` die folgenden Form:

```
function blobBmpBW(aArrayBuffer)                  // (js/35e)
{
    var col,row,k,bw,width=0,height=0,bytesPerRow;
    var byteBuffer=new Uint8Array(aArrayBuffer);
    for (k=0;k<=3;k++)
    {
        width=width*256+byteBuffer[21-k];
        height=height*256+byteBuffer[25-k];
    }
    bytesPerRow=3*width+width%4;
    for (row=0;row<height;row++)
        for (col=0;col<width;col++)
        {
            bw=0;
            for (k=0;k<=2;k++)
                bw+=byteBuffer[54+row*bytesPerRow+3*col+k];
            bw=Math.round(bw/3);
            for (k=0;k<=2;k++)
                byteBuffer[54+row*bytesPerRow+3*col+k]=bw;
        }
    return new Blob([byteBuffer],{type:"image/bmp"});
}
```

Wie schon erwähnt, ging es bei den beiden Beispielen `js/35c` und `js/35e` überhaupt nicht um das Ziel, ein farbiges Bild schwarz-weiß anzuzeigen. Das Beispiel steht vielmehr stellvertretend für die Möglichkeiten, die auf einem vergleichbaren Weg in einem Browser realisierbar sind: Angefangen von einem „Zipper" zur Komprimierung mehrerer Dateien über die Bearbeitung von beliebigen Bilddateien bis hin zur Anzeige von PDF-Dateien. Die komplexen Binäroperationen, die dafür notwendig sind, lassen sich auch in JavaScript realisieren.

36 Zum Schluss

Als Autor hoffe ich, dass Ihnen die Lektüre des vorliegenden Buchs den Gewinn an Wissen und Erkenntnis gebracht hat, den Sie sich zu Beginn der Lektüre erhofft haben. Ich würde mich freuen, wenn Sie den einen oder anderen Ausblick in den Kästen und Fußnoten, insbesondere auf Sicherheitsaspekte und auf grundlegende Themen der Informatik, zum Anlass genommen haben, an anderer Stelle weiterzulesen, um so die bei Ihnen geweckte Neugierde zu befriedigen.

Ebenfalls hoffe ich, dass Sie JavaScript als ernstzunehmende Programmiersprache kennen gelernt haben, auf deren Basis sich die fundamentalen Konzepte eines systematischen und professionellen Software-Engineerings realisieren lassen. Dies gilt, obwohl JavaScript anders als zum Beispiel Java weder klassenbasiert noch typischer ist. Insofern kann man JavaScript in zweierlei Weise programmieren: „Quick and dirty", um zum Beispiel die Eingaben in ein Webformular auf Plausibilität zu prüfen, oder systematisch unter Verwendung allgemein gültiger Designkonzepte für Software.

Wie mächtig die Möglichkeiten sind, die JavaScript heute bietet, dürften insbesondere die Beispiele der letzten Kapitel gezeigt haben.

Obwohl im Prinzip sogar umfangreiche Programme in JavaScript erstellt werden können, wird dies zumindest im Browser eher seltener der Fall sein. Der Grund ist die abgeschlossene Sandbox des Browsers. Daher bezieht sich der JavaScript-Anteil meist auf die Steuerung der im Browser sichtbaren HTML-Elemente. Dagegen wird sich der aktuelle Zustand des Verarbeitungsprozesses in der Regel eher in einem Programm widerspiegeln, das auf dem gleichen Rechner wie der betreffende HTTP-Server läuft – das kann natürlich der gleiche Rechner sein, auf dem auch der Browser läuft. Dort können nämlich regelmäßig Zwischenstände in einem Permanentspeicher wie einer Festplatte gesichert werden, damit sie bei einem Abbruch nicht verloren gehen.

Es bleibt ein Ausblick nach dem Motto „Wie geht es weiter?" Die Frage lässt sich in verschiedener Hinsicht deuten:

© Springer Fachmedien Wiesbaden GmbH, ein Teil von Springer Nature 2018
J. Bewersdorff, *Objektorientierte Programmierung mit JavaScript*,
https://doi.org/10.1007/978-3-658-21077-9_36

- Suchen Sie nach einem einigermaßen vollständigen Überblick über JavaScript inklusive Hinweisen auf die Interfaces zu HTML und CSS sowie auf die Unterschiede, die zwischen JavaScript-Implementierungen in den verschiedenen Browsern bestehen?

In dieser Hinsicht kann das Buch *JavaScript – Das umfassende Referenzwerk* von David Flanagan empfohlen werden. Bei der aktuellen Auflage, die 2012 erschienen ist, handelt es sich um eine Übersetzung der sechsten englischen Ausgabe. Leider sind aber darin die Neuerungen von JavaScript 2015 noch nicht berücksichtigt.

- Vermissen Sie einige Details zu Methoden und Attributen der beschriebenen Objekte?

Die fehlenden Punkte lassen sich im Internet finden. Da sich die Adressen verändern können, habe ich unter
`www.bewersdorff-online.de/js`
eine Übersicht mit den wichtigsten Links erstellt. In den verschiedenen, dort verlinkten Dokumenten sind auch Informationen zu den Neuerungen in HTML und JavaScript zu finden, beispielsweise zum `<canvas>`-Element, mit dem sich mittels HTML Graphiken erzeugen lassen, und Konstantendeklarationen in JavaScript.

- Wollen Sie möglichst schnell eigene Webprojekte realisieren?

Zunächst sollten Sie zumindest die hier erläuterten Beispiele mit einem Entwicklungswerkzeug wie dem im Browser integrierten Debugger untersuchen. Unbedingt ratsam ist außerdem eine Einarbeitung in die JavaScript-Bibliothek jQuery.

- Haben Sie dieses Buch nur als Einführung in die Thematik der Programmierung verwendet und gehört JavaScript gar nicht zu ihren primären Interessen?

Vielleicht haben Sie ja bereits den einen oder andern Querverweis auf die Programmiersprache, auf die eigentlich ihr Fokus gerichtet ist, gelesen. Neben weiterführender Literatur über diese Programmiersprache sollten Sie unbedingt auch ihr Grundlagenwissen verbreitern. In Bezug auf technologische Aspekte sehr zu empfehlen, wenn auch bei HTML-Beispielen etwas veraltet, ist das 2004 in zweiter Auflage erschienene Lehrbuch *Grundlagen der Informatik* von Helmut Balzert.

Für die Programmierung wesentlich sind aber noch andere Sachverhalte, die üblicherweise mit dem umfassenderen Begriff des Software-
Engineerings verbunden sind: Neben der Programmierung umfasst
dieser Begriff auch organisatorische Aspekte wie Planung, Analyse,
Entwurf, Test, Dokumentation und Inbetriebnahme. Auch zu dieser
Thematik gibt es ein Buch von Helmut Balzert, dessen Titel *Lehrbuch
der Softwaretechnik: Basiskonzepte und Requirements Engineering*
lautet.

Alles Lesen kann aber eins nicht ersetzen, nämlich die Praxis.

Sachwortverzeichnis

.

.NET-Framework 49, 176

A

Abfragemethode 176
Abrunden 110
Abstraktion 218
ActionScript 49
ActiveX 316
Adobe 49
Adressbus 27
Adresse 21, 121, 143
Ajax 318, 323, 356
Akkumulator 24
Algebra 5
ALGOL 11
Algorithmus 4, 11, 140
al-Khwarizmi 5
Alphabet 66
Änderungsmethode 176
AND-Operation 18, 97, 105
Anweisung 7
Anwendungsoperator 104, 105
Apache 238, 281, 317
API 111
Appellativ 31, 137
Architektur 14
Argument einer Funktion 71, 96
Array 90, 92, 99
  assoziatives 91, 92, 99, 122,
  335
Array-Methode
  concat 157

indexOf 157
join 157
lastIndexOf 157
pop 157
push 156
reverse 157
ASCII-Nummer 275
ASCII-Zeichen 275
ASP.NET 220
Attribut 30, 35, 38, 92, 121,
  123, 210
  schreibgeschütztes 178
Auffangen eines Laufzeitfehlers
  172
Aufrufstapel 77
Aufrunden 110
Ausführungskontext 83, 189
Ausführungsstrang 306
Authentifizierung 284

B

Backslash-Zeichen 88, 116
Backus, John Warner 64
Backus-Naur-Form 64
Base64-Codierung 348
Baum 255, 268
Befehl 7
  bedingter 8, 12
Befehlsblock 12
Befehlsregister 23
Befehlszähler 21
Befehlszeiger 21, 306
Berners-Lee, Tim 3, 282
Betriebssystem 27, 306

© Springer Fachmedien Wiesbaden GmbH, ein Teil von Springer Nature 2018
J. Bewersdorff, *Objektorientierte Programmierung mit JavaScript*,
https://doi.org/10.1007/978-3-658-21077-9

Bezeichner 10, 123
  Konventionen für 135, 199
Bezeichnername 10
Binärsystem 17
Binärzahl 17
Bindung 82, 166
  dynamische 82
  frühe 187
  lexikalische 82
  späte 187
  statische 82
Binnenmajuskel 136
Binnenversal 136
Bit 18, 23
Bitmap-Format 353
Black Box 160
Block (HTML) 240
Boole, George 88
Botanik 30
Boyer, Robert S. 5
Boyer-Moore-Algorithmus 5
Browser V, 1, 29, 36, 50, 108,
  146, 220, 222, 281
  Firefox 146
  Netscape 146
Browserfenster 94
Browserkrieg VI, 326
Brute-Force-Attacke 326
Bus 26
Button 32
Button-Attribut
  disabled 338
Byte 18, 357

C
C (Programmiersprache) 11, 14,
  56, 57, 73, 79, 92, 100, 102,

  121, 123, 138, 151, 156, 165,
  308, 357
C# 176
C++ VI, 14, 33, 56, 57, 92, 100,
  102, 127, 128, 130, 139, 142,
  160, 170, 175, 177, 178, 187,
  194, 200, 210, 236, 357
call by reference 80, 125
call by value 80
Call Stack 77
Callback-Funktion 308
Cascading-Style-Sheet-Attribut
  41
CERN 3, 282
CGI 50
Character 89
Chemie 30
Chomsky, Noam 67
Chomsky-Hierarchie 67
Chrome 50
Church, Alonzo (1903-1995) 9
Church'sche These 9
Client 49, 50, 220, 281
Closure 73, 164, 167
Common Gateway Interface 50
Compiler 27, 43, 53, 65, 78, 91,
  107, 127, 187
Computer V, 4, 16
Computerprogramm 4
Computervirus 28
Conway, John Horton 23
Cookie 278, 281, 285, 286, 287,
  289, 334
  Ablaufdatum 287
  Gültigkeitsbereich 287
Copy & Paste 181
Copyright-Zeichen 223

Cross Origin Resource Sharing 327
Cross-Site-Scripting 277, 279, 327
CSS-Attribut 41, 240, 243
  background-color 41
  color 41
  font-family 41
  font-size 41
  font-weight 245
  height 41
  left 119, 240
  margin-left 240
  margin-top 240
  padding-bottom 240
  pading-top 240
  text-align 240
  top 119, 240
  vertial-align 240
  visibility 250
  width 41
CSS-Klasse 245
CSS-Regel 250

D
Dahl, Ryan 50
DataTransfer-Attribut
  dropEffect 351
  files 351
Data-URL 348, 357
Dataview-Methode
  getUint8 357
  setUint8 357
Datei 256
  lokale 344
Dateimanager 1, 33, 348
Dateisystem 255
Date-Methode

getDate 241
getDay 241
getFullYear 241
getHours 241
getMilliseconds 241
getMinutes 241
getMonth 241
getSeconds 241
getTime 241
getTimezoneOffset 341
Datenbank 335
Datenbus 27
Dateneigenschaft 173, 175
Datenkapselung 72, 128, 162
Datenkommunikation 118
Datenregister 24, 25
Datensatz 92, 335
Datenschutz 237, 281
Datentabelle 92
Datentyp 87
  einfacher 96, 122, 125
Datenübertragung 68
Debugger 361
Default-Wert 173, 191
Deklaration
  globale 74
  lokale 74
Deklaration (CSS) 250
Delegation 183, 185, 190, 218
Delphi 147
Deskriptor 170
Destruktor 128, 141
Dezimalsystem 16
Dezimaltrennzeichen 88
Dezimalzahl 118
Dialog
  modaler 307

DNS (Domain Name System) 283

Document Object Model 236

document-Methode
  cookie 281, 286, 287
  createElement 270
  getElementById 239, 242, 245
  getElementsByClassName 252
  getElementsByName 253
  getElementsByTageName 251
  lastModified 238
  open 232
  querySelectorAll 253
  referrer 237, 281
  title 237
  URL 238
  write 47, 213, 221, 237
  writeln 237

Dokument (Datei) 256

DOM 236

Doppelkreuz 225, 250

DOS 326

Drag and Drop 348

DragEvent-Attribut
  dataTransfer 351

E

ECMAScript 44

ECMAScript 2015 VI, 81, 129, 134, 137, 196

ECMAScript 5 57, 176

Editor V

Eich, Brendan 43

Eigenschaft 30, 121

Eigenschaftsdeskriptor 173, 175

configurable 173, 176

enumerable 173, 175, 176, 298

get 176

set 176

value 173

writable 173

Elternknoten 256

Embedded Content 230

Endlicher Automat 68

Endlosschleife 53, 76

Ereignis 44, 46, 48, 220, 229, 291

Ereignissteuerung 279

Erweiterte Backus-Naur-Form 64, 67

Escape-Sequenz 89, 275, 277

Escape-Zeichen 89

Event 291

Event-Attribut
  currentTarget 300
  screenX 300
  target 299
  type 300

Event-Handler 292, 351

EventTarget-Methode
  addEventListener 293

Excel 85, 241

Exception-Handling 172

Exponentialfunktion 110

Exponentialschreibweise 88

F

Fakultät 75

Fallunterscheidung 8

Fehler
  logischer 107
  syntaktischer 107

zur Laufzeit 107, 108, 162
Fehlerbehandlung 164
Fehlerkonsole 163
Feld 90
Feld, elektrisches 17
Fernschreiber 89
Fielding, Roy 282
File-Attribut
    lastModifiedDate 347
    name 347
    size 347
    type 347
FileReader-Attribut
    result 348
FileReader-Methode
    readAsDataURL 348
    readAsText 348
FileReader-Objekt 348
Fingerprinting 339, 340
Flag 116, 280
Flash 49
Fluchtzeichen 89
Formatvorlage 41, 250
Formular 127, 302
Formularfeld 286
FORTRAN 8
Frame 227
Framebreaker 230, 233
Framebuster 230
Framekiller 230
Frameset 36, 229
Framing 230
FTP 283
Function-Attribut
    prototype 146
Function-Methode
    call 185, 186, 187, 210
Funktion 121

als Programmteil 70, 72
anonyme 93, 167, 174, 322
Aufruf 72, 152
mathematische 70
parseFloat 111, 246
parseInt 111
rekursive 75
Rückgabewert 72
Funktionsabschluss 167
Funktionsaufruf 72
Funktionsausdruck
    direkt ausgeführter 167, 180
Funktionskopf 71, 137, 152
Funktionskörper 71, 72, 75, 143

G
Garbage Collection 139, 140,
    166, 321, 333
Gateway 282
Gatter 21
Gattungsbezeichnung 31
Gauß, Carl Friedrich 51
Geheimnisprinzip 160, 178, 218
Geschwisterknoten 256, 268
Getter 176, 178, 198, 218, 224
Gleichheit
    Prüfung auf 87
Gleitkommazahl 88
Globalobjekt 221, 231
Google 50
GOTO-Befehl 8, 14
Grammatik 67
Graph 254
Graphentheorie 254
Großrechner 13
Gültigkeitsbereich 56, 80, 81,
    153, 188, 189, 191
Gültigkeitsbereichs-Kette 84

H

Halteproblem 53, 68
Handle 235
Handler 292
Hardware 4
  Peripherie 305
Hauptstrang 332
Hauptthread 332
Heap 138, 139, 166
Hello world! 1, 34, 46
Hexadezimalzahl 18, 118
Höckerschreibweise 136, 245,
  292
Host 225
Host-Objekt 149, 175
HTML 3, 34, 36, 66
  Entität 223, 263
  Kommentar 54
  Leerzeichen, geschütztes 223
HTML5 37, 253
HTML-Attribut 44, 48
  alt 40
  border 40
  class 41, 249
  height 40
  href 40
  id 41, 48
  name 229, 232
  onload 46, 48
  src 40, 111, 229, 348
  style 40, 41, 119, 240
  target 240
  type 41
  width 40
HTML-Datei 34, 35, 38, 47,
  227
HTML-Editor 236
HTML-Element 119, 242, 247

button 346
input 344
HTMLElement-Attribut
  attributes 264
  childElementCount 269
  children 258
  firstElementChild 269
  id 243
  innerHTML 242, 243
  nextElementSibling 268
  previousElementSibling 269
  tagName 243, 258
HTMLElement-Methode
  appendChild 270
  lastElementChild 269
  removeAttribut 264
  setAttribut 264
HTML-Formular 241, 273, 279,
  344
HTML-Objekt 44, 47
HTML-Tag
  a 40, 45, 241
  b 40, 223
  body 36, 37, 48, 241
  br 39
  canvas 361
  div 240, 242
  form 274
  frame 229
  frameset 229
  h1, h2, ... 39
  head 36
  hr 258
  html 36, 254
  i 39, 223
  iframe 228
  img 40, 249
  input 274

li 271
link 240
noscript 233
ol 271
p 39
pre 237
script 3, 40, 45, 111, 202
span 45
style 240
table 222, 249
td 223, 249
textarea 274
th 249
title 36, 237
tr 223, 249
ul 271
HTTP 220, 237, 282
HTTP-Kommando
 GET 324, 325
 HEAD 318
 POST 318, 322
HTTP-Request 318
HTTP-Request-Header 325
HTTP-Response-Header 233,
 284, 318, 327
HTTPS 283
HTTP-Server 276, 317
Hyperlink 3, 228
Hypertext Markup Language 3
Hypertext Transfer Protocol
 281, 282

I
IF-Befehl 8, 14
Iframe 228, 278
IIFE 167
IMAP (Internet Message Access
 Protocol) 283

Immediately Invoked Function
 Expression 167, 180
Initialisierung 73
Inkrementierung 104
inline frame 228
Inline-Code 327
Inline-Style 41, 47, 250
Instanz 127
Intel 4004 28
Intel 8086 28
Interface 50, 162, 243
Internet Explorer 316
Interpreter 27, 43, 78, 91
Interrupt 304, 305
IP (Internet Protocol) 283
IP-Nummer 238, 282, 283

J
Java VI, 14, 33, 44, 56, 57, 80,
 100, 110, 127, 128, 130, 142,
 147, 160, 170, 175, 177, 178,
 180, 187, 194, 200, 205, 210,
 219, 243, 357
JavaScript 3, 11, 14, 33, 43, 45,
 47, 100
 Anweisungsblock 52, 55, 171
 Ausdruck 54, 95, 100, 101,
 244
 Bezeichner 45, 52, 55, 92
 clientseitiges 220
 Formatierung 54
 Funktion 96
 Inkrementierung 54
 Inkrement-Operator 54, 101
 Klammer 61
 Kommentar 54
 Objekt 94, 112, 130, 170
 Operator, arithmetischer 54

Operatorzeichen 55
Pfeiloperator 93
Pseudowert 103
Schleifenbefehl 55
Schlüsselwort 52, 55, 62, 70
Semikolon 52, 54
Steueranweisung 55
Strikt-Modus 56, 57, 92, 101, 128
Typ 57
Zuweisung 244
Zuweisungsbefehl 92
Zuweisungsoperator 53
JavaScript Object Notation 214
JavaScript-Befehl
 break 62
 class 198, 200, 208, 219
 const 137, 180
 continue 62
 do while 58
 else if 61
 export 203
 for 58
 for-in-Schleife 153, 173, 175, 176, 212, 213, 222, 336
 function 70, 93
 if 58, 59
 if-else 59
 import 203
 let 81, 153, 168
 super 198, 199
 switch 58, 61
 throw 163
 try-catch 171, 280
 use strict 127
 var 57
 while 52, 57
JavaScript-Funktion

Array 150
Boolean 106
Date 155, 241
decodeURIComponent 277, 290
encodeURIComponent 290
Error 155, 164
eval 100, 106, 113, 215, 230, 327
Function 150
isNaN 108, 109, 137
Number 106
Object 150
String 106
JavaScript-Klasse (abstrakte) 243
Event 299
EventTarget 296
HTMLElement 243, 258, 259, 270
Node 243, 259
JavaScript-Objekt
 ArrayBuffer 353, 357
 Blob 352, 356
 BlobPropertyBag 358
 DataTransfer 351
 DataView 357
 DragEvent 351
 File 347
 FileList 347
 History 226
 HTMLCollection 243
 HTMLDivElement 242
 HTMLHeadElement 261
 HTMLHtmlElement 261
 HTMLMetaElement 261
 HTMLParagraphElement 242, 270

HTMLScriptElement 242, 261
HTMLTableElement 242
HTMLTitleElement 261
JSON 214, 289, 315
Location 175, 225, 230
Math 109, 110, 137, 172, 180, 289
natives 149
Navigator 179, 225
NodeList 243
Reflect 204
Screen 224
Text 261
window 94, 109, 175, 179, 213, 230
Worker 328, 331
JavaScript-Operator
delete 102, 104, 126
in 103, 104, 199, 211
instanceof 103, 104, 194
logischer 105
Negation 104
new 130, 131, 132, 133, 202
typeof 102, 104, 202, 210
void 245
JavaScript-Pseudowert
Infinity 107
NaN 108
null 89, 103, 120, 124
undefined 89, 108, 124, 245
JavaScript-Schlüsselwort 45
extends 198
static 200
this 131, 189
typeof 96
JavaScript-Typ
Array 90, 149

Boolean 88
einfacher 89
elementarer 89
Function 93, 149
Number 88
Object 91
primitiver 89
String 88, 89, 112
Symbol 89, 202
undefined 89
jQuery 253, 361
JScript 49
JSON-Methode
parse 215
stringify 215
JSONP 315

K
Kante 254
Kapselung 72, 128, 159, 178, 181
Keller 76
Kellerprinzip 76
Kind 256
Kindknoten 256
Klammer
geschweifte 52, 55, 61
spitze 2, 65, 263, 348
Klammern in einem Ausdruck 95
Klasse 30, 121, 129, 135, 147, 192, 210, 219
Klassenattribut 152
Klassenmethode 152, 200, 204
Kleene, Stephen Cole 66
Kleene'sche Hülle 66, 167
Knoten 254
Kommentarknoten 261

Kommunikation
  asynchrone 318
Kommunikationsprotokoll 68
Konditional-Operator 101
Konsole 2
Konstante 85, 110, 137, 361
Konstruktor 128, 130, 132, 142,
  147, 149, 192, 193, 197, 331
Kontextmenü 33
Kontrollstruktur 51
Konvertierumg eines Datentyps
  87
Koordinate 90
Kopie
  flache 214
  tiefe 214

L
Last-In-First-Out-Prinzip 77,
  138, 160, 254
Laufvariable 58
Laufzeitfehler 107, 108, 162,
  178
Laufzeitfehlerbehandlung 172
Lebensdauer einer Variablen 80
Leerzeichen 55, 277
LIFO 77, 254
Liniennetzplan 255
Link 3
Liste 89, 156
Literal 85, 90, 95, 116, 130,
  143, 150, 166, 193, 215, 315
  einer Funktion 132, 295
Location-Attribut
  host 225
  hostname 225
  href 224
  pathname 225

port 225
protocol 225
search 225, 277
Logarithmus
  natürlicher 110
Logik-Schaltkreis 21, 22, 28
L-Wert 99, 101

M
Makro-Funktion 7
Man-in-the-middle-Angriff 326
Mark-and-Sweep-Algorithmus
  141
Maschine
  virtuelle 28, 304
Maschinenbefehl 25, 77, 305
Maschinencode 23, 43
Maskierungszeichen 89
Matrix 90, 156
Megabyte 13
Mehrfachvererbung 183, 185,
  205, 243
Metaklasse 147
Metasprache 65
Metazeichen 116
Methode 30, 74, 77, 121, 125,
  210
  geschützte 189
Methode des window-Objekts
  alert 1, 3, 46, 94
  prompt 62, 63, 94
Microsoft 49, 176, 316
Microsoft Internet Explorer 226
Mikroprozessor 28
MIME-Type 41, 250, 353, 358
Mitteilungsfenster 1, 48
Mixin 205
Mnemonic 25

Modul 168, 200, 203, 205
Modulo 96
Modulo-Operator 63
Moore, J Strother 5
Multitasking 306
Multithreading 306

N
Name einer Variable 10
Namenskonflikt 110, 152
Namensraum 74, 152, 168, 180,
203, 289
NATO 13
navigator-Attribut
mimetypes 341
plugins 341
Navigator-Attribut
userAgent 225
Nebenläufigkeit 331
Nebenthread 332
Negation
arithmetische 104
Negationsoperator
logischer 97
Nested Namespace 168
Netscape 43
Netzwerk 50
Neumann, John von 27
Nicht-Terminalsymbol 65
Node-Attribut
childNodes 261, 270
firstChild 270
lastChild 270
nextSibling 270
nodeName 261
nodeType 261
parentNode 268
previousSibling 270

Node-Methode
insertBefore 271
removeChild 270
replaceChild 271, 314
Nonterminalsymbol 65
NOT-Operation 18, 97

O
Object-Attribut
constructor 133, 146, 150
prototype 144
Object-Methode
assign 205
defineProperty 173, 175, 177,
212
freeze 172, 180
getPrototypeOf 147
isExtensible 172
isFrozen 172
isSealed 172
preventExtensions 172
seal 172, 180
toString 210, 300
Objekt 30, 31, 35, 38, 74, 77,
127
Initialisierung 133
persistentes 335
Objektorientierung
klassenbasierte 130, 135,
170, 210
Operand 96
Operation
arithmetische 95, 96
logische 96
Vergleich 96
Operator 96
arithmetischer 96
binärer 96

logischerer 97
Negations- 96
ternär 96
unärer 96
Operatorpriorität 98, 103
Ordner 256
OR-Operation 18, 97, 105
OSI-Modell 283

P
Parameter 72
Parameter als lokale Variable 79
Parameter einer Funktion 71, 73, 165
Parser 65, 67, 215
Parsergenerator 67
Pascal 11, 14, 56, 57, 64, 79, 91, 147
Passwort 178
Pentium 28
Perl 57, 220
Personalcomputer 28
Pfundzeichen 223
Phishing-Mails 278
PHP 50, 100, 220, 276, 277, 326
Pixel 245
Planung 14
Plug-in 226
Pointer 123
Polling 279, 291, 301
Polymorphismus 187, 218
POP (Post Office Protocol) 283
Pop-up-Fenster 227, 230, 232
Portnummer 225
Primzahl 11, 330
Primzahlzwillinge 328

Produkt, kartesisches 90
Produktionsregel 65, 67
program counter 21
Programm 4, 10
robustes 107
Programmbefehl 7, 25
Programmierparadigma 14
Programmierschnittstelle 111
Programmiersprache 1, 10, 66
dynamisch typisierte 87, 90, 102, 187
klassenbasierte 130, 135, 170, 210
objektorientierte 121, 181
typsichere 87, 210, 218, 360
Programmierung
funktionale 208
objektorientierte 14, 33, 103, 122, 181, 218
strukturierte 14, 122
Programmschrittzähler 21
Protokoll 282
Prototyp 143, 147, 192, 193
Prototypenkette 147, 192, 194, 205
Prozessor 28, 76, 77, 116, 305
Pseudo-Code 10, 11, 12
Pseudo-Eigenschaft 177
Pseudowert 89, 120, 124, 140
pt 245
Punkt (Maßeinheit) 245
px 245

Q
Quadratwurzel 110
Quellcode 43

R

Rechenmaschine
  elektronische 23
  mechanische 4, 16
  universelle 4, 9
Record 91
Referenz 123, 149
Referenzzählung 140
Register 26, 76, 116, 305
Registerkarte 228, 307
Registrierung eines Handlers
  293
regulärer Ausdruck 69, 86, 116,
  118, 120
Reihenfolge, lexikographisch
  97
Rekursion 73, 75, 83
Relais 17
Relation 255, 335
  transitive 88
responsives Webdesign 251
Restparameter 153, 208
Reverse Engineering 43
RGB-Farbraum 41
Ringtausch 79
Router 282
Routing 282
Rücksprungadresse 77, 165
Runden 110
Rundungsfehler 87

S

Same-Origin-Policy 220, 278,
  285, 311, 316, 334
Sandbox 29, 304, 344
Schachprogramm 13
Schalter 17
Schaltfläche 1, 32

Schaltgetriebe 70
Schleifenanweisung 88
Schleifenbefehl 52
Schlüssel 335
Schnittstelle 50
Schreibmaschine 118
Screen-Attribut
  availHeight 224
  availWidth 224
  height 224
  width 224
Security-Error 222
Seiteneffekt 72, 128, 159, 170
Selektor 250, 253
Semantik 35, 63
Serialisierung 215
Server 49, 220, 281
Server-Log 238
Session 284
Session-Id 286
Setter 176, 178, 198, 218, 224
Sichtbarkeitsbereich 80, 81
Singleton 179
Sitzung 284
Skript-Injektion 278, 327
Skriptkiddie VII
Smartphone V, 13
SMTP (Simple Mail Transfer
  Protocol) 283
Software 4
Software-Engineering 13, 32
Softwarekrise 13
Speicher 7, 26, 121, 305
Speicherallokation 138
Spezialisierung 181
Spiel des Lebens 23
Sprache
  formale 35, 66, 256

kontextfreie 68
kontextsensitive 68
reguläre 68, 115
rekurisv aufzählbare 67
Spread-Operator 153, 208
Sprungbefehl 8
Stack 76, 77, 160
  Pop 77
  Push 76
Stack-Pointer 76
Stammbaum 256
Standardaktion 301
Stapel 76
Stapelzeiger 76
Statement 7
Steueranweisung 9
Steuerflag 116
Steuerungsanweisung 59, 88
Steuerzeichen 89, 118
Storage-Attribut
  length 335
Storage-Methode
  clear 335
  getItem 335
  key 335
  removeItem 335
  setItem 335
Striktmodus 178, 185, 200, 203
String-Attribut
  length 113
String-Methode
  charAt 113
  charCodeAt 113
  fromCharCode 114
  indexOf 115, 280
  lastIndexOf 115
  match 118
  replace 120

search 115
slice 114
split 117
substr 114, 280
substring 113
toLowerCase 114
toUpperCase 114
Style Guide 135
Submit-Button 302
Suchparameter 239, 286
Sun Microsystems 43
Symboltabelle 91
Synchronisation 68
Syntax 35, 63, 67, 147
Syntax-Diagramm 64

T
Tab 228
Tabelle 90, 156
Tabellenkalkulationsprogramm
  85, 241
Tabulator 118
Tabulatorzeichen 55
Tag 2, 36
Takt eines Computers 21
Taktrate 21
Taschenrechner 7
  programmierbarer 7
Tastatur
  programmierbare 7
TCP (Transmission Control
  Protocol) 283
TCP/IP 283
Teilchenphysik 30
Telefonnummer 169
Terminalsymbol 65
Texteditor V, 1
Textknoten 258

Textsuche 5
Textverarbeitungsprogramm 41, 249
Third-Party-Cookie 285, 334
Thread 306
Tochter-Klasse 183
Top-Down-Methode 13
Tracking 339
Transistor 16, 17, 28
Transportschicht 283
Turing, Alan 13
Typ 87
Typkonvertierung 112
  automatische 98
Typsicherheit
  bei Attributen in JavaScript 178
  einer Programmiersprache 87, 177, 210, 218, 360
  eines Attributs 177

U
Übergabe per Referenz 80, 125, 154, 178
Übergabe per Wert 80
Überschreiben von Methoden 111, 174, 187, 218
Unicode 18, 37, 113, 114, 117, 256
Unix 326
Unterklasse 31
Unterprogramm 70, 76
URL 40
USB-Gerät 50
User-Interface 112

V
Validität 35

Variable 9, 14, 95, 121
  globale 72, 74, 79, 81, 110, 167
  Gültigkeit 80, 81
  Lebensdauer 80, 81, 151, 164, 321, 331
  lokale 72, 73, 81, 159, 165
  Sichtbarkeit 80, 81, 151
  statische 73, 151
  Wert 9
Variablenname 11
Vater-Klasse 183, 184, 198, 199, 205
Vektor 90, 156
Verbund 85, 89, 91, 121
Vererbung 181, 218
  einfache 181
Vergleichsoperator 53, 88, 97, 104
Verhaltensweise 30, 121
Verkettungsoperator 88, 96, 97, 99
Vermittlungsschicht 283
Verzeichnis 256
Videostream 228
Visual Basic 176, 328
von-Neumann-Architektur 27

W
Wahrheitswert 88
Warteschleife 306
Web Storage 334
Webseite
  barrierefreie 40
  dynamische 49
  statische 49
Webserver V
Website 238

WHILE-Befehl 9, 14, 52
Whitespace-Zeichen 117, 120,
    259
window-Attribut
  frames 231
  history 226
  innerHeight 234
  innerWidth 234
  location 225
  name 232
  navigator 225, 341
  opener 231
  outerHeight 234
  outerWidth 234
  parent 231
  screen 224
  screenX 234
  screenY 234
  top 231
window-Methode
  alert 94, 234
  clearInterval 235
  clearTimeout 235
  close 235
  confirm 234
  focus 235
  getComputedStyle 246, 343
  open 232, 235
  print 234
  prompt 234
  setInterval 235, 241, 280, 327
  setTimeout   229, 235, 327,
    328
Windows 49
Windows 3.0 308
Winkelfunktion 110
Wirth, Niklaus 14, 64
Worker-Event

onmessage 332
WorkerGlobalSpace-Event
  onmessage 332
WorkerGlobalSpace-Methode
  importScripts 332
  postMessage 332
Worker-Methode
  postMessage 332
Wort 20, 66, 256, 357
Wortlänge 20
Wortproblem 67
Wrapper (JSNOP) 315
Wrapper-Objekt 154, 165, 177,
    178, 218
Wurzel 255
WYSIWYG 352

X
XHR 316
XML 216, 264, 316
XMLHttpRequest-Attribut
  readyState 321
  responseText 321
  status 321
  statusText 321
XMLHttpRequest-Methode
  abort 322
  getAllResponseHeaders 321
  open 318
  send 318
  setRequestHeader 322
XSS 277

Z
Zeichenkette 89
Zeichensatz
  ASCII 118
  ISO-8859-1 37

UTF-8 37
Zeiger 123
Zeilenwechsel 118
Zellulärer Automat 23
Ziffer 118
Zoologie 30
Zugriffseigenschaft 175, 176
Zugriffsmethode 128, 136, 176, 198, 218

Zugriffsmodifikatoren 160
Zugriffsoperator 104, 105
Zuse, Konrad 17
zustandslos 284
Zuverlässigkeit 128
Zuweisungsbefehl 11, 45, 85
Zuweisungsoperator 99, 101, 105

Printed in the United States
By Bookmasters

Printed in the United States
By Bookmasters